"十四五"时期国家重点出版物出版专项规划项目

中国法学会项目

中国特色社会主义法学理论体系丛书

中国古代法文明模式

马小红 著

中国人民大学出版社

·北京·

本书系国家社会科学基金一般项目（项目批准号：10BFX016）研究成果

编 委 会

主 任 委 员：张苏军
副主任委员：张文显　朱孝清　黄　进　李　林
委　　　员：马怀德　王利明　王振民　卞建林
　　　　　　刘春田　张卫平　沈四宝　应松年
　　　　　　吴志攀　林　嘉　赵旭东　韩大元
　　　　　　诸葛平平　肖育斌

总　序

　　党的十八大以来，以习近平同志为核心的党中央明确提出全面依法治国，并将其纳入"四个全面"战略布局，作出一系列重大决策部署，开启了全面依法治国新时代，推动我国社会主义法治建设发生了历史性变革、取得了历史性成就。党的十八届四中全会专门研究全面依法治国问题，作出了《中共中央关于全面推进依法治国若干重大问题的决定》，开创了我国社会主义法治建设新局面。党的十九大以来，党中央组建中央全面依法治国委员会，召开中央全面依法治国工作会议，从全局和战略高度对全面依法治国又作出一系列重大部署。在这一进程中，习近平总书记创造性地提出了关于全面依法治国的一系列新理念新思想新战略，形成了习近平法治思想，把中国特色社会主义法治理论和实践推上了历史新高度。

　　全面推进依法治国，法治理论是重要引领。没有正确的法治理论引领，就不可能有正确的法治实践。2014年，中国法学会决定组织撰写"中国特色社会主义法学理论体系丛书"（以下简称"丛书"），旨在总结、归纳、概括和提炼出符合中国实际、具有中国特色、体现社会发展规律的社会主义法学理论，编撰形成一套全面反映中国特色社会主义法治建设发展规律和经验的法学理论丛书，为深入推进全面依法治国提供理论指导和学理支撑。"丛书"编撰工作具体由《中国法律年鉴》社（中国法学会网络中心）组织实施。

　　"丛书"选题按照立足中国、借鉴国外，挖掘历史、把握当代，关怀人类、面向未来的思路，主要收录三个方面的著述：一是从宏观上阐释中国特色社会主义法治基本理论的著述，二是从部门法及其制度角度阐释该部门法理论发展与创新的著述，三是从专题视角阐释社会主义法治建设中重大理论与实践问题的著述。这三个角度的著述，既有理论研究的深厚积淀，又有对实践问题的有力回应，从理论到实践，再从实践到理论，有机结合，互相补充，共同构成一套较为系统的、充分体现中国特色社会主义法治理论的丛书。为确保时效性、科学性、系统性，"丛书"采取开放式编撰体例，分批推出，既要将重要部门法和现在相对成熟的理论问题纳入编撰体系，也要将正在发展的新兴法学学科和新涌现的重大理论、实践问题逐步纳入。"丛书"自启动编撰以来，已出版12部著作，在法学法律界反响较好，其中9部著作获评第八届中华优秀出版物图书奖。

2020年11月，中央全面依法治国工作会议正式明确提出习近平法治思想，并将其确立为新时代全面依法治国的指导思想。这在马克思主义法治理论发展史和中国社会主义法治建设史上具有里程碑意义。习近平法治思想是在长期的实践基础上、科学的理论探索中、深厚的历史涵养下形成、创立和发展起来的，具有科学的理论形态、鲜明的理论风格和辩证的理论思维，从历史和现实相贯通、国际和国内相关联、理论和实际相结合上深刻回答了新时代为什么实行全面依法治国、怎样实行全面依法治国等一系列重大问题，指明了全面依法治国的政治方向、重要地位、工作布局、重点任务、重大关系、重要保障。习近平法治思想覆盖改革发展稳定、内政外交国防、治党治国治军等各方面的法治问题，在概念上系统集成，在逻辑上有机衔接，在话语上自成一体，展现出深厚的理论底蕴、缜密的逻辑架构和鲜明的价值指向，是我们党的历史上、中华人民共和国历史上、社会主义发展史上最为全面、系统、科学的法治理论体系，是马克思主义法治理论中国化的最新成果，是习近平新时代中国特色社会主义思想的重要组成部分，是全面依法治国的根本遵循和行动指南。

深入学习贯彻习近平法治思想，在新时代不断把法治中国建设推向前进，是当前和今后一个时期深入推进全面依法治国的重大政治任务。"丛书"坚持以习近平法治思想为引领，编撰选题时注重对习近平法治思想的研究阐释，加强对法治实践成熟经验的系统总结，对法治建设新情况新问题的深入研究，概括出有规律性的新认识，提炼出有学理性的新理论，形成一批真正富有中国特色、中国气派、中国风格的法学理论成果，进一步推动创新完善中国特色社会主义法治理论。冀望广大法学法律工作者勇立时代之潮头，在学习宣传贯彻习近平法治思想上走在前、做表率，深入学习研究、宣传贯彻习近平法治思想，积极投身于全面依法治国实践，为统筹推进"五位一体"总体布局、协调推进"四个全面"战略布局、实现第二个百年奋斗目标、实现中华民族伟大复兴作出应有贡献。

目 录

绪 论

一、研究内容 …………………………………………………（3）
二、研究意义与主要观点 …………………………………（18）
三、研究现状与方法 ………………………………………（25）
四、本书欲探究的问题 ……………………………………（33）

通 论

历史沿革 ……………………………………………………（41）
 一、起 源 …………………………………………………（41）
 二、发 展 …………………………………………………（51）

制度设计 ……………………………………………………（86）
 一、"先例法"时代 ………………………………………（86）
 二、"成文法"时代 ………………………………………（103）
 三、"混合法"时代 ………………………………………（114）

体系结构 ……………………………………………………（137）
 一、以"礼"为宗旨 ………………………………………（137）
 二、以"祖制"为基础、以"皇权"为核心 ……………（142）
 三、以"典"为主体 ………………………………………（158）

四、以"律"为辅助 ……………………………………………（181）
思想理念 ………………………………………………………（203）
　一、先秦法思想理念及其影响 …………………………………（203）
　二、主流法思想 …………………………………………………（233）
　三、非主流法思想 ………………………………………………（246）

专　论

延绵渐进的历史沿革 ……………………………………………（265）
　一、萌芽时呈现出的"早熟性" …………………………………（265）
　二、发展中呈现出的"同步性" …………………………………（270）
　三、道德法律化的发展 …………………………………………（274）
刚柔兼顾的制度设计 ……………………………………………（294）
　一、中国古代的"权力"理念 ……………………………………（294）
　二、中国古代法律的确定性 ……………………………………（307）
　三、中国古代社会的"软法" ……………………………………（327）
开明圆融的体系结构 ……………………………………………（345）
　一、开明的中国古代法文明 ……………………………………（345）
　二、礼与法的完美契合 …………………………………………（357）
　三、雅俗并用的"法言法语" ……………………………………（378）
兼容并蓄的思想理念 ……………………………………………（397）
　一、"和谐"观 ……………………………………………………（397）
　二、中国古代的两次"法治"思潮 ………………………………（408）

参考书目 …………………………………………………………（426）
致　谢 ……………………………………………………………（434）

绪论

本书是在 2010 年国家社会科学基金一般项目"中华法文明模式研究"成果的基础上删修而成的。这次出版之所以将书名限缩为《中国古代法文明模式》，是因为在重新审视 2015 年完成的研究成果后，笔者认为这种限缩更能够与学界共享研究成果中较为成熟的部分，而其他部分则留待今后的研究进一步斟酌完善。

　　毋庸讳言，以法学与史学结合的研究方法，对中国古代法文明模式进行多视角的系统归纳与分析阐述，是一项困难重重的工作。困难不仅来自所要阐述的论题宏大精深——浩瀚史料的甄别、漫长历史的梳理、复杂史实的厘清、历史规律的探寻及理论的阐述……还来自近代以来，我们对自身的法文明传统似乎习惯采取批判性的思维。这种思维造成了对古代法文明模式的种种误解，这些误解在经历了百余年的传承后似乎成为"定论"，误解形成的"定论"也亟须纠正。为此，本书分为"绪论"、"通论"和"专论"三个部分，对中国古代法文明模式进行阐述："绪论"对"古代""文明""模式""共性""差异"等关键词进行阐释，以期能明辨本书所要解决的基本问题，即中国古代法文明模式与其他法文明模式的"同"和"不同"，由此申明中国古代法文明模式的研究意义。"通论"对中国古代法文明模式的历史沿革、制度设计、体系结构、思想理念进行客观陈述，以期尽可能客观地展现中国古代法文明模式的全貌，为历史地、客观地评价中国古代法文明模式提供参考。"专论"纠正了对中国古代法文明模式的误解，以期改变近代以来对中国古代法文明单一的批判思维，对近代以来的"反思"进行再反思。

一、研究内容

　　"中国古代法文明模式"所涉猎的内容包罗万象，对其研究无法"毕其功于一役"。在陈述"中国古代法文明模式"前，有必要首先对"古代""文明""模式"等概念进行辨析，以明了本书以"中国古代法文明模式"为题的缘由。任何一种法文明模式与其他法文明模式相比，都既有"共性"，也有"差异"。虽然延绵了数千年的中国古代法文明模式在近代已经解体，但随着传统在现代的复兴，其对现实仍有着巨大的借鉴作用。

（一）古代

"古代"是与"近代"相对应的词语。在不同的文明中，"古代"有特定的时间含义，但更为重要的是，"古代"所表达的是一种特定的社会形态。

1. 古代与近代的关系

在人类社会的发展中，由于西方率先进入了"近代"，并通过野蛮的殖民方式将自己的发展模式推向世界，所以当今学界对"古代"与"近代"的划分基本是以西方社会的发展模式为标尺的。一般来说，"古代"向"近代"转折的标志是：经济上由以农村为重心转向以城市为重心；政治上君主制为立宪制、共和制所取代；意识形态上神学走向衰微，而人文科学兴盛。

就经济形态而言，古代社会的生产，无论是在东方还是在西方，皆以农耕或牧猎为主，自给自足的经济占据支配地位，生产以谋生与自我消费为主要目的。所以古代社会是一个相对封闭的社会，不同文明之间的交流是极其有限的。近代社会，即资本主义[1]社会，其确立于欧洲工业革命。[2] 资本主义社会的经济以城市市场经济为中心，生产的目的在于交换和牟利。追求最大利润无限制地刺激了人性的欲望，因此，整个世界都成了贸易市场，对利润的追逐打通了原本相对封闭的文明，将世界连接了起来。

就政权性质而言，近代社会结束了古代君主的专制统治，代表新兴力量的资产阶级[3]掌握了政权。这一政权性质的转变肇始于17世纪40年代爆发

---

[1] 资本主义是经济形态进入近代的标志，其"亦称自由市场经济或自由企业经济。封建主义瓦解后，统治西方世界的经济制度"。（简明不列颠百科全书：第9册. 北京：中国大百科全书出版社，1986：557.）

[2] 关于欧洲工业革命的过程和内容，参见中国大百科全书·外国历史Ⅱ. 北京：中国大百科全书出版社，1992：726。

[3] 《简明不列颠百科全书》释资产阶级："在经济理论中，包括商人、企业家以及从工商业取得收入的其他城镇居民的社会经济阶级。在法国，这个词原指中世纪有城墙的城镇居民。这些市民以经营中世纪的工艺品为生，在经济社会等级中居于地主和从事耕作的农民之间。随着城市工业引进机械以及工厂制兴起，中世纪手工业者开始分化为两个阶级——雇主和雇工，并且形成一种新的阶级观念，把资产者这个概念用来专指雇主。由此就产生一种强调资产者（或资本家）与无产者之间的区别的、划分经济和社会阶级的体系。后来，马克思主义者就根据这种把人区分为资产者和无产者的观点，建立了一套社会和政治哲学体系。在发达资本主义国家，目前有一种恢复最古老的社会政治划分方法的强烈趋势。亚里士多德的政治体系着重三个阶级——上等、中等和下等阶级——的区别，并且强调中等阶级在秩序良好的国家中的重要性。但在现代政治生活中，这三大阶级错综复杂，它们的任何一部分都无法完全算作是资产阶级。现在这个词主要在讨论艺术和风格时还继续使用。"（简明不列颠百科全书：第9册. 北京：中国大百科全书出版社，1986：558.）

的英国推翻斯图亚特王朝的资产阶级革命。① 英国资产阶级革命的最终成果是确立了资产阶级民主制政体的立宪君主制。立宪君主制与君主制有本质的不同,君主制下君主的权力至高无上,而立宪君主制则使君主的权力受到严格的限制,君主或国王所具有的权力仅仅是礼仪性的。继英国之后,欧美各国,如美国、法国等都相继发生了资产阶级革命,并扩大了英国资产阶级革命的领域和成果,资产阶级民主制政体的共和制②纷纷确立。资产阶级的民主共和制是与封建君主制相对立的一种制度。其直接复活、更新了古希腊的奴隶主民主共和制与古罗马的贵族共和制,并将议会作为国家最高权力机构。马克思在评价英法资产阶级革命时说:

> 它们**宣告了欧洲新社会的政治制度**。资产阶级在这两次革命中获得了胜利;然而,当时**资产阶级的胜利**意味着**新社会制度的胜利**,资产阶级所有制对封建所有制的胜利,民族对地方主义的胜利,竞争对行会制度的胜利,遗产分割制对长子继承制的胜利,土地所有者支配土地对土地所有者隶属于土地的胜利,启蒙运动对迷信的胜利,家庭对宗族的胜利,勤劳对游手好闲的胜利,资产阶级权利对中世纪特权的胜利。1648年革命是17世纪对16世纪的胜利,1789年革命是18世纪对17世纪的胜利。这两次革命不仅反映了发生革命的地区即英法两国的要求,而且在更大程度上反映了当时整个世界的要求。③

就意识形态而言,古代社会,尤其是西方中世纪,神学占据主导地位。14—17世纪的古典文化复兴运动和17—19世纪初在欧洲各地兴起的反对宗教蒙昧、反对君主专制的启蒙思潮,直接继承了古希腊、古罗马传统,创造出了"人文主义"的新文化。

西方社会由古代向近代的转变是在自身传统的发展中完成的。其实,无论是商品交换,还是君主立宪、民主共和及人文主义,等等,我们都可以在西方的古代社会中找到其踪迹。这种由自身发展而促成的水到渠成的社会变

---

① 英国资产阶级革命亦称英国内战或清教徒革命,是导致资本主义制度在英国确立的一次早期资产阶级革命,革命的最终结果是在英国确立了立宪君主制。详情可参见周一良,吴于廑. 世界通史·近代部分:上册. 2版. 北京:人民出版社,1972:17-44。
② 关于共和制的类型和发展,参见中国大百科全书·法学. 北京:中国大百科全书出版社,1984:170。
③ 马克思恩格斯选集:第1卷. 3版. 北京:人民出版社,2012:442.

化并不存在"古代"与"近代"间的鸿沟。因为，近代社会本身就是在自身传统的支持下形成的。

2. 中国的古代与近代

与西方社会古代与近代的关系不同，中国古代社会是在外力的强迫下解体的。五千年一脉相承的中国古代社会在西方武力侵略、商业贸易和文化渗透下中断了发展，成为近代社会发展的对立物。

史学界一般将1840年作为中国古代与近代的分界线，原因在于这一年的中英第一次鸦片战争，使中国出现了亘古未有的危机，而鸦片战争的失败使中国无法再坚守"祖宗成法"，而将目光逐渐地转向学习西方社会的发展模式。在不到半个世纪的时间里，西方的制度，甚至一些价值观便在中国古老的大地上蔓延开来，"变法"被相当一部分人认同。1898年的戊戌变法，便是传统的君主制与西来的立宪制，也是古代政权模式与近代政权模式的一次较量。这一次较量的结果令人深思：主张立宪者或被绑赴刑场，或被迫逃往异国，但立宪的主张不久却被镇压立宪者的朝廷所接纳。这相互矛盾的结果告诉人们，西方模式在当时不可抗拒。再经十余年，"古代"终于在中国结束了跨越数千年的历史，资产阶级民主共和国在辛亥革命的枪炮声中诞生。

在中国，"古代"的传统没有像西方的传统那样幸运，由于成为近代的对立物，古代社会中的一切都遭到前所未有的反思与批判，而且这种反思与批判持续了一个多世纪。将传统视为发展的阻力而不是动力，是中国近代不同于西方，也不同于中国古代的显著特征。

（二）文明

"文明"是人类社会所特有的标志。不同的学者与思想家，以及不同的学科从不同的角度对"文明"有不同的界定。

美国著名的人类学家摩尔根将人类文明开始的标志定为：

> 字母的发明和文字的使用。[1]

---

[1] 路易斯·亨利·摩尔根. 古代社会：上册. 杨东莼，马雍，马巨，译. 北京：商务印书馆，1977：12.

在字母与文字使用之前，人类经过了蒙昧与野蛮时代。在蒙昧与野蛮时代，人类有了用火的知识，发明了弓箭，开始制陶、饲养、灌溉种植、用土坯与石头从事建筑，等等，最后在高级野蛮时代，人类发明了冶铁术并开始使用铁器。铁器的使用使人类来到了文明的门槛。人类的文明社会迄今为止，可以划分为古代文明和近代文明（现代文明）。根据摩尔根《古代社会》的研究成果，恩格斯以阶级分析的方法阐述了人类社会的文明是伴随着私有制出现、贫富分化和国家的出现而产生的。[1]

考古及古文字专家李学勤认为文明是一个古老而常新的概念，对其因时代、地域、民族、文化的不同而有不同的理解，并认为将铜器（铁器）、文字、城市等作为人类进入文明社会的普遍标志很难放之四海而皆准，而将国家作为文明社会的标志，只是一种理论上的观点，这种观点对地域性差异的考虑也显然不足。[2] 更有学者直截了当地认为：

> 人类文明滥觞于原始社会，它是随着人类的产生、演化而开启的。这是一个极其漫长的历史过程，大约从三四百万年前开始，到大约四五千年前结束。
>
> 远古人类的文明踪迹，是随人类作为高级动物与动物界的分离而逐渐显现的。[3]

这种观点似乎更符合有关中华文明起源的史料记载。

历史学家马克垚在《世界文明史》的"导言"中综合中外学者的研究观点，对文明词义的起源、文明的发展、文明的地域性和内容作了较为详细的论述。他认为：

> 文明与野蛮相对应，用来指社会的一种进步的过程，一种进化所达到的状态，一种发展趋向。[4]

这一文明的定义继承了摩尔根的观点，将远古人类社会排除在文明之外。但马克垚强调文明的地域与种类，认为"我们可以用西方文明这样的概

---

[1] 马克思恩格斯选集：第4卷. 3版. 北京：人民出版社，2012：12-195.
[2] 李学勤. 中国古代文明与国家形成研究. 昆明：云南人民出版社，1997：1-70.
[3] 李世安，孟广林，等. 世界文明史. 北京：中国人民大学出版社，2002：1.
[4] 马克垚. 世界文明史：上. 2版. 北京：北京大学出版社，2016：1.

念来指称整个欧美文明,也可以区别出法国文明和英国文明的不同之处,说明它们都是独立的文明单位"①。由此可知,对"文明"一词的解释并不统一,但"文明"一词的包罗万象的特征却是众所公认的。

关于"文化"与"文明"的同与不同,《辞海》解释"文明"为:"指人类社会历史发展过程中创造的全部物质和精神财富,也特指社会意识形态。"而与"文明"词义容易混淆的是"文化"。

> 据说德国人早先宁愿使用文化一词而不愿使用文明,后来他们用文化来指宗教、艺术、思想等精神方面的事物,而文明则用来指政治经济等社会中的现实事物。②

在汉语词典中,文明与文化有时是同义词,但文化更偏重于知识,文明则更偏重于状态和发展。

综合不同学者有关文明起源与发展的研究成果,笔者认为,人类社会的文明应该是人区别于其他动物的标志,其普遍经过了远古史前阶段的发展。文明可以分为古代文明和近代文明(现代文明),不同地域的文明既有共同的发展规律,也有适应各自生活环境的特点。文明也可以分为包括日常生活与娱乐方面的物质文明及意识形态方面的精神文明。简单地说,文明是随着人类社会发展而不断变化的一种状态,在不同的地域、国家和民族中,文明有共同的发展规律,也有独具自身特色的内容。

(三) 模式

综上所述,包罗万象的"文明",在发展中有着不同的"模式"。"模式"在当下是一个时髦的词语,但笔者在各类汉语辞典中却没有找到对这两个字连用组词的解释。《辞海》《辞源》中,释"模"为"模型""模范",释"式"为"格式""样式"。笔者不揣冒昧,依据字书对"模""式"的解释,认为模式应指不同事物的表现状态与发展方式,其也可以指文明的综合表现方式。

首先,模式是一种较为稳定的状态。这种状态的形成来自环境的塑造和

---

① 马克垚. 世界文明史: 上. 2版. 北京: 北京大学出版社, 2016: 6.
② 同①1.

世代相传的传统。在交通、信息不甚发达的古代，文明之间的交流甚少，文明之间的相互影响有限，所以文明模式是多元的。就法而言，中国古代的伦理法文明模式与西方的契约法文明模式、中东地区的宗教法文明模式都有着巨大的差异。而近现代的文明模式一直处在一个趋同的发展过程中，一些差异逐渐缩小，甚至弥合。但需要注意的是，在以差异为主的古代文明模式中，也存在着文明的相同因素。之所以相同，是因为文明蕴含着人类社会发展的普遍规律和诉求。而在趋同的近现代文明模式中，也同样存在着一定的差异，这些差异主要来自各自的传统。

其次，模式是一种发展的方式。不同的文明由于形成及生长环境不同，而有不同的发展路径，所以文明模式的稳定性不是僵化不变的，而是处在发展变化中，只不过不同的模式有不同的发展方式而已。比如：有学者认为在人类社会伊始，从地理环境方面说，人类文明可以分为河流文明模式与海洋文明模式；从生活方式上说，有农居文明模式、狩猎文明模式、简单的商业城邦文明模式。近代则有工业文明模式及后发近代化模式等等。中国古代法文明模式，可以说自尧舜禅让到秦以后的王朝更迭直至清，基本都是渐进式的发展。夏、商、西周三代之礼，自汉后就一直受到历朝历代的推崇，秦商鞅的"改法为律"不仅为秦奠定了"帝业"，而且一直影响到清朝。

最后，模式是文明综合的表现形式。一种模式的产生，必与其发展的文明环境相匹配。就中国古代法文明模式而言，其产生于古代农耕社会，必与政治、经济、文化综合为一体的农耕社会形态相辅相成，所以法文明模式在整个中华文明模式中，亦以和谐、综合为特征。如果用今人的眼光观察，中国古代社会各领域之间并没有清晰的分野。我们无法用单纯的法学学科研究方法来深入地解读古代的法律与"法学"。这种综合的模式，使我们在论述法文明模式时，必然会大量涉及今天学科研究中的其他学科，比如史学、政治学、社会学等。

鉴于以上对"古代""文明""模式"的理解，本书在"通论"中设"历史沿革"，叙述中国古代法文明模式从五千年前到清王朝被推翻的起源与发展的历程，以明其发展路径；设"制度设计""体系结构"，叙述中国古代法文明模式的形态；设"思想理念"，叙述中国古代法文明模式的思想渊源与文化土壤。

(四) 法文明模式的共性

法文明模式是文明模式的组成部分,是人类社会发展到一定阶段的产物。虽然远古时期的人类规则与动物界的规则有所不同,但那时的规则尚不能被称为"法",更没有形成"模式",法是人类进入文明社会后才出现的。法萌芽于恩格斯所言的国家即将产生之时。

法典的形式诸法合体,视神意为至高无上的准则和公正、正义价值观的最高体现,是不同法文明模式发展初期所共有的现象。

远古时期,当不同地区、不同人种的人,脱离了茹毛饮血的蒙昧野蛮时代,来到古代文明的门槛时,法便开始萌芽。通过阅读摩尔根的《古代社会》[①]、恩格斯的《家庭、私有制和国家的起源:就路易斯·亨·摩尔根的研究成果而作》[②]、孟德斯鸠的《论法的精神》[③]、梅因的《古代法》[④]、德肖维茨的《法律创世纪:从圣经故事寻找法律的起源》[⑤]、霍贝尔的《原始人的法》[⑥] 等经典著作以及考古学、古人类学、历史学的一些研究成果,我们可以得出这样的结论:不同文明中的法在起源时有着诸多相同的规律,比如对神灵的虔诚、对日常生活习惯的恪守、对罪与罚关系的认识等等,越是在古老的法文明模式中,相同的因素或规律就越多。

人类文明伊始,神意主宰一切,习俗、制度、权力等的合法性无不来源于神。在这个历史发展阶段中,将法视为神明的产物是世界各个文明中所共有的规律。在人们的认识中,法体现了神意,法本身也就因此具有了神圣性,成为人们必须遵守的规则。谁的言行违背了法,谁就触犯了神意,谁就应受到最严厉的惩罚。英国法律史学家梅因在总结神权法时代法的特点时指出:"法"是神意的产物,即神是立法者,而人世间的统治者"王"只是法

---

① 路易斯·亨利·摩尔根. 古代社会. 杨东莼,马雍,马巨,译. 北京:商务印书馆,1977.
② 恩格斯. 家庭、私有制和国家的起源. 中共中央马克思恩格斯列宁斯大林著作编译局,编译. 北京:人民出版社,2018.
③ 孟德斯鸠. 论法的精神. 张雁深,译. 北京:商务印书馆,1961,1963;孟德斯鸠. 论法的精神. 许明龙,译. 北京:商务印书馆,2012.
④ 梅因. 古代法. 沈景一,译. 北京:商务印书馆,1984.
⑤ 艾伦·德肖维茨. 法律创世纪:从圣经故事寻找法律的起源. 林为正,译. 北京:法律出版社,2011.
⑥ E. 霍贝尔. 原始人的法. 严存生,等译. 贵阳:贵州人民出版社,1992.

的执行者而已。①

中国古代法文明模式的起源同样符合这一规律。中国古代的"灋"字的重要组成部分"廌",反映的就是这样一种神意立法、国王(或部落首领)执法的状况。其他文明中的"法"也是如此。著名且影响广泛的古印度《摩奴法典》称:摩奴是得到天神庇佑本身也具有神性的天神之子、人类之祖。《摩奴法典》的内容十分庞杂,其涉及:

> 宇宙起源、法的定义、圣礼、入法礼、《吠陀》研究、婚配、待客、丧礼、食物禁忌、玷污和净化、妇道和妻道以及历代国王之法。在论历代国王之法时,分18个题目评述世俗司法,然后,又回到布施、赎罪礼、业论、灵魂和地域等宗教问题上。②

在古印度,《摩奴法典》是神为人类制定的法典。对于熟悉现代法典文本格式的我们来说,《摩奴法典》确实显得杂乱无章,它反映了古印度浓厚的宗教色彩,其明确宣称法典来自神意,人人必须遵守:

> 为了在应有的次序上确定他(婆罗门)和其他[种姓][成员]的义务,自在神③之子,贤明的摩奴,编制了这一[神圣的法]典。
>
> 在这个[典籍]上,充分地阐明了人们各种行为的善恶,以及四种姓生活的永恒规则。
>
> 在神圣的天启④中所阐明的和在神圣的法典中所记载的最高的法是生活的规则,因此,愿意自己幸福的再生,须永远遵循它。⑤

公元前18世纪,古巴比伦⑥第一个王朝第六代国王汉穆拉比将法镌刻在

---

① 人类文明发展伊始,普遍认为"法是神意的体现,而王不过是法的执行者"这一观点,是英国法律史学家梅因在总结不同地区法律起源后得出的经典观点。直到今天这一观点一直为学界所认可并在研究中被广泛引用。(梅因. 古代法. 沈景一,译. 北京:商务印书馆,1984.)
② 简明不列颠百科全书:第6册. 北京:中国大百科全书出版社,1986:32-33.
③ 自在神指梵天。——原注
④ 天启(sruti)——按Ⅱ卷10条的解释系指吠陀而言。——原注
⑤ 周一良,吴于廑. 世界通史资料选辑·上古部分. 北京:商务印书馆,1962:219.
⑥ 巴比伦(Babylon),上古时代最著名的城市之一,位于伊拉克巴格达之南88公里处,曾为古巴比伦王国(公元前2000年初—前1000年末)和新巴比伦王国(公元前7—前6世纪)的首都。参见《简明不列颠百科全书》第1册中的"巴比伦"条及"巴比伦尼亚"(Babylonia)条。(简明不列颠百科全书:第1册. 北京:中国大百科全书出版社,1985:401.)

当地神庙的石柱上,这就是古老的《汉穆拉比法典》。在法典的开篇,汉穆拉比这样宣称:

> 安努那克①之王,至大之安努②,与决定国运之天地主宰恩利尔③,授与埃亚④之长子马都克⑤以统治全人类之权,表彰之于伊极极⑥之中,以其庄严之名为巴比伦之名,使之成为万方之最强大者,并在其中建立一个其根基与天地共始终的不朽王国——
>
> 当这时候,安努与恩利尔为人类福祉计,命令我,荣耀而畏神的君主,汉谟拉比,发扬正义于世,灭除不法邪恶之人,使强不凌弱,使我有如沙马什⑦,昭临黔首,光耀大地。⑧

汉穆拉比自称"荣耀而畏神的君主",告知世人刻在神庙石柱上的法条是神的旨意。

《十二铜表法》是古罗马最著名的法典,产生于公元前 5 世纪的中叶,因铸于铜板而公布,故被称为"铜表法"。学界的传统观点认为,《十二铜表法》是平民与贵族较量的结果,是应平民的要求编纂而成的。公元前 390 年,高卢人侵入罗马,铜表法被毁,原文佚失,传至今日的一些《十二铜表法》中的条文,是从后来的一些罗马法学家的法学著作中辑录出来的,因此,对《十二铜表法》内容的辑佚辨伪研究一直是西方法学界所关注的。《十二铜表法》被称为"一切公法和私法的渊源"⑨,反映了当时人们"神法"的观念,如其中第八表"伤害法"第 9 条规定,如果成年人于夜间在犁耕的田地上践踏或收割庄稼,则处以死刑。法律规定将这种对塞勒斯(丰收保护神)犯罪的成年人处以极刑;而对犯有同样罪行的未成年人,则处以鞭打或

---

① 土地之众神。——原注
② "天神"。——原注
③ 苏美尔之地神,全苏美尔最高之神,众神之父与王。——原注
④ 海、河及地下水之神,天神安努之子,苏美尔人称为恩奇,塞姆人称为埃亚。——原注
⑤ 巴比伦之庇护神,当巴比伦成为国都之时,马都克亦被宣布为众神之王。木星以马都克为名,视为马都克之化身。——原注
⑥ 诸天神。——原注
⑦ 太阳、光明及审判之神。他的主要祭祀中心为西巴尔、阿卡德及拉尔沙二城。——原注
⑧ 周一良,吴于廑. 世界通史资料选辑·上古部分. 北京:商务印书馆,1962:58. 该书将"汉穆拉比"译为"汉谟拉比"。
⑨ 朱塞佩·格罗索. 罗马法史. 黄风,译. 北京:中国政法大学出版社,1994:76.

加倍赔偿的处罚。① 罗马法史专家朱塞佩·格罗索称这是一种具有宗教色彩的献祭刑。他说：

> 《十二表法》还反映出这种刑罚在其内容上的独立过程，这一进程虽然仍保留着宗教成份（分）而且在一些情况中只使人看到一种特殊的献祭形式，但是，它是刑事司法世俗化进程中的一步。对于夜晚毁坏庄稼的人为向丰收保护神献祭而处死（uccisione a cerere），实质上也是一种献祭刑。对纵火者科处的火刑，虽然我们也可以从中发现早期的宗教特点，但它已体现出以牙还牙的刑罚所具有的报复意义。对于为致使某人死亡而实施魔法的人（malum carmen incantare）以及对庄稼施用魔法的人（fruges excantare），曾经科处极刑，在这里，最古老的惩罚形式肯定就是献祭刑。②

中国也不例外。除古文"灋"字所透露的神判法含义外，根据史料的追记，上古时期的人们确信法及规则都是上天意志的体现。以后人追记的产生于大禹时期的《尚书·洪范》为例，洪意为"大"，范意为"法"，洪范意为"大法"。这个大法是天赐予大禹的。《洪范》开篇记，周武王问商代遗臣箕子政事，箕子陈述了夏禹从上天那里得到的"九章大法"，即"洪范九畴"：

> 箕子乃言曰：……天乃锡禹洪范九畴，彝伦攸叙。初一曰五行；次二曰敬用五事；次三曰农用八政；次四曰协用五纪；次五曰建用皇极，次六曰乂用三德；次七曰明用稽疑；次八曰念用庶征；次九曰向用五福，威用六极。③

从箕子的话中，可以得知上天告诉禹的大法，是有关自然、人伦、政事的规则以及相互间关系的法则。

史载三千年前的周初杰出的政治家周公"制礼作乐"，周公所作的"礼"是什么？其与神灵的关系是什么？张国华言："现在我们称为法律的这一名

---

① 周一良，吴于廑. 世界通史资料选辑·上古部分. 北京：商务印书馆，1962：341.
② 朱塞佩·格罗索. 罗马法史. 黄风，译. 北京：中国政法大学出版社，1994：127.
③ 《尚书·洪范》。关于《洪范》的解释，参见皮锡瑞. 今文尚书考证. 北京：中华书局，1989。《洪范》据专家考证为战国至汉时人所作，是对夏王朝治国之法的追记。

称，包括了社会控制的所有这些'手段'，只是在西周不叫'法'或'法律'而名之曰'礼'。"他同时遗憾地指出：

> 过去法学界和社会上往往把"礼"完全排除在法律范围之外，仅仅视之为道德，而不知礼中有法（律），法中有礼，故而流行着"中国古代法律贫乏""中国历来法律观念淡薄"等说法，如将礼教的因素加入当不会再作如是观。①

一言以蔽之，周公所制的礼，就是法。而礼的最初之义则是对天地祖先等神灵的祭祀。②

综上所述，不同文明中产生的法，或者说不同的法文明模式在初始萌芽、形成时，有着"神灵崇拜"的共同特征。神灵之所以被当时的人们奉为至上的准则，是因为在当时的法文明模式中，人们认为神意是公平、正义价值观的最高体现。尽管在不同的文明中对正义与公平有着不尽相同的阐释，但对正义与公平的追求却是不同时期、不同地域、不同种类法文明模式中的共同特征。古罗马时期的正义女神像，之所以紧闭双眼或双眼蒙上布条，为的是表示"用心灵观察"。欧洲中世纪文艺复兴时代，在古希腊、古罗马艺术复活的同时，女神的造像开始出现在各个城市法院。女神沿用古罗马时期的造型，造像的背面刻着古罗马的法谚："为实现正义，哪怕它天崩地裂。"③ 而中国古代的"灋"（法）字，同样明显地表达出对公平的追求。传说中的中国最早的"法官"皋陶在审判裁断时，神廌不离左右。以廌去不直，公平如水，这就是"灋"字传递给我们的中国古人的法理念。不同的法文明模式在发展初期，都反映出了一个共同的价值观——法与正义不可分割，尽管由于历史发展阶段的限制，那个时代的人们将"正义"的希望，普遍寄托在了"神明"的身上。

无须回避，法在凝聚着人类公平、正义等诸多美好愿望的同时，其自身也有不可避免的缺陷和矛盾，因为法并不是一个可以束之高阁的理想学说，而是人类社会实践中的产物。任何法文明模式中的法都是一柄双刃剑，都具

---

① 李光灿，张国华. 中国法律思想通史（一）. 太原：山西人民出版社，2001：总论 13.
② 参见王国维《观堂集林·卷六·释礼》.（王国维遗书：第 1 册. 上海：上海古籍书店，1983.）
③ 余定宇. 寻找法律的印迹：从古埃及到美利坚. 北京：法律出版社，2004：38.

有以暴制暴的性质。当法符合应然的、公平正义的法理之时，法就是维护正义的利器；而当其脱离甚至违背了法理时，公平正义也会因此蒙难。第二次世界大战后，欧洲法学家对德国法西斯之法的反思，会让我们不禁想起中国汉代思想家对秦法的批判。秦法从顺应历史潮流、促进统一的制度，变为人人痛恨的维护皇权的暴政工具，致使统一后的秦朝政权仅维系了不到十六年。理想中的法与现实中的法无法完全契合，这也是不同法文明模式的共有特征。古代如此，近现代也是如此；西方如此，中国也是如此。因此，法文明模式不仅仅是制度与体系的设计，更不单纯是对人们言行的允许或禁止，法所蕴含的公平正义的"精神"才是法文明模式的灵魂之所在。因为公平正义不仅凝聚着人类社会的共同追求，同时也是法的正当性的基础，更是法文明模式价值理念的灵魂。

法文明模式是人类文明发展的产物，不同的法文明模式共同体现了人类社会成长的相同轨迹，凝聚着人类社会的共有理想。

（五）法文明模式的差异

从历史的发展规律看，不同种类的法文明模式在具有共性的同时，也各具自身的特色。人类文明的发展模式不是唯一的，因此法文明模式也不是唯一的，即使对相同价值理念的追求，也各有适合自己的途径。

春秋战国时的中国和古希腊，虽有着不同的文明背景，但中西先哲们探讨的问题却非常相似。比如，与法密切相关的人治与法治便是其中重要的议题。但在对这些相同议题的探讨中，中西思想家的思维方式、解决问题的方法又迥然有异。早年的柏拉图是一个"人治"主义者，他认为国家最为理想的状态应该是"哲学王"的统治，换成中国古人的话说，就是"圣人之治"。然而，晚年的柏拉图对"哲学王"的产生却失去了耐心和信心，放弃了"第一等好的统治"的理想，开始探索"第二等好的统治"方法——"法治"[1]。而曾在"柏拉图书院"学习、深受柏拉图思想影响的亚里士多德基于对人性的现实考察，则几乎完全放弃了对"哲学王"统治的幻想。亚里士多德认为，与其盼望着让那个不知能否出现的哲学王来实现社会公正，倒不如利用

---

[1] 柏拉图. 理想国. 郭斌和，张竹明，译. 北京：商务印书馆，2002：译者引言.

众人的智慧，制定出相互制约的制度来实现公正。这种制度的公正比哲学王的公正更为现实与可靠，这就是"法治"的思想。亚里士多德认为，众人之治显然优于一人之治。因为制度是"没有感情的智慧"，是社会公正最为可靠的保障。亚里士多德的"法治"定义至今仍是法学界的不刊之论："法治"包含了两重含义，首先是已成立的法律得到普遍的服从，其次是大家服从的法律应该是本身制定得良好的法律。[①] 即法治是"善法"得到了普遍的遵守与执行。

几乎与此同时，中国的哲人们也在探讨着最有效或最优良的国家治理方式，探讨"圣人之治"与"制度之治"的公正性问题。先秦儒家似乎更倾向于贤人之治，从孔子、孟子对尧、舜、禹等古代仁君的推崇中，我们可以体会到儒家更为注重的是统治者的素质。中国古人企盼的圣君、贤君中的"圣"字、"贤"字之意，就是能体察天意、效法上天、德才兼备。但儒家并未将贤人之治与制度的构建完全对立起来或将其划分为"最好""第二等好"，而是将"圣贤"与"制度"融为一体。儒家崇敬先王，除崇敬先王自身的德才之外，也崇敬先王制定的"法"。孔子在赞叹周公时，肯定的是周公"制礼作乐"，为天下立"万世不易"之法。儒家赞叹礼乐之治的"人性化"是"以理服人"，是"王道"，而礼乐本身就是一种严密的制度。晚于儒家出现的法家，则更注重法的强制力，强调"力"在维护国家政权、社会稳定时的作用。法家的"力"体现在对制度构建的重视上。在诸国兼并的战国时代，法家认为儒家推崇的"以理服人"的"王道"实在是过于迂阔，因为讲求"理"的先王之法已经成为过去，"以力服人"的"霸道"更为符合时不我待的诸国争雄局面。要在诸国中争霸称雄，不被他国兼并，就必须抛弃对圣人贤君之治的幻想，利用国家的力量，制定出一套行之有效的富国强兵制度，并用"赏罚"的方法或诱导、或迫使人们遵守，统一人们的言行。与儒家崇尚先王"以理服人"的"王道"相反，法家献给社会的"以法治国"的救世之方，是"以力服人"的"霸道"。

但令人深思的是，儒家的贤人之治与法家的制度之治在实践中取得的成效竟然有着异曲同工之妙。翻阅司马迁的《史记》，我们可以看到这样的记

---

① 吴恩裕. 论亚里士多德的《政治学》//亚里士多德. 政治学. 吴寿彭，译. 北京：商务印书馆，1996.

载：鲁定公十四年，即公元前 496 年，56 岁的孔子以鲁国最高司法官大司寇的身份代行宰相之职，为政仅三个月，使鲁国大治：市场上，买卖童叟无欺；社会上，男女各守其规；官场中，官员各司职守；整个鲁国社会稳定，路不拾遗。四面八方来到鲁国的客人无不赞扬有宾至如归的感觉。司马迁的原话是这样的：

> 定公十四年，孔子年五十六，由大司寇行摄相事……与闻国政三月，粥羔豚者弗饰贾；男女行者别于途；途不拾遗；四方之客至乎邑者不求有司，皆予之以归。①

孔子对鲁国治理的成功，实际上是对传统改良的成功，是对自下而上形成的"礼治"改良的成功。

孔子治鲁一百四十年后的公元前 356 年，差不多与西方亚里士多德同时代的法家著名人物商鞅在秦国实行了闻名于史的"商鞅变法"。变法取得了与孔子治鲁相似的结果。变法之前，秦国的上层有过激烈的争论，秦孝公、商鞅认为只要可以强国利民，一切旧的习惯都可以改变："苟可以强国，不法其故；苟可以利民，不循其礼。"而贵族甘龙、杜挚则认为："圣人不易民而教，知者不变法而治。""利不百，不变法。"这场争论，以秦国变法后迅速强大的事实而终结。太史公司马迁虽然对法家一向没有好感，却秉笔直书商鞅之法在秦国的巨大成功。他写到刻薄寡恩的商鞅之法在秦国"行之十年，秦民大说（悦），道不拾遗，山无盗贼，家给人足。民勇于公战，怯于私斗，乡邑大治"②。商鞅用制度为秦统一中国奠定了强大的物质基础，使当时的人们认识到了"制度"的力量。这也是虽然在政治势力的较量中商鞅失利而死，但其所制定的制度却一直为秦及后世所沿用的原因所在。

与擅长抽象思维的古希腊思想家不同，中国古代的思想家更擅长对历史经验的总结。春秋战国的诸子百家以及后世的继承者，通过一个又一个历史"故事"以及这些"故事"背后的规律来证明自己的观点。在中国传世经典著作中，我们看不到西方法学著作中那样明确的"定义""概念"和对立的"范畴"，但历史的经验与思想都在总结中被"兼容并蓄"。于是，在中国古

---

① 《史记·孔子世家》。
② 《史记·商君列传》。

人的理念中，圣人与法并不对立，德与刑互为表里。"兼容并蓄"成就了博大精深的中国古代法文明模式。

自汉开始的儒法合流，印证了中国古代法文明模式的强大融合力与兼容并蓄的能力。汉代的统治者在总结秦朝兴亡的经验教训时，对法家与秦朝片面的"尚力"进行了尖锐的批判。汉人认为，尚力的秦朝之法，成就了秦的霸业，但也葬送了秦的政权。秦朝的法，以民众的服从为宗旨，忽视了植根于民众心中的是非善恶之"理"；单纯地尚力，使秦政权失去了民心，因而也就失去了存在的正当性。尚力造成了秦王朝统治力的脆弱——这是汉人对历史的洞察与总结。但是在经过了春秋战国及秦王朝统一之后，汉人也目睹了在统一天下的过程中，秦法所发挥的巨大作用。明智的汉代统治者与思想家，将对秦政的批判集中在"理念"上，而对秦的具体制度，尤其是秦法并不全盘否定。对于先秦儒家的思想，汉人既是继承者，又是发展者。先秦的儒家之所以在"尚力"的春秋战国时代坚守着"以理服人"的"王道"，是因为儒家坚信国家的实力与民心相比，民心更为根本，民心的向背是政权正当与否的最终裁判。于是，汉代的统治者与新儒家继承了先秦儒家"尚理"的传统，而这个"理"正是法家及秦政所忽视的植根于民心中的是非善恶观和伦理道德观，汉人把它演变成了制度的灵魂。

我们无须对两千多年前的儒家与法家用不同的方法，取得了同样的成功进行是非判断，当然也更无须对处在人类轴心时代的中西哲人的探索进行孰是孰非的争论。因为历史本身就是复杂的，中国古人所言的"殊途同归"这四个字，最为贴切地解释了"孔子治鲁"与"商鞅治秦"获得同样成功的现象。"殊途同归"是中国古代不同地区社会发展的常见现象，站在现代社会回观历史，我们会发现更为广阔意义上的"殊途同归"，即中西法文明模式的"同"与"不同"，对我们今天"中西法律文化比较"的研究，以及探索既符合世界潮流、与时俱进，同时又适合中国的法治之路具有深刻的启迪。

二、研究意义与主要观点

（一）研究意义

中国具有数千年的文明发展史，如何评价中国古代文明的主流、中国古代法文明模式，是需要慎重对待的问题。因为近代以来，中国古代法始终是被反省和批判的对象，即使在如今传统回归的大潮中，古代法文明模式也被许多人斥为简陋、野蛮而置于"复兴"之外。有人甚至认为，如果说中国古代文明中有精华和糟粕之分，那么古代法就是糟粕的部分，是中国古代文明中的"黑洞"。因此，研究中国古代法文明模式具有以下意义。

1. 学术意义——争夺国际学界的话语权

近代以来，学界许多人以西方法律模式为标准对中国古代法文明模式进行片面的价值判断，在学术上形成了许多误区，比如：认为中国古代法文明不发达，规范条文杂乱堆砌，缺乏理念与学理的支撑，帝王不受法律的约束，法律等同于刑罚，等等。这些观点不仅在学界影响广泛，而且造成了人们对中国古代法文明普遍误解的后果。因此，客观地描述中国古代法文明模式的真实状况，尽可能全面地展现中国古代法文明在中华文明中的作用与地位，对于纠正近代以来形成的对中国古代法文明的误解，争夺中国在国际法学界的学术话语权有重要的意义。

2. 理论意义——探索不同法文明发展的共同规律和特殊性

正如前文所述：人类社会的发展证明，不同国家和地区的法文明的发展既有相同的规律，也有其特殊性，法文明的模式是多种多样的。中国古代法文明在形成、发展的过程中，形成了与自身社会环境匹配的模式，比如以和谐为核心的主流理念、礼法合一的结构、兼顾天理国法人情的司法原则等等。整体再现中国古代法文明模式，可以突破以西方法律模式为唯一标准臧否其他地区和国家法律的理论禁锢，也可以证明法在未来的发展，既应该是不同文明中优秀文化因素的融合，也应该是不同地区和国家多元化的法律模式的保留与完善。对中国古代法文明模式的研究还可以从理论上为世界法律的发展与实践提供多元的选择。

3. 启迪意义——增强法文化自信

中国古代法文明模式博大精深，在数千年的沿革过程中，古人对之精雕细琢，不断改造、完善。古人对法理念的深思熟虑、对制度规范逐条逐款的精心设计、对法与社会互动关系的把握，对我们有着重要的启迪作用。对中国古代法文明模式的研究，可以在理论层次上引导社会正确对待传统法文化遗产，增强国人对传统法文化的自信心，并为现实法律的发展寻找到传统的动力。

以上的意义是建立在对中国古代法文明模式全面、历史地评价的基础之上的。而全面、历史地评价中国古代法文明模式自身便有学术与理论的导向意义。唯有全面、历史地评价中国古代法文明模式，才能恰当地解析资料，纠正近代以来对中国古代法的种种误解，以接续传统并激活古人留给我们的法文化遗产。

（二）全面地评价中国古代法文明模式

所谓全面，就是整体分析中国古代法文明模式自形成到近代转变的全过程。这实际上涉及对资料的取舍问题。中国古代史学发达，资料的浩瀚堪称世界之最，如果人们"预设"了某种观点，在这浩瀚的资料中都不难寻找出可以证明自己观点的论据。比如，我们要论证中国古代帝王视法律为儿戏，资料可以信手拈来，但是，在丰富的史料中也不乏帝王守法的事例。我们可以用许多的资料证明中国古代法的残酷，但也很容易找到更多的资料来证实中国古代法的文明和进步。在这样的情况下，恰当的资料取舍和对事物本质与主流发展方向的把握就至关重要。在资料的取舍上，笔者注意到经学中的许多著作实际上就是历史的记载，故有"六经皆史"之说。这些经书经过前人的反复研磨、探讨而成为中国文化的"经典"，其中所宣扬的一些思想和观念，随着"经"的地位的确立和巩固而日益深入整个社会，成为社会的精神寄托与核心价值。中国古代法文明模式中的"制度设计"与主流"价值理念"在经学中有充分的体现。史学著作则以正史、政书与官修史书为主，因为这些史料的撰写者是当时的"精英"，得"官修"之便，所见资料全面而能做到高屋建瓴。在正史、政书、官修史书中，一个时代的法观念和制度往往可以得到比较全面的反映，而且信息量大，分类清晰，容易查找，如历代《礼乐志》《刑法志》《食货志》及一些有关人物的传记。一些野史、笔记等，固然生动地反映了一些社会的实际状况和法律"故事"，但限于作者阅历和身份，毕竟有极大的局限，其往往只是作者一地一时之见。将其作为正史与官修史书的补充或个案研究尚可，若将其作为主要史料使用则难免片面，也难以系统地反映历史的真实状况。《四库全书总目》言：

> 盖正史体尊，义与经配，非悬诸令典，莫敢私增。所由与稗官野记

异也。①

对于子、集类的书应本着以"常见资料"为主的原则，因为这些资料虽然在流传中不免有讹误之处，但经过几百年，甚至两千余年的流传，并几经前人的辨伪和解释，应具有较高的可靠性。以常见资料为研究的基础，也是许多著名学者读书研究经验的总结。李学勤言：

> 我是最主张读常见书的。常见书还没有读，却一味去猎奇求异，绝非善读书者。②

（三）历史地评价中国古代法文明模式

再说历史地评价。中国古代法文明模式的发展有不同的阶段，而不同的阶段相互之间又有延续的发展，同时也有变化，有不同的特征。目前学界的研究比较关注清代，尤其是清末的状况。我们在网上及纸质媒体中常见到的一些西方传教士、使节、商人对中国的描述，以及拍摄的照片，也基本是清中期后的状况。中国古代自宋明之际就进入了由盛到衰的转折时代③，清朝是中国古代的最后一个王朝，就法律而言，这一时期的特点是立法技巧发达，法律体系完备，条文严密，但是由于官场的积弊日深，舞文弄法成为社会的痼疾。如果我们仅以晚清为对象阐述中国古代法，就难免以偏概全。如果带有预判，想证明中国古代法的不合时宜，寻找一些不具典型性的资料和事例的话，便难免形成对中国古代法的误解与偏见。伏尔泰曾经指出西方一些人根据一时一事而评价中国的不公正做法：

> 跟其他地方一样，中国也存在各种不良行为，但这些行为肯定会因法律的约束而更有所抑制，因为他们的法律始终如一。《海军上将安森回忆录》的博学的作者因广州小民曾经想方设法欺骗英国人，便鄙视和讽刺中国人。但是，难道可以根据边境群氓的行为来评价一个伟大民族的政府吗？假如中国人在我们沿海遇到船难，根据当时欧洲国家的法律

---

① 《四库全书总目·史部·正史类一》。
② 李学勤. 失落的文明. 上海：上海文艺出版社，1997：6.
③ 对此学界亦有不同的观点，比如认为宋是中国古代社会的进一步发展，而且是最为开明的王朝。关于此观点的争论，参见马小红. 中国古代法律思想史. 北京：法律出版社，2004：189-193.

可以没收沉船的财货,而按照习惯又允许杀死货主,那么中国人又将怎样评论我们呢?①

历史地评价中国古代法文明模式,应该通观中国古代社会发展的全局。

从价值理念的角度看,中国古代法思想的黄金时代是春秋战国时期。春秋战国的百家争鸣——道家的"道法自然"、儒家的"礼治"、墨家的"尚同"、阴阳家的"时令说"、法家的"一断于法"、名家的"循名责实"等等,都蕴含着丰富的法思想。在秦统一后,统治者不断利用权力"统一思想",排斥异端,但是,春秋战国各家的思想还是通过不同的方式渗透并融合到"大一统"的思想体系中。比如西汉中期形成的主流法思想,其以儒家思想为基础,以阴阳学说为解释,并因时因势而融合了法家、道家的有关主张。主流法思想作为主导思想自汉武帝时期起便不因改朝换代而变化,其自汉至清一直是不同王朝立法、司法的主导思想,直到明末清初启蒙思想家出现后,其主导地位才受到微弱的挑战。所以,自汉以后,法思想理念的发展进入了所谓"大一统"时代,杨鸿烈称之为"儒家独霸"时代。② 当然,由于强调独尊儒学,精通儒家经典成为入仕的必备条件,许多士子学者"两耳不闻窗外事,一心只读圣贤书",缺乏争鸣的学术环境也使主流法思想在发展中日见僵化。

从制度设计、体系结构的角度来说,汉唐的法也是令世人崇尚的。众所周知,自诩"千古一帝"的秦始皇,按照法家的设计建立了统一的中央集权制王朝。为维护政权的统一,秦朝法制发达,史称诸事"皆有法式"③。但是,统一的秦王朝只存在了不到16年,便被推翻。秦亡的原因不在制度,而在统治者对"政治时机"认识和把握的失误。经过几百年的战争,人心思安,秦王朝不乏强大的国力、完善的制度,统一王朝建立后,若能顺应民心,安定天下本是唾手可得之事。但是秦始皇信奉法家,主张"霸道",并以民为敌,认为只有使用法家主张的严厉的"铁血"手段才能使天下信服。于是,大兴土木,赋税徭役畸重,刑罚严酷,以致人们对统一的政权失去信心并心生怨恨,最终揭竿而起以"伐无道,诛暴秦"。代秦而起的汉王朝,

---

① 伏尔泰. 风俗论:上册. 梁守锵,译. 北京:商务印书馆,1995:216-217.
② 关于这一观点,参见杨鸿烈. 中国法律发达史. 上海:上海书店,1990.
③ 《史记·秦始皇本纪》。

统治者的明智表现在，他们只是对秦始皇的为政手段和理念进行了拨乱反正，而并不否认秦王朝的制度，相反，"汉承秦制"，秦王朝的制度在汉得到充分的实践并在实践中被修正补充。就法制而言，秦的酷刑在汉得到有效的控制，汉文帝废除肉刑被后世称为"千古仁政"，中国的刑罚制度由于废除了肉刑也确实向文明迈进了一大步。由于儒家思想的复兴，汉代的"经义折狱"为礼法"共同体"的形成开辟了道路。[1] 汉代以后，中经魏晋南北朝，至隋唐出现了中国古代法制发展的黄金时代，并形成了与世界其他法文明比肩的辉煌的"中华法系"。

历史地评价中国古代法文明模式，可以使我们认识到中国古代法的主流是从野蛮走向文明的，是应该肯定的。与同时期其他文明中的法模式相比，中国古代法的文明程度毫不逊色，甚至走在世界的前列。正因如此，中国文化在17、18世纪才能风靡欧洲，儒家的学说才能在西方的启蒙运动中发挥"旗帜"的作用。法国重农学派的创始者魁奈言：

> 在那个帝国（指中国。——引者注）的统治中，一切都像它赖以建立的普遍和基本的法则之不可改变一样，是永远稳定和永远开明的。[2]

（四）本书的主要观点

在全面地、历史地考察中国古代法文明模式的基础上，笔者不仅对近代已经终止或中断了的中国古代法抱有同情的理解，而且对这一法文明模式进程中遭遇到的巨大波折感到惋惜，因为中国古代法文明模式所体现的理念、智慧、制度等，不仅可以救治一些"现代病"，如道德滑坡、人文情怀淡漠，而且可以为世界法治的发展提供多元的模式。鉴于此，本书的基本观点如下：

第一，中国古代法文明模式是辉煌的中国古代文明的有机组成部分，而不是所谓的"黑洞"。近代以来，在以西方法律模式为唯一标准的判断中，相当一部分人认为中国古代的法律是简陋而野蛮的。这种印象显然是一种远离事实真相的误解。这种误解最初产生于西方一些学者对中国古代法真实状

---

[1] 马小红. 礼与法：法的历史连接. 修订本. 北京：北京大学出版社，2017：93-94.
[2] 弗朗斯瓦·魁奈. 中华帝国的专制制度. 谈敏，译. 北京：商务印书馆，1992：72.

况的陌生、偏见，或产生于殖民者的政治经济需求。在西方启蒙思想家的著作中，可以看到对当时的中国法有两种不同的评价：一是以孟德斯鸠为代表，对中国法作批判性解读；二是以魁奈为代表，对中国法持赞赏的态度。其后，随着19世纪中叶以后西方的殖民野心日益膨胀，孟德斯鸠的主张占据了主导地位。当时的中国正在探索寻求救国之路，西方学者对中国法批判性的解读契合了学界反思传统的潮流。孟德斯鸠等对中国法的批判常为学界所引用，成为不刊之论。这种反思对百余年前处在"救亡图存"中的中国学界而言虽然是必然与必需的，但这种反思和批判也造成了近代法学界对自身传统的过度否定，以致失去法文化自信。当下学界的使命则应该是对近代的反思进行再反思，澄清误解，发掘中国古代法中的精华，因此对中国古代法文明模式的探究对于纠正近代对古代法的过度反思具有重要作用。

第二，中国古代法文明模式具有强大的生命力，这种生命力来自其包容性和与时俱进的能力。中国古代法文明模式中的思想理念、制度设计、体系结构在五千年的发展中，既一脉相承，又不断改进完善。就思想理念而言，汉以后虽然儒家思想占据主导地位，但法家、道家、阴阳家等也都占有一席之地，有着各自的用武之地。各项制度，不因王朝的更迭而废除，"汉承秦制"——后建的王朝对前朝制度的合理继承成为传统。法的体系结构也在"沿波讨源"①中日益完善。这种以传统为基石或动力的社会发展，体现了中国古人的法文化自信，而这种自信正是当下中国法文明发展所急需的。

第三，中国古代法文明模式可以为当下法文明的全面发展提供有益的文化营养。其实，法文明无论中西，其所面临和需要解决的许多问题往往是人类社会的共同问题。不同的法文明中，有着相同的理念，只是理念的表达方式、支撑与实践的方法和途径各不相同。以"和谐"理念为例，对和谐的追求和向往，不独是中国古代法文明中所蕴含的理想，其实也是人类社会的共同愿望。但是，在追求和谐时，中国与西方设计的制度不尽相同，恰恰是这些不尽相同之处的互补，可以使法文明不断丰富与

---

① 《唐律疏议·名例律》言："远则皇王妙旨，近则萧、贾遗文，沿波讨源，自枝穷叶……"。

完善。

第四，综合以上各点，从礼俗到法律，从制度体系到思想理念，笔者认为中国古代法文明模式与中国古代的政治、经济、社会形态、文化的发展是匹配的，其不仅是合理的，而且是堪称完善并值得称赞的。

三、研究现状与方法

（一）研究成果分析

1. "中国法律史"研究成果的分析

概括地说，文明的内容有两大部分，即人类社会创造的物质文明与精神文明。"文明"一词，既可以是宏大历史叙事，如一个国家或地区、一个历史时期、一种文化类型的状况和发展；也可以是微观的但对具有典型性的一事一物的细致考察，如从人们的行为举止、言谈话语的细节中，从日常生活的物品中所体现出来的文明特征。这种综合性的文明或文明史的研究，为我们从不同角度透视文明提供了广阔的学术视野。比如"居住在两河流域南部城镇中的居民更重视自己作为城市公民的身份，家族和宗法制度相对松散。而两河北部的城镇及两河周围半游牧民族居住地，部落和家族关系更为重要，这表现在'公民大会'的长期延续上"[1]。迄今为止，有关"文明"或"文明史"的研究成果并不罕见，这些研究一般都是综合性的，其内容涉及纵向的历史沿革，横向的地域、习俗、制度、价值观、宗教以及人们的日常社会生活等等，几乎囊括了人类社会发展的各个方面。[2]

法文明作为文明整体的一个组成部分，在文明史研究的成果中也常常被提及，但相关内容多为较为简单的一般性介绍。不同类型文明中的法律起源及法模式，与其所处的地理环境、人们的生活方式有着必然的联系。中国古代法文明则是中华文明不可或缺的一个组成部分，其不是孤立存在的。从"模式"的视角整体研究中国古代法文明模式，可供直接借鉴的研究成果并

---

[1] 马克垚. 世界文明史：上. 2版. 北京：北京大学出版社，2016：43.
[2] 大凡研究文明史，基本都是将人类社会文明的纵向发展与横向联系作为研究范围，内容几乎无所不包。比如：费尔南·布罗代尔. 文明史：人类五千年文明的传承与交流. 常绍民，冯棠，张文英，等译. 北京：中信出版社，2014；袁行霈. 中华文明史. 北京：北京大学出版社，2006.

不多①，但局部或相关的研究成果十分丰富。这种丰富要归功于近代以来"法律史"学科的形成与发展。

形成于20世纪初的中国法律史学科，以中国历史上的"法律思想"与"法律制度"为研究对象，其中许多内容都涉及"中国古代法文明模式"的研究领域。比如"中国法律史"与"中国法律思想史"的教科书在综合研究的基础上对中国古代法律制度与法律思想有着系统性的阐述。② 这为本书"模式"研究中的"历史沿革"、"制度设计"与"思想理念"部分提供了坚实的基础。

在学科研究深入的同时，我们也应该注意到学科划分给学术研究所带来的负面影响，即"学科"的划分成为研究者的桎梏，其研究视角常常以偏概全，格局狭隘，从而产生了对中国古代法文明的诸多误解。比如，在流行的大部分"中国法律史"教科书中，一个经典的观点是中国古代法的特征是"以刑为主"；而在"中国法律思想史"的教科书中，也有一个经典的观点则是中国古代主流法律思想的特征是"德主刑辅"。这种教科书中"不刊之论"的相互矛盾，正是本书所要努力克服的痼疾。

2. 国际学界的有关研究成果

国际学界的有关研究，亦有可借鉴的成果。除一些启蒙学者的著作，如孟德斯鸠的《论法的精神》、伏尔泰的《风俗论》、魁奈的《中华帝国的专制制度》等的有关章节中对中国法律及其特点的论述外，近来大量的译著，如

---

① 可直接借鉴的成果有：张晋藩著《中华法制文明史》（法律出版社2013年版），该著综合了作者几十年有关法律史研究的成果，对中国古代法制文明的演进、近代法文明在中国的形成发展及中国当代法制的发展进行了全方位的论述。张仁善著《中国法律文明》（南京大学出版社2018年版），该著从礼制、刑制、法理念、法体系、契约、调解、司法七个方面对法文明作了介绍。本书的研究视角重在"文明模式"的构成，即中国古代法文明的存在与发展状态，从历史沿革、制度设计、体系结构、思想理念等方面展现中国古代法文明。

② 关于"中国法律史"教科书与"中国法律思想史"教科书成果的归纳总结，有大量的综述性研究专著和论文。有关研究成果的评介可参见张友渔. 中国法学四十年. 上海：上海人民出版社，1989；曾宪义，郑定. 中国法律制度史研究通览. 天津：天津教育出版社，1989；曾宪义，范忠信. 中国法律思想史研究通览. 天津：天津教育出版社，1989；张晋藩. 中国法制史研究综述. 北京：中国公安大学出版社，1990；刘海年，马小红. 五十年来的中国法制史研究//韩延龙. 法律史论集：第3卷. 北京：法律出版社，2001；何勤华. 中国法学史：第3卷. 北京：法律出版社，2006；张晋藩. 中华法系的回顾与前瞻. 北京：中国政法大学出版社，2007；中国社会科学院法学研究所法制史研究室. 中国法律史学的新发展. 北京：中国社会科学出版社，2008；等等。

《中华帝国的法律》[①]、《美国学者论中国法律传统》[②]、《世界学者论中国传统法律文化（1644—1911）》[③]、《先贤的民主：杜威、孔子与中国民主之希望》[④]、《古代中国的思想世界》[⑤] 等对相关问题亦有涉及。来自其他文明背景的学者对中国古代法文明的描述和分析，为本书的研究提供了多方位的视角，开拓了学术视野。但笔者亦注意到在这些不乏精彩，甚至经典的论断中，也充满了误解。造成这种误解的原因，或是文化的隔膜，或是价值观的偏见。同样，我们既需要吸纳西方学者的有关研究成果，以开阔我们的学术视野，多视角地考察中国古代法文明的特征及其在世界法文明中的地位；同时，我们也需要甄别西方学者的研究成果中对中国法文明，尤其是对中国古代法文明的误解以及这种误解所造成的影响。

综合学界的研究状况，可知本书的研究可以借鉴学界已然取得的雄厚的研究成果："中国法律史"学科的发展，国际学界不同学术视野下的中国古代法文明论述等，都为本书进一步综合研究中国古代法文明模式提供了条件。当然，通过对学界研究成果的整理，也可以看到关于中国古代法文明模式的研究尚存在着巨大的发展空间和不足。

（二）研究方法

本书的基本研究方法是史学与法学的结合，即在厘清史实的基础上，对中国古代法文明模式进行法学的阐释。在对历史资料和研究成果进行去粗取精、去伪存真分析的基础上，尽可能客观、全面地展现中国古代法文明模式的原貌并以法学分析的方法对其本质、特征进行归纳，以尝试进行法文明模式的古今连接。

1. 资料考辨

任何一门学科的研究都离不开资料，没有资料，或没有丰富、翔实的资

---

① D. 布迪，C. 莫里斯. 中华帝国的法律. 朱勇，译. 南京：江苏人民出版社，1995.
② 高道蕴，高鸿钧，等. 美国学者论中国法律传统. 北京：中国政法大学出版社，1994.
③ 张世明，步德茂，娜鹤雅. 世界学者论中国传统法律文化（1644—1911）. 北京：法律出版社，2009.
④ 郝大维，安乐哲. 先贤的民主：杜威、孔子与中国民主之希望. 何刚强，译. 南京：江苏人民出版社，2004.
⑤ 本杰明·史华兹. 古代中国的思想世界. 程钢，译. 南京：江苏人民出版社，2004.

料作为基础，学术研究的成果就如同无源之水。

确定资料的价值首先要保证资料的真实性，对所运用的资料进行辨伪。在本书的"历史沿革"部分中，对资料考辨尤为重要，因为先秦的许多资料是后人追记伪托之作。在使用这些资料时，首先要辨别这些资料产生的年代，以确定其价值。在辨别经书中有关资料的价值时，笔者参照或直接引用了一些经学家的著作，如清人皮锡瑞的《经学通论》[①]、今人陈梦家的《尚书通论》[②]。在使用诸子著作时，参考或直接引用了蒋伯潜的《诸子通考》[③]、高亨的《诸子新笺》[④]、邓瑞全与王冠英的《中国伪书综考》[⑤]等。

2. 历史陈述

自西学的研究方法传入中国后，为了寻求近代中国落后于西方的原因，有关中国历史方面的研究成果往往急于解答"为什么"。尤其是在中西法的比较中，许多学者更是将研究聚焦于对所谓中国古代法文明"落后""不发达""停滞"等原因的探索，这反映了近代法学界急于摆脱"法学幼稚"困境的迫切心情。但是，史学的研究规律往往是只有在准确地把握了客观的"是什么"之后，才能对"为什么"作出具有说服力的解答。具体到对中国古代法文明模式的研究，笔者更关注如何实事求是地描述中国古代法文明在中华文明中的地位，实事求是地阐述法在当时社会中所起的作用和产生的历史影响。

只有在掌握了真实的历史资料的基础上，才有资格和能力回答"为什么"。从史学研究的角度而言，本书的研究以追求真实为首要目的。但历史陈述的方法并非对"为什么"全然回避，相反，对中国古代法文明模式形成的社会背景、文化氛围的描述，实际上就是对"所以然"，即"为什么"的最直接回答。因为这种回答基于史实，所以它只是一种发现，而不是创造或创新。还有一点要说明的是，陈述并不等于抹杀创见和观点，在对历史的力所能及的真实陈述中，对资料的选择、解释和运用本身就反映了陈述者对"为什么"的理解和思索。

[①] 皮锡瑞. 经学通论. 北京：中华书局，1954.
[②] 陈梦家. 尚书通论. 北京：中华书局，1985.
[③] 蒋伯潜. 诸子通考. 杭州：浙江古籍出版社，1985.
[④] 高亨. 诸子新笺. 济南：齐鲁书社，1980.
[⑤] 邓瑞全，王冠英. 中国伪书综考. 合肥：黄山书社，1998.

在此，笔者想引用梅因和梁启超的论述对"历史陈述"的方法、对追求真实的意义作一说明。

梅因在《古代法》中写道：

> 如果我们能通过任何方法，断定法律概念的早期形式，这将对我们有无限的价值。这些基本观念对于法学家，真象（像）原始地壳对于地质学家一样的可贵。这些观念中，可能含有法律在后来表现其自己的一切形式。我们的法律科学所以处于这样不能令人满意的状态，主要由于对于这些观念除了最最肤浅的研究之外，采取了一概加以拒绝的草率态度或偏见。在采用观察的方法以代替假设法之前，法学家进行调查研究的方法真和物理学与生物学中所用的调查研究方法十分近似。凡是似乎可信的和内容丰富的、但却绝对未经证实的各种理论，像"自然法"（Law of Nature）或"社会契约"（Social Compact）之类，往往为一般人所爱好，很少有踏实地探究社会和法律的原始历史的；这些理论不但使注意力离开了可以发现真理的唯一出处，并且当它们一度被接受和相信了以后，就有可能使法律学以后各个阶段都受到其最真实和最大的影响，因而也就模糊了真理。①

梁启超在《中国历史研究法（补编）》中言：

> 什么是历史的目的？简单一句话，历史的目的在将过去的真事实予以新意义或新价值，以供现代人活动之资鉴……再把这个目的分段细细解释，必定要先有真事实，才能说到意义；有意义才能说到价值；有意义及价值才可说到活动。②

3. 法学分析

19、20 世纪的西方，法学流派纷呈。这些流派对法不同的解释、不同角度的研究、不同的研究目的和不同的研究方法至今也深深影响着我们。20 世纪初中国导入西方法学研究方法后，法学的研究便也呈现出前所未有的新局面。以往法学研究的成果是当下法学研究的基石；不同流派的研究方法也

---

① 梅因. 古代法. 沈景一，译. 北京：商务印书馆，1984：2.
② 《饮冰室专集之九十九·中国历史研究法（补编）》。(梁启超. 饮冰室合集：专集之九十九. 北京：中华书局，1989：5.)

为我们认识"法"提供了更多的视角，使我们可以从不同的角度更全面地考察"法"的本质与现象。其实在法学研究中，研究者不必拘泥于一种方法或方式。

从法学的研究对象来说，法学的研究分为理论法学与应用法学两大部分。中国古代法文明模式作为法学基础性的研究课题，更注重的是理论法学所关注的问题，如法模式的内涵、原理、体系、表达方式等。随着时间的推移，中国古代法文明模式与现代渐行渐远，人们对它的真相认识日益模糊，加之当下研究者对国学日益陌生，把握古代法也成为愈来愈困难的事情。20世纪30年代就有学者将中国古代法分为"刑法总则""刑法分则""民法总则""民法分则"，而我们今天的一些教科书和专著也径直将古代法分为"民法""刑法""经济法""行政法"等。这种用现代法律分类的方法分割古代法，用古代法的某些资料附会现代法的研究在今日的学界早已蔚然成风。其实当我们费力地从浩瀚的史籍中归纳出中国古代的"民法""刑法""经济法""行政法"时，中西法或古今法的比较就已经误入了歧途，因为我们用现代的"语境"和"体系"阉割了根本就不曾存在过的"中国古代法"。与此同时，一些研究者用现代法的标准去要求或苛责古代法，认为中国古代法的规则、体系、精神与现代社会格格不入，视古代法的价值理念为现代法发展的阻碍。许多人甚至将现实中的一些不如人意的地方，如立法的缺陷、执法的误差、司法中的腐败等，也归咎于中国古代法的传统。其实，我们在批判中国古代法的所谓"缺陷"时，误解及问题已经出现：首先由于古代法制度的完全解体，有机统一的古代法被机械地分割为制度、思想等条条块块而失去了"原貌"的整体。所以我们认为的那些古代法的"缺陷"是子虚乌有，并非真实存在的。这些"缺陷"往往是由于我们不能全面地了解古代法而产生的偏见，因为这些"缺陷"对于生活在古代社会中的人们而言根本就不存在。

本书的法学分析是指法理的阐述与条文的分析，而不是将有机的中国古代法文明模式按现代法的体系分割成部门法。

4. 比较研究

比较研究是近代不同国家和地区学术、文化交融的结果，其在中国兴起于20世纪下半叶。

就法的比较研究而言,其优势在于可以拓展学术视野,借鉴历史的或其他国家与地区不同法文明中的经验,以完善自我。但应该说明的是,不同种类文明中的法的形成都自有其必然性与合理性,很难或不能简单地以"优劣""好坏""进步""落后"来评判。近代以来的比较法研究,尤其是宏观的比较法研究,往往以西方法为标准,进行价值判断。两个或多个不同文明的法的比较,必取所谓"先进"一方(通常为西方)为标准,另一方或几方则被戴上"野蛮落后"或"不文明"的帽子而遭到贬抑。这种比较很容易造成比较标准的片面,甚至造成对文化及种族的歧视。在中国,近代以来比较研究也始终是学界研究的主流方法,正如苏亦工所言:

> 关于中西文化的论争以及对于中国文化的认同,不止是20世纪前半叶以及费孝通先生以前的那两代知识分子们久争不决的问题;可以说,自19世纪中叶西方势力侵入以来,延至今日,国人对这个问题的看法便一直处于激烈的争论之中。应该说,这个争论,是百多年来无法回避的、最大的时代中心话题。[①]

近代以来,法史学界的研究亦如是。笔者发现19世纪末至20世纪初的一些法史学家在比较中西法的异同时,尤其是在论证古代法的特征时,往往能一语中的。他们的研究成果,直到现在读来也不会感到过时,研究者会在其研究成果中时时征引。如沈家本认为中西法的道理是:

> 大抵中说多出于经验,西学多本于学理。不明学理,则经验者无以会其通,不习经验,则学理亦无从证其是。经验与学理,正两相需也。[②]

再比如,程树德作于1926年的《九朝律考》对古代"律"的历代相袭沿革作了精辟概括:

> 九章之律,出于李悝《法经》,而《法经》则本于诸国刑典,其源最古。春秋时齐有管子七法,楚有仆区法、茆门法,晋有刑书刑鼎,郑有刑书竹刑,其见于记载者如此。商君有言,不观时俗,不察国本,则其法立而民乱。自汉以后,沿唐及宋,迄于元明,虽代有增损,而无敢

---

① 苏亦工. 天下归仁:儒家文化与法. 北京:人民出版社,2015:501-502.
② 沈家本. 历代刑法考:第4册. 邓经元,骈宇骞,点校. 北京:中华书局,1985:2217.

轻议成规者，诚以其适国本，便民俗也。①

这种对中国古代法言简意赅的经典论述，缘于研究者对古代法及产生古代法的文化的透彻理解。沈家本、程树德所处的时代，即 20 世纪初期，对当时的人，尤其是学人来说刚刚过去的"古代"并不陌生，而中国古代法虽正处在解体中，但其整体模式依然清晰可见。这就为研究者的两厢比较提供了准确的对象，受国学熏陶的学者对中国古代法文明的精髓及整体进行把握并不困难。而对当今的研究者来说，中西古今比较研究中的最大困难是古代法已经不复存在，而那些古人最习以为常的习俗、规范、制度和观念恰恰是当今的研究者最难理解之处，因为古代社会的环境已然消失。

在对中国古代法文明的认识日趋模糊的情况下，有学者在以西方法的模式为标准而脱离中国历史文化背景的中西法比较研究中，苛责中国古代法的简陋，比如，指责中国古代缺少"法学家"或"法学家阶层"，苛责中国古代法文明中缺乏维护"人权"的因素，等等。这种以西方法为衡量标尺的研究，在研究之始已经"预设"了西方法的"优势"。这种显失客观公正的所谓比较，结论也自然是将西方法中有、中国法中无者，视为中国法的缺陷；而将中国法中有、西方法中无者，作为中国法烦琐、保守、落后的证明。以中国古代社会中的法律制度、体系、理念比附现代法律制度、体系、理念的研究，也面临着尴尬。由于文化背景、语境、法的体系与特征等各方面的不同，中国古代法与现代法有很大的差异，因此中国古人的"法"与现代人对"法"的定义无法完全吻合。如果我们机械地用现代的法概念去一一对应中国古代社会中的法，则难免对中国古代法文明产生曲解。尤为值得注意的是，古代社会与现代社会的差异随着时间的推移而愈来愈大，这使得我们对古代法"原貌"的整体认识越来越困难。如果不注重基本事实，只是想当然地将近代中国的落后推诿于古人或归罪于"文化"，我们就会在比较中失去自我。

虽然比较研究容易造成而且已经导致了研究中的许多失误，但自近代以来在许多研究领域比较研究依然兴盛。20 世纪以来对中国法史学界影响颇深的研究方法有二：一为比较法学研究，二为社会法学研究。孙晓楼在《法

---

① 程树德. 九朝律考. 北京：中华书局，1963：1.

律教育》一书中谈到研究方法时，格外设章论述"社会学之重要""比较法学讲座之重要"[①]："拾彼之长，补我之短""谋法律的改善，免外人得所藉口""创制新法"[②] 等为20世纪比较法研究的目的。这种过于注重现实功效并以"外人"评价为标准的比较，从学术的角度考察则是不足取的。

《简明不列颠百科全书》阐述了比较法研究的原则，即"客观陈述"异同，而非对异同进行价值的判断。其对"微观比较法研究"和"宏观比较法研究"作了如下的解释：

> 前者（微观比较法研究。——引者注）的目的在于分析同一法系的各种法律。通过观察其分歧点，决定其是否合理，对别国的法律创新是否有价值。而宏观的比较方法则首先是研究彼此差别很大的法律兼制度，深入了解研究者不熟悉的制度及思想。微观学者的主要任务在于搜集资料，比如美国的50个州各有自己的制定法和普通法，就需要加以搜集和比较。宏观学者则不同，他在比较时必须按照新的标准去思维。比如，如果他是西方人，他就必须认识到，在远东，一个正直的人是不上法院打官司的，而且他不承认有主观方面的权利；反之，公民的行为，是受祖传的礼仪约束的。[③]

鉴于此，本书在运用比较研究的方法时，对古今的"和谐"理念、中西的"权力"观念等，则以努力探寻中国古代法文明模式中的"和谐""权力"等的原始面貌为目的，力求避免过多的价值判断。

四、本书欲探究的问题

本书是对课题研究成果的修订，课题从2010年立项到结项历时5年，从2015年结项到现在又过去了7年多，其间有两个问题始终萦绕在笔者的脑海，即：中国古代法文明模式的特点究竟是什么？独树一帜的中国法文明与其他法文明的共同之处又是什么？其实，这"不同"（特殊性）与"同"

---

① 孙晓楼. 法律教育. 北京：中国政法大学出版社，1997：27-31，64-67.
② 同①64-67.
③ 简明不列颠百科全书：第1册. 北京：中国大百科全书出版社，1985：685.

（普遍性）的问题同样一直存在于近代法史学界。探究起源、梳理沿革、介绍典章、分析体系、描述制度、思索先人的思想理念，笔者在这些年中一个一个专题地研究，归根结底都是为了回答中国古代法文明模式的普遍性与特殊性究竟是什么的问题。如果不关注法文明的普遍性，我们在现实的法治发展中就会迷失方向；而如果不关注法文明的特殊性，现实的法治发展则难以接地气，难以寻求到现实法治发展的传统动力。

（一）寻找中国古代法文明模式的"特点"

说到中国古代法文明模式的"特点"，应该注意两点：第一，目前中国的法律体系是近代以来西法东渐的产物。从1902年清末修律开始，西法成为中国"变法"的仿效目标，这是近代中国无奈的被动选择。西来之法不仅改变了中国承袭了数千年的法的制度与体系，而且也冲击着人们的法律价值观。第二，一脉相承的中国数千年的法在近代解体后，其深远而巨大的影响却不以人们的意志为转移。就习俗及观念而言，古代法的影响还远远没有消失。在现实的生活中，我们总能自觉或不自觉地感受到传统法的影响和约束。在变法中，仿效的西法模式在传统影响下不自觉地变形。古代法文明在西来法文明的冲击下，虽支离破碎但仍然顽强地存在并影响着现实。中法与西法两者在变异中融合并摸索相互兼容的途径。然而，这个"兼容并蓄"也并非一成不变。

19世纪以来，每当立法之时，人们必会问西法的规定为何。清末修律时，修订法律馆派出了大量的法科留学生，翻译了大量的西方法律及法学名著，并请外国的法学专家来中国帮助立法。借鉴、吸纳甚至仿效西法，其实一直是近代中国法律变革的主旋律。每预立一法，国人便会放眼看一看美国如何、欧洲如何、日本如何等等。但在20世纪的后半叶，中国学界在关注国外的同时，也开始关心起中国古代法如何。如今法学界更是有很多学者将眼光投向中国古代法文明蕴含的现代法因素。中国古代法文明中是否有权利观念、权力制约的思想、类似宪法的母法、类似民法的理念等等，这些问题的提出，一方面说明中国古代法确实离我们渐行渐远，以致非经"专门"的研习而无法确知；另一方面也说明在中国现实社会的法律发展中，兼容并蓄不仅是中西的融合，而且包括了对古代法的借鉴。法的古今连接已经改变了以往被动地被影响的局面而成为自觉复兴。

说到中国古代法文明究竟"有没有"的问题，其实涉及法文明的"特点"。有学者认为，无论是在古代还是在今天，也无论是在西方还是在东方，但凡是人类社会，所遇到的一些问题大致是相同的。其实，从贴近民生的法律看，便可以证明这一点。比如中国古代社会有纠纷的存在，西方社会、现代社会同样也有纠纷的存在；中国古代社会的法律中有罪与刑的规定，西方与现代的法律中同样有这样的规定。古今中外面对相同问题的"不同"在于对同样问题阐述的角度、表达的方式和解决的方法不同，这就是特点。实际情况也的确如此。我们可以从"二十五史"的《礼乐志》中看到礼就是中国古人心目中的"根本大法"，从《选举志》中看到科举制就是中国古人对"权利""平等"的追求，从《五行志》中寻找到中国古典式的以体恤弱者为特征的"自然法"思想……当我们从浩瀚的资料中勾勒出中国古代法文明模式，澄清了一些误解后，再用现代社会的法思维方式或理念去阐释中国古代法文明时，过去的法便具有了现实的价值。

中国古代法在近代的变革中不仅证明了其优秀因素是可以与时俱进的，而且在实践中也证实了其强大的生命力与活力：凡是自觉地利用了传统作为支撑的法律制度，比如人民调解制度、综合治理等等，在实践中就会执行得较为顺利，基本能获得立法的预期效果；反之，与传统抵触较大、从西土引进却又缺乏本土法资源支持的一些法律制度，在实践中往往会产生"南橘北枳"的结果，如梁启超所总结的那样：

> 自由之说入，不以之增幸福，而以之破秩序；平等之说入，不以之荷义务，而以之蔑制裁；竞争之说入，不以之敌外界，而以之散内团；权利之说入，不以之图公益，而以之文私见；破坏之说入，不以之箴膏肓，而以之灭国粹。[①]

梁启超所处的时代，即 20 世纪的初期，在中西法融合中发生"南橘北枳"的现象，可以说是历史的必然。因为当时的中国处在民族生死存亡的关头，人们无暇对来自西方的自由、平等、竞争、权利等新观念以传统为平台

[①] 《饮冰室专集之四·新民说》。(梁启超. 饮冰室合集：专集之四. 北京：中华书局，1989：127-128.)

主动地发掘与融合，也无法对西来的这些概念或观念细致地正本清源，所以难免产生误解。在当时的情况下，对中西法契合点的考察也不免片面，因为效法西方法则必解体中国法在当时人们的认知中是必然而合理的。但是，对于中国这样一个具有古老文明、悠久历史的国家来说，历史传统永远是融合与创新的基础，合理地维护、利用、改造、更新传统，才会产生出适合自身发展的道路。就如同古代中国对来自天竺之国的佛法的兼容形成了具有中国特色的佛教一样，外来的法治也只有在以传统为基础的兼容并蓄中，才能获得真正的活力。

（二）寻找不同文明中法文明模式的"共性"

东汉文字学家许慎在《说文》中阐释"灋"（法）字的含义是："水"部表示法律的目的在于公平，即"平之如水"；"廌"表示在法的形成时期人们对神断的信赖；"去"表示法律"去不直"的本质。其意为以神兽廌来裁断，使有罪或"不直"的一方受到惩罚以达到公正。廌是传说中黄帝时代的独角神兽，其特点是明察曲直，性知有罪。它是中国古代最早的"法官"皋陶进行裁断时的工具。在裁断中，皋陶常以廌的是非为是非，廌以独角触碰的那一方，即为有罪或理屈的一方。而在西方古代，法的正义理念是通过"正义女神"的形象传递给世人的。古罗马时期的正义女神，将古希腊传说中的诸正义之神集为一体。女神以一手持天平、一手持宝剑的形象立于世人面前。持天平，象征着依法裁断的公平，如中国古代"灋"字中的"水"部；一手持宝剑，表示对恶行决不姑息，如中国古代"灋"字中的"廌"去"不直"。中国古代的"灋"字与西方的正义女神，反映了中西法文明中所具有的共有理念——对正义的维护和追求。

法正义性的实现，在中西的发展也经历了相同的路径：从寄希望于神明到寄希望于人类制度的自我约束。公元前621年，雅典的执政官德拉古将不成文的雅典法律汇集起来并公之于众，西方史学家的评论是：尽管德拉古颁布的法典像大多数古代法典一样，很严厉，但这毕竟是走向公正和民主的一步。因为它使民众明确知道了法律的内容是什么。而在公元前536年的中国，杰出的改革家子产也将"刑书"铸于象征权威的鼎上并公之于众。当时的贵族反对道：这种破坏了等级制的一视同仁的做法，将会导致民众据法为一己私利而争斗不息,即"锥刀之末,将尽争之"①。但同时,有更多的政治家和民众接受了这种较"神断"更为公平的做法,这也是中国古代法律中出现的"权利"思想的萌芽。其实,公正与权利的理念,伴随着法文明的产生而产生。这种相对独立发展的不同文明中的古代法所具有的共同理念,深刻地表达了人类社会的法所具有的共同价值观。这种共同的价值观,正是中西法文明,也是古今法文明的契合点。让我们以调解制度为例,剖析这种不同法文明中的"共性"。

调解,是农耕社会中中国古人主要的纠纷解决方式。我们今天看中国古代的调解制度便可发现其中蕴含着法主张的"公正"与"权利"的共性。第一,调解主持人须在充分尊重事实的基础上裁决。纠纷的双方可以充分地申诉;而参加调解的众乡亲也可以依据礼教及法律发表个人的见解,并根据双方的日常表现和自己的观察对双方陈述的真伪进行判断。第二,纠纷调解的主持人是生活于乡民之中的德高望重的人,有着"公正"的口碑。其较官员更具有民望并容易了解事实的真相。调解主持人的威望是在日常生活的过程中自发形成的,所以他的裁决无论是对当事人还是对参与者都有着官员无法比拟的说服力。第三,乡间的调解不仅较到衙门打官司更能保全双方的脸面,而且成本也低得多。这种程序便于启动,可以及时地将矛盾化解在初起之时。其实,更为重要的是,调解过程也是一个有效宣扬礼教与法律的过程,更是一个深入解析"天理、国法、人情"的过程。正因为古代的调解制度中蕴含着不同法文明中"正义""权利""和谐"等共有的价值观,所以它才能"与时俱进",延续到今天并走向世界。

即使在近代传统法律制度瓦解之时,调解制度在中国的立法与司法中也未曾消失。1929年国民政府公布的《乡镇自治施行法》《区自治施行法》,规定了在乡镇、区一级设立调解委,以办理民间调解事项。1935年颁布的《民事诉讼法》对调解组织、调解事项、调解期日、调解方式和调解结果等作了规定。从革命根据地发展起来的"人民调解制度",也与我们今天的生活息息相关。翻阅《人民调解手册》,可以检索到大量的人民调解委员会成功地解决纠纷、化解矛盾的案例。

---

① 《左传》"昭公六年"。

产生于中国古代的调解制度不仅在近代的中国没有中断，而且随着不同国家和地区法文明的相互冲撞融合，已经为许多国家所采纳。西方学者认为，近年来，西方"ADR运动"和"恢复性司法"直接借鉴了中国古代的调解制度，因为其较单纯地通过法庭的裁判解决纠纷，更有利于对当事人利益的保护，更有利于纠纷的彻底解决。调解制度使纠纷的双方或多方都能达到满意，开创了纠纷解决的多元途径。调解制度是一种既节省成本又不损公正的法律智慧。

寻求中国古代法文明与其他法文明中的"共性"，是促进中国古代法现代化的必然途径。

通论

历史沿革

中国古代法文明模式的起源，经过了与其他法文明模式起源相似的路径，即从习惯法时代走向法典时代。其发展以政权性质与维护政权的方式划分，经历了三个时期：宗法—礼治时代、集权—法治时代与集权—礼法时代。

一、起　源

对于国家与法律的起源问题，不同的学派有不同的观点。恩格斯在《家庭、私有制和国家的起源》中，总结了以往的研究成果，归纳出国家和法形成的普遍规律，提出了国家和法形成的标准。恩格斯的理论对于我们研究中国国家和法的起源有着指导意义。中国古代法文明模式是伴随着国家的出现而形成的，其始于黄帝时代，即远古文明的后期。

（一）国家产生的标准

恩格斯在论述国家的产生时，提出了国家形成的两个明显的标志：

第一，由原先的按血缘划分国民变为"按地区来划分它的国民"。即以往共同居住生活在一起的氏族成员都具有血缘关系，而国家的行政区划则打破了这种血缘关系，在同一地域生活的人未必具有血缘联系。

第二，氏族社会的民主制度瓦解，"公共权力"设立，氏族民主选举制或禅让制变为世袭制。所谓"公共权力"，就是将以往每一个氏族成员所具有的权利剥夺，改为统一由部落首领或王来行使权力。以往氏族制下所没有的专门的军队、监狱及各种强制机关在此时也出现了，并成为公共权力的象征。

按照这样的标准,在中国,在传说时代的五帝①时期国家已经开始形成。

首先,黄帝在战争中确立了自己的权威,并获得了对辽阔疆土的统治权。《史记·五帝本纪》记,通过战争,黄帝获得的统治区域东至于海,西至于空桐(陇西一带),南至于江(湖南一带),并以涿鹿(河北一带)作为都城。黄帝的一生在征战中度过,"迁徙往来无常处,以师兵为营卫"。

其次,五帝时期出现了"官"。氏族社会中每一个成员原本都具有的"通神"的权利被氏族首领所垄断,其表现为只有氏族首领才具有祭祀上天的权力。传说黄帝置左右大监,到各个地区巡视,又置官统领不同的氏族。黄帝之后,颛顼对部落内部的风俗进行了改革:"绝地天通"②,即将祭祀上天的权力收归为帝(首领)所独有。最高统治者垄断了祭祀上天的权力,"君权神授"思想开始萌芽。

最后,尽管黄帝以降,血缘氏族制度发生了很大的变化,但氏族民主制度尚存。自黄帝至舜,人类社会的"地域关系"正在逐渐取代"血缘关系",而国家的"公共权力"也正在萌芽中,但是氏族社会的民主制仍然存在,其最为典型的表现就是"禅让制"③。

(二)夏的建立与国家的形成

大约距今四千年前,中原地区出现了号称"夏"④的王朝。夏王朝与以往的氏族部落有如下的不同:

第一,禅让制变为世袭制。

禹为部落首领时,传统的氏族民主制度遭到破坏。禹的儿子启以武力夺

---

① 五帝时期为中国古代社会的传说时期,距今大约五千年。古籍记载帝系不一。如《易》"系辞下"记载,五帝为伏羲、神农(炎帝)、黄帝、尧、舜;《帝王世纪》记为少昊、颛顼(高阳)、高辛、尧、舜。本书取《史记·五帝本纪》所记,为黄帝、颛顼、帝喾(高辛)、尧、舜。
② 《尚书·吕刑》。
③ 禅让制,部落时期的政治制度,即通过部落成员的民主选举和部落首领的亲自考察,将帝位(首领)让与贤者。传说尧让位于舜,舜让位于禹。其与后世传位于子的"世袭制"不同。
④ 夏,约公元前2100年至前1600年。据后世文献记载、考古发掘和古代传说,夏氏族活动于中原地区黄河中下游两岸,在氏族社会逐渐解体之际,通过战争与联盟建立了中国第一个世袭制的王朝。夏历十四世,十七君,四百余年。(万国鼎,万斯年,陈梦家. 中国历史纪年表. 北京:中华书局,2018;李学勤. 中国古代文明与国家形成研究. 昆明:云南人民出版社,1997:287-290.)

得帝位，建夏，并将帝位传给自己的儿子，开启了王位世袭制。

第二，划分"九州"。

夏代，国家已经形成。《左传》"襄公四年"记《虞人之箴》中说："芒芒禹迹，画为九州，经启九道"。这说明禹统治时期，已开始突破以往以血缘关系为基础划分居民的传统，将自己统辖的地域划分为九个区域，以地域为单位，统辖居民。

第三，"公共权力"逐渐完备。

《礼记·明堂位》记载："夏后氏官百，殷二百，周三百。"这说明夏已有官僚机构，夏在中央设有掌管畜牧的"牧正"、掌管造车的"车正"、掌管王族膳食的"庖正"等，在地方则设有管理九州居民的"州牧"。作为这种"公共权力"重要构成的武装力量——专门的军队在夏也已具备。据文献记载，夏也有了监狱，称为"夏台""圜土"。

按照恩格斯提出的国家形成的标准，以上三点变化，可以说明夏已经脱离了氏族血缘时代，进入了国家时期。夏是中国历史上最早具备国家形态的王朝，这一点已经被学界公认。[①]

（三）中国古代国家形成的特殊性

国家的产生还有其他的标准，比如，经济上出现了铁器并以此作为生产工具，文化上一般应该出现了文字。

中国国家在形成时的特殊性表现于：在经济、文化相对滞后的状况下，国家已经产生。这与世界其他地区在铁器和文字出现后方形成国家的统治有所不同。

夏是一个既无铁器（青铜器也极少，并主要用于礼器，未用作生产及日常生活）又无文字可征的王朝。黄帝时代，铁器更是没有踪影。但夏代，甚至更早的尧、舜、禹时期，政治上确实有了"公共权力"，并有了按"地域划分居民"的雏形。

经济、文化形态尚处在部落联盟，也就是氏族血缘社会的后期，但政治形态却已经进入了文明社会，即具有了国家的形态，这便是中国古代国家形

---

① 中国大百科全书·中国历史Ⅱ. 北京：中国大百科全书出版社，1992：1293-1297；翦伯赞. 中国史纲要：第一册. 北京：人民出版社，1979：12-13.

成时的特殊性。学界将这一特殊的现象称为"政治早熟",并认为"因了早熟,没有来得及清算氏族制度,反而在它的废址之上,建立了城市=国家,也即是'诸侯的营垒,经济的赘疣',或者是'公族国家'"①。

维护并改造原有的血缘组织使其服务于新建的国家,而不是简单地"清算"传统,是中国国家起源时的特征,也是中国人格外珍惜传统的历史渊源。

(四) 中国古代法文明模式的起源

与国家的起源相辅相成,中国古代法文明模式的起源也经历了一个漫长的发展过程。中国古代法文明模式起源的途径有二:一是自黄帝时代开始便日益频繁的部落战争,导致了"刑"的出现,即古人所言"刑起于兵"。这种以军事首长权威为后盾的"法"是后世以刑为主的律典之源。二是部落时期庄严的祭礼促进了作为人们行为规范的"礼"的形成与发展,礼具有法的性质。礼这种以神权为后盾的"法",内容博大精深,包括了国家的典章、家族的规约、民间的习俗,也包括了人们对法的价值的追求,其是中国古代法文明模式的精神与核心之所在。

1. "刑起于兵"

兵,即战争。"刑起于兵"是古人对刑罚起源的认识②,从人类社会的发展状况来看,这种认识是符合实际的。在黄帝时代,战争的本身,即"兵"就是一种刑罚。

五六千年前,生活于中原的人来到了文明社会的门槛,"未有宫室""未有火化""未有麻丝"③的原始蒙昧时代结束了。在文明社会即将到来的同时,与社会进步相伴而来的是发展必须付出的痛苦代价,即野蛮且旷日持久的部落战争成为常态。部落氏族间相安无事的宁静被争夺土地、掠夺财富,甚至掠夺人口的战争所打破,至今国人仍引以为自豪的黄帝就是这种时势造就出来的英雄。黄帝时代,部落间的战争与原始社会之初的血亲复仇引起的战争已有明显的不同,战争的目的不仅仅或不主要是复仇,而是掠夺与征

---

① 侯外庐,赵纪彬,杜国庠. 中国思想通史:第1卷. 北京:人民出版社,1957:17.
② 《通典·刑法一》:"黄帝以兵定天下,此刑之大者。"
③ 《礼记·礼运》。

服。掠夺，当然是为了部落的经济利益；征服，则是为了使本部落对其他部落具有政治上的支配权，也就是具有宗主的地位，这种战争已经带有明显的政治目的了。为了取得和维持宗主地位，战争旷日持久地进行。传说黄帝部落对炎帝部落的战争，"三战，然后得其志"①。此时的战争不仅持续的时间长，而且规模也十分浩大，双方投入的兵力十分可观。黄帝部落得到雕、鹰、鸢、鹞等氏族的拥戴，装扮成熊、罴、豹、虎的部落勇士，在各自氏族图腾的引导下，跟随黄帝，击败了炎帝部落。② 黄帝对炎帝的战争及赫赫战绩，使"诸侯咸来宾从"③。"宾从"的诸侯当然要对黄帝俯首称臣，这也正是黄帝时代战争的目的不同于以往之处。也许正是黄帝成了不同部落的盟主，所以凝聚着不同氏族部落标志的图腾龙才得以出现。聚集在这一图腾下的人们开始以龙的传人自居。此后，黄帝的后裔——龙子龙孙们——如尧、舜、禹等又分别与九黎、三苗等进行过类似黄炎的战争。结果是"龙"的势力日益壮大，越来越多的氏族、部落聚集到了龙的旗帜下。经过战争的洗礼，充满生机、强有力的中原文化在当时及以后的历史发展中，具有了不可争辩的正统地位。

"掠夺战争加强了最高军事首长以及下级军事首长的权力"④，产生于兵戎之中的权力是"法"的温床。为取得战争的胜利，部落首领需要统一号令，加强个人的权威；部落中的战士则需要服从全局的利益。战争中的分工，改变了部落成员之间的平等关系。虽然部落首领与部落成员的根本利益是一致的，并无后世那样大的分歧，但当这种命令与服从、指挥与被指挥的关系，随着旷日持久的部落间战争日趋稳定时，战时的号令就演变成了平时的规范。这种产生于战争中的规范是不可触犯的，因为战争将赏罚，甚至是生杀的大权交到了部落首领的手中。部落勇士在无情地摧毁敌人的同时，却不自觉地将"刑"的枷锁套在了自己的身上。

---

① 《史记·五帝本纪》。
② 《列子·黄帝》记："黄帝与炎帝战于阪泉之野，帅熊、罴、狼、豹、貙、虎为前驱，雕、鹖、鹰、鸢为旗帜。"（胡厚宣. 甲骨文"㞢"字说//胡厚宣，等. 甲骨探史录. 北京：生活·读书·新知三联书店，1982：36-68.）根据胡厚宣对"㞢"的解释，可以推测《列子》记载并非只是神话。雕等旗帜应为氏族徽章，熊等则为部落战士的装扮。
③ 同①.
④ 马克思恩格斯选集：第4卷. 3版. 北京：人民出版社，2012：181.

夏朝初期，严厉的军法常常使人们在战争的时候忘却了血缘亲情。《尚书》中记载了夏启征讨有扈氏时颁发的军令《甘誓》[①]，这是文献记载中最早的军法。已有了"王"之称的启告诫部落战士，必须听命于统帅，否则便是"不恭命"。对恭命者赏，对不恭命者诛及子孙。

军法对本部落成员的束缚已够严厉，而对敌对或被征服部落的成员则更是充满了血腥的镇压。在当时，动用兵力，对敌对部落进行征伐，本身便是一种极刑，故而《汉书·刑法志》言："大刑用甲兵"。《尚书·舜典》记舜命皋陶作士（刑官）时说："蛮夷猾夏，寇贼奸宄，汝作士。"即四方蛮夷犯我华夏，无恶不作，命你为士，用战争（刑）去惩罚他们。被征服者一般会受到十分残酷的刑罚，《汉书·刑法志》言："大刑用甲兵，其次用斧钺；中刑用刀锯，其次用钻凿；薄刑用鞭扑。"征服者认为，将斧钺、刀锯、钻凿、鞭扑这些残忍的施刑手段用于被征服者的身上，是以毒攻毒，"报虐以威"[②]。只有如此严厉的手段，才能迫使敌对者改"邪"归"正"。在二里头文化的墓葬中，考古工作者发现了一些"骨架残缺不全，或身首异处，或上肢与下肢分置两处，或数具骨架成层叠压埋葬"的墓坑，这些被"层叠压埋"的人并非自然死亡，因为他们的骨架上至今留有斩割与捆绑的痕迹。[③]这或许就是当时违法触刑者所得到的下场。

在后世社会中，这种起源于战争的法演变为律，不仅对来犯的敌人使用，而且也成为对犯罪者惩罚的手段，在国家政权所辖地区具有了普遍的效力。

2. "礼"发轫于部落的祭祀与习俗

发端于部落战争中的刑，仅仅是中国古代法的一个组成部分，若要完整地论述中国古代法的起源，就必然要论及"礼"。恩格斯说："如果不是对财富的贪欲把氏族成员分裂成富人和穷人，如果不是'同一氏族内部的财产差别把利益的一致变为氏族成员之间的对抗'"，法和国家就不会产生。[④] 如果说部落战争是法产生的外部原因，那么部落内部成员间关系的变化则是法产

[①] 据专家考证，《甘誓》是后人追记的夏启时的军令，大约成文于战国。（陈梦家. 尚书通论. 北京：中华书局，1985：178-186.）
[②] 《尚书·吕刑》。
[③] 殷玮璋. 二里头文化探讨. 考古，1978（1）.
[④] 马克思恩格斯选集：第4卷. 3版. 北京：人民出版社，2012：181.

生的内部原因。这也是中国古代法为什么在残酷的同时,又充满了温情的原因。

礼,源于部落中的祭祀活动。人类社会伊始都经历了对天地鬼神虔诚信仰的阶段。那时的人们认为,世间万物、人间的吉凶祸福受冥冥之中神明的支配是天经地义的。神权观念对当时的人来说无一丝一毫的荒谬:部落的兴旺、繁衍完全系于天地鬼神的庇护。因此,争取神明的欢喜与保佑是每一个氏族部落的头等大事。讨取神明欢喜的途径则是向神贡献最好的、最珍贵的礼品,这就是祭祀。祭祀须有仪式与程序,这就是礼制(仪)的渊源。最初的礼,是从饮食开始的。先民们将食料放在火中烧,将猎物放在火上烤。以地为器皿,在挖好的洞中盛满酒浆,用蒯草扎成鼓槌,载歌载舞,将最好的食品献给鬼神以表达敬仰。[①] 祭祀中,人们相信,必须按礼所规定的仪式程序去做才能准确表达出人们对天地鬼神的感激与敬畏,因为只有举止如礼,神明才能接受供品。否则,就是对神明的亵渎,违礼者必遭神的惩罚。因此,礼不仅具有强制性,而且具有神秘性,这种以神权为后盾的礼,在当时无疑具有法的性质。当社会发生巨变,部落规范已无法完全制约人们的言行时,礼的内容便超越了祭祀,担负起改造旧的风俗习惯、建立新的行为规范的使命。礼,通过祭祀,将人间的秩序变成了神的旨意。

礼与风俗习惯有着千丝万缕的联系。从内容来看,风俗习惯是礼的直接渊源。许多风俗习惯,通过祭祀直接演化为礼。无论是《仪礼》,还是《礼记》都记载了大量的三代的风俗习惯。从适用范围来说,最初的礼与风俗习惯都以具有共同信念及相同血缘关系的氏族成员为对象。不同的部落,有不同的祖先、不同的神祇、不同的风俗习惯,因而也就有不同的礼。

礼,作为新的行为规范与以往的风俗习惯有明显的不同。部落的风俗习惯是部落成员在长期的共同生活中自然而然形成的,它的实现,依靠部落首领的榜样、公众的舆论、道德及部落成员发自内心的情感。礼则是通过祭祀逐步确立的,它比风俗习惯更具有权威性,而且表达得更为准确与规范,它是维护部落首领权威的工具。礼的实现,虽然也需要舆论的维护,需要同一部落成员所具有的共同信仰,但其最强有力的后盾则是神权。如果说风俗习

[①] 参见《礼记·礼运》中托孔子之言描述的礼所产生的过程:"夫礼之初,始诸饮食,其燔黍捭豚,污尊而抔饮,蕢桴而土鼓,犹若可以致其敬于鬼神。"

惯主要是通过人们的"知耻之心"加以维持的,那么礼则是通过人们的"敬畏之心"来执行的。因此,《礼记》开篇便告诫人们:"毋不敬,俨若思,安定辞,安民哉。"

但无论如何,源于祭祀的礼与源于战争的刑相比,其以浓厚的血缘亲情为基础,因此手段也较为温和。而融残酷与温情于一体也正是中国古代法文明模式的特色。

(五)研究法文明起源的意义

对于研究法文明起源的意义,梅因有过深刻的论述:

> 如果我们能通过任何方法,断定法律概念的早期形态,这将对我们有无限的价值。这些基本观念对于法学家,真象(像)原始地壳对于地质学家一样的可贵。这些观念中,可能含有法律在后来表现其自己的一切形式。我们的法律科学所以处于这样不能令人满意的状态,主要由于对于这些观念除了最最肤浅的研究之外,采取了一概加以拒绝的草率态度或偏见。在采用观察的方法以代替假设法之前,法学家进行调查研究的方法真和物理学与生物学中所用的调查研究方法十分近似。凡是似乎可信的和内容丰富的、但却绝对未经证实的各种理论,像"自然法"(Law of Nature)或"社会契约"(Social Compact)之类,往往为一般人所爱好,很少有踏实地探究社会和法律的原始历史的;这些理论不但使注意力离开了可以发现真理的唯一出处,并且当它们一度被接受和相信了以后,就有可能使法律学以后各个阶段都受到其最真实和最大的影响,因而也就模糊了真理。[①]

关于法文明的起源,历来就存在着不同的见解,有些法学家认为法与人类的历史相始终。因为他们认为法是人类区别于动物的标志,即使在原始社会中也有法的存在。[②] 而马克思主义法学则认为法是社会发展到一定阶段的产物,因为法是统治阶级意志的体现,是国家和政权的工具,在没有阶级的原始社会,人们尚不知法为何物,而在消灭了阶级的共产主义社会中,法也

---

① 梅因. 古代法. 沈景一,译. 北京:商务印书馆,1984:2.
② E. 霍贝尔. 原始人的法. 严存生,等译. 贵阳:贵州人民出版社,1992.

将不复存在。

然而，无论学界对法文明的产生、发展有多少不同的观点，在法的最初形式是习惯法这一点上却是观点一致的，法源自习惯可以说是一个定论。由于资料的异常匮乏，学界对人类社会最初的"习惯"只能进行推测。即习惯与风俗是密切相关的，它是同一群体在天长日久的共同生活中，根据当地的环境而形成的生活方式。这种群体的习惯与个人长期养成的生活习惯不同，它对生活于这个群体的每一个人都有一定的约束力。在某些情况下，或有人违犯了习惯，或由于社会的发展习惯被一些人破坏了，或习惯彼此间发生了矛盾，这就需要裁判。这种习惯所具有的约束力和裁判的有效性就是法的萌芽或雏形。也许《韩非子》中所记的舜"救败"之事可以帮助我们了解一些法文明起源时的状况：

> 历山之农者侵畔，舜往耕焉，期年，甽亩正。河滨之渔者争坻，舜往渔焉，期年而让长。东夷之陶者器苦窳，舜往陶焉，期年而器牢。仲尼叹曰："耕、渔与陶，非舜官也，而舜往为之者，所以救败也。舜其信仁乎！乃躬藉处苦而民从之，故曰：'圣人之德化乎。'"①

从《韩非子》中的这段叙述中，可以看出在原始的部落社会中，也存在着种种纠纷，解决这种纠纷的方式也许比我们今天所想到的要复杂。从孔子的赞叹中可以悟出，各行业的负责者有职责解决这些纠纷，即"农者侵畔"应由掌管农耕的人裁判解决，"渔者争坻"应由掌管渔猎的人裁判解决，"陶者器苦窳"应由掌管制陶的人裁判解决。但为了"救败"，即拯救日益败坏的风气，舜却亲赴当地，做了职责之外的事。由此也许可以看出当时裁判的权力开始集中，从舜裁判的过程来看，与后世不同的是其没有现成的法条可以依据，所以舜只有在深入地了解了当时当地的习惯后，才能有所作为，以至每次"救败"的时间都长达"期年"（一周年）。根据社会学和民族学的调查资料，可以得知依据习惯的裁判，其程序并不一定比成文法时代简陋。②

如果我们继续深究，在原始社会中，除团体强制力外，究竟还有什么赋

---

① 《韩非子·难一》。
② 俞荣根. 羌族习惯法. 重庆：重庆出版社，2000：202-223；E. 霍贝尔. 原始人的法. 严存生，等译. 贵阳：贵州人民出版社，1992：59-226.

予习惯与裁判权威性，我们就会发现"神"的力量。因为原始社会没有成文的法条，也没有警察、监狱和法庭。如梅因所言："地球上的人王，不是一个立法者而是一个法官。"① 那么立法者是谁呢？法官秉承了谁的旨意呢？那便是"神"。梅因在解释荷马诗篇中的"地美士"和"地美士第"时说：

> 这是一些最早期的概念，它们和现在已经充分发达的法律观念和生活规律有着密切的关系。如所周知，"地美士"在后期希腊万神庙中是"司法女神"（Goddess of Justice），但这是一个现代的并且已经很发达的观念，同"伊利亚特"（Iliad）中把"地美士"描写为宙斯（Zeus）的陪审官的原意，完全不同。所有对于人类原始状态的忠实观察者现在都能清楚地看到，在人类的初生时代，人们对于持续不变的或定期循环发生的一些活动只能假用一个有人格的代理人来加以说明。这样，吹着的风是一个人，并且当然是一个神圣的人；上升、上升、到达极顶然后下落的太阳是一个人，并且是一个神圣的人；生长庄稼的土地是一个人，也是神圣的人。在物理世界中如此，在道德世界中也是如此。当国王用判决解决纠纷时，他的判决假设是直接灵感的结果。把司法审判权交给国王或上帝的神圣代理人，万王之中最伟大的国王，就是地美士。这个概念的特点，表现在这个字的复数用法。地美士第，即地美西斯，是"地美士"的复数，意指审判的本身，是由神授予法官的。②

"神"的观念源于人们对自然的敬畏与崇拜，现在的考古发掘证明，至少在母系氏族时，"神"已经开始介入人类的生活。人们对"神"的崇拜是以祭祀等形式来表达的。父系氏族后期，也就是梅因《古代法》中所说的英雄时代，祭祀神灵的权力被氏族的首领（英雄）或巫觋垄断了。随着"英雄"的出现，"神"便成了立法者，神意也成为"正义""永恒""不可抗拒"的代名词。在此，笔者想着重说明的是，在成文法产生前，在人类社会伊始，原始法是由习惯、裁判与神意三者构成的。这是法文明模式形成时的一个普遍规律。

中国古代法文明的特殊性在于，其自起源时就带有深刻的氏族血缘烙

---

① 梅因. 古代法. 沈景一, 译. 北京：商务印书馆, 1984：3.
② 同①2-3.

印，对氏族内部成员的礼遇与对敌对氏族的残忍融为一体，源于祭祀的礼与起于战争的法构成了起源时期的法文明。这种对内的温情与对外的残忍显现出礼与法结合的模式萌芽，其一直影响着中国古代法文明模式的发展，可以说是中国古代法文明模式的起源或雏形，是汉至清法文明制度上的"混合"模式[1]、体系结构上的"礼法一体"模式[2]、思想理念上的"礼法合一"模式[3]的历史渊源。其印证了梅因的观点：法律起源时的因素"可能含有法律在后来表现其自己的一切形式"[4]。

二、发　展

中国法文明模式的发展可以分为古代与近代两个截然不同的阶段。一是中国古代法文明模式。自原始社会末期萌芽，夏、商、西周初具雏形，秦、汉以至于清日臻成熟，经历了数千年的发展，一脉相承。在中国古代社会，"传统"是深受人们崇敬和喜爱的，是中国人的自豪和骄傲。从三千多年前周天子不厌其烦地向宗室及天下人叙述自己祖先的伟大及"殷鉴不远"，到清代，人们依然是言必称"先王之制""圣人之典"。可以说，古人对传统的崇敬，使古代法文明模式得以渐进式发展，并在发展中不断完善。二是中国近代法文明模式。这一时期，迫于外界压力，中国人一反尊重传统的古风，对以往的法文明模式前所未有地失去了信心，与对古代法文明模式的精雕细刻相反，此时此刻的人们急于甩掉历史的包袱。这一时期，古代法文明模式就制度部分而言，迅速瓦解，但是其理念却凭借深厚的历史文化基础和历史的惯性而支离破碎地绵延不止，制度的解体并不是文化与观念的终结。与西方对古代法文明模式的主动发掘不同，近代中国对古代法文明模式中的理念只是被动地沿袭，作为一种完整的模式，古代法文明在现实中已经中断、解体。

依据政权的性质，法文明模式在中国古代的发展大致可以划分为三个阶

---

[1] 详见本书"制度设计"部分。
[2] 详见本书"体系结构"部分。
[3] 详见本书"思想理念"部分。
[4] 梅因. 古代法. 沈景一，译. 北京：商务印书馆，1984：2.

段，即夏、商、西周的"宗法—礼治"时代，春秋战国的"集权—法治"时代，汉以后的"集权—礼法"时代。

（一）夏、商、西周的宗法—礼治时代

战国以来，"三代"这个词便经常在中国古代的典籍中出现，如《荀子·王制》言："道不过三代，法不二后王。"三代，指的是夏、商、西周[①]时期。无论是从古人的论证中，还是从考古发现的青铜礼器上，以及展现在我们眼前的等级有序的夏、商、西周墓葬中，我们都可以认定三代确实是"礼"的盛世。三代之所以为后人所怀念，是因为三代的礼不仅为后世的典章制度垂范，而且还是中国古人文化情感的凝结与理想的追求。

1. 夏、商的宗法制与礼治

礼是氏族血缘社会的产物。如前所述，中国古代文明的发展、国家的形成有其特殊性，这就是在经济、文化相对滞后的状况下，政治的发展已经具备了国家的形态，国家已然形成。正是因为这种特殊性，我们可以从理论上解释夏王朝为什么保留了那么多的氏族血缘传统，其政治变革为什么相对平缓，夏的同族的墓葬形制的差异为什么不像后来的商代那样悬殊[②]，夏之民风为什么保留着氏族社会的质朴，以及治理手段为什么较为缓和，等等。[③]对传统血缘亲情的维系，是因为夏的经济发展尚不充分，其无法"清算"或无力"背叛"氏族血缘的传统，无法挣脱氏族血缘关系的羁绊，而只能在血缘社会的"废址"上利用血缘的关系弥补经济的不足。这便是夏王朝保留了大量的传统以维系血缘关系的原因。在夏对传统氏族血缘制度的维护中，氏族社会末期发展起来的带有法的性质的礼，便由此演变为治理国家的重要

[①] 商，约公元前16世纪至公元前11世纪；西周，约公元前11世纪至公元前770年。"夏商周断代工程"的研究成果与传统观点略有出入，这里取传统之说。

[②] 夏王朝所保持的这种血缘制下的"平等"，深为后世主张"兼爱"的墨家所推崇，《庄子·天下》记："墨子称道曰：'昔者禹之湮洪水，决江河而通四夷九州也，名山三百，支川三千，小者无数。禹亲自操橐耜而九杂天下之川；腓无胈，胫无毛，沐甚雨，栉疾风，置万国。禹，大圣也，而形劳天下也如此。'使后世之墨者多以裘褐为衣，以跂蹻为服，日夜不休，以自苦为极，曰：'不能如此，非禹之道也，不足谓墨。'"《淮南子·要略》亦记：墨子"背周道而用夏政"。

[③] 《尚书·吕刑》记："吕命穆王训夏赎刑，作吕刑。"孔颖达疏："以周法伤重，更从轻。"《礼记·表记》记："子曰：夏道尊命，事鬼敬神而远之，近人而忠焉。先禄而后威，先赏而后罚，亲而不尊。其民之敝，蠢而愚，乔而野，朴而不文。"

手段。

商是一个强大而严厉的王朝。就社会组织结构而言，商虽然保留了血缘制，但更重要的是其将血缘平等制改造成血缘等级制。这便是宗法制的雏形。郭宝钧与陈梦家对商之宗法等级从不同的角度作了描述，郭宝钧言：

> 证以甲骨文字：殷代的最大奴隶主就是商王，甲骨文中称为"王"，王自称有时为"余一人"，表示他的大权独揽。大家给他办事称为"监王事"，表示王同国家是两位一体。他的兄弟支庶，都是"王族"，他的子侄，都是"子族"，王族和子族们都是二号、三号的奴隶主，他们都有土地和生产奴隶。奴隶之从事农业者叫做"众"或"众人"；从事牧畜者叫做"刍"或"羌刍"或"多马羌"；从事手工业者叫做"工"；而家庭奴隶则叫做"臣"、"小臣"、"仆"、"奚"、"妾"等。王和王族、子族是奴隶主阶级；众人、刍、工、臣、妾等是奴隶阶级……
>
> 证以地下遗存：解放前在殷墟侯家庄发掘出了十座大墓，解放后在武官村发掘出了一座大墓，都是商代王室所有。大墓中最大的为"亚"字形，它有东西南北四条墓道，次一点的为"中"字形，它有南北两条墓道。它们的规模都很伟大，建造费工，专量墓室，有达22米的，有达20米的，小的也在14米以上。内容虽经过惨盗，但仍多有铜器、玉器、雕石、花骨、白陶、釉陶、牙、龟、蚌、贝、车器、兵器等遗留。且多为艺术珍品，为一般平民所不能获得者……而在四盘磨一座奴隶墓的发掘中所见，无棺无椁，铺地只有一条破席，随葬只有一个陶盆，与前相较，贫富有天渊之别。其甚者如大墓周围的排葬坑，数人共埋一坑，并破席亦无之；再甚者连自己的头颅还不能保留，尚须割取下来附入大墓中埋葬，这些当然都是贫苦无人身自主权的奴隶们的一生下场。[1]

陈梦家言：

> 立于宗庙的先王的神主，称之为"示"。示有大小之别："大示"是直系先王，"小示"是包括旁系先王的。大示从上甲开始，称为"元

---

[1] 郭宝钧. 中国青铜器时代. 北京：生活·读书·新知三联书店，1963：207-208.

示"……"示"所在之处，后世称为宗庙，卜辞有不同的名称，如宗、升、家、室、亚等等，如"文武丁宗"是文武丁的宗室。凡大示所集合之处名"大宗"，小示所集合之处名"小宗"。大宗从上甲起，小宗从大乙起，大小宗以外，还有"中宗"。①

由此可以看出，商的宗法等级制仍然是建立在血缘基础上的，只是商的统治与夏相比，并不温情：夏"亲而不尊"，商"尊而不亲"；夏"先赏而后罚"，商"先罚而后赏"②；夏"教以忠"，商"教以敬"③。商人的刑罚更是冲破了血缘的网罗，对本族，甚至贵族也动辄以刑相威胁。周人在取代商人统治天下时，总结了商亡的教训，其中重要的一条便是"刑始于亲，远者寒心，殷商以亡"④。《荀子·正名》中也言道："刑名从商"。

夏、商两代，夏多继承了氏族血缘制度，商则多有变革。但商对夏的变革也并未彻底抛弃血缘制，而是根据社会的发展，为血缘制注入了更多的阶级内容，形成了宗法等级制。大宗、小宗之别，正是将平等的氏族血缘制变成贵贱有别的血缘等级制。正因为商人的宗法制并未脱离血缘社会的窠臼，礼在商也就不存在消亡的问题。相反，随着社会经济、文化的发展，由于加入了大量的阶级统治内容，礼的内容反而更加丰富，其为周的宗法制与礼治奠定了坚实的基础。

2. 西周的宗法制与礼治

周人取得天下时，社会状况与夏似乎更为接近。周，原本不过是商统治下的一个部族，其经济实力远远不能与商相抗衡。所以周人直到取得了天下，也常常称商为"大国殷""大邦殷"，而自称"小邦周"⑤。所以周人的统治也必须用传统来弥补经济发展的不足，用亲情扩充并加强政权的基础和力量。因此，周人推崇夏政，常常以"夏"之后裔自许，有时干脆就以"夏"自称。在《尚书》的《康诰》《君奭》《立政》篇中周人便自称为"区夏"

---

① 陈梦家. 殷墟卜辞综述. 北京：中华书局，1988：643.
② 《礼记·表记》。
③ 《说苑·修文》。
④ 《逸周书·史记解》。
⑤ 如《尚书·大诰》："天休于宁王，兴我小邦周。"《尚书·召诰》："皇天上帝，改厥元子，兹大国殷之命。""天既遐终大邦殷之命。"

"夏""有夏"①。周人直接取法于夏是为了重新拧紧血缘的纽带，以缓和的手段稳定自己的政权。

但是，周人在恢复"亲亲"的同时，对商人的"尊尊"也未完全放弃，在商人宗法等级制的基础上进一步完善了以血缘关系为划分等级标准的宗法制，并将"亲亲""尊尊"合为一体，形成了以嫡长子继承制为核心的宗法等级制度。商人的宗法制在王位的继承上"父死子继"与"兄终弟及"并存，兄弟间、叔侄间难免为争王权而相互残杀，"废適（嫡）而更立诸弟子，弟子或争相代立"②之事愈演愈烈。周人的嫡长子继承制，也就是"立適（嫡）以长不以贤，立子以贵不以长"③之确定，使宗法血统的脉络更为清晰。王的诸妻中有一妻为正，称"嫡"，其余则为"庶"。嫡妻之子称"嫡子"，庶妻之子称"庶子"。嫡子为宗族之正统，庶子无论如何贤能都不得与嫡子争位。嫡子的地位，高于庶子。嫡子中又以长子最贵，是王位的天然继承者。若嫡系中无子，则取次嫡一等的妻之子继承王位。嫡庶、长幼之别使周人的宗法制既充满了血缘亲情，又不失贵族的威严。难怪孔子赞叹周制"郁郁乎文哉"④。

在周人的苦心经营下，以血缘为纽带的宗法等级制终于得以完善。周人的宗法，承夏制以维护族人的亲情，承商制以体现等级的威严。孔子言："殷因于夏礼，所损益可知也；周因于殷礼，所损益可知也。"⑤融合更新了夏、商之礼的周礼的特点在于合"君统"与"宗统"为一体，以嫡长子继承制为核心，依据与天子血缘关系的亲疏来确定等级的贵贱。简单地说就是：天子是天下"大宗"之长，同时又是国家的元首。天子之位传于嫡长子，其他儿子则被分封到各地建立并统治诸侯国。诸侯相对天子而言，处"小宗"地位，而在诸侯国中，诸侯为国之"大宗"之长，同时也是一国之君。君之位传于嫡长子，其他儿子则被封为大夫。大夫相对诸侯而言，处"小宗"地位，而在采邑（大夫的封地）中是"大宗"之长，又是采邑中的行政首领。

---

① 蒲坚. 中国法制通史：第一卷 夏商周. 北京：法律出版社，1999：106. 此节为李力撰文。
② 《史记·殷本纪》。
③ 《公羊传》"隐公元年"。
④ 《论语·八佾》。
⑤ 《论语·为政》。

大夫之位传于嫡长子，其他儿子为士。通过这种分封，天下的统治权皆置于周人之手，一些异姓功臣贵族则通过联姻成为周室的亲戚。如此，在统治者集团中，非本族贵族，即异姓亲家，真可谓"天下一家"。

宗法制的完善为"礼治"奠定了最坚实的社会基础。因为礼本来就是血缘制下的产物，经过商、周统治者改造的礼治顺理成章地成为宗法制社会中最有效、最合理的国、民之"纲纪"。

（二）春秋战国至秦的集权—法治时代

春秋战国至秦，历时五百余年，是法家法治思想萌芽、发展，并最终取得成功的时代。此时的"法"挣脱了礼治体系的束缚，成为世人关注、君主赏识的治理国家、富国强兵的手段。然而法家的法治本质上与我们今天所说的法治风马牛不相及，其是维护君主专制而非民主的工具。法家的"法"泛指规章制度，所以传统法中的"法"，如王朝颁行的统一法令及律令体系大都源于这一时期。

1. 宗法制的衰微

春秋战国是经济大发展的时代。应与文明携伴而至的铁器此时终于姗姗来迟。考古发掘的资料表明，春秋晚期长江流域的吴国已有了锻造铁器的技术。[1] 当时，中原地区的经济文化远比吴国发达，即使保守地推测，铁器在中原地区的使用也不会晚于春秋中期。战国时，铁器的使用已相当普及，辽宁、河北、山东、河南、陕西、湖南等地的战国墓中皆有铁制农具与手工工具的出现。[2]

经济的发展势必引起社会关系的变动，铁器的出现使大量的土地得以开垦，形成与宗法制下"公田"相对立的"私田"。私田的出现，导致了春秋战国时期地主、商人、自耕农等阶层的出现。这些新阶层的出现使宗法血缘等级制的维系成为十分困难的事情。给宗法制以致命打击的是王室的衰微。春秋战国时强大起来的诸侯不再安于相对天子而言的"小宗"地位，不愿继续听从周王室的调遣。更令王室难堪的是强弱不一的诸侯全然不顾骨肉之情，以强凌弱，互相吞并。周初分封的千八百国至此仅存百二十四。天子不

---

[1] 北京大学历史系考古教研室商周组. 商周考古. 北京：文物出版社，1979：235.
[2] 同[1]235-236.

仅无力保护弱小之国,阻止诸侯间的战争,而且自身也被排挤出强国之林,难保天下共主的地位。

春秋之初,平王迁王室至洛阳,处郑、晋两国之间。郑与晋是王室同姓,两国的祖先又都是有功于周王室的功臣。以往,在周王室危难之际,郑与晋多次相救。平王在诸侯兼并愈演愈烈之时迁都于这两国之间,企图借助宗法关系与郑、晋势力保住王室尊荣的目的不言自明。但事与愿违,强大起来的郑国不愿再念及以往周与郑的宗法君臣情义,反而率先藐视王室。郑武公、郑庄公先后在王室中任执政之职,二人,尤其是郑庄公并不顾忌大宗、小宗之别,对平王有名无实的宗主地位并不以为意。年迈的平王气得忍无可忍,暗中谋算将执政之权分与虢国,以此削弱郑庄公在王室中的权势。计划还未实行,早已有人将此事透露给了郑庄公。郑庄公得知此事后,不仅不反省自己,反而对天子大兴问罪之师。面对怨气冲天的郑庄公,平王竟胆怯地矢口否认自己有分权的企图,为了进一步表示对郑庄公的信任,平王还忍气吞声地答应了与郑国互派人质。王室派出王子狐至郑为质,郑派出公子忽至周为质,"周郑交质"才算平息了这场"分权"引起的风波。也许是受了惊吓,也许是因为受了窝囊气,平王竟于"交质"的当月一命呜呼。[①] 周平王死后,年轻的姬林即天子位,是为周桓王。郑庄公对桓王更加无礼,在朝中更加专横跋扈。他肆无忌惮地派军队去王畿中强收属于周王室的庄稼,又假借天子之名征伐宋国。年轻的桓王毕竟血气方刚,在对庄公屡次暗示、抑制均不奏效的情况下,毅然率周、蔡、卫、陈诸国联军讨伐悖逆宗法之道的郑庄公,庄公亦不示弱,率郑军列队应战。这确实是一场传统与反传统的交锋。结果王师败绩,郑国大将祝聃一箭射中了桓王的肩膀,并欲纵军活捉桓王。具有政治头脑的郑庄公为避免惹起天下共愤而喝住了祝聃,事后又派人至王室向桓王赔礼道歉。先兵后礼,既震慑了王室,又稳住了诸侯。祝聃这一箭,不仅射掉了周王三百余年来唯我独尊的权威地位,而且射断了王室与公室间的宗法等级联系,堪称划时代的一箭。从此之后,天子便成为诸侯手中的"王牌"。郑国之后,又有齐、晋等国皆打着天子的旗号称霸天下。"挟天子而令诸侯",诸强逐鹿的局面由此形成。在诸侯割据的政治格局中,周

---

① 参见《左传》"隐公三年"。

天子的地位急剧下降，晋文公与诸侯会盟时，竟以居高临下的姿态召周天子参加会盟。孔子闻此而叹道："以臣召君，不可以训。"① "皮之不存，毛将焉附"，宗法制的破坏，不仅使天子、诸侯、大夫的地位及势力对比发生了变化，而且使植根于血缘宗法土壤中的"礼治"失去了依托。传统的制度、习俗、观念都面临严峻的考验。由于经济发展相对不足而建成的礼治体系，至此已是金玉其表，败絮其中。礼治已走到了尽头。

2. 礼治的崩溃

礼治的崩溃是从宗法制下的风俗习惯被破坏开始的，而风俗习惯的破坏往往始自社会的上层。

春秋战国时，一些王室及公室贵族成员，包括没落的贵族依恃自己特殊的身份与对政治的敏感，敢为天下先。他们或借改革风俗习惯实现自己的政治抱负，或忤逆传统以发泄对现实的不满。于是，2 500年前便也有了一见钟情、私订终身的动人故事。《公羊传》"僖公十四年"记，鲁国公主季姬与鄫子相遇于途中，两人情投意合，季姬私下让鄫子派使臣来朝拜鲁君，并借此机会说服鲁君成全两人的百年之好。这在当时实在是违礼之举，汉代儒生何休对数百年前的这件事作了如此的评价："男不亲求，女不亲许"是礼的规定，鲁君不能以礼管束自己的女儿，以至于她私订终身，其行为简直与禽兽无异。更有甚者，郑国的执政子产，竟然能允许女子自行择亲，全然不把"父母之命，媒妁之言"的礼制放在心上。有一个名叫徐吾犯的人，其妹容貌姣好，公孙楚与公孙黑都想娶她为妻，而且都强行送了聘礼。一个武将、一个文臣，徐吾犯自知谁也得罪不起，只好告诉子产，请子产定夺。子产言道："是国无政，非子之患也，唯所欲与。"其意是说，国无纲纪以至于此，这并不是你的过错，你妹妹喜欢谁就嫁给谁。于是，徐吾犯将妹妹暗藏阁中，请公孙楚与公孙黑来自家宅中，以便妹妹暗中观察。公孙黑身着华丽的衣服，携带着贵重的礼品而来。公孙楚则身着戎装而入。二人走后，徐吾犯的妹妹毫无羞涩地道出自己的见解："子皙（公孙黑）信美矣，抑子南（公孙楚）夫也。夫夫妇妇，所谓顺也。"② 其意为：公孙黑的确十分英俊，但公孙楚更有男子的阳刚之气。夫刚妇柔，才顺应情理。因而，依照其个人的意

---

① 《左传》"僖公二十八年"。
② 《左传》"昭公元年"。

愿，徐吾犯将妹妹嫁给了公孙楚。

剧烈的社会变革，促使人们以标新立异为荣。在标新立异中，以往的传统习俗不免大坏，礼治的制度与观念也迅速崩溃。如按礼制，礼乐征伐自天子出，但是此时的天子不仅无力统率各诸侯国征伐叛逆及不服从命令者，反而成了各诸侯国所逐之"鹿"。连楚国那样的蛮夷之国，也率军北上，问鼎中原。征伐大权早已由天子下移至诸侯，再由诸侯下移至大夫。礼制所规定的朝觐纳贡制度也早已久废不用。与周王室关系最为密切的鲁国以知礼闻名，但在鲁国史《春秋》所记242年间仅仅朝觐了三次①，其他诸侯国则可想而知。周天子面对强大的诸侯只好放下天子的架子，向诸侯"求金""求车"以维持王室的开支。春秋中期以后，诸侯的势力也走向衰弱，大夫不仅敢僭越公室，而且对王室也极为藐视。鲁国的季孙、仲孙、叔孙三家大夫公然不顾礼制的规定，将诸侯才有权祭祀的"公庙"设于私家。还有季氏在自家的庭院中享用只有天子才能享用的"八佾"之舞，还祭祀了只有天子才有权祭祀的泰山。孔子论及季孙的所作所为，十分愤慨，以为"是可忍也，孰不可忍也？"②

失位的诸侯下场比天子更惨，他们不是被臣子所逐，就是被儿子所弑。杀父弑君是春秋时的一大特征，司马迁记："《春秋》之中，弑君三十六，亡国五十二，诸侯奔走不得保其社稷者不可胜数。"③齐国大夫陈文子因大夫崔杼弑君篡位而投奔他国；时隔不久，陈文子感到所投奔之国的执政与崔杼并没有什么不同，于是又投奔其他国家，结果仍然十分失望，陈文子只好再度奔波。孔子闻听此事，赞叹陈文子"清矣"④。但如此"清矣"的君子在春秋之时，已难寻觅到立足之地。

3. 儒家与法家的争论

春秋战国时期，面对巨变的社会，儒家与法家提出了不同的对应之策。这就是历史上著名的"王霸之争"，即"王道"与"霸道"之争。

无论是儒家主张的"王道"，还是法家主张的"霸道"，都是一种"集

---

① 参见《史记·太史公自序》。
② 《论语·八佾》。八佾，按礼制为六十四人组成队列的舞蹈，只有天子才有权享用。
③ 《史记·太史公自序》。
④ 《论语·公冶长》。

权"政体，即在政权统辖的范围内，大权集于中央，在中央大权集于君王，这就是中央集权制。其不同于各诸侯国权力相对独立的夏、商、西周的宗法分封制。如孔子在论述最高权力的合法性时言"唯天为大，唯尧则之"①，即天下的统治权应归于一人。法家的学说更是以主张君主"集权"为核心，这一点自不待言。儒法两家的分歧不在于是否应建立集权统治，而在于用什么样的方式来维护集权统治。儒家主张继承传统的礼治，而法家则认为应该用一种全新的"法治"方法来维护新型的集权体制。王霸之争，实质上是统治方式之争。

儒家主张的"王道"是指古圣王所行之道，如尧、舜、禹、商汤、周文王、周武王等。《尚书·洪范》言："无偏无党，王道荡荡；无党无偏，王道平平；无反无侧，王道正直。""霸道"是指春秋以来，强大的诸侯把持王政，"挟天子而令诸侯"之道，如春秋五霸。② 儒家的代表人物孟子对"王道"与"霸道"的不同作了十分精辟的概括：

> 孟子曰："以力假仁者霸，霸必有大国；以德行仁者王，王不待大——汤以七十里，文王以百里。以力服人者，非心服也，力不赡也；以德服人者，中心悦而诚服也。如七十子之服孔子也。《诗》云：'自西自东，自南自北，无思不服。'此之谓也。"③

在孟子看来，儒家主张的王道的特征在于"改良"而不是"抛弃"西周的礼治，行仁政，以德服人，使东西南北的人心悦诚服。面对宗法制的瓦解局面，与主张霸道的法家一样，儒家也主张实行君权至上、天下"定于一"④ 的集权制，但对西周的礼治，儒家并不彻底否定，而是主张渐进式地发展。法家主张的霸道的特征是依恃实力而假借仁义之名，以力服人，建立统一的君主集权制。所以儒家认为，霸者虽可以统治大国，但民心不服，"力"也会因此"不赡"。可以看出，儒家与法家在实行"集权"的看法上是

---

① 《论语·泰伯》。
② 春秋时期先后称霸的五个诸侯，有多种说法。一般指齐桓公、晋文公、秦穆公、宋襄公、楚庄王。
③ 《孟子·公孙丑》。
④ 《孟子·梁惠王》："孟子见梁襄王，出，语人曰：'望之不似人君，就之而不见所畏焉。卒然问曰："天下恶乎定？"吾对曰："定于一。"'"

一致的，但在维护或实行集权的方法上则不同。

儒家推崇的王道始于血缘亲亲间的相亲相爱——主要是"孝"，而成于统治者的仁政德化。《孟子·梁惠王》记孟子言："养生丧死无憾，王道之始也。"又言：

> 王如施仁政于民，省刑罚、薄税敛、深耕易耨；壮者以暇日，修其孝悌忠信，入以事其父兄，出以事其长上，可使制梃以挞秦、楚之坚甲利兵矣。

在儒家的理论中，道德的力量是战无不胜的。儒家的理想社会是建立一个教化流行、人人自律的道德君子国。而儒家的这一理想可以说与古希腊哲学的奠基人、伟大的思想家柏拉图的"理想国"不谋而合。[①]

法家对儒家的改良之策不以为然，尤其对道德和教化毫无信心。他们崇尚的是"力"。法家对人性赤裸裸的剖析令天下道德君子汗颜。韩非说父母子女的关系是"利""害"关系，故"产男则相贺，产女则杀之"[②]。社会上人与人之间的关系也是"利""害"关系："故舆人成舆，则欲人之富贵；匠人成棺，则欲人之夭死也。非舆人仁而匠人贼也，人不贵，则舆不售；人不死，则棺不买。情非憎人也，利在人之死也。"[③] 政治上的君臣关系更是由"利""害"相连："臣尽死力以与君市，君垂爵禄以与臣市"[④]。维护血缘亲情的礼治在法家看来完全是不切实际的迂阔之论。如同不信任伦理道德可以治天下一样，法家对儒家竭力赞美的教化也持完全的否定态度。他们认为，教化是一种事倍功半的治国方法，教化所要达到的"重义轻利"的目的是无法实现的空想，因为其与人性是完全背离的。法家认为，治理国家最好的手段是顺应"趋利避害"的人性，利用刑赏。法律不仅比教化更现实，而且更有力。"严家无悍虏，而慈母有败子"——是法家献给新的时代的君主的箴

---

① 柏拉图. 理想国. 郭斌和，张竹明，译. 北京：商务印书馆，2002：108-133.
② 《韩非子·六反》："且父母之于子也，产男则相贺，产女则杀之。此俱出父母之怀衽，然男子受贺，女子杀之者，虑其后便，计之长利也。"
③ 《韩非子·备内》。此段大意为："制作乘舆的人盼望所有的人发财，而制作棺材的人则希望所有的人早死。这并不说明制舆者善而制棺者恶，只不过是制舆者利在人们发达，升官发财的人愈多，其所制之舆的销路就愈好。而制棺者利在人们的死亡，死的人愈多，其所制之棺的销路就愈好。"
④ 《韩非子·难一》。此句大意为："臣子为了得到君主赏赐的官禄而出卖气力生命，君主使用官爵利禄换取臣子的效力。"

言。温存的教化，将会使百姓像慈母手中的不肖子孙一般，犯上作乱。法家维护制度的手段唯有刑赏：对为国建功立业者施以厚赏，以重利诱人为国尽力；对违背法令者施以重罚，以重刑禁止人们做不利于国家的事情。于是，商鞅毫不怀疑地告诉君王："禁奸止过，莫若重刑。"①

综上，儒家与法家在建立"定于一"的统一的中央集权制方面并无二致，所不同的是儒家对夏、商、西周的礼治传统仍抱有信心，主张"复礼"以维护集权，而法家则主张以法代礼，用法治维护集权。

4. "法治"的发展

春秋战国"礼崩乐坏"的局面为法家所主张的"法治"开辟了道路。当建立在血缘关系基础上、富有人情味的礼治崩溃后，法家的法治学说便趁机迅速发展起来。制定条文准确而又规范划一的法律制度成为各诸侯国治理国家的首要手段。诚如梁启超所言：

> 逮于春秋，社会形势一变，法治主义应于时代之要求，而旬出萌达。于是各国政治家，咸以编纂法典为当务之急。②

公元前536年郑国的执政子产一改传统的做法，将新制定的刑书铸于鼎上，公之于众。新兴的"法治"与以往的"礼治"有了划时代的区别。春秋时代的法与以往的礼有三点不同之处：一是体例不同；二是具有相对独立的体系；三是公布于众。以往融于礼治体系中的法律，被称为"刑书"。《今文尚书》中尚存《吕刑》一篇。《吕刑》中言：

> 墨罚之属千，劓罚之属千，剕罚之属五百，宫罚之属三百，大辟之罚其属二百，五刑之属三千。

由此可见，刑书的体例是以刑罚如墨、劓等为篇名，以刑为主，以刑统罪，故称为"刑书"。这种体例的目的在于将刑罚的作用限制在一定的范围之内。人们知道作奸犯科，国有常刑，但何种言行构成犯罪，何种犯罪应受到何种刑罚，人们却无从知晓，也无权探究。人们只是凭借礼治的价值观及习惯去辨别是非，甚至罪与非罪。这种罪与非罪概念的模糊，正中统治者的

---

① 《商君书·赏刑》。
② 《饮冰室文集之十六·论中国成文法编制之沿革得失》。（梁启超. 饮冰室合集：文集之十六. 北京：中华书局，1989：8.）

下怀:"刑不可知,威不可测,则民畏上也"①。按照礼治背景下的法,同样的言行,在此人为罪,在彼人或许就不为罪;在此人判为荆,在彼人或许就判为辟。执法者根据当事人的身份、地位及以往的功过,对其"议"而定罪用刑。由此可见,刑书的体例是"以刑统罪",其附属于礼治的体系,而且不公开,给执法者以酌情处刑权。议而定罪与以刑统罪的特点在于将立法与司法混为一体,不但在立法中肯定了宗法贵族的特权,而且在执法中也多为宗法贵族网开一面。不平等不仅体现在立法中,而且渗透于执法。作为礼治中一个组成部分的法,将风俗习惯、道德规范、宗教戒律有机地结合为一体。

春秋时期各国法的变化正处在由"以刑统罪"到"以罪统刑"、由依附礼治到独立发展、由秘密到公开的过渡中,郑国子产铸刑书之举生动地展现了这一过渡中的变化。当子产将法律铸于鼎上,公之于众时,守旧的晋国贵族叔向叹息道:"民知争端矣,将弃礼而征于书,锥刀之末,将尽争之。"②由此可知,铸于鼎上的"刑书"虽名称未变,但体例却已不是"以刑统罪"了。子产所铸的"刑书"是可以断定罪与非罪的依据。由此,百姓不再以礼为标准,而以铸于鼎的"书"为是非,是为叔向所言"弃礼而征于书"。人们据刑书而可以知道罪与非罪,知道什么罪应该处什么刑,并可以衡量官员量刑的准确与否。显然,这种"以罪统刑"的法较之于"以刑统罪"的法更具确定性。

在叔向反对子产铸刑书二十多年后,叔向的故乡晋国也发生了"铸刑鼎"的事件,这是继子产之后又一次大规模公布成文法的活动。孔子闻讯而叹曰:"晋其亡乎,失其度矣。"③

春秋时,划时代的法治实践已经出现,但是人们对此仍心存疑惑。战国时法治的思潮则较春秋时更为高涨,以法代礼已是大势所趋,法律自身也在发展中日趋完善。魏国著名法家代表李悝总结了各国的立法经验,作《法经》六篇。据《晋书·刑法志》的记载,《法经》是以罪名如"盗""贼"等为篇名的,以罪统刑的罪名之制因此而完备。

---

① 《左传》"昭公六年"疏。
② 《左传》"昭公六年"。
③ 《左传》"昭公二十九年"。

《晋书·刑法志》言《法经》体例为：

> 王者之政，莫急于盗贼，故其律始于《盗》《贼》。盗贼须劾捕，故著《网》《捕》二篇。其轻狡、越城、博戏、借假不廉、淫侈、逾制以为《杂律》一篇，又以《具律》具其加减。是故所著六篇而已，然皆罪名之制也。

《法经》是集各国变法之大成的产物，其开秦之后两千余年中国古代法典体系之先河。李悝之后，各国政治家纷纷制定法律为变法开道。商鞅在秦国以《法经》为基础实行变法取得了全面的胜利，秦国由一个落后的国家一跃而成为关东六国的劲敌。

法家的法治之所以能取得如此成果，原因在于它比礼治及依附于礼治的旧刑罚更公正、更强有力，而且更易于为变革着的社会所接受。以罪统刑的法律将立法与司法划分开来。一般情况下，立法权掌握于君主的手中，法律的内容基本上由罪名与刑名组成。法律一旦确立，官吏在司法中只有执行法律的权力，而没有创造法律的权力。《管子·任法》中明确地提出了君主立法、大臣执法、百姓守法的分工："夫生法者，君也；守法者，臣也；法于法者，民也。"立法与司法的分离，给新兴的法治带来两大特征。

第一，剥夺了贵族官吏"议"而定罪、在司法中创造法律的权力，立法权由分散走向集中。立法权的集中使君主的权力空前加强，贵族与官吏的权力相对减弱。夏、商、西周宗法礼制下统治者内部的"民主"消失了。君主对贵族官吏不必再彬彬有礼、不敢怠慢，他可以把臣子视若奴仆。法律将君主的权力凌驾于一切之上，并撕下了宗法制下君臣间所具有的家人般的温情的面纱。因此，新型法律制度产生伊始便与加强君主权力、巩固专制相联系。这便是法家的法治与近代西方资产阶级的法治不能相提并论之处。但是，我们也不能因此否定法家法治的进步意义。因为在 2 500 余年前，人们对君主制的向往与近代人对民主制的向往可以说是同样的追切，而君主制在当时相对宗法制来说也具有毋庸置疑的先进性。

第二，主张执法的平等。战国之后，统治者在立法上继承了传统的等级制度，不同身份的人具有不同的权利和义务，贵族官吏仍享有各种特权。立法上的不平等贯通于整个古代社会。但是，在司法中，官吏则须以法律为定罪量刑的标准，不得随意轻重。"议"而定罪制度下为贵族官吏所开的方便之门由此而被关闭。除君主外,不管地位多高、身份多尊的人,只要违法就应以法绳之。法律在执行中不承认君主以外的任何人的特权。正如商鞅所言:"刑无等级,自卿相、将军以至大夫、庶人,有不从王令、犯国禁、乱上制者,罪死不赦。"① 即使在法律全面儒家化的晋代,依律断罪也是执法者的共识。《晋书·刑法志》记当时律学家刘颂言:

> 律法断罪,皆当以法律令正文,若无正文,依附名例断之,其正文名例所不及,皆勿论。

5. 秦王朝的集权与法治

公元前221年,秦统一了六国,建立了统一的中央集权制。陶醉于胜利之中的秦统治者迷信法家法治达到了顶点。秦始皇根本无法察觉被极端化了的这个理论给新生政权所带来的致命弱点。过分高压的政策使人们视君主为寇雠,繁密的制度使官吏百姓动辄得咎,而思想意识、社会道德等方面的教育几乎全付阙如。"暴政"逐渐成为秦政的底色。

倒是太子扶苏对秦的强大有着清醒的认识,他告诉秦始皇应对传统作适当的让步,他觉察到曾对"法治"抱有无限希望的人们对现实中的"法治"极度失望。在焚书坑儒、天下哗然的情况下,他以太子的身份劝诫秦始皇:"天下初定,远方黔首未集,诸生皆诵法孔子,今上皆重法绳之,臣恐天下不安。唯上察之。"② 不幸的是,这位颇具贤名的太子因而被父亲发往北部边地,与大将军蒙恬带兵守边。公元前210年,秦统一后的第十一个年头,秦始皇于出行途中罹患重疾,临终前这位具有卓识的政治家似乎也感到了"法治"的危机。他出人意料地在遗诏中让远在边地的长公子扶苏即皇帝位,而未将皇位传给常随身侧、精通狱事的少公子胡亥。传位扶苏,似乎在不言之中暗示了秦始皇对传统的某种妥协。

这种妥协,不仅使没有谋到皇位的胡亥及其师赵高怀恨在心,而且也使一向主张法治、为秦统一立下汗马功劳的丞相李斯不能理解。于是便有了"沙丘政变"。沙丘是秦始皇驾崩之地,李斯认为皇帝崩于外不宜发丧。赵高乘机劝说李斯篡改秦始皇遗诏,废扶苏而立胡亥。李斯尽管认为这样做有违

---

① 《商君书·赏刑》。
② 《史记·秦始皇本纪》。

法度，但想到自己与扶苏的政见分歧及今后的仕途前程，最终还是屈从了赵高。他以秦始皇的名义赐书扶苏，斥责"扶苏为人子不孝，其赐剑以自裁"①。伪诏送至边关，仁厚的扶苏果然以剑自刎，成为"父赐子死，子不敢不死"的牺牲品。消息传到京师，赵高、李斯等额手相庆，立刻立胡亥为帝，是为秦二世。一向有令必行、有禁必止的秦始皇怎么也不会想到自己生前发出的最后一道诏书，竟被自己最信任的臣子所篡改。扶苏失位，使秦王朝失去了与传统缓和的历史契机。秦二世即位，变本加厉，用"法治"将天下百姓逼上了绝路。

秦二世以精通狱事而深得其父的钟爱，但即位之后，他却终日耽于娱乐，朝中之事全委于赵高。赵高等人利用秦始皇所创立的完备的"法式"，将天下人置于刑网之中，上至皇室公卿，下至黎民百姓，无不为繁法酷刑所困扰。秦二世即位的当年，就杀掉了自己的亲兄弟九人，以至"宗室振恐"。又逼反了戍卒陈胜、吴广。第二年，以"具五刑"的酷刑处死了丞相李斯等人。第三年，赵高在朝堂之上指鹿为马，言鹿者皆被处死。公卿宗室尚且如此，百姓的性命更是被视为草芥。陈胜、吴广揭竿而起时，范阳人蒯通对范阳令说：

　　秦法重，足下为范阳令十年矣，杀人之父，孤人之子，断人之足，黥人之首，不可胜数。②

企望扶苏即位得以喘息的百姓，在秦二世的统治下更加绝望。陈胜、吴广所到之处，人们闻风而动，"杀无道，诛暴秦""废秦苛法"成为动员、组织百姓的有力口号。秦王朝终于葬送在此起彼伏的农民起义风暴之中。秦统一后享国不到16年，可谓短命而亡。

秦兴秦亡皆与法有着不解之缘。想当初，秦孝公用商鞅变法，法治学说在秦国大兴。完备划一的制度，令人心动的重赏，残酷无情的刑罚……很快便统一了人们的言行。凡国家禁止的，人们视为雷池，不敢逾越；凡国家提倡的，人们便拼死效力，纷纷响应。因为越雷池一步，严刑便紧随其后；而效力于国家，厚赏则立加于身。强制的统一，使法家力倡的法治的效果立竿

---

① 《史记·李斯列传》。
② 《史记·张耳陈余列传》。

见影：农夫力耕，士卒勇战，官吏守职。秦国迅速摆脱了落后的局面，一跃而成为关东六国的劲敌并最终统一了中国。

法家的法治理论虽促秦而兴，但其自身也存在着诸多的缺陷，如重治表而不重修内，重建制而不重倡德，重现实而不重长远，宜攻取而不宜守成，归根为一条，就是完全反西周以来的传统之道而行。秦统一以后，秦始皇不但没有察觉到法治理论中的缺陷，反而更加迷信法家。秦始皇为政，理狱是第一要务，他"专任刑罚，躬操文墨，昼断狱，夜理书"①。秦制秦法在秦始皇时更为完善，刑罚也更为惨烈。秦制秦法在当时不可谓不先进，但用今天的话来说，它有些"超前"。所以，无论秦始皇具有怎样的才略，无论他怎样地勤政，都无法弥补"超前"所造成的发展中的空白。作为反传统过激的代价，秦始皇虽创立了千古之制，却被人咒骂为"暴君"；秦王朝虽开创了统一的集权王朝，修筑了万里长城，却二世而亡，成为历史上有名的早夭王朝。其中最为沉重的代价是，法律由于失去了道德的基础因而也就失去了人们的信任。

秦亡之后，人们不再接受法家法治的思想，法律的权威与地位一落千丈。汉朝人谈法色变，崇尚宽厚，以为"刀笔吏"不可以为公卿。直到清朝，士大夫仍以谈法为俗吏之事。近代的法律变革也常常在强大的传统势力面前退却。"超前"所造成的是秦始皇的悲剧，是秦王朝的悲剧，更是法家法治的悲剧。从此，中国古代史中再也没有出现过敢自称为"法治"的王朝，集权—法治时代随告结束。

（三）汉之后的集权—礼法时代

汉（公元前206—公元220年）是继秦之后的又一个强盛而统一的王朝，汉至清的法文明模式借鉴了夏、商、西周"礼治"与春秋战国至秦"法治"的经验与教训。这一时期的法文明模式可以这样概括：制度上的"混合法"设计、体系结构上的"礼法一体"及思想理念上的"礼法合一"。汉至清，以皇帝制度为核心的集权制延续发展，而儒家所推崇的"王道"在意识形态及人们的观念中基本处于正统或主流的地位，法家推崇的"霸道"受到抑制

---

① 《汉书·刑法志》。

和批判。近代以来,学界多用"重礼轻法"来描述汉至清的法律,实际上并不恰当。在此,用荀子所言的社会发展模式——"隆礼至法"① 来概括汉至清法文明模式的发展也许更为合乎客观的事实。

1. 礼法"共同体"的建立

秦王朝的灭亡使"集权—法治"的体系受到质疑。善于总结历史经验的汉人深感过分背弃传统礼治、繁刑苛法,是秦亡的重要原因。于是,汉高祖入关便尽除秦苛法,与民"约法三章",果然赢得了民心。值得我们关注的是,汉统治者对秦有批判反思,也有继承发展。他们继承了秦的皇帝制度,同时也基本继承了秦的法律制度,即"汉承秦制"。汉对秦的批判集中在统治的方式方法上,即过分背离传统的礼治,以极端法治化的理念维护皇权。在汉统治者对秦制的继承与批判中,礼教开始复兴,礼与法不再像春秋战国时那样对立,而是被置于一个"共同体"中,中国历史进入了汉至清的集权—礼法时代。

(1) 礼教的复活。

汉代的政治家、学者如此论证了秦亡的教训:

> 陆贾曰:"秦任刑法不变,卒灭赢氏。"
> 张释之曰:"秦任刀笔之吏,争以亟疾苛察相高……天下土崩。"
> 贾谊曰:"商君遗礼谊,弃仁恩,并心于进取,行之二岁,秦俗日败,灭四维而不张,君臣乖乱,六亲殃戮,万民离叛,社稷为虚。"又曰:"使赵高傅胡亥,而教之狱。今日即位,明日射人。其视杀人若刈草菅然。置天下于法令刑罚,德泽亡一有,而怨毒盈于世,下憎恶之如仇雠。"
> 晁错曰:"……法令烦憯,刑罚暴酷,亲疏皆危,外内咸怨,绝祀亡世。"
> 董仲舒曰:"……弃捐礼谊而恶闻之,其心欲尽灭先圣之道……"又曰:"师申、商之法,行韩非之说,憎帝王之道,以贪狼为俗……"②

---

① 《荀子·君道》:"至道大形,隆礼至法则国有常。"隆,尊重、兴盛之意。至,重视。此句之意为:根本之"道"的体现,在于尊崇礼义、重视法制,这样国家就会稳定。
② 《容斋续笔·卷第五》。

由此可见，过分地抛弃礼治，专任刑罚是秦亡的原因所在——这一结论是汉人在反思秦政得失时所达成的共识。无论这一结论带有多少历史的局限与时代的偏见，对当时的人来说却是顺理成章的。周人八百余年的"王道"礼治与秦统一后不足十六年的"霸道"法治形成了鲜明的对比。传统在历史发展中的巨大影响力是不以人的意志为转移的。在饱受了秦法网桎梏之后，人们对失去了的礼治下的温情深深怀念。法家法治在人们追念传统中受到深刻的反思，自春秋以来日益汹涌的法治浪潮开始平息、衰竭。被秦王朝宣判了"死刑"的三代之礼在人们对法治的反思中奇迹般地复活，并得以重振昔日之雄风。礼教的复活得益于以下三个条件：

第一，儒家对传统礼治的理论总结。复活传统的礼教固然是汉的抉择，但礼教的复活却应首先归功于孔子及其所创立的儒家学说。因为对"先王之道"及"郁郁乎文哉"的周人治国之道深信不疑的孔子对礼崩乐坏痛惜不已，于是他"追迹三代之礼，序《书传》，上纪唐、虞之际，下至秦、缪，编次其事"①。大量的史实在孔子的"追迹"中得到保留，历史的经验在孔子的"编次"中得到总结。例如，在总结为君之道时，孔子提出"为政以德"②；在总结为人之道时，孔子提出"为人也孝悌"③。传统的礼治，尤其是礼教所提倡的"忠、孝、节、义"在儒家的著述中得到大力提倡，而这些正是后来汉人所着意弘扬的内容。传统在儒家的"损益"中得到升华，儒学的创立与发展为礼教的复兴奠定了理论基础。

第二，孔子门徒的礼教信念。孔氏门生对孔子所提出的理想坚持不懈地追求，使改良传统的儒学反败为胜。自春秋至汉初，儒家学说屡遭打击，失意近四百年。在这漫长的岁月里，孔子的门生、再传门生，直到汉代的儒家继承者，对孔子学说的信仰始终没有动摇。他们不计个人荣辱，顽强地用儒学影响政治。即便是在秦始皇"焚书坑儒"时，诸生也皆"诵法孔子"④ 不绝。出身寒微，又略带无赖习气的汉高祖刘邦对儒家的"好古"也曾有不屑之意。他曾将儒生总是戴得端端正正以显示礼仪的冠一把抓下"溲溺其

---

① 《史记·孔子世家》。
② 《论语·为政》。
③ 《论语·学而》。
④ 《史记·秦始皇本纪》。

中"①。一向主张士可杀不可辱,"三军可夺帅也,匹夫不可夺志也"② 的儒生竟能忍辱负重,周旋于这位难以驯服的帝王身边,伺机而动,不懈地向他宣讲儒学的宗旨,期望这位帝王能成为儒学的信奉者。儒家弟子如此坚韧不拔的精神,为儒学的兴盛,进而复兴传统礼教创造了机会。

第三,历史的机遇。秦王朝法治的失败、汉初反秦之道的宽松政策、人们对传统的怀念为礼教的复兴提供了历史的机遇。汉初,当人们失去了对法家信仰的时候,先秦诸子思想的宝库之门便被重新打开,人们终于又可以重新领略诸子百家所具有的风采:儒家的温和中庸,道家的逍遥洒脱……而刚刚经受了秦法磨难的人们似乎更加喜爱老庄宽和的"无为"之治,于是便有了汉初七十年"黄老学派"的发展。黄老学派是道家的分支,在法律方面主张"约法省禁"。汉代人所作《新语》记其观点:

> 事逾烦,天下逾乱;法逾滋,而天下逾炽;兵马益设,而敌人逾多。③

反秦严刑苛法之道而行,是汉初黄老学派深得民心的原因所在。但是,黄老学派的主张终非长治久安之策,它难以应付日益复杂的社会状况,散淡无争也与政治家所应有的积极进取个性背道而驰。道家所宣扬的那种说不清、道不明,神秘莫测、变幻无常的"道"使大多数人难以领悟、望而却步。"得道"的境界对终日劳于衣食温饱之中的百姓来说更是可望而不可即之事。与统治者个性志趣的不合,与平民百姓生活的疏远,使黄老学派在汉初时髦一阵后,又不得不重新归隐山林。不过,主张宽松的道家出而复归却为儒家的兴起,以至其独尊地位的确立开辟了道路。

(2)"汉承秦制"。

与秦过度推崇法家学说、背离礼治传统有所不同,汉统治者在注意到了秦政缺失的同时,也注意到了秦在法家思想指导下制定的制度所具有的先进性。他们摒弃了矫枉过正的激烈变革手段,以儒家的"中庸"思想为指导,对秦政采取了渐进式的改革方式,即在批判秦暴政及严刑峻法的同时,也继

---

① 《史记·郦生陆贾列传》。
② 《论语·子罕》。
③ 《新语·无为》。

承了秦的集权制度，尤其是法律制度。"汉承秦制"确实不是虚言。汉高祖时，"相国萧何捃摭秦法，取其宜于时者，作律九章"。汉武帝时，"穷民犯法，酷吏击断，奸轨不胜"。直至汉宣帝时，路温舒仍上疏言："秦有十失，其一尚存，治狱之吏是也。"① 汉宣帝总结的汉治国之道是"霸、王、道杂之"②。其实从后世皇帝制度的延续及"律"对先秦李悝所作的《法经》的继承中也可以看出，自汉至清，虽然礼教复兴，儒家独尊，但秦制从来没有被完全抛弃。

用儒家提倡的忠、孝、节、义统治人们的思想，用秦王朝创立的完备制度束缚人们的言行，就是所谓的"霸、王、道杂之"。在儒家中庸思想的指导下，汉至清的法文明模式实践了荀子"隆礼至法"的理论，礼教提供了一套自上而下的全社会共享的价值体系，法制则成为维护这套价值体系的有力保障。礼法共同体在近两千年的历史发展中逐渐完善。

2. 汉至清的"隆礼"

礼在汉至清受到全社会无以复加的尊崇，制礼作乐的周公在中国人心目中的地位并不逊于神灵，而主张礼教的孔子更是被国人奉为"至圣先师"。至今尚存的遍布全国各地的"文庙"是古人祭奠孔子的地方，也是中国古代文人读经习礼，从而走上仕途的地方。上至朝廷的制度，下至普通人的日常生活，"隆礼"体现于中国古代社会各个方面。从法的角度而言，"隆礼"的最重要的目的是将礼所提倡的忠、孝、节、义贯穿于法中，符合礼的传统习俗具有毋庸置疑的法的效力。可以说，只要领悟了礼，就理解了法的精神。而这一精神的约束往往比法制更普遍、更有力。

（1）礼是帝王及官吏权力的约束。

许多人认为，中国古代的帝王天下独尊，没有任何力量可以约束帝王的言行，事实并非如此。在朝中，帝王的言行受礼制的约束，服饰、饮食，甚至举止若不合礼，都会受到朝臣的规谏和评论。在社会中，帝王的品行更是人人关注的焦点。黑格尔在评价中国皇帝时说：

> 天子应该享有最高度的崇敬。他因为地位的关系，不得不亲自处理

---

① 《汉书·刑法志》。
② 《汉书·元帝纪》。

政事；虽然有司法衙门的帮助，他必须亲自知道并且指导全国的立法事务。他的职权虽然大，但是他没有行使他个人意志的余地；因为他的随时督察固然必要，全部行政却以国中许多古训为准则。①

黑格尔又言：

> 假如皇帝的个性竟不是上述的那一流——就是，彻底地道德的、辛勤的、既不失掉他的威仪而又充满了精力的——那末，一切都将废弛，政府全部解体，变成麻木不仁的状态。②

黑格尔虽然对中国古代文明并不持有肯定的观点，但他也能体悟到中国文化中看似至高无上的帝王，其言行实际上受到一种无形大法的制约，这无疑是准确的。这个大法就是礼，礼使看似至高无上的皇帝的权力成为"有限皇权"。

礼培养了中国古人"顺民"的品行，但礼所宣扬的道德伦理同样也是统治者自身的束缚。"口含天宪"的皇帝可以朝令夕改，无视制度的约束，但却无法任意变动人们的道德价值观念。

在约束皇权的同时，礼同样也约束着官吏的权力。贵族官僚可以凭借势力践踏制度，却难以挣脱伦理道德的网罗。在中国古代社会中，帝王欲治国、平天下，官吏欲建功立业、青史留名，先决条件就是要修身齐家。

修身依赖于自幼的教育，因此中国古代的家庭教育格外发达。历代士族官僚皆以礼教训诫后代。所谓"国有国法，家有家规"，有时以礼教为基础的家规更能约束人们的言行。如在中国历史上影响深远的《颜氏家训》，是北齐颜之推为训诫家人族人如何做人、如何治家所作。作者开篇即言：

> 夫圣贤之书，教人诚孝，慎言检迹，立身扬名，亦已备矣。③

宋代清官包拯的家训也极令世人感动，他告诫家人："后世子孙仕宦，有犯赃者，不得放归本家，死不得葬大茔中。不从吾志，非吾子若孙也。"④

---

① 黑格尔. 历史哲学. 王造时，译. 北京：商务印书馆，1963：167.
② 同①171.
③ 《颜氏家训·序致第一》。此处所言"诚"字当改为"忠"，因避隋炀帝父亲杨忠讳而改"忠"为"诚"。（王利器. 颜氏家训集解. 上海：上海古籍出版社，1980.）
④ 《宋史·包拯传》。

包拯的训示对其后代来说较法令更有约束力。1973年4月，文物考古工作者对位于合肥市东郊大兴集的包拯家族墓地进行了清理。据出土的墓志来看，包拯的儿孙确实恪守祖训，以清廉自守。包拯的儿子包绶"奉公守法，倬有盛誉"。包拯的孙子包永年为官亦"廉勤自守，蔚有政声"①。有关人士在分析了包氏家族墓地出土文物后总结道："从包拯去世的1062年到包永年入葬的1120年60年间，包家共有19人，死亡了13人，占70%，平均年龄约30岁。寿命之短，死亡率之高，令人触目惊心。包家一门清白，的确名不虚传。这种家门的不幸，不能说不与经济拮据，营养不良，医药不周，有着密切的关系。"②

官吏的自律固然与幼时的教育相关，但更为重要的是，在礼深入人心的社会环境中，官吏的品质往往是庶民议政的焦点，而舆论的褒贬又往往会成为官吏自律的一种动力。礼时常将为政者置于十分尴尬的境地，因为平民百姓可以依据礼来抨击昏暴的君主，讥讽无能的官吏，揭露统治者的堕落。东汉以"举孝廉"为名，为仕宦子弟开辟入仕的途径。民间对这些依靠父辈血缘入仕的官吏不以为意，便用歌谣来讥讽衣冠士族的无能：

举秀才，不知书；察孝廉，父别居。寒素清白浊如泥，高第良将怯如鸡。③

东汉至南北朝时兴起的"清议"之风，中心内容便是以礼教为标准"品核公卿，裁量执政"④。官吏文士一旦亏损名教，受到"清议"，"则终身不齿"⑤。故士族公卿若是触犯了舆论，也会在仕途上身败名裂。五代是天下大乱之时，时人崇武轻文，恃力而争霸天下。但礼教的观念在人们心中并未泯灭，相反，世人对缺礼少教者的讥讽更为尖锐。后唐昭武军节度使安叔千"状貌堂堂，而不通文字，所为鄙陋，人谓之'没字碑'"⑥。马胤孙官至宰相，后唐灭亡，他未能循礼以身殉职，而是弃儒学佛。当时有人就讽刺道：

---

① 安徽省博物馆. 合肥东郊大兴集北宋包拯家族墓群发掘报告//文物编辑委员会. 文物资料丛刊(3). 北京：文物出版社，1983.
② 程如峰. 萃众长于一石的包拯墓志. 故宫文物，1993（4）.
③ 《抱朴子·外篇·审举》。
④ 《后汉书·党锢传》。
⑤ 《隋书·刑法志》。
⑥ 《新五代史·安叔千传》。

"佞清泰不彻，乃来佞佛。"由于他在位时明哲保身，"不开口以论议，不开印以行事，不开门以延士大夫"①，人们便送给他一个"三不开"的绰号。人们还称前蜀王王建为"贼王八"②，称南平王高季兴为"高赖子"③，这些都表达了时人对礼教不兴状况的忧虑与激愤。礼教的鞭挞使许多官宦对非礼之举望而却步，礼教的旌表也能激励许多官吏洁身自好、立身扬名。前文提到的宋代包拯祖孙三代清廉，民间有口皆碑。包拯去世时，"县邑公卿忠党之士，哭之尽哀。京师吏民，莫不感伤，叹息之声，闻于衢路"（包拯墓志）。包绶治理汝阳，民感其正直，其离任时"州人扶老携幼，争先出郊而饯之，且拜而言曰：'清公善归，台阁今待公矣。'"（包绶墓志）包永年任金州司工曹事，任期满后"州人愿留公不可得，攀辕翳道，相与瞻望叹嗟，咸曰：'包公之后，信乎有是贤孙也。'"（包永年墓志）民间的口碑，实际上是对包氏一门最好的褒奖。

礼使全社会普遍重视道德，珍视声誉。这种共识迫使统治集团的成员也必须格外注重个人的修养与权力的正当使用。

（2）礼是普通人追求的价值理念。

礼不仅使达官贵人为之倾倒，而且使普通百姓为之风靡，其是全社会认可的价值观。"二十五史"中的《孝子传》《孝友传》《列女传》《孝义传》《卓行传》等，记载了许多布衣百姓毕生以礼教为圭臬，甚至以身殉礼的事迹。正如《论语》所言：

> 其为人也孝弟，而好犯上者，鲜矣；不好犯上，而好作乱者，未之有也。④

其意为：孝于父母、友爱兄弟而不顺从官长的人，是很少见的；而顺从官长却好犯法的人，是从未有过的。礼筑起了预防犯罪、犯法的精神防线，将人们被动守法变为主动循礼。

在中国古代社会中，草民百姓也并不乏精神上的追求，正史记载中也不乏草民百姓的遵礼故事。南朝郭原平确实是古代社会"良民"的一个典范。

---

① 《新五代史·马胤孙传》。
② 《新五代史·前蜀世家》。
③ 《新五代史·南平世家》。
④ 《论语·学而》。

郭原平家贫如洗，以做木工赡养父母。在外劳作时，郭原平对雇主的款待总是婉言谢绝，原因就在于不忍一人独食"肴味"。他将饭菜折变成工钱，放工后买些父母喜欢的东西以尽人子之孝。父亲病重，郭原平衣不解带，终日侍奉于父亲的身边。父亲死后，郭原平因过度悲痛而昏厥，数日方醒。此后，他不食鱼、肉，以示不忘父逝之悲。皇帝驾崩，这位"布衣平民""号哭至恸"，有人不解地问："谁非王民，何独如此？"郭原平泣而答道："我家受过皇帝的旌表，如此大恩，不能报答，故而悲伤。"郭原平在市集上卖东西从不欺诈，只收工本，久而久之，邑中人传为美谈。许多人特意高价购买他的物品，于是买者欲贵买，卖者坚持贱卖，"君子国"中的争相让利买卖在此竟成为现实。[①] 郭原平这位从事平凡劳动的平凡百姓，一生没有建功，没有立业，始终是"治于人"的"劳力者"。但是他能孝父母、睦四邻、敬帝王、急国难，因而被树立成民之楷模，受到邻里敬重而名留青史。

名垂青史的孝子、烈女、义士大都与郭原平一样，是闾巷草野之人。他们的一生没有功业，少有卓绩，但其言行却体现了礼教的精神。魏晋，尤其是唐宋以后，礼教注重家庭的和睦，提倡忍让。累世同居的大家族被旌表为"孝门""义门"。礼教使人们克己奉亲、自省自律，礼教盛举之日，必是刑措不用之时。《清史稿·于成龙传》记载，于成龙为罗城（今广西境内）县令时，行礼教，不仅县境内无触犯刑律之人，而且家族邻里几无讼事。县衙的官吏无事可做，只好在衙前摆起了水果摊。百姓如此信服礼教，自有其社会环境所促成。这种社会环境就是下文所归纳的"朝廷的礼遇"、"士人的赞扬"与"百姓的崇敬"。

1）朝廷的礼遇。在古代社会中，孝是忠的基础。孔子告诫学生：

> 孝慈，则忠。[②]

统治者对孝子、烈女青睐的原因在于温良恭俭让由此成为社会风尚，以此杜绝百姓的叛乱之心，防患于未然，同时勉励官吏移孝为忠，在家孝双亲，入仕忠国君。所以，在古代社会里，孝子、烈女的社会地位并不逊于达官贵人，皇帝亲自旌表，免其徭役，朝廷为之树碑立传，甚至建亭筑台，荣

---

① 参见《宋书·孝义传》。
② 《论语·为政》。

耀无以复加。

北魏时有位名叫杨引的孝子，当他73岁时，93岁的老母去世。杨引"哀毁过礼"，不仅为母亲服丧三年，而且又为自己未能见面、早逝的父亲追服了三年丧。这位73岁的老人自母亲去世后，13年未改悲切之容，于是"有司奏宜旌赏，复其一门"。朝廷不仅免除了杨引一家人的徭役，而且"假以散员之名"，即享有官员的待遇。①

孝女姚氏（姓名已佚）早年丧父，六七岁时每当听到别人说起自己的父亲便伤心落泪。15岁时，她的母亲也去世了，姚氏女不胜其哀，竟数日滴水不进，终因悲伤过度而身亡。邻里赞叹姚氏女的孝心，郡守亲自为之撰写碑文，官府将其所在地改名为"上虞里"②。北齐史家魏收著《魏书》时还提到姚氏女的"墓在郡城东六里大道北，至今名为孝女冢"③。

翻开《中国古今地名大辞典》，以"孝""义"作为地名之处比比皆是，如："孝敬村：在直隶赵县境。《隋书·李德饶传》：德饶性至孝，及丁忧，哀恸呕血数升。后甘露降于庭树，有鸠巢其庐。纳言杨达巡省河北，诣其庐吊慰之。因改所居村名孝敬村，里为和顺里。"④遍布于中华大地的"孝子峰""孝义里""孝水""孝妇河"等，显示了礼仪之邦的特点。每一个地名的背后一定都流传着一则生动的历史孝义故事或传说。

为起到教化一方的作用，统治者不惜重金为孝子、烈女立碑建亭，并修缮其居所。凡孝子、烈女之家，按以往"故事"均由官府"量地之宜，高其外门，门安绰楔，左右建台，高一丈二尺，广狭方正称焉。圬以白而赤其四角。使不孝不义者见之，可以悛心而易行焉"⑤。这就是说，地方官府要根据孝子、烈女所居之处的地形，加高院门，院门两侧树木柱以示对孝义的表彰。房屋左右各砌高一丈二尺的洁白方台，四角涂以红色。这种光耀门庭的建筑，可以警醒世人，使不孝不义者自惭形秽，迷途知返。五代后晋时，登州王仲昭六世同居，被旌为"义门"。朝廷为其修建了形制如同衙门一样的听事堂：院门宽一丈二尺，门内设影屏，院内建回廊。门外两侧树旌表孝义

---

① 参见《魏书·孝感传》。
② 虞，舜之国名。舜以孝闻名，为二十四孝之首，"上虞里"意为崇尚舜之孝道所。
③ 《魏书·列女传》。
④ 臧励和，等．中国古今地名大辞典．香港：商务印书馆香港分馆，1931：378．
⑤ 《新五代史·一行传》。

的"乌头柱",两柱间隔一丈。乌头柱前三丈七尺处立双阙,阙前植槐柳夹道,长达九丈。①

朝廷的厚爱使许多布衣孝子、烈女、义士名留青史,与公卿将相同传。《新唐书·孝友传》记:

> 唐受命二百八十八年,以孝悌名通朝廷者,多闾巷刺草之民,皆得书于史官。

"上有所好,下必兴焉。"在朝廷的大力提倡下,孝、节、义成为人们的理想与寄托,越到古代社会后期,孝子、烈女、义士越是层出不穷。明代时,由于各地上报的孝子、烈女、义士人数过众,以至朝廷难以筹措旌表所需的银两,于是只好因陋就简,"采其尤者辑为传"②。

对违法者施以惩罚,对循礼者予以表彰和鼓励,是中国传统法的独特之处。这一特点将惩罚犯罪与预防犯罪合为一体,将善良风习的培养、维护与法的制定、遵守合为一体,将道德的戒律和法律的严禁合为一体,使法更具效力。

2)士人的赞扬。不仅史官如此,文人骚客更是将孝子、烈女、义士作为歌咏的对象。曹植曾作诗赞叹为父复仇、不惜身亡的烈女苏来卿,诗文慷慨悲壮:"关东有贤女,自字苏来卿,壮年报父仇,身没垂功名。"晋张华歌颂侠客义士的诗文出神入化:

> 侠客乐险幽,筑室穷山阴,栖迟熊罴穴,容与虎豹林。雄儿任气候,声盖少年场,偕友行报怨,杀人驰市旁。吴刀鸣手中,利剑严秋霜,腾起如电激,回旋如流光。生从命子游,死闻侠骨香,没身心不惩,勇气如四方。③

隋朝有孝子陆产师,与兄在父亲的墓侧建庐守丧,二人终日负土建坟。当时的公卿士人深为二人的孝心所感动,于是常到墓庐慰问他们,以至"晦

---

① 《新五代史·一行传》记:"户部复奏:前登州义门王仲昭六世同居,其旌表有听事、步栏,前列屏,树乌头正门。阀阅一丈二尺,乌头二柱端冒以瓦桶,筑双阙一丈,在乌头之南三丈七尺,夹树槐柳,十有五步。"乌头:《说文》释"乌"为"孝鸟"。树乌头以示孝。阀:《正韵》曰"门在左曰阀,在右曰阅。"步:《康熙字典》:"六尺为步,步百为亩。"
② 《明史·孝义传》。
③ 《艺文类聚·人部十七·游侠》。

朔之际，车马不绝"①。

唐代孝子侯知道、程俱罗为亲守丧不已，孝心所感，使"鸟兽为悲号"。士人李华闻此而作《二孝赞》："厥初生人，有君有亲，孝亲为子，忠君为臣。"又有何澄粹割股疗亲，亲殁后，哀伤过度而死。于是"士为作诔甚众"②。

在《新唐书·孝友传》中保留了一篇著名文学家柳宗元为孝子李兴所写的碑文《孝门铭》。碑文先述孝子对患病的父亲竭尽心力地侍奉。为疗父疾，他"引刃自向，残肌败形。羞膳奉进"，即将自己的肉割下为患病的父亲做成饭食奉上。接着又叙述了孝子对父亲之死的悲哀："创巨痛仍，号于穹旻。捧土濡涕，顿首成坟。搯膺腐眦，寒暑在庐。草木悴死，鸟兽踟蹰。殊类异族，亦相其哀。"作者将孝子李兴与历史上的颍考叔等相提并论，认为"显显李氏，实与之伦"。最后，柳宗元描写了孝子周围的人对孝子的赞美及朝廷的旌表："哀嗟道路，涕慕里邻。神锡秘祉，三秀灵泉。帝命荐加，亦表其门。统合上下，交赞天人。建此碑号，亿龄扬芬。"这是"二十五史"中唯一一篇保留完整的孝子碑文，兹录于脚注之中。③

文人的赞扬形成了强大的社会舆论，人们自觉或不自觉地将礼教作为是非的标准，以孝为荣，以不孝为耻。在这种社会气氛中，人们一旦有违礼的言行，便会受到全社会的严厉谴责，其后果较违背法律更为严重。

3）百姓的崇敬。礼的复兴，变百姓被动地受制于法为主动地遵循礼。伦理道德通过教化深入人心。至今仍流传于民间的《三字经》《女儿经》《弟子规》等便是普及礼教的产物。这些念起来朗朗上口的儿歌，通过一个个生动的历史故事向人们灌输着做人的道理，告诫人们一举一动都不要逾越礼的规范。

---

① 《隋书·孝义传》。
② 《新唐书·孝友传》。
③ 《新唐书·孝友传》记柳宗元《孝门铭》："懿厥孝思，兹惟淑灵。禀承粹和，笃守天经。泣侍羸疾，默祷隐冥。引刃自向，残肌败形。羞膳奉进，忧劳孝诚。惟时高高，曾不视听。创巨痛仍，号于穹旻。捧土濡涕，顿首成坟。搯膺腐眦，寒暑在庐。草木悴死，鸟兽踟蹰。殊类异族，亦相其哀。肇有二位，孝道爱兴。克修厥猷，载籍是登。在帝有虞，以孝蒸蒸。仲尼述经，以教于曾。惟昔鲁侯，见命夷宫。亦有考叔，寤庄称纯。显显李氏，实与之伦。哀嗟道路，涕慕里邻。神锡秘祉，三秀灵泉。帝命荐加，亦表其门。统合上下，交赞天人。建此碑号，亿龄扬芬。"

广为流传的《三字经》将东汉的黄香、汉魏之际的孔融树为儿童的学习榜样。黄香年幼丧母，与父亲相依为命。他9岁时便知道体贴父亲，炎热的夏天他为父亲扇凉枕席，寒冷的冬天他为父亲温暖被褥。孔融4岁时便知礼让兄长，他能将大梨让给哥哥，自己拿最小的。事情固然平凡，却体现了礼教的核心——孝悌的精神，因而成为千古佳话。当一代又一代的儿童念诵着"香九龄，能温席；孝于亲，所当执。融四岁，能让梨；弟于长，宜先知"时，礼教的价值观便在幼小的心灵中打上深深的烙印。

《女儿经》是教导女子在家孝父母，出嫁敬公婆、顺从丈夫的儿歌。歌中所言早已化为中国古代妇女生活中的自觉行为，如："早早起，出闺门，烧茶汤，敬双亲""出嫁后，公姑敬，丈夫穷，莫生嗔""夫君话，就顺应，不是处，也要禁"。《弟子规》则是为人之子的规范："父母呼，应勿缓；父母命，行勿懒；父母教，须敬听；父母责，须顺承。"①

人们处处受到礼教的熏陶，于是便在日常生活中处处以礼为规矩，"犹生长于齐不能不齐言，生长于楚不能不楚言"。生长于礼教环境中的百姓自然而然会对孝子、烈女、义士心怀敬意，并将其视为追求的理想目标。明代的浦江出现过一个累世同居近300年的礼义之家，家主名叫郑濂。郑濂的七世祖郑绮是宋代著名的孝子，名彪《宋史·孝义传》。郑家在元朝时被朝廷旌为"义门"。这个具有300年光荣史的家族是当地百姓的骄傲，无论王朝如何更替，郑家的孝义之风始终是人们学习的榜样。同乡人王澄对郑氏倾慕不已，临终前谆谆告诫子孙："汝曹能合食同居如郑氏，吾死目瞑矣。"②

孝子、烈女、义士不仅受到一般百姓的敬佩，而且受到一些与官家作对的"盗贼"的崇拜。后汉时，15岁的彭修与父亲在归乡的途中被盗所劫。彭修见父亲身处危难之中，便奋不顾身地上前捉住盗首，高声叫道："父辱子死，卿不顾死邪？"群盗望着这位欲与自己首领同归于尽的孩童，由衷地感慨道："此童子义士也，不宜逼之。"③ 于是谢罪而去。华秋是北朝时著名的孝子，在天下大乱、盗贼蜂起的情况下，他的住所却从未受到过骚扰。邻

---

① 蒙学十篇. 北京：北京师范大学出版社，1990.
② 《明史·孝义传》。
③ 《后汉书·独行传》。

里将华秋家视为避难所,因为每当盗贼路过他家,都相互告诫:"勿犯孝子乡。"① 明代孙清事母甚孝,"流贼入其境,居民尽逃",孙清因母年迈而守在家中,"贼两经其门,皆不入"②。历朝历代不胜枚举的事例证实了"盗亦有道"绝非枉言。从"盗亦有道"可以看出礼的烙印已深深地印在每一个生于斯、长于斯的人的心中。

礼的普及不分贫富,不分贵贱,它是人们心目中永恒的、正义的"法则"。它的威力是"国法"所难以比拟的。在中国古代社会中,礼与法是有机的统一体,一旦礼与法有所冲突时,重礼坏法的皇帝不失为仁君,以礼破律的官吏不失为循吏,以礼违法的百姓也不失为义民。相反,以法违礼者则会被人们视为暴君、酷吏、刁民。礼教造就了顺民,也造就了清官与明君,这便是礼的威力所在。

3. 汉至清的"至法"

自汉至清,中国古代社会虽弥漫着浓厚的礼教气氛,历朝历代的统治者也无不以"王道""德政"相标榜,但无论是有历练的政治家,还是讲求实际的思想家都是主张王道、霸道并用的。汉宣帝曾这样教育自己的太子:

> 汉家自有制度,本以霸、王、道杂之,奈何纯[任]德教,用周政乎!③

宣帝还告诫太子:

> 俗儒不达时宜,好是古非今,使人眩于名实,不知所守,何足委任!④

汉宣帝的"汉家"制度,是从实际出发,推崇礼,而重视法。因为整齐划一的制度、强有力的制裁手段毕竟是社会控制的最普遍、最基本、最易于操作的方式。因此,自汉以来,法家的学说虽然一蹶不振,但是在法家思想指导下所完善起来的秦制,尤其是秦法体系却为后世统治者所继承并根据时势加以改造完善。这种"王、霸、道杂之"的模式,实际上就是荀子"隆礼

---

① 《北史·孝行传》。
② 《明史·孝义传》。
③ 《汉书·元帝纪》。[任]为中华书局标点本所加。
④ 《汉书·元帝纪》。

至法"的模式。这也是近代以来,学界公认汉之后二千余年,统治者所奉行的实际上是"荀学"(荀子之学)的原因。所以汉代之后,中国古代法制不但没有倒退,反而进入了全面发展时期。

(1) 从立法上说,"至法"之"法"指"百度百法",而"非止刑法"。

从立法制度上讲,汉至清始终沿袭秦王朝的"法令由一统"① 的传统,修订颁行法律的大权牢牢掌握于中央,同时,将修订、颁行法律作为一个王朝建立或王朝中换代的标志。在汉至清的历史上,几乎每一个王朝都十分郑重地修订、颁行过法律。许多皇帝都亲自参与新法律的议定工作。历史上颇为著名的曹魏《新律》,晋《泰始律》,唐《贞观律》《永徽律疏》,明《大明律》,清《大清律例》都是由皇帝亲自主持或钦选重臣主持,由精通礼律的专家、实践经验丰富的官吏会同修订的。中央对立法权的掌握,保证了法的严肃性和统一性,是"至法"的体现。

中国古代法具有丰富的层次,中央的立法只是在全国统辖范围内具有最高效力和占主导地位的法。此外,中央各部门、地方官府也有着自己的章程规则,传统的风俗也常常以乡规民约和家法族规的形式表现出来。就立法而言,中国古代确实形成了自中央至地方、自国至家一整套严密的体系。因此,"至法"之"法"并不专指刑律,元人胡祗遹在《杂著》中说:

> 余所谓法者,非止刑法而已也,百度百法皆是也。故正人喜其法立,奸人乐其无法。有法则权在君,无法则权在己。②

(2) 皇帝的权力在执法中受到越来越严格的约束。

从法的执行情况来看,乡规民约及家法族规由于与人们的生活密切相关,其实际有效性毋庸置疑;中央颁行的法令可以说也得到比较好的执行。从中央到地方的完备的机构设施,为法的执行提供了畅通的路径。③ 中国古代地方的各级行政长官都具有审理狱讼的职责,而全国最高司法权掌握于皇帝手中,这种在现在看来"行政司法合一"的缺陷,在古代却意味着对

---

① 《史记·秦始皇本纪》。
② 吏学指南(外三种).杨讷,点校.杭州:浙江古籍出版社,1988:165.
③ 关于中国古代的司法机构,武树臣主编《中国传统法律文化辞典》(北京大学出版社1999年版)所释甚详,参见该辞典的"法律设施类"部分。

"法"的重视。如东汉光武帝刘秀"留心庶狱，常临朝听讼，躬决疑事"①。明帝也"常临听讼观录洛阳诸狱"②。史书对亲理狱政的帝王也多持赞赏的态度。

汉之后，法的执行除有愈来愈完备的机构设施外，还有一点格外引人注目，即有司职责分明，即使皇帝也不能随意干涉。汉文帝出巡至中渭桥，有一人从桥下跑出，惊了文帝的坐骑，侍卫将此人逮捕，送到廷尉张释之那里治罪。在审讯中，这个"犯罪嫌疑人"说自己是长安县人，听到清道之声便躲避在桥下，等了很长一段时间，以为出巡的乘舆车骑已过，便从桥下走出，结果还是碰到了乘舆车骑，所以才奔跑躲避。张释之认为此种状况按令属"犯跸"行为，跸，为禁止人通行的条令。汉"乙令：'跸先至而犯者罚金四两'"③。张释之按令处此人罚金。文帝十分不满，"怒曰：'此人亲惊吾马，吾马赖柔和，令他马，固不败伤我乎？而廷尉乃当之罚金？"④ 在文帝看来，一个平民百姓惊了天子的坐骑处以罚金实在是处罚过轻，但张释之据"令"力争，并劝谏文帝：

> 法者天子所与天下公共也。今法如此而更重之，是法不信于民也。且方其时，上使立诛之则已。今既下廷尉，廷尉，天下之平也，一倾而天下用法皆为轻重，民安所措其手足？⑤

文帝沉默良久，还是同意了张释之的意见。如果说汉文帝是一位明君，如唐太宗，明太祖，清康熙、雍正、乾隆等一样，克己守法并不足以说明"至法"为普遍现象，那么，我们还可以看到如隋炀帝那样乱法的"昏君"也有同汉文帝一样的事迹。《隋书·源师传》记：

> 炀帝即位，拜大理少卿。帝在显仁宫，敕官外卫士不得辄离所守。有一主帅，私令卫士出外，帝付大理绳之。师据律奏徒，帝令斩之。师奏曰："此人罪诚难恕，若陛下初便杀之，自可不关文墨，既付有司，义归恒典。脱宿卫近侍者更有此犯，将何以加之？"帝乃止。

---

① 《晋书·刑法志》。
② 同①.
③ 《史记·张释之冯唐列传》集解。
④ 《史记·张释之冯唐列传》。
⑤ 同④.

汉代张释之与隋代的源师所奏如出一辙。从两位司法官的劝谏中，我们可以归纳出皇帝与法具有这样一种相互制约的关系，即皇帝有权不经法律程序裁处案件，但一旦案件转入司法机构，便进入了程序，须按法律裁断，即使皇帝也不能随意干涉。这便是张释之先言"上使立诛之则已"，后又言"廷尉，天下之平也"；源师先言："若陛下初便杀之，自可不关文墨"，后又言"既付有司，义归恒典"的原因。这种皇帝与法司相互制约的关系恰恰是秦法治王朝中所未曾见的。

（3）汉之后变秦的"法式之教"为"礼法之教"。

春秋战国至秦，法家学说风靡。自上而下，重视学法，不足为奇。《商君书·定分》中提出，在一个理想的社会中，君臣上下皆知晓法令，遵守法令，但决不妄议法令、删改法令，"置主法之吏以为天下师"。秦始皇则以"以吏为师""以法为教"实践了商鞅的理想，其刻石琅琊台（今山东境内），以天下"欢欣奉教，尽知法式"为喜。①

汉恢复礼教，对法家之学及秦法的残酷进行了反省和批判。法家之学虽中断，但法之"学"不但在官府未曾中绝，而且随着开弛私学之禁，其也成为"家学"的重要内容。著名史学家吕思勉言：

> 后汉樊准上疏：请复召郡国书佐，使读律令；魏明帝时，卫觊奏："九章之律，自古所传，断定刑罪，其意微妙。百里长吏，皆宜知律。请置律博士，转相教授。"事遂施行，此官学也。郭躬父弘习小杜律，躬少传父业，讲授徒众常数百人，此私学也。②

汉以后的法学，不同于法家之学。"春秋决狱""以经注律"使"儒学羼入法学"，"以儒家纂法家之统"③。一言以蔽之，秦时的"法式之教"转变成汉之后的"礼法之教"。三国魏文帝时下令郡国贡举，贡举之人不拘年限，只要"儒通经术，吏达文法，到皆试用"④。唐至明，科举中皆设有"明法"科。唐明法科考试"试律七条、令三条，全通为甲第，通八为乙第"⑤。唐选

---

① 《史记·秦始皇本纪》《史记·李斯列传》。
② 吕思勉读史札记：上册. 上海：上海古籍出版社，1982：583.
③ 同②583-585.
④ 《通典·选举二》。
⑤ 《新唐书·选举志》。

拔官员的标准有四：身、言、书、判。其中判的地位至关重要，因为判体现了官吏的办事能力及对法的领会与掌握水平。《通典·选举五》记载了这样一条选官规定：

> 不习经史无以立身，不习法理无以效职。人出身以后当宜习法。其判问，请皆问以时事、疑狱，令约律文断决。其有既依律文，又约经义，文理弘雅，超然出群，为第一等。其断以法理，参以经史，无所亏失，粲然可观，为第二等。判断依法，颇有文彩，为第三等。颇约法式，直书可否，言虽不文，其理无失，为第四等。此外不收。

用我们现在的话来说，如果考生的判文既符合法条的规定，又体现了法的精神，则为优秀；如果依法而断，又能辅以经史，为良好；如果只依法条而断为及格，及格中又分为"有文彩"与"不文"两类。

当然，汉之后对法家严刑峻法之说的批判和反思，也在一定程度上造成人们轻法的意识，但这个"轻法"指的是轻视法的制度或刑法，而不是法的精神。其中，刑罚的负面作用尤其受到人们的关注。因此，古代社会中确实有视法吏为俗吏，视断狱理讼为俗务，因而许多人不屑于学律读法，甚至不愿担任有关职务的现象。如唐代元澹曾深受狄仁杰器重，玄宗时被选派"出为岐州刺史，兼关内按察使"。元澹却自以为书生，"非弹治才，固辞"，后又四次被委以大理卿之职，也都以"不乐法家"之由而坚辞。[①] 但如果全面考察汉之后的社会就会发现，轻法并非社会的主流，即使在文人书生中，对法的鄙薄者也不占主导地位。

故宋代苏轼的《戏子由》中有"读书万卷不读律，致君尧舜终无术"[②]之诗句；而清代乾嘉学派的重要人物、经学大师孙星衍在《重刻故唐律疏议序》[③] 中则言：

> 读书不读律之言，非通论也。

汉之后的礼法之教，表现于两个方面：一是要求官吏读法；二是一直沿袭乡饮酒礼，定期向百姓宣传人伦与法律。官吏读法，明清时成为律的明文

---

① 参见《新唐书·儒学传》。
② 苏轼诗集：第2册. 北京：中华书局，1982：325.
③ 载于唐律疏议. 刘俊文，点校. 北京：中华书局，1983。

规定，官吏读法已不仅仅是一般的要求。《大清律例·吏律·公式》"讲读律令"条规定：

> 凡国家律令，参酌事情轻重，定立罪名，颁行天下，永为遵守。百司官吏务要熟读，讲明律意，剖决事务……若有不能讲解，不晓律意者，初犯罚俸钱一月，再犯笞四十附过，三犯于本衙门递降叙用。

汉承周、秦之后，对周、秦两代历史经验与教训的总结格外用心。周王朝八百余年的礼治盛世与秦统一后不足十六年而亡的法治败局给汉人以深刻的印象，但经过春秋至秦，法的制度发展也日臻成熟，在实践中也颇具成效。不管汉人对法治抱有何种戒心，完全恢复礼治，抛弃秦制也已经是不可能之事。法家理论的缺陷在于只追求制度的功效，而对制度，尤其是法的精神、价值极少阐述。这一理论的缺陷，为汉儒融合礼法、复兴礼义和礼教留出了空间。在汉儒看来，法制，尤其是偏重刑罚的"律"若缺乏礼的精神，就等于丢失了灵魂。汉代中期的贤良文学们认为"二尺四寸之律"，古今相同，但殷、周用之则治，秦用之则乱，原因在于：

> 汤、武经礼义，明好恶，以道其民，刑罪未有所加，而民自行义，殷、周所以治也。上无德教，下无法则，任刑必诛，劓鼻盈蔂，断足盈车，举河以西，不足以受天下之徒，终而以亡者，秦王也。[1]

三代礼治的精神在人们对传统的怀念中，在汉儒对秦法的批判中重新登上历史舞台。汉代礼法融合主要有两条途径：一是立法以儒家提倡的伦理道德为指导；二是在司法实践中引经决狱，体现礼所提倡的精神。汉宣帝时下诏："子首匿父母，妻匿夫，孙匿大父母，皆勿坐"[2]。汉武帝时，董仲舒以"《春秋》之义，父为子隐"为由，认为养父包庇犯罪的养子"不当坐"[3]。自汉时起，秦的"以吏为师，以法为教"的"法式之教"转变为"礼法之教"，直至清，礼法融合的进程始终没有停止。儒家的精神、法家的制度构成汉至清法文明模式的主要内容。

---

[1]《盐铁论·诏圣》。
[2]《汉书·宣帝纪》。
[3]《通典·礼二十九》。

制度设计

中国古代法文明模式的制度设计也经历了三个时期的发展,即夏商周的"先例法"时代、战国至秦的"成文法"时代与汉至清的"混合法"时代。与"历史沿革"的划分略有不同的是,从历史发展考察:春秋时期集权及成文法已经出现,法治思潮也已经开启,所以在"历史沿革"中,笔者将春秋划归到"春秋战国至秦的集权—法治时代",这样从春秋至秦亡我们可以看到一个完整的集权—法治时代从开始到结束的全过程。但从制度的发展看,春秋时期主要是"先例法"瓦解和"成文法"萌芽时期,更重要的是旧制度仍占有优势,所以春秋与夏、商、西周一同归于"先例法"时代就更为合理。其实,历史时代的划分有着不同的标准和角度,制度的发展与政权形式的演变存在着"时间差"也并不罕见,因此,我们不必拘泥于将一种观点作为标准。

一、"先例法"时代

中国古代法文明模式的制度设计,伊始经由夏商习惯法的发展在西周形成了完备的先例法制度。先例法的特点是"议事以制",其在夏商已经萌芽,西周时完善,春秋时动摇。

(一)神权法与伦理法的立法指导思想

1. 夏商神权法思想

神权法是法律萌芽直至先例法完善时的主导思想。从后人追述的资料中看,夏王发布命令,基本上以"天"的代言人自居。如《尚书·甘誓》记夏王启与有扈氏"大战于甘",在战前的誓师动员时发布军令《甘誓》,指责有扈氏不敬上天,自己奉天之命而行征讨。这就是"天讨有罪"思想的最早记载。商代立法的指导思想有三个方面的内容:第一是崇敬天帝。商人认为人间的一切都是由天(甲骨卜辞中称"帝")决定的,天帝无所不能。这种对天的崇敬是人类社会发展伊始受生产力的制约对许多自然现象无法解释的必然结果。比如对山川河流的形成、春夏秋冬的演变、人的生老病死等的解释只能归因于天。那时的人们认为冥冥之中有一个无所不能、至高无上的神灵,这就是支配一切,也包括掌握人类的生死福祸的天帝。由于天帝的至高无上与无所不能,所以他的旨意就成为人类社会最根本的大法。第二是笃信天命。在崇敬天帝的同时,商人也十分崇敬自己的祖先,并认为自己的祖先是奉了天帝命来统治天下的,他们逝去后,在冥冥之中保佑自己的子孙继续统治天下。从甲骨卜辞及商代文物来看,商王在用精美的礼器、丰富的祭品、严格的仪式祭祀天帝的同时,也祭祀自己的祖先。由于笃信天命,所以天帝在人间的代言人商王便有了代天行罚的权力,商王的法也就有了神权作为后盾,具有神圣性。第三是天罚有罪。既然商人认为天帝无所不能,那么便顺理成章地认为一切罪恶都逃脱不了天帝的惩罚。天帝将惩罚的大权交给了商王,王所行之罚,都是天罚,具有毋庸置疑的合理性和权威。为了维护帝意和天命,商的刑罚十分严酷。所以《荀子·正名》言:"刑名从商"。商在执行刑罚时,甚至连具有商族血统的贵族也不放过或给予减免,所以《逸周书》言:"(商)刑始于亲,远者寒心"。

2. 西周"明德慎罚"的伦理法思想

西周初年,统治者认真反思了夏商两朝灭亡的历史教训,在夏商"天罚"的神权法思想基础之上提出了更为全面、系统的立法思想。一方面,西周继承了夏商时期的宗教神权观念,也宣扬自己是君权神授、得天之命,其推翻商朝统治是在"恭行天之罚"[①]。周人甚至继承了殷商占卜的传统,考古发现的周原甲骨卜辞就是先周时期周人的卜问记录,《尚书》中的《金縢》《大诰》等篇章也有不少反映周人敬天和占卜的内容。另一方面,周灭商,使"君权神授"等原有的神权法思想面临挑战。其一,商统治者曾长期宣称

---

① 《尚书·牧誓》。

自己是得天帝之命的，甚至是神的直系子孙，对此人们不曾怀疑过。但牧野一战，奴隶、平民"前徒倒戈"，商王朝顷刻之间土崩瓦解，商纣王最后自焚而亡。对此人们不禁会问：商的天命哪去了？神为什么会抛弃自己的子孙？周政权是否也会被推翻？其二，周原本是商统领下的一个方国，周人灭商，是一种以下犯上、以臣弑君的行为，这种行为应属逆天。那实施这种逆天行为的人怎么能够得到天命，得到神的保佑呢？周人必须解释这些问题，才能稳固政权。为了解释商的灭亡并且为周政权的建立找到合理依据，西周统治者从总结商灭亡的教训入手，提出了新的神权理论。这就是"明德慎罚"①的思想。

首先，"明德慎罚"思想将"德"的理论引入夏商的神权法思想之中，在神权之下加入了统治者品行的内容。西周统治者认为，"天"，也就是"神"或"上帝"，与任何人都没有血缘关系，而是天下各族所有人共有之神，是天下人的保护者，因此，天命不会专属于某一族或某一人。天命不是固定不变的，而是可以转移的。这就是所谓"天命靡常"②。那么，如何能够得到天命呢？西周统治者将"德"的理论引入神权法思想之中，提出"以德配天"思想，即"皇天无亲，惟德是辅"③，上天只会把天命赐予有德之人，"德"是获得"天命"的唯一条件。有德者得天下，失德者失天下。夏、商两朝的灭亡在西周统治者看来就是因为其一味推行残暴的统治，"不敬厥德"而"早坠厥命"④的。其次，"明德慎罚"思想提出"德"的核心内容是"保民"，提高了"民"的地位，为民本思想的出现奠定了基础。什么样的统治才符合"德"的标准呢？西周统治者认为"德"的核心就是"保民"，即只有爱民、保民、体恤民情的统治才是"明德"；只有"保民"才能留住天命，让神永远保佑王朝的统治。因此，"明德"是立法、行罚的前提，西周统治者将"天"的意志、"民"的地位、统治者"德"的品行紧密联系在了一起。天意是通过民意表现的，所谓"天视自我民视，天听自我民听"⑤，甚至"民

---

① 《尚书·康诰》。
② 《诗·大雅·文王》。
③ 《左传》"僖公五年"引《周书》。
④ 《尚书·召诰》。
⑤ 《尚书·泰誓》。

之所欲，天必从之"①。也就是说，民心是天意的直接反映。由此也明确了"慎罚"是保民的重要内容之一。最后，"明德慎罚"思想明确了德刑之间的关系，强调适用刑罚必须以"明德"为前提。"明德"，要求统治者推行"德政"，即对民众以教化为主，进行礼仪道德伦理教育，而在使用刑罚时要谨慎，慎重立法，谨慎行刑，在适用刑罚时把握不轻不重、不偏不倚的"中"之原则。以慎刑慎罚表达对民的体恤和对天命的敬畏。

3. 春秋时期的多元思想

春秋时期，由于经济的发展，原有的等级制度开始瓦解，在思想、文化、意识形态上，也开始了从注重"神事"到注重"人事"的转变。与社会经济、政治变化相辅相成的是立法思想也有了变化，统治者从以"神意"立法开始逐渐公开承认法是人类社会发展的要求。与立法思想变化相伴而来的是法律的公布，如铸刑鼎、铸刑书等。应该注意的是，春秋时期是一个社会转型时期，思想逐渐呈现出多元化的趋势。这种多元的立法思想作用于制度的结果便是先例法与成文法并存，法律体系的主体逐渐向成文法转化。

（二）制度构成

先例法时代的法律制度主要由"礼"与"刑"两大部分构成。礼主要适用于氏族贵族，而刑则主要针对被征服者和庶民。

1. 礼

由部落习俗演变而成的习惯被称为"礼"。礼贯穿于整个中国古代社会之中，在中国固有文化体系当中，具有重要地位。作为具有法律性质的制度，夏商之礼的资料不足征，西周的礼则为我们展示了先例法时代礼的大致状况。

西周初年，以周公为首的统治集团对原来自发形成的社会习惯进行了整理、改造，制定了一套通行于全国的、系统的典章制度，后人称之为"周公制礼"。据《礼记》等早期文献的记载，周公在摄政期间，曾将夏、商两代的礼制加以折中损益，结合周族固有习惯制定了新的礼制。可以说，周礼的制定是周初最重要的立法成就。

---

① 《尚书·泰誓》。

作为典章制度与社会规范的总和，礼是多层次的，其有"经国家、定社稷"的内容，是政权统治合法性的基础，包括国家的根本性制度，如册封诸侯、分邦建国等涉及政权立国之本的内容；也有人们日常生活行为的具体规范，如族人间的尊卑等级、见面时的进退揖让等。同时，礼也是评价是非善恶的标准。合乎礼制的人和事，会受到舆论的普遍赞许；反之，则被视为"非礼"而遭到批评或谴责。西周的礼具有法的性质，它既是国家的根本大法，又是国家机构的组织法和行政法，而且涉及刑事、民事、经济等各方面。周礼是包括国家根本制度、行为规范和社会道德标准体系在内的综合体。虽然并非所有礼的规范都具有国家的强制力，但周礼对西周社会生活的各个方面都起着积极广泛的调节作用，是西周法律体系中的核心组成部分。

礼的核心精神是"亲亲""尊尊""长长""男女有别"①，落实到实践中就是要建立起以"亲亲""尊尊"为中心的不平等但有序的社会秩序。西周统治者认为商灭亡的原因之一就是纣王众叛亲离，孤立无援。为了避免再次出现这种局面，巩固周人的统治，西周统治者提出了"亲亲""尊尊"原则，给予不同的人不同的社会地位，界定不同的人有不同的权利和义务，以此理顺贵族内部以及统治阶级与被统治阶级之间的关系。"亲亲"与"尊尊"具有密切的联系："亲亲"，是指宗族中的等级有别，规范宗族成员的不同地位，以保持宗族内部的安定、团结、和睦。即在宗族之中，父子、兄弟基于血缘关系，各自享有不相同也不平等的权利，承担不同的义务，各安其位，不得混淆、僭越。"亲亲"强调宗族关系的中心是父子关系，在肯定父亲慈爱责任的同时，特别强调子对父的义务，即"孝"，"亲亲父为首"②，要求父慈、子孝、兄友、弟恭。"尊尊"，则主要从政治等级的角度强调"有别"，即天子、诸侯、各级贵族以至平民之间在社会中的地位和权利义务关系。在"尊尊"的政治关系中，君臣关系是核心，强调君主的威严以及臣对君的义务，即"忠"，所谓"尊尊君为首"③。

"亲亲""尊尊"的核心是"有别"，即个人在社会关系的大网中有相对固定的位置，并且基于血缘、官爵等，处于不平等的差序状态中，亲其亲

---

① 《礼记·大传》。
② 《史记·太史公自序》索隐。
③ 同②。

者，尊其尊者。西周统治者就是通过这种方式来维护君与父的根本性权威的。正像孔子所说："其为人也孝弟，而好犯上者，鲜矣；不好犯上，而好作乱者，未之有也。"① 即对父、兄恭敬的人，不会对上级不恭敬，更不会犯上作乱。"亲亲""尊尊"把血缘关系同政治关系紧密结合在一起，让不同等级的人都孝敬其父，尊敬上司，最终也就尊敬了天子周王。宗族与国家由此达到了高度一致。

2. 刑

据文献记载，夏时已经有了"刑书"，称为《禹刑》。春秋时，晋国贵族叔向言："夏有乱政，而作《禹刑》；商有乱政，而作《汤刑》；周有乱政，而作《九刑》。"② 夏商周的"刑"也是一脉相承的。根据后世的刑书推测，《禹刑》的主要内容应是有关夏代刑罚种类的规定。商代刑事方面的法令主要有《汤刑》和《官刑》。《汤刑》或为商代刑罚总称，其应与夏之《禹刑》一脉相承。但商代的刑罚及统治者对刑罚的运用较夏代明显严酷。《竹书纪年》记："祖甲二十四年重作《汤刑》。"可见，《汤刑》不只是商初汤王所定，汤王后继的统治者继续沿用并根据时势进行修改。《官刑》是单行法规，是商汤时惩办犯罪官吏的专门法律，《墨子·非乐》记："先王之书，汤之《官刑》有之，曰：其恒舞于宫，是谓巫风，其刑，君子出丝二卫，小人否，似二伯黄经。"商代的王命，主要有后人追记的《尚书·汤誓》《尚书·盘庚》等。

西周初年的刑书称为《九刑》。《九刑》原文早已亡佚，从现存资料来看，《九刑》的内容应是以严厉打击危害国家利益与社会秩序的刑事犯罪为主。西周中期，周穆王又命司寇吕侯制定《吕刑》。《吕刑》确立了赎刑制度，对于没有确凿证据的犯罪允许缴纳钱财抵赎刑罚，其既有慎刑之意，又有以此来缓解国家财政压力的作用。现存于《尚书》中的《吕刑》，有后世篡入的内容。《吕刑》的编制体例是以刑统罪，其首先论述了刑的起源，认为各种肉刑始于苗民，但苗民滥用刑罚残杀无辜，使刑罚成为肆虐杀人的手段。因此，《吕刑》通篇反复强调一个"中"字，要求用刑应以德教为本，用刑适"中"，力求刑罚不轻不重；同时，反复强调崇德，要求用刑必须慎

---

① 《论语·学而》。
② 《左传》"昭公六年"。

重，慎重选择司法官，并指出应防止和惩治营私舞弊、贪赃枉法等犯罪。《吕刑》还具体规定了疑罪可以交铜收赎的办法，赎刑从此开始制度化。

3. 礼与刑的关系

作为西周时期两种重要的法律制度，礼与刑互相联系，互为补充，相辅相成，密不可分。

礼的作用主要在于贯彻"亲亲""尊尊"的原则，确认和维护贵族内部权力和财富分配的等级地位，这种上下有序的等级不容僭越，同时也防止被统治阶级犯上作乱。礼主要是以教化的方式来预防犯罪，即所谓"礼禁未然之前"[1]；而刑则是惩治已然犯罪的手段，即"法施已然之后"[2]。礼作为行为规范，现在来看主要属于道德的范畴，但在先例法时代，道德规范往往具有法的性质。礼主要是借助伦理的力量使人就范，违礼的行为，往往构成犯罪而惩之以刑。

从礼与刑的作用上可以看出，礼是刑制定和执行的指导原则，但礼要借助刑的强制力来贯彻推行；而用刑正是为了切实有效地维护礼，刑是礼的必要补充，二者相辅相成，互为表里。夏、商、西周时期的礼与刑的关系真正是："礼之所去，刑之所取，失礼则入刑，相为表里者也。"[3]

礼与刑在适用上有所不同，这就是《礼记·曲礼》所言："礼不下庶人，刑不上大夫。""礼不下庶人"，是说庶人忙于劳动，又不具备贵族的身份和必要的物质条件，因而礼不是为他们而设的。但礼所体现的精神原则，如"亲亲""尊尊"等，对庶人同样有约束作用，庶人如果严重违反礼，必须处以重刑。"礼"是有等级、有差别的，不仅平民庶人与贵族所享有的"礼"不同，而且贵族内部的"礼"也是分为不同级别的。王室之内所享之礼有严格的等级标准，这种礼制不能僭越，不能以下凌上。"刑不上大夫"说的是大夫以上的贵族犯罪，在一定条件下，可以获得某些宽宥，在定罪量刑和刑罚执行上可以享有一些特权，但贵族、官僚的特权多体现在司法领域。对于非政治领域的普通犯罪，处刑可以不按法律，由周王或其他上层贵族决定，一般可以减轻或免除刑罚。贵族、官僚在诉讼程序、处罚方法等方面也有特

---

[1] 《史记·太史公自序》。
[2] 同[1]。
[3] 《后汉书·陈宠传》。

权，如：他们一般不会被处以残损肢体的肉刑；必须处死者，在郊外执行；不必亲自出席审判，可派家臣代替；等等。这些规定为的是在被统治阶级面前保持贵族作为一个整体集团的尊严。但这绝不表示贵族犯罪可以不受刑罚制裁。危害统治利益的犯罪，如谋反等，肯定被处刑。"礼不下庶人""刑不上大夫"是中国古代社会长期存在的一项法律原则，后来各朝统治者经常以这项原则作为为官僚、贵族提供法律特权的立法依据，强调平民与贵族之间的不平等，维护统治阶层的特权。

（三）礼制下的婚姻家庭制度

西周时期婚姻家庭制度的基本原则是确立了形式上的一夫一妻制。所谓一妻，是指一个男子只能有一个正妻。这主要是为了维护宗法制度下嫡长子继承宗祧的原则。不同等级的男子可以娶多名女子，且称谓不同。《礼记·曲礼》记"天子有后，有夫人，有世妇，有嫔，有妻，有妾"，"公侯有夫人，有世妇，有妻，有妾"。相对于妻而言，妾的地位卑微，妾甚至可以通过买卖获得。

西周时期婚姻成立的基本要件有三：第一，"父母之命，媒妁之言"①。婚姻的成立必须要有"父母之命，媒妁之言"，才算循礼、合法，才能为宗族和社会所承认。父母对子女的婚姻有包办权、主婚权，没有媒妁从中撮合，男女双方不得自行交往。否则，其婚姻关系是不合法的。第二，"同姓不婚"②。"姓"原是古代氏族的标志，同姓即同族，西周时族内婚成为一种绝对禁忌，同姓不得为婚。同姓不婚的主要理由有两个方面：首先，从优生学角度考虑，当时人们已经认识到族内婚会不利于后代的繁衍，所谓"男女同姓，其生不蕃"③；其次，从政治上考虑，严禁族内婚的同时，提倡族外通婚是为了加强与其他部族或种族的联系，所谓"取于异姓，所以附远厚别也"④。"附远"，是通过联姻与血缘关系远或无血缘关系的异姓建立姻亲关系，以加强政治联系；"厚别"，就是严格区别同宗，以防紊乱纲常。第三，

---

① 《孟子·滕文公》："不待父母之命，媒妁之言……则父母国人皆贱之。"
② 《国语·晋语》"郑文公不礼重耳"记："公子过郑，郑文公亦不礼焉。叔詹谏曰：'……同姓不婚，恶不殖也。'"
③ 《左传》"僖公二十三年"。
④ 《礼记·郊特牲》。

"六礼"。西周婚姻缔结一般要经过六道程序,合称"六礼"。一是"纳采",即男方家长聘请媒妁,以雁为礼物[①],向女方家求婚。二是"问名",即男方家通过媒妁索取女方姓氏、生辰等情况,然后男方家长到宗庙进行占卜,请示婚姻的吉凶。三是"纳吉",即男方家卜得吉兆后通知女方家。四是"纳征",又称"纳币",即后世所说的"下聘",是指男方家向女方家送交聘财,正式订婚。五是"请期",即男方家择定吉日为婚期,再商请女方家同意。六是"亲迎",即成婚当天,新郎亲至女方家迎娶新妇。[②] 至此,"六礼"完毕,男女双方才算正式缔结了婚姻关系。

西周时从婚姻的成立到解除,决定权都归父母掌握。在解除婚姻方面,男方居主动地位。在七种情况下,男方可单方面解除婚姻,休弃妻子,称为"七去",又称"七出"。《大戴礼记·本命》载:"妇有七去:不顺父母,去;无子,去;淫,去;妒,去;有恶疾,去;多言,去;窃盗,去。""不顺父母",指对公婆侍奉不力,有失恭敬,属于道德沦丧;"无子",强调没有生养男性子嗣,使家庭失去继承人;"淫",会破坏伦常秩序,使宗族子嗣血统不纯;"妒",指不能容忍丈夫纳妾,影响家庭关系;"有恶疾",影响夫妻共同生活;"多言",指在家族中搬弄是非,离间亲属情义;"窃盗",属背信弃义。丈夫随时可以凭这七条中的任何一条休弃妻子。但是,对于男方单方面休妻的权利也有所限制。在三种情况下,已婚妇女不得被夫家休弃,称为"三不去",即"有所取无所归""与更三年丧""前贫贱后富贵"[③]。这是指在休妻时,妻子的娘家已无人,妻子无家可归;妻子曾与丈夫共同为夫家父母服丧三年;与丈夫结婚时贫贱而休妻时已富贵。在这三种情况下,即使妻子有七出行为,丈夫仍不能出妻。"七出"和"三不去"是宗法制度下父权和夫权专制的典型反映,作为中国传统社会夫妻离异的基本原则,为后世封建法典所继承。

西周时期的家庭继承制度在礼的规范下以维护父权与夫权的等级原则为宗旨。在家庭中,父权家长居于家庭的主宰地位,其他家庭成员则处于从属

[①] 古人认为雁有一种天性,一生中只寻找一个配偶,从一而终,终生相随。因此,取其意,以雁为礼物。

[②] 参见《礼记·昏义》。

[③] 《大戴礼记·本命》。

地位，必须无条件服从其支配。在一夫一妻制的个体家庭中，以夫权为核心，男尊女卑，夫妻双方处于不平等的地位。这也是宗法等级制在家庭中的体现。西周在法制中确立了严格的嫡长子继承制，所谓"立適（嫡）以长不以贤，立子以贵不以长"①。嫡长子，就是正妻所生的第一个男性子嗣。嫡长子享有继承权。如没有嫡子，则在庶子中选择身份最贵者作为继承人。嫡长子所继承的不仅仅是财产，更重要的是政治身份，是对整个家族的统治权，包括对家族的领导权、对家族财产的支配权。

（四）刑的主要内容是"五刑"

1. 刑名之制

"五刑"，一般指墨、劓、刖（膑、刖②）、宫、大辟五种刑罚，其是先秦时期的主要刑罚种类，以残损人的身体、剥夺人的生命为特征。在春秋战国至汉人的追记中，夏代已经有了五刑制度，其中大辟二百条，膑刑三百条，宫刑五百条，劓刑与墨刑各一千条。③ 墨刑是在面颊或额头上刺字，再涂上墨，留下永久印记；劓刑即割掉鼻子；膑刑即剔去膝盖骨；宫刑即毁坏人的生殖能力。这四种刑罚残损人的身体，十分残忍，又被称为"肉刑"。大辟即死刑，以剥夺人的生命为目的。夏代去古未远，血缘亲情在量刑的原则中有所体现，《左传》"襄公二十六年"记《夏书》言，"与其杀不辜，宁失不经"，即在遇有疑案时，宁愿放纵罪犯，也不能乱杀无辜。

商有"五刑"已经不是后人的追记，而是有了甲骨卜辞的证明。商代是一个"严刑酷罚"的时代，大辟（死刑）的处决方式很多，而且手段残酷。甲骨卜辞中所见的死刑名称主要有："伐"，即砍头；以斧钺剁人；剖腹刳肠；将人烧死。这些残酷的刑罚多在祭祀帝与祖先时使用。④ 被当作祭品而惨遭刑罚的人大都是战俘和奴隶。商人的这种祭祀目的在于显示帝与祖先的威严，表现商王在人间不可动摇的、至高无上的统治地位。《史记·殷本纪》中记载的"炮烙之刑"，即将油涂抹于铜柱上，用火烧热，令罪犯在铜柱上

---

① 《公羊传》"隐公元年"。
② 夏、商、西周"五刑"中膑、刖、刖之演变参见《周礼正义·秋官·司寇》，即夏为膑，周改膑作刖或刖。
③ 参见《周礼正义·秋官·司寇》。
④ 于省吾. 甲骨文字释林. 北京：中华书局，1979；甲骨文字释林序.

行走，坠落后烧死于炭中。《史记·殷本纪》中还记载商有醢刑，即把人杀死，捣成肉酱。这些刑罚是临时所制，还是常刑，有待进一步的考证和新资料的发现。商代的肉刑主要有墨、劓、刖、宫，其是对犯罪者施以割裂肌肤、残害肢体的刑罚。甲骨文中的"竟"字为"黥"的会意字，黥刑即墨刑。

  西周时期的五刑制度在商代五刑的基础上形成体系，《周礼·秋官·司刑》中记载，周初有五刑二千五百条，即"墨罪五百，劓罪五百，宫罪五百，刖罪五百，杀罪五百"。至西周中期，将五刑条目又增加五百条，《尚书·吕刑》记载："墨罚之属千，劓罚之属千，刖罚之属五百，宫罚之属三百，大辟之罚其属二百，五刑之属三千。"值得关注的是，西周时期的刑罚原则较商代有了重大的转变。其大致有这样几个方面：第一，因时立法，"刑罚世轻世重"①，即根据政权建立的时间和时势来确定刑罚的轻重。政权建立之初，天下尚不知法的内容，为安定收揽民心，刑罚从轻；政权稳定后，刑罚要适中，用常刑；而王朝末期，天下混乱，用刑从重，即："一曰刑新国用轻典，二曰刑平国用中典，三曰刑乱国用重典。"② 这种因时立法的原则对后世各王朝的立法有很大影响。第二，体恤弱势群体。耄、悼、愚犯罪免除刑罚。"耄"，又为"老旄"，指80岁以上的年老者；"悼"，即"幼弱"，指7岁以下的年幼儿童；"愚"，即"蠢愚"，指神志不清的人。西周立法者认为这三种人犯罪应该免除刑罚，即"三赦之法"，"一赦曰幼弱，再赦曰老旄，三赦曰蠢愚"③。第三，故意犯罪与惯犯加重刑罚，过失犯罪与偶犯减轻刑罚。在适用刑罚时，不但要考虑客观情况，还要考虑犯罪人的主观动机。对于故意犯罪和惯犯，要从重处罚；而对过失犯罪和偶犯，要从轻处罚。故意犯罪在西周称作"非眚"，惯犯称作"惟终"，过失犯罪称作"眚"，偶犯称作"非终"。《尚书·康诰》中记载，受封的康叔受到这样的告诫："敬明乃罚。人有小罪，非眚，乃惟终自作不典，式尔，有厥罪小，乃不可不杀。乃有大罪，非终，乃惟眚灾，适尔，既道极厥辜，时乃不可杀。"《周礼·秋官·司刺》中还记载了"三宥之法"："一宥曰不识，再宥曰过失，三

---

① 《尚书·吕刑》。解释参见《尚书·吕刑》"刑罚世轻世重"郑注。
② 《周礼·秋官·司寇》。
③ 同②.

宥曰遗忘。"就是说对于不能识别犯罪客体的误伤、没有主观故意的过失，以及本应意识到却疏忽遗忘而造成危害后果的三种行为，在量刑上应该予以宽宥，减轻刑罚。这种把犯罪的主客观方面结合起来，对不同情节的犯罪行为区别对待的量刑原则，具有合理性，为后世统治者所借鉴。第四，疑罪从轻。在定罪量刑时对有异议或有争论的案件，实行从轻处罚或赦免罪责的原则。如《尚书·吕刑》规定："五刑之疑有赦，五罚之疑有赦，其审克之。"即对判处"五刑"有疑者，可减等按"五罚"处理；如以"五罚"论处仍有可疑者，则予以赦免。此外，《礼记·王制》有"附从轻，赦从重"的记载，就是说在定罪量刑时，其罪在轻重之间，刑罚可轻可重，则处以轻刑；在赦免时，应尽量包括重罪在内。疑罪从轻的原则直接体现了"明德慎罚"的思想。第五，不株连，不连坐，罪止一身。针对商时的"罪人以族"招致天下仇怨反叛的教训，西周提出了"父子罪不相及"[①]的主张，甚至还提出了"罔厉杀人"[②]，以禁止统治者的滥刑。

除五刑外，文献中还有其他刑名的记载，比如商代对在公共道路上弃灰者施以"断手"之刑。[③]《官刑》中有专门适用于贵族的"罚丝"刑。[④]《史记·殷本纪》中还记载，有将罪犯拘役使其劳作的徒刑，还有适用于本族成员的流（放）刑。西周则有赎刑。《尚书·吕刑》"序"记，周穆王时因政事荒废，命吕侯依照夏朝的制度，制定"赎刑"。可见赎刑在夏代已经产生。赎刑，即以币买罪，罪犯若按规定交纳赎金给官府，则可以获得减轻或免除刑罚。《吕刑》中的赎刑是参考了夏代的制度而制定的。

《左传》"昭公六年"记："夏有乱政，而作《禹刑》；商有乱政，而作《汤刑》；周有乱政，而作《九刑》。"据此推测，《禹刑》《汤刑》应有五种刑罚，而西周在"五刑"外又加鞭、扑、流、赎，为九种刑罚，故称"九刑"。

2. 有刑名而无罪名的"以刑统罪"

《左传》"昭公六年"记叔向言："昔先王议事以制，不为刑辟"。其说明春秋以前，也就是夏、商、西周时的定罪量刑实行"议罪"制度，即刑罚的

[①] 《晋书·嵇绍传》引《康诰》。
[②] 《尚书·梓材》。
[③] 《韩非子·内储说》："殷之法，弃灰于公道者，断其手。"
[④] 《墨子·非乐》："先王之书，汤之《官刑》有之，曰：其恒舞于宫，是谓巫风，其刑，君子出丝二卫，小人否，似二伯黄经。"

种类是确切的，但什么样的行为适用什么刑罚是需要"议"定的。夏、商、西周的刑书中是没有规定确切罪名的。刑书的体例应是"以刑统罪"的。"刑书"，如《禹刑》《汤刑》《九刑》等应该是只有确定的刑名，怎样的言行为"罪"、为"何罪"，应以什么刑处罚，都须"议"而后定。所以现在的一些教科书中归纳的所谓夏、商、西周的"罪名"，多是后人追记的"王命"，是对被认为是犯罪的行为的描述。有刑名而无罪名正是"先例法"时代刑法的特点。比如商之"不吉不迪""颠越不恭"等，"不吉不迪"是盘庚迁殷之前所宣布的罪行，意即如果行为不善，不按盘庚所说的正道行事，就将抗命者处以死刑，并灭绝其全家；"颠越不恭"也是盘庚迁殷之前所宣布的罪行，意为如果狂妄放肆，违法乱纪，不服从国王的命令，就处以死刑，并灭绝其全家。[①]

西周的文献中对罪行的描述有这样几种：

第一，"犯王命"。在宗法制下，周王既是国家元首，也是周族的族长。而西周的法律正是以周王为首的奴隶主阶级意志的体现。天下百姓和分封到各地的诸侯必须绝对服从王命，听从周王的指挥。不从王命的行为，是最严重的犯罪，要受重罚，正所谓"犯王命必诛"[②]。

第二，"不孝不友"。"不孝"，即不孝敬父母及长辈；"不友"，即兄弟之间不友爱。西周统治者认为"不孝不友"会对以"亲亲""尊尊"为核心的宗法制造成严重破坏，最终将导致社会秩序紊乱，危害统治秩序。因此，西周统治者将"不孝不友"视为严重犯罪，故"文王作罚，刑兹无赦"[③]，严惩不贷。

第三，"寇攘"与"杀越人于货"。"寇攘"，是侵犯他人财产的犯罪。"寇"，为劫夺，即强盗；"攘"，为窃取，即窃盗。[④]"杀越人于货"，指杀人并抢夺其财物，相当于今天的"杀人抢劫罪"。"寇攘"与"杀越人于货"，是西周时侵犯生命与财产安全的重大犯罪。

第四，"群饮"罪。"群饮"，即聚众饮酒，在《尚书·酒诰》中被定为

---

① 参见《尚书·盘庚》。
② 《国语·周语》"仲山父谏宣王立戏"。
③ 《尚书·康诰》。
④ 参见《尚书·费誓》。

犯罪行为。周初统治者总结商朝灭亡的教训，认为商朝统治者只知饮酒享乐，荒废政事，不顾民间疾苦，导致众叛亲离，最终灭亡。因此，周公在《酒诰》中规定，禁止周人聚众饮酒，"群饮"要被处以死刑。

（五）春秋由先例法向成文法的转型

春秋时期，由于生产关系的巨大变革，社会各阶层日益分化，社会结构也开始发生变动，新旧势力之间的矛盾日益激烈，出现了一个所谓"礼崩乐坏"的局面。在春秋近300年的历史中，卿大夫专权跋扈、犯上作乱的事件层出不穷，各诸侯国之间的无休止战争也致使周王朝所实行的天下共主的朝觐制度逐渐解体。尽管法家法治的思想已经萌芽，但春秋的立法指导思想并未发生实质的变化。所以法家的先驱管仲、子产在治国时仍然强调传统的"礼义廉耻"，但他们在实践中已经开始率先摆脱先例法时代礼治体系的约束，其中最引人注目的是将法律公之于众，这就是起于春秋变法中的"成文法"运动。可以这样说，春秋是"先例法"终结、"成文法"开启的时代。

1. 法家先驱管仲、子产的改良思想

尽管春秋已是"礼崩乐坏"的时代，但当时的思想家、政治家对"礼"的批判却是谨慎的，原因在于维护宗法制度的礼是一个极为复杂的制度与思想体系，其中凝聚了许多传统的优秀成分。尤其让春秋时期思想家、政治家难以割舍的是在礼治体系下伦理道德对维护社会安定所具有的巨大作用，礼的内核"德"的地位在许多思想家的心目中并未削弱，反而是加强了。这也许就是春秋之时，有许多政治家、思想家及学派，包括齐国法家管仲与郑国法家子产等主张改良礼，而不是否定礼的原因。

管仲是春秋前期的政治家、思想家，其辅佐齐桓公40年，助成齐国的霸业。管仲重视礼所倡导的伦理道德对维护社会安定的作用，所以提出礼、义、廉、耻是国之"四维"①。在讨伐楚国时，管仲责备楚王对周王室不恭，不合礼教。在向齐桓公献治国之策时，管仲又言，"德礼不易，无人不怀"②，主张用传统的礼治安抚、收揽人心。但管仲并不主张僵化地固守礼治，而是提出政顺民心的主张。顺应当时的经济发展，管仲提出富国安民之道，"仓

---

① 《管子·牧民》。
② 《左传》"僖公七年"。

廪实则知礼节，衣食足则知荣辱"① 就是管仲的治国名言。在注重国家经济发展的同时，管仲也主张"以法治国"，即改良西周礼治的"亲亲"原则，按照公平的原则，对有才能的人委以重任。对有功的人用奖赏激励，对有罪的人用刑罚惩罚，即"劝之以赏赐，纠之以刑罚"②，用公正、公开的赏罚来加强国家的权威。

子产是春秋晚期郑国的执政，晚管仲百余年。他在郑国坚定地推行了改革，不仅明智地提出"天道远，人道迩"③之论，而且于公元前 536 年将郑国的法律铸于鼎上予以公开。这是中国法律史上的一次划时代的改革，其破坏了礼治时期法律的秘密状态，剥夺了贵族在司法中临时擅断的权力，在法律上给"民"以新的地位，即民可以根据公布的法律维护并争取自己的权利。然而，在说到传统礼治时，子产仍然强调"夫礼，天之经也，地之义也，民之行也"④，"德，国家之基也"⑤。基于对传统礼治的改良态度，子产提出了"宽猛相济"的治国思想。⑥ 所谓的"宽"，就是传统的礼乐教化，以说服教育为主；"猛"，就是以刚性的制度规范人们的言行，甚至用严刑震慑、惩罚犯罪。"宽猛相济"的思想对后世统治者治理国家具有深远的影响。

2. 成文法运动

春秋末期，创制成文法的是郑国的子产。《左传》"昭公六年"记，公元前 536 年，子产"铸刑书"，也就是将法律的条文铸在鼎上，公之于众，史称"铸刑书"事件。这是中国历史上首次以成文法的形式将法律公开。这种形式破除了先例法时代的"刑不可知，威不可测"的司法神秘化，使法律从秘密转变为公开，由不确定变为确定。这不仅仅是一种法律形式上的变化，而且意味着先例法时代的结束和成文法时代的开始，因此这是一次划时代的变化。这一变化遭到晋国大夫叔向的抨击。叔向写信痛斥子产：

---

① 《管子·牧民》。
② 《国语·齐语》"管仲对桓公以霸术"。
③ 《左传》"昭公十八年"。
④ 《左传》"昭公二十五年"。
⑤ 《左传》"襄公二十四年"。
⑥ 《左传》"昭公二十年"记子产说："惟有德者能以宽服民，其次莫如猛。"

> 昔先王议事以制，不为刑辟，惧民之有争心也……民知有辟，则不忌于上，并有争心，以征于书，而徼幸以成之，弗可为矣！……"国将亡，必多制"，其此之谓乎？①

公元前513年，晋国赵鞅、荀寅也将法律铸在鼎上，公布于众，又遭到了孔子的激烈反对。孔子反对成文法的理由与叔向相似，他断言：

> 晋其亡乎！失其度矣……贵贱不愆，所谓度也……今弃是度也，而为刑鼎，民在鼎矣，何以尊贵？贵何业之守？贵贱无序，何以为国？②

公元前501年郑国的执政驷歂杀邓析而用其《竹刑》。《左传》"定公九年"记载："郑驷歂杀邓析，而用其《竹刑》。"《竹刑》原为郑国大夫邓析为方便诉讼而私自编纂，并无法律效力，经政权颁布，方成为法律，具有了法律效力。荀子评价邓析"不法先王，不是礼义"③，即不以传统的是非为是非。因为夏、商、西周时期的立法权是由国家统一掌握的，而邓析私造《竹刑》，本身就僭越了礼制，否定了礼治的价值观。更令当时保守者不能容忍的是，邓析还以《竹刑》私授学生，教人如何利用国家公布的刑书打官司："与民之有狱者约：大狱一衣，小狱襦袴。民之献衣襦袴而学讼者，不可胜数。"④ 即他与有诉讼要求的人约定：若诉讼人的案子是大案，则其应该给他"一衣"作为酬金；若是小案，则以"襦袴"（短衣、裤子）为酬金。而许多人为了学如何打官司便拿着长衣、短衣、裤子送给邓析，拜他为师。

从子产"铸刑书"到邓析"不法先王，不是礼义"而追随者众的状况可以看出，先例法已经走到了尽头。

3. 从"以刑统罪"到"以罪统刑"的过渡

"礼崩乐坏"为法家的"法治"开辟了道路，当富有人情味的"礼治"体系被突破时，"法治"学说便乘此时机而得到了迅速的发展。条文表述准确而又规范划一的法律制度成为治理国家的首要手段。诚如梁启超所言：

---

① 《左传》"昭公六年"。
② 《左传》"昭公二十九年"。
③ 《荀子·非十二子》。
④ 《吕氏春秋·离谓》。

"逮于春秋，社会形势一变，法治主义应于时代之要求，而句出萌达。于是各国政治家，咸以编纂法典为当务之急。"① 文献记载，齐有"宪法"，楚有"仆区法""茅门法"，晋有"被庐""夷蒐"之法，等等。②

就制度而言，春秋时代萌芽的成文法与以往的夏、商、西周的法有三点不同之处：一是体例不同；二是具有相对独立的体系；三是公布于众。以往法融于礼治体系中，无论是礼的条文规范还是"刑书"，都是礼治体系的一个组成部分。从《吕刑》可以看出，"刑书"的体例是"以刑统罪"的："墨罚之属千，劓罚之属千，剕罚之属五百，宫罚之属三百，大辟之罚其属二百"。可见刑书的体例是以刑名为篇名，即以墨、劓、剕、宫、大辟为其篇名，以刑为主，以刑统罪，故称为"刑书"。这种体例的目的在于将刑罚的作用限制在一定的范围之内。对作奸犯科者国有常刑，但何种言行构成犯罪，何种犯罪应受到何种刑罚，则无明确的规定。人们对罪与非罪的判断凭借的是礼治的意识。这种罪与非罪区别的模糊，正中统治者的下怀，即增加刑罚的威慑力，"刑不可知，威不可测，则民畏上也"③。当案件发生后，没有确定的罪名与明确的刑罚对罪犯进行制裁，重罚与轻判，完全取决于裁判者"议而定罪"。这也就是前文所说到的叔向在反对公布法律时总结的先王之道："议事以制，不为刑辟。"同样的言行，在此人为罪，在彼人或许就不为罪；在此人判为剕，在彼人或许就可以判为辟。执法者根据犯罪者的身份、地位及以往的功过"议"而用刑，而"议"罪轻重的标准是礼。据此可以确定刑书的体例确实是"以刑统罪"的，其附属于礼治体系中，给执法者以无限的酌情处刑的权力。议而定罪与以刑统罪的特点在于将立法、司法连为一体，不但在立法中肯定了贵族的特权，而且在执法中也可以为贵族网开一面。不平等不但渗透于立法之中，而且渗透于执法之中。依附于礼治的法律，将风俗习惯、道德规范、宗教戒律有机地结合为一体。

而春秋时期各国的法律体例正处在由以刑统罪到以罪统刑、由依附礼治

---

① 《饮冰室文集之十六·论中国成文法编制之沿革得失》。（梁启超. 饮冰室合集：文集之十六. 北京：中华书局，1989：8.）
② 同①.
③ 《左传》"昭公六年"疏。

到独立发展、由秘密到公开的过渡转折中，史载晋国执政赵盾"制事典，正法罪"①。这是开始公布法律的萌芽。唐代孔颖达对此解释道："正法罪者，准所犯轻重，豫为之法，使在后依用之也。"②"豫之为法"与以前的"刑不可知"相比可以说是一个进步。与晋国相比，郑国执政子产的做法更为明显，即铸刑书，将法律公之于众，晋国贵族叔向叹息道："弃礼而征于书，锥刀之末，将尽争之。"由此可知，铸于鼎上的"刑书"虽名称未变，但体例却已不是"以刑统罪"了。因为百姓可以以"书"为是非，"弃礼而征于书"。人们据此可以知道罪与非罪，并可以衡量官员裁判量刑的准确与否，"以罪统刑"的体例由此而诞生。在叔向反对子产铸刑书二十多年后，叔向的故乡晋国也发生了"铸刑鼎"的事件，这是继子产之后又一次较大规模公布成文法的活动。孔子闻讯而叹曰："晋其亡乎，失其度矣。"

春秋时，虽然人们仍心存疑惑，但划时代的"以罪统刑"的法律已经出现。这种法律比礼治及依附于礼治的旧刑法更公正、更强有力，而且更易于为正在变革的社会所接受。以罪统刑的法律划分了立法与司法的不同，在一般情况下，立法权掌握于君主的手中，刑的内容由罪名与刑名组成。法律一旦确立，官吏在司法中只有执行法律的权力，而没有创造法律的权力。法家著作《管子》明确了君、臣、民的分工，君主立法、大臣执法、百姓守法："夫生法者，君也；守法者，臣也；法于法者，民也。君臣上下贵贱皆从法，此谓为大治。"③

二、"成文法"时代

战国至秦是成文法制度形成并确立的时期。春秋时期出现的具有浓厚国家主义色彩的法家思想日益普及并迅速为各诸侯国的国君接受，最终成为当权者为政的主导思想和一种社会潮流。

秦自商鞅变法直至统一六国，几乎是按照法家的设想和制度设计来制定法律制度的。

---

① 《左传》"文公六年"。
② 杨伯峻. 春秋左传注：二. 北京：中华书局，1981：545.
③ 《管子·任法》。

(一) 由"百家争鸣"到"法令由一统"的立法指导思想

1. 战国的"百家争鸣"

战国时期的立法主张是多元化的。由于社会政治经济的进步，神权及伦理思想动摇，学术上呈现出百家争鸣的局面，战国被誉为中国古代思想发展的黄金时代。儒、墨、道、法、阴阳、兵、名、杂等各家从不同的角度对法的概念、形式、本质、作用等进行了论述。关于战国时期立法思想的状况，我们应当注意以下几个问题：

首先，战国时期各家所论证的法，是三代之法——"礼"崩溃后的产物，所以礼与法的关系是当时各家论述的热点。当时"法"的概念与我们现在所说的法既有联系，又有区别。从广义上说，古人所言的法远比我们现在所说的法宽泛：神意祖制、自然规律、风俗习惯、国家制度、乡规民约等皆可以"法"统称。这个"法"的层次十分复杂，其既包括理念意识，也包括制度规则。从狭义上说，古人所言的法专指"刑"，也就是后世逐渐成为王朝基础法的"律"。那么如何沟通古人与现代的法概念呢？百年前维新改良的先驱，同时也是学贯中西的学界巨擘严复的阐述对我们具有启发的意义。他说：

> 盖在中文，物有是非谓之理，国有禁令谓之法，而西文则通谓之法，故人意遂若理法同物，而人事本无所谓是非，专以法之所许所禁为是非者，此理想之累于文字者也。中国理想之累于文字者最多，独此则较西文有一节之长。西文"法"字，于中文有理、礼、法、制四者之异译，学者审之。①

其次，对中国古代法律制度设计影响深远的儒、墨、道、法、名、杂、阴阳等各家都不是专门从事法学研究的法学学派，他们只是从不同的角度阐

---

① 孟德斯鸠. 孟德斯鸠法意：上册. 严复，译. 北京：商务印书馆，1981：2-3. 笔者在后文中对严复这一段有关法的概念的论述有详细阐述，即严复认为，在翻译现代的"法"意时，应该注意其与古文的对应，有四方面的含义：第一，中文中将国家的禁令规章称为"法"，而将这些禁令规章所体现的精神和是非称为"理"。第二，西方文字却没有如此地细致、精确，是非道理与禁令规章，即法的精神与制度通称为"法"。第三，西方"法"字含意的过于宽泛，难免使人过于注重法条，而忽视体察法条背后的精神所在。这是西方文字相对中文而言的一个不足。第四，如果将西方的"法"译为中文，不同情况下应有理、礼、法、制四种不同的译法。

述为君、为国之道，其中涉及对法的起源、本质、作用等诸问题的论述。即使法家，我们也不能将其视为"法学家"，如果用今天的语言来说，法家称为"制度家"也许更为贴切。因为法家之所以被冠以"法"的称呼，原因在于其格外强调"制度"（法）对君主统治的重要性，强调"制度"（法）在治国中的重要性。

最后，各家对法的论述和主张呈现出多元化的趋势。比如，道家从"道法自然"的角度质疑了人类社会制定法令，即人为法的必要性和合理性；阴阳家从"阴阳五行"演化的角度论证了自然规律以法的形式浸透于人类社会中，法对于人类来说不可或缺；名家从"循名责实"的角度考察法律的名实；墨家从"天志""尚同"的角度论述法"一同天下之义"的必要性和作用。尽管各家各抒己见，但各家对法的目的主张并不截然对立。以儒法之争为例。儒家立足于维护和改良传统礼治的立场，反对法家的强权政治，反对将制度，尤其是刑罚制度作为治理国家的主要手段。儒家认为，礼治中有许多"天经地义"的道理和人类社会必须遵循的法则，只要有人类存在，这些道理就不可泯灭，所以礼治所提倡的道德教化应该是统治者治国安民的大法和追求目标。孔子言："道之以政，齐之以刑，民免而无耻；道之以德，齐之以礼，有耻且格。"① 与法家一样，儒家也主张统一天下；但与法家不一样的是，儒家认为这个统一不仅是形式上的政权的统一，而且应该是实质上的人心及价值观的统一，即以理服人的"王天下"，而非以力服人的"霸天下"。法家并不讳言自己对"霸道"的赞同，他们从历史发展的角度论证三代礼治，也就是以理服人的王道时代已然一去不复返了。他们认为礼治、德治可行于物质丰富而民众无争的上古社会，但是无法行于"人多物寡"的"当今之世"，春秋战国之世，诸侯国间的争战、国与国的竞争兼并、人与人之间的争夺是不可避免的。人们的生存、国家的存亡无不靠实力，法家现实地说："力多则人朝，力寡则朝于人"②。在法家看来，儒家主张的"道德礼治"也好，"王道"也罢，对统治者来说都是不切实际的迂阔之论。法家认为只有强有力的权力（势）和严密而严厉的制度（以刑为主的法）才能富国强兵、统一天下。

① 《论语·为政》。释文参见杨伯峻. 论语译注. 北京：中华书局，1962：12。
② 《韩非子·显学》。

由此看来，儒家"法"的内涵较法家法更为丰富，因为其更为注重法的"善恶"问题，强调法与理的一致性及具有的说服力。因此，儒家的法之理是：德礼政刑皆为法度，但德礼是上位法。法家更注重法的形式和现实作用，强调法的约束力，所以法家的法之理是：法无所谓善恶，只是君主兴邦治国的一种最为有力的工具。但是，在法的表现形式、性质与实施方法上对立的儒法两家的政治主张并不矛盾，即以"一统天下"为宗旨。不过儒家所期待的是仁君以礼治天下，天下的一统不仅是权力的一统，也应该是思想的一统。而法家则认为法治才是君主明智而现实的选择，法家更注意的是权力的一统。需要指出的是，法家强调的法，在本质上是君主治国的工具，是强权的工具，与我们今天所说的"法治"南辕北辙。

综上所述，春秋战国时诸子"各引一端"阐述法理，而儒法两家对当时及后世的影响最为深远，他们各持礼、法中的一端。儒家主张弘扬三代的"礼义"（法的精神和宗旨），改革或简化"礼仪"（包括法律的条文和制度）。而法家则主张加强刑罚的作用，用完备的制度约束百姓。在中国历史的发展中，法家可谓是空前绝后的唯一主张"以刑为主"的学派，其学说见用于战国秦之际，在汉代却受到尖锐的批评。而儒家学说虽不能适应战国之时统治者迫切要求的"富国强兵"的需求，但其在社会上的影响也非同寻常。秦始皇为消除儒家的影响，曾采取"焚书坑儒"的极端暴力手段镇压儒家，但是天下"诵法孔子"之声仍不绝于耳，就连其长子扶苏也力劝其尊崇儒家。[①]

2. 秦"法令由一统"

公元前 221 年，漫长的儒法之争终于以法家的"法治"理论胜利而告结束。变法最为彻底，推行法治理论也最为坚决的秦国以风扫残云之势统一了中国，创建了一个不同于夏、商、西周的新型集权式的统一政权。秦始皇自身也深知这是一次亘古未有的变革，他拒绝了臣下为其所上的所有尊号，而将上古"三皇""五帝"的尊号汇集为"皇帝"，作为自己的尊号，其意为功盖三皇五帝。秦始皇对群臣说，自己为始皇帝，故称"秦始皇"，而秦的江山要传至二世、三世，以至万世。

统一后的秦王朝，继续奉行法家的法治理论，崇尚法家，实行重刑主

---

① 参见《史记·秦始皇本纪》。

义。秦始皇出巡常常刻石以颂秦政，几乎每次都要提到法的建设及法的功绩。① 从出土的云梦秦简来看，秦"皆有法式"绝不是溢美之词。尽管秦律早已佚失，但从1975年湖北云梦出土的秦简看，秦律的缜密自不待言。云梦秦简中有近30篇秦律的内容可以证明秦在农业、军事、手工业、官吏职责等诸方面皆有法可依。后来发现的岳麓简、胡家草场简等，亦是明证。

秦始皇不但将平定六国、统一天下归功于"法治"，而且将法家的"法治"理论神秘化，把"以法治国"说成是时代发展的必然产物，是上天的意志。在此，秦人利用了战国邹衍所创立的五行相生相克的学说，将世上万物变化归结为土、木、金、火、水五种物质的顺序演化。人类社会与自然界五行运作相适应，其发展也有一定规律可循。这就是"五德终始"说。五德的演化也支配着王朝的兴替，土德衰而木德兴，木德衰而金德兴，金德衰而火德兴，火德衰而水德兴，水德衰而土德兴。历史按"虞土、夏木、殷金、周火"② 而发展，故代周者必有"水德"。为了证明秦王朝统一的必然性与合理性，秦始皇自称秦的统一是"水德之始"。水性属阴而阴又主刑杀，以刑为主的秦"法治"便成为水德的主要特征。于是，秦政"事皆决于法，刻削毋仁恩和义，然后合五德之数。于是急法，久者不赦"③。秦的立法思想归纳起来有以下三点：

第一，统一立法权。先秦法家提出"一法"思想，即统一立法权并统一法令的内容。统一后，秦王朝发展了这一思想，提出了"法令由一统"的立法指导思想。统一立法权包括两方面含义：一是全国都要实行统一的法律令。战国时各诸侯国实行不同的法律，各行其制。秦朝统一后，把原来秦国的法律令推行到全国，作为全国统一的法律，结束了战国时诸侯国"律令异法"的局面。二是"法令出一"④。即国家的最高立法权属于皇帝，皇帝在全国范围内实行独裁，用以巩固专制主义的中央集权制度。维护皇帝至高无上的权威是秦朝立法和司法的首要原则。

---

① 参见《史记·秦始皇本纪》。
② 《文选·五九·故齐安陆昭王碑文》，李善注引邹子语。
③ 《史记·秦始皇本纪》。
④ 同③.

第二,"事皆决于法"。秦朝建立后,为加强立法,不断拓宽法律的调整范围,强调以法律手段全面调整社会关系。秦朝的法律涉及军事、外交、社会治安、商业、手工业、农业、诉讼等各个领域,并且明确规定其中的细节,确实达到了"治道运行,诸产得宜,皆有法式"① 的效果。

第三,以刑杀为威。秦朝建立后,继承了法家的重刑主义,把"专任刑罚"视为巩固政权最为有效的手段。史载:秦始皇"乐以刑杀为威,天下畏罪持禄,莫敢尽忠"②。

秦王朝的"刑治"激化了社会矛盾。

(二) 战国成文法制度的形成

战国继春秋公布法律后,开始了更大规模和深入的变法改革,各诸侯国争先恐后地制定成文法。魏国在魏文侯时李悝制定了《法经》,魏襄王时又颁布了"大府之宪"③;魏强盛时有《立辟》,赵强盛时有《国律》,燕强盛时有《奉法》④;韩昭侯任用申不害为相,也颁布了大量的法令,史称"晋之故法未息,而韩之新法又生"⑤;秦用商鞅变法并"改法为律"⑥。与先例法时代不同,战国时期的成文法不仅形式更公开、确定,而且在经济上从维护"普天之下,莫非王土"的分封制到维护地主、自耕农的土地私有,在政治上从维护世卿世禄的贵族等级制到维护官僚等级制。各国在变法中均采取了以军功授爵的政策,取消了以宗法制为核心的世卿世禄制,建立起中央集权制。就法律制度方面的设计而言,影响最为深远的当数李悝制定的《法经》和商鞅的变法。

1. 以罪名为核心的《法经》

公元前5世纪,魏文侯重用李悝为相,实行变法改革。李悝总结了春秋末期以来各诸侯国立法、司法的经验,并结合魏国的具体情况,制定了中国历史上第一部系统的"以罪统刑"的刑法典《法经》。

---

① 《史记·秦始皇本纪》。
② 同①。
③ 参见《战国策·魏策》"魏攻管而不下"。
④ 参见《韩非子·饰邪》。
⑤ 《韩非子·定法》。
⑥ 《唐律疏议·名例律》。

(1)《法经》的体例与主要内容。

《法经》有六篇:《盗法》《贼法》《囚法》《捕法》《杂法》《具法》。李悝认为,"王者之政,莫急于盗贼"①,因此,将《盗法》《贼法》列为前两篇。其中,《盗法》是对侵害公、私财物的犯罪进行惩罚的规定,《贼法》是对危及国家政权和人身安全的犯罪进行惩罚的规定,《囚法》是审判、裁断的法律规定,《捕法》是追捕、羁押罪犯、嫌疑者的法律规定,《杂法》是处罚狡诈、越城、赌博、贪污、淫乱等行为的法律规定,《具法》是定罪量刑时加重或减轻的原则。其中《具法》相当于现代刑法典的总则部分,而《盗法》《贼法》《杂法》显然是以罪名为篇名的"以罪统刑"的"罪名之制"。

(2)《法经》的历史地位。

在中国法律史上,《法经》具有重要的历史地位。首先,《法经》肯定了春秋以来公布法律及以罪统刑的变革成果,确立了中国古代刑法以罪统刑的体例和基本原则,使刑法体系系统化。其标志着中国古代的立法技术已走向基本成熟。其次,《法经》的出现有利于司法的统一,防止先例法时期因"议事以制"而出现的同罪异罚的情况,便于裁断者准确适用法律和定罪量刑。再次,《法经》的出现有利于立法的系统化,使立法活动在兼顾历史沿革和横向联系的合理环境中进行,避免重复和抵牾。最后,将实体法(《盗法》《贼法》《杂法》)和程序法(《囚法》《捕法》)大致区分开来,有利于按客观规律指导法律实践活动。

2. 商鞅变法的意义

秦孝公时,商鞅携《法经》到了秦国,在秦国先后主持过两次变法。

商鞅的第一次变法开始于公元前356年,主要内容如下:

第一,以《法经》为蓝本,结合秦国的具体情况加以修订、扩充,制定了秦律,并制定了"连坐法",即:"令民为什伍,而相牧司连坐。不告奸者腰斩,告奸者与斩敌首同赏,匿奸者与降敌同罚。"② 改法为律,颁行秦国,厉行法治。从此以后,中国古代法典几乎都以"律"为名。

第二,奖励军功,禁止私斗,取消世卿世禄制及一切特权,"宗室非有

---

① 《晋书·刑法志》。
② 《史记·商君列传》。

军功论,不得为属籍"[1]。

第三,奖励耕织,重农抑商:"僇力本业,耕织致粟帛多者复其身。事末利及怠而贫者,举以为收孥。"[2]

商鞅的第二次变法开始于公元前350年,主要内容如下:

第一,废除井田制,确立封建土地私有制,"改帝王之制,除井田,民得卖买"[3]。

第二,废除采邑分封制,普遍推行县制,由中央派官吏直接统治。"集小乡邑聚为县,置令、丞,凡三十一县。"[4] 县令、县丞等地方官由国君直接任免,集权中央,并统一度量衡制度。

第三,按户口征收军赋,"舍地而税人"[5],以利开垦荒地和增加赋税收入,明令"民有二男以上不分异者,倍其赋"[6],并禁止父子无别、同室而居的旧俗。

商鞅在秦的变法所推行的改革措施,一方面清理了旧贵族的政治经济势力,另一方面巩固了新兴地主阶级的经济基础和政治统治,在广度和深度上都超过了其他诸侯国的改革,从而使秦国从不被人重视的"夷狄之邦",一跃而成为令人畏惧的"战国七雄"之首,为后来秦统一天下奠定了基础。正如东汉王充所说:"商鞅相孝公,为秦开帝业。"[7]

战国时法治思潮高涨,以法代礼势在必行,法律自身也在发展中日趋完善。据《晋书·刑法志》的记载,《法经》以罪名为篇名,以罪统刑的罪名之制因此而完备。而李悝之后,各国统治者又纷纷以制定法律为变法开道,商鞅在秦国以《法经》为基础实行的变法,终使法家理论所设计的法律制度在实践中获得了成功,为社会所承认。

(三) 秦成文法制度的确立

秦统一中国后,理论上仍然坚持法家的"法治""重刑"主张,确立了

---

[1] 《史记·商君列传》。
[2] 同[1].
[3] 《汉书·食货志》。
[4] 同[1].
[5] 《通典·食货四》。
[6] 同[1].
[7] 《论衡·书解》。

统一的中央集权制。或许是由于新型的政权刚刚确立,秦对法家理论过于迷信,在进入成文法时代后,秦用法日益深刻,为政的特点是严刑酷罚。法制不仅没有平衡社会各阶层的利益,反而激化了社会矛盾,使民众失望并起而反抗,秦统一后不到十六年便覆灭了。但是,秦虽二世而亡,其创立的法律制度却对后世有着深远的影响,秦的统一也大大促进了中国古代各种制度的完善与发展。

由于秦法严酷,汉以后的史家对这种亡国之法隐恶而不载,说到秦法时往往以批判的态度一笔带过。比如晁错言,秦"法令烦憯,刑罚暴酷……亲疏皆危,外内咸怨……绝祀亡世"①。董仲舒言:"(秦)弃捐礼谊而恶闻之,其心欲尽灭先王之道。"② 由于隐恶而不载,虽然秦法"繁于秋荼而密于凝脂"③,但至清末沈家本考证辑轶秦律时,从浩若烟海的史籍中仅钩沉出7条秦律,而程树德作《九朝律考》则始于汉而无秦。秦法究竟繁密到什么程度,直到秦墓竹简发现后,现代人才有了直观的认识。

1975年12月,湖北省云梦县睡虎地发现秦朝墓葬,经过考古发掘,出土了大量记载秦法律令的竹简。出土秦简的十一号秦墓的墓主人喜生于秦昭王四十五年(公元前262年),死于秦始皇三十年(公元前217年)。喜生前是秦司法官员,所以墓葬中有大量的法律文书作为陪葬品。虽然考古发现的秦简只是墓主人生前对秦律的摘录,很多内容是残缺的(有的仅存一二条律文,有的仅见律名而无律文),但是其基本反映了商鞅变法之后直到秦朝建立之初秦的法制内容。可以说,它是我们了解秦朝法律制度的宝贵资料。经过专家整理拼复解读,共得秦简1 155支,文物出版社出版的《睡虎地秦墓竹简》就是这次考古发掘与整理的成果。④《睡虎地秦墓竹简》所记载的法律内容,足以证明秦时成文法的发达。

《睡虎地秦墓竹简》提到的秦法规有二十多种,大致可分为四类:第一类,《秦律十八种》《效律》和《秦律杂抄》。其中刑事方面的法规有《盗律》《贼律》《捕亡律》《捕盗律》等,行政方面的法规有《置吏律》《除吏

---

① 《汉书·晁错传》。
② 《汉书·董仲舒传》。
③ 《盐铁论·刑德》。
④ 睡虎地秦墓竹简整理小组. 睡虎地秦墓竹简. 北京:文物出版社,1990;王立民. 中国法制史. 北京:北京大学出版社,2008:58.

律》《除弟子律》《属邦律》《司空律》《内史杂律》《尉杂律》《徭律》《傅律》《游士律》《行书律》《传食律》等，经济方面的法规有《田律》《仓律》《厩苑律》《牛羊课》《藏律》《工律》《工人程》《均工律》《赍律》《金布律》《关市律》等，军事方面的法规有《军爵律》《戍律》《屯表律》《中劳律》等，其他还有《公车司马猎律》《奔命律》《魏户律》，共三十多种，内容十分丰富而庞杂。第二类是对秦律的解释，即《法律答问》。第三类是对官吏审理案件的基本要求和司法规则，以及对案件进行调查、检验、审讯等程序方面的文书程式等，即《封诊式》，还包括一些具体案例。第四类是要求官吏遵守的一些行政规则和要求，名为《为吏之道》。[①]

依据《睡虎地秦墓竹简》，秦的法律形式大致有如下几种。

1. 律

律即秦律，是通过国家正式立法程序制定、颁布、实施的法律文件，具有稳定性、规范性及普遍性的特点，是秦最基本的法律形式。商鞅改法为律，确定了这种法律形式的名称。从秦墓竹简的记载中，可以看出当时的律的种类已经相当繁多。《秦律十八种》中就有《田律》《厩苑律》《仓律》《金布律》等篇目，《秦律杂抄》中还有《除吏律》《游士律》《中劳律》等。其具体内容涉及刑事、民事、行政等各个方面，调整的法律关系相当广泛。

2. 令、制、诏

令是皇帝针对特定的人或事发布的带有规范性质的命令。秦始皇初并天下，自称"皇帝"，其命曰"制"，是指皇帝对某事的批定，其令曰"诏"，即皇帝的命令[②]，从而确定了令、制法律形式的名称。秦始皇曾发布过很多制命、诏令，如"除谥法"之制、"一法度"之诏等。这也是秦朝具有最高效力的法律形式。自此后，皇帝诏令成为中国古代效力最高的法律形式，充分显示出皇权的至高无上。

3. 式

式是朝廷就某一机构的工作原则、工作程序而制定、颁布的法律文件。秦墓竹简中提到的《封诊式》，就是关于司法审判工作程序的规定，即司法审判工作的要求以及规定诉讼文书程式的法律文件。"式"作为一种法律形

---

① 睡虎地秦墓竹简整理小组. 睡虎地秦墓竹简. 北京：文物出版社，1990.
② 参见《史记·秦始皇本纪》。

式，最早出现于秦朝。

4. 廷行事

廷行事即判例。从《睡虎地秦墓竹简》等资料看，秦代的司法官吏可以援引已生效的判例，特别是中央廷尉所作的判例来定罪量刑，作为案件判决的重要依据。秦的这种判例法可以弥补法律文件之不足。因此，廷行事也是秦的一种独立的法律形式。

5. 课、程

课和程是朝廷颁布、实施的行业性法律规范。课，是对官吏考核、检验的专门法规。《管子·七法》曰"成器不课不用"，意为兵器未经过一定标准的检验是不能用的。课就是按一定的标准检验、考核。睡虎地秦墓出土的竹简中有《牛羊课》，《牛羊课》就是关于牛羊饲养人员工作情况考核标准的专门法规。

《荀子·致士》云："程者，物之准也"。可见，程就是指标准、额度。作为法律形式，程就是关于确定额度的法规。秦律中的《工人程》，就是关于官营手工业生产定额的规章。

6. 法律解释

秦朝规定，法律的解释权属于官府或官吏，法律解释与法律条文具有同等效力。秦简中的《法律答问》即为法律解释。所谓《法律答问》，就是用问答形式对秦律的条文、术语及立法意图所作的解释，其往往通过案例，对定罪、量刑以及诉讼等制度作具体的说明。因此，它既是对法律的具体解释，又是对法律的一种补充。

战国至秦统一，这一历史时期有着太多的闻名于史、闻名于世的"法治"业绩，法家法治时代留给后世的遗产是丰富而伟大的。就法律制度而言，战国时的百家论战、法家的出现，使法终于从"礼治"的先例法体系中独立出来并得到充分的发展。在法家理论指导下形成的成文法体系奠定了其后两千余年法制的基础。但就法的思想或理论而言，当重新审视两千五百年前那场儒法之争时，我们不能不感慨历史确实是不以一时成败论英雄的。战国至秦风靡各阶层的法家学说在汉之后竟难寻传人，至明清已堕落为师爷、讼棍间的秘传。而四处碰壁的儒家学说自汉后则成了正宗的"国学"。孔孟之道与荀子的"隆礼至法"之说成了这一时期留给后世，甚至留给全人类的珍贵遗产。

三、"混合法"时代

汉承周、秦，对周、秦两代历史经验与教训的总结格外用心。周王朝八百余年的礼治与秦统一后不足十六年而亡的法治给汉人以深刻的印象。因此，汉代的政治家、思想家几乎一边倒地倾向周人的礼治，主张恢复传统。秦因法治而亡也成为汉人的共识。汉人总结道：

> 至于秦始皇，兼吞战国，遂毁先王之法，灭礼谊之官，专任刑罚，躬操文墨，昼断狱，夜理书，自程决事，日悬石之一。而奸邪并生，赭衣塞路，囹圄成市，天下愁怨，溃而叛之。①

秦的早夭使汉人重新认识到了西周礼的价值，认识到了先例法的合理性。汉初思想家贾谊重提西周礼治的无所不在：

> 道德仁义，非礼不成；教训正俗，非礼不备；分争辩讼，非礼不决；君臣、上下、父子、兄弟，非礼不定；宦学事师，非礼不亲；班朝治军，莅官行法，非礼威严不行；祷祠祭祀、供给鬼神，非礼不诚不庄。②

然而经过了战国至秦的成文法时代后，法的制度发展已日臻成熟，在实践中也颇具成效。不管汉人如何忌讳秦法，想完全复活周礼、恢复先例法已经成为不可能之事。汉人明智地认识到，法家理论的缺陷在于过于单一地追求制度的功效，而对制度，尤其是法的精神与价值极少阐述。这一理论的缺陷，正是汉人可以融合礼法，形成"混合法"制度的空间。

（一）兼容各家的立法指导思想

强大的秦王朝的灭亡，给汉朝统治者以深刻的震撼。以什么样的思想指

---

① 《汉书·刑法志》。
② 《新书·礼》。《礼记·曲礼》亦有此语。《礼记》成书于汉，《曲礼》原文已佚，《礼记》中的《曲礼》为汉儒整编而成，参见清经学家皮锡瑞的《经学通论·三礼》。此段话可以看成是汉儒对礼之重要性的共识。

导立法、立国，汉人经过七十余年的探索，至汉武帝时期形成了以儒家为本、兼采各家之长的主导思想。而汉统治者的这一主导思想首先与社会的主流价值观相契合，形成了朝廷与民众都认可的主流思想。主流法思想与主流思想相适应，强调儒家的主导地位，强调以"法中求仁"的礼义教化为本及以礼指导立法、司法成为汉王朝法律发展的主旋律。但应该注意的是，以儒家思想为本的主流法思想杂糅了先秦诸子思想中有利于现实社会治理的各种学说，比如用阴阳家的学说解释"德主刑辅"，用法家的思想阐明"德须威而久立"以及"鞭扑不可弛于家，刑罚不可废于国，征伐不可偃于天下"①，用道家的哲学论证法的最高境界是"顺其自然"，等等。主流法思想的兼容性和文化的融合力是世界其他国家和地区的法文明模式所罕能比拟的。这种兼容并蓄，使中国古代法文明模式内容不断丰富，成为具有顽强生命力的文明。此外，汉人在法理念上摒弃了法家的重刑主义，将法家的"刑名法术"之说演变为以儒家经学为指导的"律学"；在制度上则采取了实事求是的态度，没有完全否认秦法的作用，而是努力用主流法思想对秦制进行创造性的改造，"汉承秦制"表现了汉统治者的成熟。汉以后，中国古人始终保持着这种兼容和继承的传统，主流法思想的体系在发展中得以延绵，并在发展中不断地完善。

1. "大一统"的立法思想

"大一统"是中国古代社会自秦至清的主要特点。其思想早在战国时就已经出现，而且几乎成为春秋战国百家的共识。梁襄王曾问孟子："天下恶乎定？"孟子答道："定于一。"② 法家更是设计出了完善的"中央集权制"的具体模式。这种"定于一"的思想，成为春秋战国政治家追求的最高目标，并促成了中国历史上第一个统一的大帝国秦王朝的建立。

（1）从秦朝的政权"大一统"到汉朝的文化"大一统"。

秦王朝是按照法家理论模式建立的，其权力的配置体系是：全国范围内，大权归于中央，地方的郡县官吏由中央直接任命。地方事务，比如税收、军事、法律等也都直接听命于朝廷。在中央，大权归于皇帝，政治、军事、经济、法律等诸项事务最终的决定权都在皇帝的掌控中。秦王朝崇信法

---

① 《汉书·刑法志》。
② 《孟子·梁惠王》。

家，定法家理论为一尊，其特点在于主张君主的铁腕统治，"以力服人"，君主的"力"靠"严刑峻法"来实现。所以，秦王朝的统治，国力虽然强大，但社会并不安定，君与民的矛盾日益激化。严刑峻法最终激起民众揭竿而起，创万世之制的秦王朝在民众的反抗中瓦解了。

代秦而起的汉王朝，重新审视君与民之间的关系，抛弃了法家以严刑峻法维持君权的方法，但是继承了秦朝所建立的"中央集权制"，维持着政权的高度统一性。

西汉王朝建立之初，经济凋敝，天下饥馑，人民四处流亡，无以为生，国家也是国库空虚，财源枯竭。鉴于秦朝速亡的历史教训，汉初统治者清楚地认识到，继续奉行秦王朝的法家思想，只会导致新政权的垮台。于是西汉初期的统治者，基本都主张以黄老思想为指导，实行轻徭薄赋、约法省禁、奖励耕织、与民休息的政策，以缓和阶级矛盾，保证社会稳定发展。黄老，指黄帝和老子。黄老学派是先秦道家的一个分支。黄老学派在政治上主张统治者要清静无为、与民休息，在法律上主张约法省禁、轻刑轻罚。黄老学派的特点是具有包容性和过渡性。值得注意的是，汉初尽管黄老思想影响广泛，法家成为反思和批判的对象，但是秦所创立的"中央集权制"的体制并没有改变。由秦至汉，所改变的只是统治的方式和策略，即由法家的严刑峻法变为黄老的与民休息。

汉中期，黄老的无为思想难以适应已经繁荣了的社会经济，也难以钳制已经逐渐壮大的地方势力，中央的权威受到威胁。此时，正值雄才大略的汉武帝在位，他认为有必要确立一种足以约束天下人，使天下人的思想"归一"的理论，以巩固政治的统一，维护中央与皇帝的权威。此时，政治家与思想家又返回先秦诸子理论的宝库中，从中寻求维护统一的理论学说，汉代的"新儒学"便应运而生。在汉人眼中，法家的理论刻薄寡恩，利攻不利守，不利于社会的长治久安，已被秦亡的历史证明不可取；道家及黄老学派，经过汉初七十余年的实践，其学说已被证明过于消极，利于社会动荡后的恢复而不利于社会的发展，堪称盛世的绊脚石，亦应摒弃；墨家代表中下层民众的利益，与王朝的要求相去甚远，甚至背道而驰；阴阳家过分推崇自然神秘之力，对治国治民缺乏论证。此时唯有儒家的学说显示出了优势。

首先，儒家学说在先秦影响巨大，"显学"① 的地位从未丢失。秦始皇采取文化专制主义时，矛头所向主要是儒学。但即使在"焚书坑儒"后，儒学在民间的影响力仍未减弱。秦始皇长子扶苏曾以"诸生皆诵法孔子"为由，劝秦始皇改法从儒。②

其次，儒家学说在反对苛政的同时，也强调等级名分；强调君慈，也强调臣忠；强调统治者应行"仁政"，也强调百姓的顺良。所以儒家的"中庸"既可为统治者所接受，也可为民众所认可，有利于社会各阶层达成共识，缓和矛盾。

最后，儒学是入世之学说，但其所持的"中庸"原则，可以避免法家急功近利给社会带来的不安，也可以避免道家及黄老学派过于消极而给社会发展造成的阻碍。儒家学说中的"民本"思想更是给专制集权的体制注入了开明的气息，其缓和了法家思想中君主与百姓之间的对立关系，也协调了法律与人情之间的关系。于是，先秦儒家"定于一"的思想经当时鸿儒董仲舒的阐发，形成"《春秋》大一统"的理论。董仲舒专治"公羊春秋学"③，认为儒家经典《春秋》的核心思想是"大一统"，而《春秋》的微言大义所体现的"大一统"是与天地同寿的万古不易之理，董仲舒言："《春秋》大一统者，天地之常经，古今之通谊也。"④

这种为汉武帝所赏识并推行的"大一统"，是以儒学为本，以阴阳学为解释，杂糅各家思想的大一统。法家的一尊经过汉初黄老思想的削弱，在汉武帝"罢黜百家，独尊儒术"的政策下，最终为汉儒家的"大一统"思想所取代。

《春秋》大一统，适应了中国古代社会农耕经济"安居乐业"的需要，也有力地维系着中国古代政治的"一元化"。汉以来近两千年间，王朝更迭

---

① 《韩非子·显学》："世之显学，儒、墨也。"
② 参见《史记·秦始皇本纪》。
③ 《春秋》有三种注释，即"春秋三传"。《春秋左传》主要是以历史事实注释《春秋》，据司马迁言为春秋末期鲁国左丘明作，据杨伯峻考证，其成书年代为公元前 403—前 386 年间，为重要的儒家经典。《春秋公羊传》由孔子学生子夏传于公羊高，口耳相传，至汉景帝时成书，主要阐发孔子作《春秋》的"微言大义"在于"大一统"。其思想为董仲舒所弘扬，对后世影响深远。《春秋穀梁传》据说由孔子学生子夏传于穀梁俶，初为口耳相传，成书稍晚于《春秋公羊传》，体裁与解释方法与《春秋公羊传》相近。(中国大百科全书·哲学Ⅰ. 北京：中国大百科全书出版社，1987：104-105.)
④ 《汉书·董仲舒传》。

虽然频繁，但"大一统"始终是人们的追求和向往。人们以统一的王朝为荣，以汉唐为盛。在统一王朝中，人们殚精竭虑地维系着统一；在分裂时期，人们也会在"大一统"思想的驱使下投入"定于一"的战争中。

（2）"大一统"思想与文化尊崇。

美国著名中国学专家费正清在比较中西方差异时发现，中国人具有文化崇拜的特征。他认为因为中国人将文化看得无比重要，所以才能淡化民族的观念，对异族的统治也能够接受——只要他奉孔子之学为正宗——如鲜卑、蒙古、契丹、满族。这种尊孔的异族统治不仅没有中断中华文明，反而使中华文明更加丰富多彩。"文化"的魅力和力量，使中国保持了数千年的统一。[①] 费正清这样评价中国文化崇拜对近代变革的影响：

> 19世纪的中国人进入现代世界时，在他们的一个主要素质即民族主义精神方面，特别显得落后；然而，在他们的20世纪的革命中，他们对自身文化或"文化素养"的世代相传的自豪感已经激起了一股新的"文化民族主义"，这在将来很可能会胜过那发生在欧洲的单纯政治上的民族主义。[②]

中国人对文化的尊崇，来源于"《春秋》大一统"。春秋时孔子就认为"夷狄之有君，不如诸夏之亡也"[③]，强调了文化的重要性。

"文化"究竟是什么？《辞源》的解释是："今指人类社会历史发展过程中所创造的全部物质财富和精神财富，也特指社会意识形态。"专家对"文化"作了更为具体的解释，如张岱年、程宜山认为：

> 文化主要包含三个层次：第一层是思想、意识、观念等等。思想意识中最重要的有两个方面：一是价值观念，一是思维方式。第二层是文物，即表现文化的实物，它既包括像哲学家的著作、文艺家的文学艺术作品一类的"物"，也包括科学技术物化形态的"物"，即人工改造过的物质。第三层是制度、风俗，是思想观点凝结而成的条例、规矩等。[④]

[①] 关于中国人对"文化"的崇拜，参见费正清. 美国与中国. 张理京，译. 北京：世界知识出版社，2002：93-95。

[②] 费正清. 美国与中国. 张理京，译. 北京：世界知识出版社，2002：94。

[③] 《论语·八佾》。

[④] 张岱年，程宜山. 中国文化与文化论争. 北京：中国人民大学出版社，1990：4-5。

中国古代文化核心自汉武帝时起，无疑是孔子在《春秋》中力倡，经汉儒改造后的"礼"——它是最为普遍地为中国人认可的价值观，也是传统的核心。即使是皇帝，也在礼，即文化的约束中。自古以来，我们的祖先就将"礼"作为标准，来判断一个人是"君子"还是"野人"，一个统治者是"仁慈"还是"残酷"，一个国家是"文明"还是"野蛮"。一句"没文化"的评价会使被评价者无地自容。

当然，"《春秋》大一统"所孕育的厚重浓郁的文化氛围，虽然对权力，尤其是对皇权有约束的力量，但就整体而言，中国传统文化的价值追求与皇权并不是对立的，它只是皇权的一种"校正器"。一个被公认的明君，"文化"会使他的权力更加巩固而且更加行之有效。相反，违背文化精神的暴君，其权力、法令会受到各种形式的抵触，甚至反对。由于"文化"，中国古代社会的专制有别于其他国家和地区的专制，梁启超以为中国古代有"开明专制"主义之文化，而欲救中国也必用"开明专制"[①]。也许正是这"开明专制"，才深深吸引了15世纪以来一些西方人文学者、启蒙思想家的目光，使他们对当时的中国有着倾慕之情。[②]

（3）"《春秋》大一统"思想与学术。

自汉形成的"《春秋》大一统"思想对中国古代学术有正反两方面的影响。

在"《春秋》大一统"思想的控制下，学术以政治为中心，服务于政治。就积极的方面来说，这种学术的特点使学术与现实密切相关，"经世致用""治国平天下"成为学者的抱负。但是"《春秋》大一统"又是学术发展的桎梏。每当天下一统、王朝盛世，统治者便投入大量的人力物力编纂图书，粉饰天下太平并以此束缚"士"（知识分子）的思想，使他们死心塌地地效忠王朝。因此，自秦以来，中国古代的思想与学术很少呈现出争鸣的局面。由

[①] 梁启超言："吾国先哲，儒家、道家、墨家、法家，皆好为政谈，惟道家主张非专制主义，儒、墨、法三家，皆主张开明专制主义。而三家之中，儒、墨皆以人民之利益为标准，法家则以国家之利益为标准。"（《饮冰室文集之十七·开明专制论》。梁启超. 饮冰室合集：文集之十七. 北京：中华书局，1989：23—24.）

[②] 弗朗斯瓦·魁奈. 中华帝国的专制制度. 谈敏，译. 北京：商务印书馆，1992；伏尔泰. 风俗论：上册. 梁守锵，译. 北京：商务印书馆，1995；伏尔泰. 风俗论：中册. 梁守锵，吴模信，谢戊申，等译. 北京：商务印书馆，1997；伏尔泰. 风俗论：下册. 谢戊申，邱公南，郑福熙，等译. 北京：商务印书馆，1997；周宁. 2000年西方看中国. 北京：团结出版社，1999.

于政治与学术联系得过分密切,学术难以独立存在而常常在服务于政治和现实中被扭曲,"大一统"控制下的文化繁荣,常常流于表面。官修的大型图书在繁荣文化的同时,也扼杀了知识分子的创造力和有识之士的真知灼见。

"大一统"思想对学术的影响还有两点:首先,其加强了主流学说的凝聚力;其次,其造成了文化的专制主义。这两点并不矛盾。由于要服从于"大一统",主流学说就必须要有兼容并蓄的能力。兼容并蓄是"《春秋》大一统"的特点,也是汉中期兴起的"新儒学"的特点。汉之后,主流思想不但融合了先秦诸子学说,而且对外来佛学也积极吸纳。隋唐时期,汉文化与学术的融合力达到了顶峰。在大唐国土上不仅有来自东西方各国及各地区的使节、商旅,而且有数量可观的学人、僧侣。佛教、伊斯兰教及祆教、景教、摩尼教等在主流思想"取宜于时"的宽容中各自找到了用武之地。这些外来宗教与学说在被中国文化同化之时,也为中国的学术与文化注入了新的内容。南宋之后,占主导地位长达七百年之久的理学,其许多内容便出自佛学。

总之,没有"《春秋》大一统",就不可能有博大精深的开放型的中国古代文明。但同时,以"《春秋》大一统"思想为主导背景下的学术,无论怎样兼容并蓄,其结果总是将丰富多彩的各家之说纳入"一定之规"。这个"一定之规"就是不得越儒学为本这个"雷池"。学术一旦超越了"《春秋》大一统"的融合限度,与儒家学说的根本思想有所抵牾,便会被称为"异端邪说"。而"异端邪说"的发展在当时的背景下是艰难且充满危险的。这也是自秦至清,中国历史上虽然出现过各个学派,但其观点却很难突破主流思想的原因所在。

2."大一统"思想对法的影响

董仲舒的法律观以儒家思想为基本原则,信奉孔子的"为政在德",并将其发展为"大德而小刑"[①],现代人将之总结为"德主刑辅"[②],这正是主流法思想的核心所在。董仲舒对儒家学说神秘化是通过吸收阴阳家的学说而

---

① 《春秋繁露·阳尊阴卑》。
② 杨鸿烈. 中国法律思想史. 北京:中国政法大学出版社,2004:110;李德嘉. 德主刑辅说之检讨. 北京:中国政法大学出版社,2017:19-25.

完成的。他认为天是有意志、喜怒和赏罚能力的至高无上的神，人间的一切皆决定于天，即所谓的"天人感应"。当人类社会的政治，即皇帝的为政之道符合天意时，上天便以风调雨顺及各种祥瑞加以褒赏。而当政治有违天意时，上天也会以灾异的形式加以"谴告"并进行惩罚。董仲舒认为，儒家法观念之所以应作为帝王言行的准则，原因在于儒家的学说是符合天意与阴阳之道的，是千古不易的真理。董仲舒著有《春秋繁露》，以阴阳学解释三纲五常。又著《春秋决狱》，将儒家经典《春秋》中的微言大义作为司法原则。

自汉武帝时开始，以儒家为本的"大一统"思想对中国古代法的影响就始终没有终止。自主流法思想地位确立以来，其间虽然受到过玄学、佛学的冲击，但其主流地位从未有过动摇。历朝历代对孔子崇敬有加，以儒学为主体的主流法思想地位也日益巩固，人们甚至将儒学称为中国的"国教"。由于儒家独尊，所以儒家的是非便是社会公认的是非。在法律制度的设计上，汉之后再也没有呈现过战国时期的多元化局面。即使有所争论，也都是针对一些具体问题，如立法的技巧、刑罚的宽严、肉刑的废复等细节问题。而且争论的双方基本上都以儒家的经典为理论武器。比如，主张废除肉刑的人，以儒家"不忍人之心"的仁政作为依据，认为废肉刑为"千古仁政"。反对废除肉刑的人，也以儒家"刑乱世用重典"的学说为根据，认为乱世之秋，肉刑可立不可废。一些非主流法思想家对主流法思想的批判亦多集中于阴阳家的神学观上。因此，可以说，自儒家学说被定于一尊后，古代社会的法思想确实基本被纳入了"大一统"之中，两千年没有大的突破。注重传承但缺少创新是中国法思想自汉至清时的显著特点。

"大一统"思想对法律的影响还表现在以礼为本、礼法并举的制度设计方面。这种制度缓和了社会矛盾，是社会呈现出"开明专制"气象的重要原因。这就是"混合法"的制度设计的思想背景。

（二）博大精深的"混合法"设计

就法律制度的设计而言，中国古人有着符合自身实际状况的思考与创造。我们无法用西方关于"制定法"体系和"判例法"体系的理论来削足适履地解释中国古代法的结构与制度。因为中国古代法的形式是丰富多样的，有国家颁行的法律，也有发自民间的约定俗成的习惯；在司法过程中，既强调国家颁行的成文法的权威，也承认裁判者依据礼治倡导的原则"造法"。本书使用"先例法"一词，以区别于"判例法"，但不可否认的是，"先例法"与"判例法"在产生的途径与形式上确实有诸多相似之处。就汉至清法文明模式的制度设计而言，笔者认为"混合法"构成了制度设计的主体。其在法律实践活动中表现为成文法（制定法）与判例制度的有机结合，在社会生活中表现为国家、社会、家庭多层次的法律规范与道德习俗相结合。

1. "混合法"制度中"法"的多元表达

"法"在汉字系统中的文字表述多种多样，并且大多可以相互替代。这一特征在其他语言文字系统中是罕见的。可以与"法"通用或兼而具有行为规范意义的文字表述有很多，比如宪、典、规、准、类、誓、诰、命、令、式、例、比等。这一现象，反映了古人对法律实践活动的多样性的认识，以及从不同角度对"法"这一社会现象较为全面的认识，也显示了中国古代法文明的多元性。"法"的文字表述的多元性，也是古代法律实践活动多元性的反映。"混合法"制度正是在这种多元的法律意识中得到确立的。

具体分析众多表示"法"的文字就会发现，不同的表达侧重点有所不同。比如，有些表达强调的是"法"的神圣性，如"法""礼""辟"等与"国之大事"中的"祀"有关；"律""则"等强调的是"法"的客观性，使众人知道"法"是能够被人们感知并把握的行为标准；"刑""范""制"等强调的是"法"的强制性，即"法"不同于道德，它是有国家机器作后盾的，违"法"的言行将受到相应的制裁；"中""事""成"等强调的是"法"的可操作性；等等。

2. "混合法"的多元结构

汉至清法文明模式中的主流价值观也不是一元的，宗法、家族主义的"礼"和集权专制主义的"法"同时并存于主流法思想或价值观之中。或者说是"礼治"与"法治"、"家族本位"与"国家本位"在混合法中各有作用，并行不悖。儒家不是一般地否定法律和刑罚的作用，而法家也并非一般地否定宗法道德观念，两者只是侧重不同而已。儒家重视内在的自律，故重教化；法家则重视外力的约束，故崇尚刑法。韩非亦言："臣事君，子事父，妻事夫，三者顺则天下治，三者逆则天下乱。"① 其通过强调"事"的外在行为达到自我的束缚。而儒家言法、言刑的经典也是可以信手拈来。西汉以后的礼法合治更是制度上的多元并存，"礼"与"法"的结合在《唐律》的"十恶"中有着集中且典型的反映，其既有维护宗法家族秩序的条款，又有维护集权专制政体的条款。这种二元式的法传统在中国古代法律制度中的并存，不能不说是古人的智慧。古老的礼上升为国家的法，在家族社会中发挥着威力，而法家的法也在官僚机器运转中发挥着重要的作用。这种混合法的二元结构使每一个人都必须履行对家族和国家的双重义务，而裁判者也须在家法（礼）和国法之间寻求平衡。

（三）"混合法"的立法设计

在长达两千多年的混合法制度的构建中，中国出现过多种多样的法律形式，如律、令、科、比、故事、格、编敕、刑统、诰、例等等。多种形式的出现与发展促进了法制的完善和实施，使法律制度在一定范围内能够有效地遏制非法之举，甚至可以制约皇权；但也有一些法律形式自身便是破坏法制的产物并紊乱了法制，造成权力，尤其是皇权对法律的随意干涉与破坏。

1. 稳定的法律形式

稳定的法律形式主要指始于战国并为以后历代相沿的律。律，作为王朝的基本法律之一，集中地体现了统治者的长远利益。纵观汉至清两千多年的社会发展，各王朝的统治者对律的废立都是十分审慎的，确实做到了"慎其变，审其理"②。

律的废立在历朝历代都须经过严格的法定程序：每一个新王朝的律一般都以前朝之律为底本，由皇帝与重臣集体议定。律的增修删改也须上奏皇帝，由皇帝下诏颁行。新律颁行之日，便是旧律废止之时。由于制律时须"沿波讨源"③，所以律所反映的精神，甚至某些具体条款，两千多年来一脉

---

① 《韩非子·忠孝》。
② 《晋书·刑法志》。
③ 《唐律疏议·名例律》。

相承。在王朝的立法中，律的形式及其所包含的内容稳定并具有较强的延续性。兹摘录汇辑历朝较为典型的修律史料如下：

汉代："相国萧何，捃摭秦法，取其宜于时者，作律九章。"[①]

曹魏："天子（魏文帝）又下诏改定刑制，命司空陈群、散骑常侍刘邵、给事黄门侍郎韩逊"等"删约旧科，傍采汉律，定为魏法，制《新律》十八篇"[②]。

晋："文帝为晋王……令贾充定法律，令与太傅郑冲、司徒荀颛……等十四人典其事，就汉九章增十一篇。"[③]

南朝："宋及南齐，律之篇目及刑名之制，略同晋氏。"[④] 又记："梁氏受命，命蔡法度、沈约等十人增损晋律，为二十篇。"[⑤] 又记："（陈）律三十卷……采酌前代，条流冗杂。"[⑥]

北朝：《唐六典·刑部》注："（后魏）至太武帝，始命崔浩定刑名，于汉、魏以来律除髡钳五岁、四岁刑，增二岁刑。"又记："北齐初，命造新律未成，文宣犹采魏制。"

隋："高祖既受周禅，开皇元年，乃诏尚书左仆射、勃海公高颎，上柱国、沛公郑译……等，更定新律"，其"多采后齐之制而颇有损益"[⑦]。

唐：《唐六典·刑部》注："皇朝武德中，命裴寂、殷开山等定律令，其篇目一准隋开皇之律，刑名之制，又亦略同。"

唐代以后：沈家本总结道："今《唐律》全书具在，自宋已后，修律莫不奉为圭臬，此盖承隋氏变革之后而集其成者也。后之定律者，或于其重者轻之，轻者重之"[⑧]。

两千余年的延续发展，使律的体例日趋规范，条款也日趋简明完善，统治者也在修律的过程中积累了丰富的制度建构经验。在初创时，律并无严格的体例和明确的内容、范畴。从出土的战国秦简来看，律的内容除《法经》

---

① 《汉书·刑法志》。
② 《晋书·刑法志》。
③ 同②.
④ 《唐六典·刑部》注。
⑤ 同④.
⑥ 同④.
⑦ 《隋书·刑法志》。
⑧ 沈家本. 历代刑法考：第2册. 邓经元，骈宇骞，点校. 北京：中华书局，1985：928.

六篇外，还有《田律》《厩律》《仓律》《金布律》等，内容庞杂，几乎无所不包。秦统一后，将法家法治理论推向极端，反而导致新创立的法律机制紊乱，使律的稳定性难以保持，社会效果欠佳。严刑峻法导致的民众怨怒，使秦王朝夭折。汉朝统治者以秦为戒，丞相萧何在秦律基础上作《九章律》，该律以刑事内容为主，《晋书·刑法志》称其为"正律"。其后，又有叔孙通作《傍章》十八篇，张汤作《越宫律》二十七篇，赵禹作《朝律》六篇等。与正律相对，或可称之为"非正律"。它们是对正律的补充和追加，是单行法规。汉代正律与非正律的划分，初步改善了秦律内容庞杂、体例无序的局面，避免了律文繁杂而造成的律制混乱，使律的稳定性有了一定的保障。但是，汉朝对律的改进仅仅是初步的，作为一种法律形式，律还存在以下缺陷：

首先，从概念上说，"正律"与"非正律"的划分并不科学。正律与非正律通以"律"字相称，内容难以区分，实施中不免也会产生混乱。

其次，《九章律》的体例缺乏规范性。简单地"因秦《法经》，就增三篇"，而作为律之总纲的"具律"不移，使"罪条例既不在始，又不在终，非篇章之义"[1]。也就是说，《九章律》缺少提纲挈领的总纲或总则，使人在理解和执行律文时，难以掌握要领。

再次，从内容上来说，秦《法经》及汉《九章律》的覆盖面并不普遍，且缺乏弹性，以致"篇少则文荒，文荒则事寡，事寡则罪漏"[2]。

最后，就立法思想而言，汉武帝的独尊儒术固然确定了儒学的主流地位，但《九章律》却多承秦制，思想与制度的不协调使立法原则与具体律文在司法实践中不免冲突，以致不得不用"引经决狱"等方式加以弥补，久而久之，形成法外之法。

魏晋时针对汉律的缺陷进行了如下颇有成效的改革：

首先，区分了律、令的不同性质："律以正罪名，令以存事制。"[3] 这样便从概念上明确了律与非律的不同，确定了律的内容是以刑法为主，为律的规范性打下了基础。

---

[1]《晋书·刑法志》。
[2] 同[1].
[3]《太平御览·刑法部四·律令下》。

其次，曹魏制《新律》时，将《九章律》中的《具律》改为《刑名》，并集罪例"冠于律首"①。晋时又增《法例》篇。《刑名》与《法例》主要阐明刑法的原则，成为刑法的总纲，史载《刑名》篇"经略罪法之轻重，正加减之等差，明发众篇之多义，补其章条之不足，较举上下纲领"②。这种将定罪量刑的原则列于律典篇首的体例改变了汉律"罪条例既不在始，又不在终"的状况，完善了刑法制度。

再次，将汉代"非正律"的某些条款或纳入正律中，或归于令类。如"杂律有假借不廉，令乙有呵人受钱，科有使者验赇，其事相类，故分为《请赇律》"③。曹魏时的《新律》十八篇，晋代的《泰始律》二十篇，比《九章律》分别多出九篇和十一篇。篇章条款的增加克服了汉律"篇少""文荒""事寡""罪漏"的缺点。但其与汉律比较，"于正律九篇为增，于旁章科令为省"④，律的体例由此而简明完备。

最后，曹魏时将部分儒家伦理道德规范纳入《新律》中，即以礼入律，在立法上找到了礼律融合的新途径。而晋又"峻礼教之防，准五服以制罪"⑤，使礼与律的协调达到了新的高度。

魏晋时对律的改革，成功地弥补了秦汉律制的不足，并为中华法系，也是中国古代法文明的代表作——《唐律》的制定奠定了基础。以魏晋时对律的改革为基础，唐代的律更加完善。从《唐律疏议》体现出的体例规范、内容详略得当等特点，可知唐代的礼律融合已经是水乳交融。

在立法中，《唐律》兼顾了"简明"与"完备"的要求。《唐律》十二篇502条，较魏晋律为简，但言简意赅的律文却有极强的概括性与伸缩性，其覆盖面十分广泛。如对"律无正条"的情况规定："诸断罪而无正条，其应出罪者，则举重以明轻；其应入罪者，则举轻以明重。"⑥ 如此，既以"比附断罪"防止了漏罪，又对比附进行了合理的限制。

唐代以后，律的内容极少变动。在比较唐律与清律后，沈家本言：

---

① 《晋书·刑法志》。
② 同①.
③ 同①.
④ 同①.
⑤ 同①.
⑥ 《唐律疏议·名例律》。

> 我朝定律，监古立法，损益归于大中，而所载律条与《唐律》大同者，四百一十有奇，其异者，八十有奇耳。今之律文与《唐律》合者亦什居三、四。沿波讨源，知其所从来者旧矣。①

从律创立、发展、完善的过程中，可以看出，一项制度的完备必须在延续与稳定中求得。经验的积累是完善制度的必要保证。但是，同时也应注意，一项制度只有在不断的厘革中才能具有生命力。当后人将《唐律》奉为"彝典""古今之章程"②而不敢对之加以改进时，律便由稳定变得僵化，其形式，乃至具体条款虽被历代继承，但在实践中却很少被适用。

2. 变通的法律形式

"变通者，趣时者也。"③ 变通的法律形式是为解决律条有限而且应该稳定与现实社会变化无穷之间的矛盾而设的。其主要的作用在于弥补律之不足，随时移事易而增益律所不能。变通的法律形式的特点是废立简便，针对性强，灵活性强。当律的体例与内容尚不规范完善时，变通的法律形式主要是以礼及伦理道德规范为内容，调和礼律矛盾。当律的体例、内容逐渐完备时，变通的法律形式则主要以皇帝的诏敕为内容，及时地将皇帝的意志法律化。变通的法律形式在不同的时代、不同的地域有不同的名称和内容。以下摘要述之。

在战国和秦成文法时期，稳定的法律形式与变通的法律形式并无明显的分野，在几乎无所不包的律中，也包含随时废立的变通形式。

汉代变通的法律形式主要有"比"与"故事"两种。"比"有两种含义：一是审判时所采用的类推原则，即在律文没有明确规定的情况下，"上下比罪"④。二是将类推比附断罪的案例分类汇集，条理化概括为法规。这种经过加工的案例而成为"比"的法条便有了普遍的意义，成为独立的法律形式，其作用在于补律文之不足。颜师古注《汉书·刑法志》曰："比，以例相比况也。"⑤ 比产生于案例，具有很强的灵活性与针对性，但是由于其废

---

① 沈家本. 历代刑法考：第4册. 邓经元, 骈宇骞, 点校. 北京：中华书局, 1985：2208.
② 《旧五代史·刑法志》。
③ 《周易·系辞》。
④ 《尚书·吕刑》。
⑤ 比如《汉书·食货志》记："（张）汤奏，当（颜）异九卿见令不便，不入言而腹非，论死。自是后有腹非之法比。"

立过于简单，也常常会造成条款膨胀、杂乱无章的状况。汉武帝时"死罪决事比万三千四百七十二事。文书盈于几阁，典者不能遍睹"①。"故事"是以往的案例、习俗抽象或上升成为法律的规范。史籍中有关故事的记载很少，从"马将军故事"看，故事的废立程序也十分简便，是因时、因地而制宜的产物。"（马援）条奏越律与汉律驳者十余事，与越人申明旧制以约束之。自后骆越奉行马将军故事。"② 可见，"马将军故事"是汉律与骆越地区旧制相协调的产物。

魏晋南北朝时期变通的法律形式主要有"科"。科作为魏晋南北朝的主要变通法律形式有两种：一是曹魏初期的"甲子科"，二是南朝梁陈时出现的"南朝科"。"甲子科"是曹操为适应"挟天子以令诸侯"的形势而创设的。在三国鼎立战事频繁之时，汉所遗律令根本不足以应付局势，制定新的律典又是当务之急。在不具备条件却又必须制定的情况下，"甲子科"作为一种临时的法律形式便出现了。其是曹操因时因势而采取的变通手法。"甲子科"虽为变通的法律形式，却有"代律行事"的作用。因此，《唐六典·刑部》注文中将其归为律类。③ "甲子科"的变通性表现在其根据形势的需要，以恰当的方式制定出符合实际状况的律。至魏文帝废汉自立，"甲子科"便完成了使命而被废止。

"南朝科"的特点与"甲子科"相同，即以"宜于时"为宗旨，废立简单，灵活性强。但"南朝科"与"甲子科"亦有不同之处，这就是它有较为久远的渊源可寻，其与律并行而非代律行事。"南朝科"渊源于汉至晋代的"故事"："晋贾充等撰律、令，兼删定当时制、诏之条为故事三十卷，与律、令并行。梁易故事为梁科三十卷，蔡法度所删定。陈依梁。"④ 而且科的名称在东晋时即有。⑤ 晋科与晋故事二者的关系，由于史料的匮乏已难详知，但是从"梁易故事为梁科"的记载来看，"南朝科"应是晋科与晋故事的

---

① 《汉书·刑法志》。
② 《后汉书·马援传》。
③ 《唐六典·刑部》注："律，法也。魏文侯师李悝集诸国刑书，造《法经》六篇……至汉，萧何加（李）悝所造户、兴、厩三篇，谓之九章之律。""魏武为相，造甲子科条"。
④ 《唐六典·刑部》注。
⑤ 《南史·羊希传》记羊希上疏，请"停除咸康二年壬辰之科"。"咸康"为东晋成帝年号，咸康二年为公元 336 年。

结合。

北魏至唐,"格"成为主要的变通法律形式。《唐六典·刑部》注:"后魏以格代科"。随着律典体例、内容的逐步完善,变通的法律形式在这一时期也日趋规范。格,不仅保持了变通的法律形式的灵活性,而且独成体系,其以皇帝的诏敕为主要内容,与律配合使用。与以往变通的法律形式相比,格有如下特点:

其一,格不仅是例的分类汇集,而且有固定的篇章体例。北魏制定的《麟趾格》便以诸曹衙门名称作为格的篇目条目名称。[1] 唐格则以尚书省二十四司名称为篇目,"凡格二十有四篇"下注:"以尚书省诸曹为之目。"[2]

其二,从内容上说,以往变通的法律形式的主要作用是协调礼律关系,弥补律文的不足。北魏至唐,尤其是唐代制律"一准乎礼",礼律矛盾退居次要地位,立法中的主要问题是调和日益强大的皇权与日益完备的律典之间的冲突。因此,格便成为"编录当时制敕,永为法则,以为故事"[3],即将皇帝的意志及时地法律化。

其三,在废立上,格不同于以往的变通法律形式,不是忽立忽废,而是逐渐制度化。格一般随律的修订而废立,与稳定的律密切配合。但由于格的内容与体例比律简单,所以在废立时仍保留了灵活性的特点。

五代以后,根据皇权需要,变通的法律形式以唐格为模式迅速发展起来。

五代之后,格演变为编敕、御笔断罪、大诰及例。

宋代的编敕与唐格大致相同,编敕作为变通的法律形式始于五代。《五代会要·定格令》记后晋天福三年(公元938年)中书门下奏:"今诸司每有公事,见执清泰元年(后唐年号,公元934年。——引者注)十月十四日编敕施行。"在宋代,编敕因为能及时将皇帝的意志法律化而快速发展,并成为主要的变通法律形式。自宋太祖建隆元年(公元960年)起至南宋灭亡时止,319年中,宋共颁行综合性的编敕16次,可见其废立及时。

---

[1] 《魏书·窦瑗传》记窦瑗读《麟趾格》后上疏:"臣伏读至'三公曹第六十六条'。"
[2] 《唐六典·刑部》。
[3] 同②.

"大诰"是仅行于明初期的变通法律形式。明初,"太祖患民狃元习,徇私灭公,戾日滋"①,在"乱世重典"思想的指导下,朱元璋亲自"采辑官民过犯,条为《大诰》"②。大诰的定罪量刑一般来说重于明律,这体现了皇帝重刑治国的思想和意志。

"例"来自司法实践中产生的具体案例。宋时将其抽象为条款,按类汇编,补律之不足,称之为"例"。《宋史·刑法志》言:"有司所守者法,法所不载,然后用例。"自宋后,例作为一种变通的法律形式,其地位日益重要。元代"天下所奉以行者,有例可援,无法可守"③,明代"律为正文,例为附注"④。清承明制,雍正后"虽屡经纂修,然仅续增附律之条例,而律文未之或改"⑤。

3. 令典与刑统

令与刑统是两种比较特殊的法律形式。在其发展中,这两种形式经历了由变通到稳定、由稳定到变通的变化过程。而这一过程恰与稳定的法律形式与变通的法律形式相互消长的过程相吻合。

首先来说"令"。令作为法律形式,其发展的轨迹是由变通的形式逐渐转向稳定的形式。战国至秦汉,令作为对律的补充与追加的方式出现,是变通的法律形式。其废立简便,实施灵活。有些令经过一段时间的实践检验后,在修律时可直接成为律文,如商鞅的"变法令"即成了秦律的内容,"令民为什伍,而相牧司连坐"⑥。而1975年湖北云梦出土的秦简《法律答问》中就有类似的条款:"律曰:与盗同法。又曰:与同罪。此二物其同居,典、伍当坐之。"这种以令补律的状况一直持续到汉。因此,汉人认为:"律,经是也。天子诏所增损,不在律上者为令。"⑦魏晋时,划一制度,改革律制,律与令的性质方有了初步的划分。律以刑事为主,主罚犯罪;令则以制度为主,用以约束官吏。律令的关系则是"违令有罪则入律"⑧。从此,

---

① 《明史·刑法志》。
② 同①.
③ 《元史纪事本末·律令之定》。
④ 同①.
⑤ 《清史稿·刑法志》。
⑥ 《史记·商君列传》。
⑦ 《汉书·宣帝纪》文颖注。
⑧ 《晋书·刑法志》。

令变成与律并行的稳定的法律形式,二者共同构成中国古代的律令体系。唐代,令的内容与体例也日趋规范。《唐六典》记:"律以正刑定罪,令以设范立制。"① 唐代之后,令与律同步发展。宋代随着综合性编敕对律的变通,也出现了以变通制度为主的《附令敕》。② 明代令的篇章体例与律相同,也以六部分类,有"吏令二十、户令二十四、礼令十七、兵令十一、刑令七十一、工令二"③,共计一百四十五条。清代,令并于会典之中。

其次来看"刑统"。其是稳定的法律形式与变通的法律形式混为一体的形式,典型地反映了"混合法"的特征。自唐以后,稳定的律典很少变动。由于历代统治者对唐律推崇备至,故变律就有变祖宗之法或重刑暴政之嫌。因此即使律典的某些条款不符合现实,王朝也不愿更改。为使日趋僵化的律重新获得生命力,立法者便设计出将两类法律形式混编的体例,即以律为纲,将与律条同类性质的格、敕、例附于律条之后。这种合二为一的编纂方式始于唐开元间李林甫等编修的《格式律令事类》,至唐宣宗时得以确定。④ 宋初编纂的《宋刑统》流传至今,内容包括了律条、律疏和唐开元以后的格、敕及当时大臣的"起请条"。律条、律疏的内容与《唐律疏议》基本相同,而附在律条、律疏后面的格、敕则是更具现实意义的变通形式。孙奭指出制定刑统的本意在于用敕变律,其与律文的"疏议"不同,即"律疏与刑统不同,本疏依律生文,刑统参用后敕"⑤。两类法律形式混合的体例,克服了律典的僵化,也使变通的法律形式日趋规范化。虽然刑统这一名称仅行于唐中期至宋初,但其创立的这种"混合法"的编纂方式却给后世以深远的影响。就刑律来讲,明代的《大明律附例》、清代的《大清律例》的编纂方式及体例都直接借鉴了刑统的形式。

从以上对混合法的法律形式的分类研究中,可以总结出这样一条规律:自战国至唐代中期,稳定的法律形式占据主导地位,而变通的法律形式,如比、故事、科、格等则起着拾遗补阙的辅助作用。唐中期至清末,这种以稳

---

① 《唐六典·刑部》。
② 《玉海·诏令·律令》记:"初,修令官修令成,又录罪名之轻者五百余条为《附令敕》一卷。"
③ 《续文献通考·一三六》。
④ 《新唐书·刑法志》记,唐宣宗时"以刑律分类为门,而附以格敕,为《大中刑律统类》,诏刑部颁行之"。
⑤ 《玉海·诏令·律令》。

定的法律形式为主、以变通的法律形式为辅的格局发生了变化，立法的核心转移到对变通的法律形式的废立上。唐格、宋编敕、元朝之后的例的修订成为立法的重心。变通的法律形式占据了主导地位，以至清代形成"有例不用律，律既多成虚文"[①]的状况。

在汉至清的混合法中，法律形式的演变及法制的兴衰为现实中的立法提供了借鉴。首先，立法离不开理论的指导，法学的兴盛，是立"善法"的关键所在。唐之前律学的发展为法律制度的形成奠定了理论基础。当唐代后期律学没落之后，立法则多为权宜之计。其次，立法应繁简适度，不能一味地追求条款的周密。法律表面上的严密，有时恰恰会破坏法制的实施。立法应以完善法律制度的整体、加强人们的法律意识为目的，而不应追求条款表面的周密。最后，法律的实施无法脱离当时社会的道德、舆论及政治的影响，所以立法应充分注意与整个社会环境的协调。

（四）"混合法"的司法设计

唐人杜佑在总结历代法制兴衰经验时写道：

> 历观前蠋，善用则治，不善用则乱，在乎无私绝滥，不在乎宽之与峻。又病斟酌以意，变更屡作。[②]

其说明了法律实施的重要性。与立法制度的设计一样，"混合法"制度中的司法设计也是多元并存的。法律在执行中与道德、习俗等的配合，不仅会使法的社会效果充满了正能量，而且会使法律的效力大大加强。

1. 家规与法律的配合

> 鞭扑不可弛于家，刑罚不可废于国。[③]

汉代以后，统治者十分注重大家族的稳定，并以家族作为预防犯罪的防线，所谓"修身齐家治国平天下"。"三纲"中有两项内容是强调家族关系的，即"父为子纲，夫为妻纲"。国家颁行的法律也从各个方面维护家族中的父权与夫权，对家长惩罚子女、丈夫惩罚妻子的权力给予默许甚至保护。

---

① 《清史稿·刑法志》。
② 《通典·刑法一》。
③ 《汉书·刑法志》。

如南朝宋初，朝廷接受蔡廓的主张，在司法审讯中贯彻"亲亲相隐"的原则，反对子孙为父祖的犯罪提供证词："鞫狱不宜令子孙下辞，明言父祖之罪。亏教伤情，莫此为大。"①《唐律》的"十恶"中有四项属于家族关系方面的犯罪，即"恶逆""不孝""不睦""内乱"。法律与家规有机地结合起来，虽然国家的法令是统一的，但其并不妨害家长的权威和家规的实施。

2. 舆论与法律的配合

东汉以后形成的豪强势力对中央集权常常构成威胁，这些人掌握着舆论工具，时常干扰法律的实施。兴起于东汉魏晋间的"清议"便是法律与舆论分裂的典型事例。"清议"是以儒家的伦理道德评判世人，某人一旦遭到"亏损名教"的评价，便会为世人所不齿而"废弃终身"，即终身不得入仕。为杜绝或阻止士族以舆论为工具，抨击时政，南朝的统治者将"清议"与法律结合起来，使舆论尽量与政权保持一致。刘裕在登基时发布的大赦令中宣布："其有犯乡论清议、赃污淫盗，一皆荡涤洗除，与之更始。"②在频繁发布的赦令下，舆论工具从士大夫之手逐渐转移于国家机构。

3. 道德与法律的配合

法律与道德是密切联系、互相制约的，汉以后，一些道德规范经常被直接纳于法典之中，或者直接入律；而法律的条款也常常带有道德伦理的色彩。晋代律典儒家化，中国古代社会的法律被人们称为道德法或伦理法，但法律与道德的关系密切并不说明二者之间不存在矛盾和冲突。相反，法律的道德化正是在二者相互冲突中完成的。法律与道德两者的关系密切，也不说明法律与道德的地位并重，中国古代法律与道德的关系自汉始，一直是"德主刑辅"的。

4. 习俗与法律的配合

自汉以来，中国的立法与司法注意吸取习俗的内容。汉景帝时下令"鳏寡不属逮者，人所哀怜也"③，显然是对流传下来的敬老恤弱习俗的肯定。汉代立法者还注意到不以汉人之法勉强改变边远地区的风俗，如东汉时，马

---

① 《南史·蔡廓传》。
② 《宋书·武帝纪》。
③ 《汉书·刑法志》。

援南征交趾，结合当地风俗，制定了规则，被当地人称为"马将军故事"①。其实中国古代王朝颁布的法律中无不容纳大量的习俗，比如对复仇的规定及按服制定罪等。在少数民族入主中原的王朝的法典中，这种现象更为突出。比如北魏时"礼俗纯朴，刑禁疏简。宣帝南迁，复置四部大人，坐王庭决辞讼，以言语约束"，"男女不以礼交皆死"②。金代时"金国旧俗，轻罪笞以柳葼，杀人及盗劫者，击其脑杀之，没其家资……"③

（五）"混合法"的特点

1. 礼为主导

在"混合法"制度中，礼的主导地位自不待言，而其规范作用同样不可忽视。在制度的设计中，礼同样占据着主导地位。许多我们现在称为"法"的内容在古人的话语中往往就直接被称为"礼"。国家颁行的诏令、律、律疏、典中有着大量的"礼"的节文、规范。比如各王朝的"衣服令"，详细规定了不同身份的人在不同场合所应穿着的衣服及其质地、纹样和配饰，不同品级的官员上朝、办公的服饰也不尽相同。龙凤纹样为至尊的皇帝所独用，其他人不得使用。元初中书省曾上奏，说到街市中有人卖仿造的龙纹布料，只是将龙爪改为四只而已。于是元武宗下诏沿用汉人服饰制度，规定即使蒙古贵族的衣服上也禁止使用龙凤纹样。一至九品官员的朝服也是各有不同，而一般百姓"惟许服暗花纻丝"，帽子上不许有金玉装饰，鞋靴上也不得装饰花样。元武宗说明制定"衣服令"的原因是"僭礼费财，朕所不取"④。

此外，对有关财产、家庭"细事"的纠纷，"混合法"时代也基本依据"礼"来裁决。比如，明代此类纠纷在申明亭中由德高望重的耆老族长依据乡规民约和家法族规来裁决，而乡规民约与家法族规的订立遵循的是"符合礼教""注重教化""符合国法"的原则。⑤

---

① 参见《后汉书·马援传》。
② 《魏书·刑罚志》。
③ 《金史·刑志》。
④ 方龄贵. 通制条格校注. 北京：中华书局，2001：357-364.
⑤ 费成康. 中国的家法族规. 上海：上海社会科学院出版社，1998：28-30.

2. 注重控制刑罚的负面作用

现代人对中国古代刑罚思想的误解颇深，有人甚至认为中国古代法就是"律"，而律又以罪名与刑名为核心，所以中国古代的法就是"刑"，中国古代法律制度"以刑为主"，或者是"有刑无法"。

如果不带有偏见，那么就会发现：首先，就思想而言，中国古代社会的主流思想，除战国至秦外，在大部分阶段或时代并不强调刑的恐吓作用，更不以为刑罚万能。相反，在古代社会长期占主导地位的法主流思想格外注意的是刑罚的负面作用和有限性，如易于激化社会矛盾、治标不治本、容易形成暴政等。因此，"恤刑"和"慎刑"才是中国古代法思想的主要特色，而不是"以刑为主"。古人对刑罚的认识实在值得我们深思和借鉴。在古人看来，刑罚毕竟是"以暴制暴"、迫不得已而用之的手段，使用刑罚的目的固然在于惩罚犯罪，但更重要的目的却是保护善良并教育更多的人远离犯罪。"惩恶扬善"、"法中求仁"而非"法中求罪"是中国古代的司法理念。其次，就制度而言，由于提倡慎刑，古代的立法、司法对于死刑尤为谨慎，死刑的判决和执行权自魏晋时起就基本掌握在中央甚至皇帝的手中。即使只看律文，我们也完全可以自豪地认为，中国古代的刑罚与同时代世界其他国家和地区的刑罚比较是更文明和先进的。自秦统一后，颁行及修订"律"的权力也统一归于中央。"律出一门"是为了避免统一的王朝治下出现"同罪异罚"而造成社会不公。为了保障"律"在执行的过程中也能高度统一，达到公平，古代的"律疏"（律文解释）学格外发达。从秦的《法律答问》到唐的律文"疏议"，目的就在于避免官吏对律理解的差异。如《唐律疏议》言：

> 今之典宪，前圣规模，章程靡失，鸿纤备举。而刑宪之司执行殊异：大理当其死坐，刑部处以流刑；一州断以徒年，一县将为杖罚。不有解释，触涂睽误。[①]

3. 律只是法的一个重要组成部分

律只是中国古代法文明的制度设计中的一个重要的组成部分而不是主体，更不是全部。如前所述，就制度而言，中国古代法文明中有着丰富的法律形式和内容，律、令、科、比、典、刑统、例等都是中国古代法文明的有

---

① 《唐律疏议·名例律》。

机组成部分,而其中占主导地位的是礼,而不是律。

如果全面地考察中国古代法律制度,将"礼"纳入我们的研究视野,就可以发现中国古人早就发现了"刑"的双重性,即其在维持社会秩序的同时,也有着激化社会矛盾、败坏人性或人心的负面作用。历朝历代都有思想家、政治家再三强调要限制刑罚的过度使用,要努力追求"刑措不用"的境界。[1]"恤刑""慎刑"不仅始终是立法、司法的指导思想,而且其执行有着切实的制度保障,诸如"死刑复奏"制度、"录囚"制度、"会审"制度等。可以说,世界上没有哪个国家和地区的古代法律如此重视削弱或遏制刑罚的负面影响,力图将刑罚的负面作用限制在尽可能小的范围内。诚如清代纪晓岚在编撰《四库全书总目》时所总结的那样:

> 刑为盛世所不能废,而亦盛世所不尚。[2]

---

[1] 《荀子·议兵》:"威厉而不试,刑错(措)而不用。"刑措不用,即因无人犯罪而搁置刑罚。
[2] 《四库全书总目·史部·政书类二·法令》。

体系结构

　　法体系结构与法制度的不同在于其描述的是法制度或规范之间的相互联系，注重的是不同的法律制度在体系整体中的地位与作用，"法的体系通常指由一个国家的全部现行法律规范分类组合为不同的法律部门而形成的有机联系的统一整体"①。现代法体系是以部门法的有机组合为基础的，这种体系直到一百多年前清末修律时才传入中国。而中国古代的法体系结构自有特色，这就是在经历了夏、商、西周的礼治与春秋至秦的法治后，至汉代日臻成熟，在"礼治"与"法治"融合的基础上形成了"礼法一体，以礼为主"的结构，在体系中不同的制度与规范发挥着不同的作用。概括起来说，中国古代的法体系结构以"礼"为宗旨、以"祖制"为基础、以"皇权"（命、诏、令等）为核心、以"典"为主体、以"律"为辅助。

一、以"礼"为宗旨

　　礼在夏、商、西周的"宗法—礼治时代"无疑具有至上的地位，这一点自不待言。即使在春秋战国至秦的"集权—法治时代"其仍是人们心目中追求的"善法"，而在价值观方面不失其主流地位。②汉至清的法体系结构虽然是"礼法一体"，但相对于法的地位与作用而言，礼具有绝对的主导地位毋庸置疑。礼始终是法最高价值的体现，也是法制度的最终皈依。

---

　　① 中国大百科全书·法学. 北京：中国大百科全书出版社，1984：84.
　　② 春秋战国时，虽然国家的主导思想是法家"法治"，但社会的主流价值观仍是"礼治"，这一点从《韩非子·显学》中称儒、墨为天下"显学"及《史记·秦始皇本纪》中太子扶苏劝谏秦始皇改法为儒，言"诸生皆诵法孔子"的记载中可以看出。

（一）礼是中国古代的"宪法"，是社会共识的凝聚

以"宪法"定性中国古代的"礼"，有情非得已之处。在近代西学东渐的过程中，礼在不同的法律语境中被释义为"神权法""习惯法""自然法""宪法""民法"等。应该承认，这种释义广受学界的质疑和诟病。因为"礼植根于中华文明的土壤，有其独特的价值追求，有其独特的体系结构。从这一角度来说，礼就是'礼'"[①]。但是，尽管质疑声不断，这种古今比附的"讲述"方式却也广为学界接受。因为当我们欲以现代法学研究礼时，根本就无法脱离当代法律话语的阐释和分析体系。正如百年前梁启超所言：

> 社会日复杂，应治之学日多，学者断不能如清儒之专研古典；而固有之遗产，又不可蔑弃，则将来必有一派学者焉，用最新的科学方法，将旧学分科整治，撷其粹，存其真，续清儒未竟之绪，而益加以精严，使后之学者既节省精力，而亦不坠其先业；世界人之治"中华国学"者，亦得有藉焉。[②]

因此，将礼比拟为中国古代的"宪法"，无非是今人对古史的一种"分科整治"，是当代学者对礼的一种宪法学角度的解读，其远远不是礼的全部，更不是礼的唯一定性。

论证礼在中国古代的"宪法"地位，必须明确宪法的定义和特征。笔者关于宪法的定义与特征的叙述是从其社会地位与作用加以考察的，即宪法是民众心目中至高无上的"根本法"或"大法"，是社会共识所在。也就是卢梭所言的除"政治法""民法""刑法"三种法律之外的最重要的那一种法律："这种法律既不是铭刻在大理石上，也不是铭刻在铜表上，而是铭刻在公民们的内心里；它形成了国家的真正宪法；它每天都在获得新的力量；当其他的法律衰老或消亡的时候，它可以复活那些法律或代替那些法律，它可以保持一个民族的创制精神，而且可以不知不觉地以习惯的力量代替权威的力量。"[③] 因为这种根本大法的性质，有法学家并不将宪法归类于普通法律，

[①] 马小红. 礼与法：法的历史连接. 修订本. 北京：北京大学出版社，2017：116.
[②] 梁启超. 清代学术概论. 朱维铮，导读. 上海：上海古籍出版社，1998：107.
[③] 卢梭. 社会契约论. 何兆武，译. 北京：商务印书馆，1987：73.

而认为宪法是一国中具有最高地位的独特规章，是体现并凝聚一个国家或民族精神的产物，是植根于民众内心的至上之法，是一个民族最高价值观的体现。因为它活在人们的心中，所以它有"复制""创制"的能力，甚至可以替代那些衰亡了的法律。

礼在中国古代法律体系中的地位恰如近现代学者对"宪法"地位的描述。礼的地位与作用不仅远远高于普通法律，而且其是汉之后历朝历代的立法指导思想，是法律所要体现的宗旨。《唐律疏议》所言的"德礼为政教之本"概括了礼在立法中所起到的根本性的导向作用，礼是法的精神之所在。正因为礼凝聚了法的精神，所以礼如同宪法一样，具有创制与复制的能力。

在论述到法的价值时，中国古代的政治家、思想家及学者大都是从"应然"的角度出发。而这个"应然"，正是礼所倡导的人伦道德，是人们所追求的"善"的目标，也是社会的共识。除了人类社会对法律的"应然"认识，如和谐、公正、秩序等，礼亦带有中国法文明自身的特色，如以人伦道德为核心、倡导仁义礼智信与忠孝节义等。自夏、商、西周至清，数千年王朝的替换，也都无法改变礼在人们心目中的崇高地位，正如孔子所言"不知礼，无以立也"①。礼是植根于人们心目中的大法。这个"应然"之法，对君权也不失为一种有力的约束。著名的法律史学家程树德在其力著《九朝律考》中从唐资料中辑得一则董仲舒《春秋决狱》的案例：

> 君猎得麑，使大夫持以归。大夫道见其母随而鸣，感而纵之。君愠，议罪未定，君病恐死，欲托孤，乃觉之，大夫其仁乎，遇麑以思，况人乎，乃释之，以为子傅，于议何如？仲舒曰："君子不麝不卵，大夫不谏，使持归，非义也。然而中感母恩，虽废君命，徙之可也。"②

这则故事显然是以《礼记》为依据，以为"非君命"之过轻于违礼。我们从《贞观政要》中记载的唐太宗的两则"故事"中亦能体会到礼的"宪法"地位。其一是说僧尼以出家人为贵，见父母不拜，反而受父母之拜。唐太宗言，此举是"损害风俗，悖乱礼经，宜即禁断，仍令致拜于父母"③。其

---

① 《论语·尧曰》。
② 程树德. 九朝律考. 北京：中华书局，1963：164.
③ 《贞观政要·礼乐》。

二是贞观十三年（公元 639 年），礼部尚书王珪上奏言：按令三品以上官，路遇亲王，不应该下马致敬。但现在的三品以上官都违反法令，路遇亲王，皆下马致敬，这有违朝廷的法度。唐太宗初则生气，以为王珪等人想压抑皇帝的儿子们（亲王）以显示自己的高贵。魏征以礼力谏，"太宗遂可王珪之奏"①。

无论是董仲舒的《春秋决狱》，还是唐太宗的故事，都说明礼无论是作为价值观，还是作为规章条文，在中国古代都是至高无上的。唯有礼可以抗衡外来却风靡的佛教，并制约皇权。

（二）礼规定了"国家根本的组织"并具有"创制"能力

中国古代是否有宪法？如果有的话其究竟是什么？自近代西方宪法学引入中国以来，学界对这两个问题的讨论多集中在国家与宪法的关系方面。陈茹玄认为从广义的宪法定义而言，"我中国自有史以来，未尝一日无政府；有政府，自有其组织之决定与权力之分配法，立国五千年，固无日不有宪法也"②。王世杰、钱端升也认为"宪法的特性，在规定国家根本的组织"③。从这种实质的特性说，"中国自与其他国家一样，历来亦自有其宪法；这种宪法并且已久具成文宪法的形式。中国成文宪法起源于何时，今虽尚难确定，然自唐以后，确长有成文形式的宪典——唐开元时代所颁布的《唐六典》，即此类宪典之最古而至今尚未散佚者"④。众所周知，唐玄宗时期制定的《唐六典》是仿《周礼》而作，《周礼》是儒家的经典之一，成书于春秋至汉，是对西周官制的追记。《周礼》所记载的内容虽不免许多后人想象附会的制度，但其所载的"天、地、春、夏、秋、冬"六官的设置与职掌，自秦汉至隋唐千余年间一直为历代王朝所追求并付诸实践。隋唐时中央行政机构尚书省下辖的吏、户、礼、兵、刑、工六部制终于实现了《周礼》中对国家机构、职官设置的理想。自此这一制度一直沿用到清末。《周礼》与《唐六典》以及后来的《元典章》《大明会典》《大清会典》等，无不是国家

---

① 《贞观政要·礼乐》。
② 陈茹玄. 增订中国宪法史. 郑州：河南人民出版社，2016：1.
③ 王世杰，钱端升. 比较宪法. 北京：商务印书馆，2010：11.
④ 同③22-23.

"组织之决定与权力之分配法"。

从《周礼》到明清"会典"的历史发展,展示了礼起码具有的三个特征:一是,礼与典相通,典是由礼发展而来的,甚至可以说典本身就是礼的一种表现形式。礼与典皆符合宪法不以制裁为要素,而为"无制裁之法律"的特点。二是,礼在数千年中国古代社会的发展中不仅在其他法律衰微时具有"复制""代替"那些法律的作用,而且具有"创制"的能力。三是,从宪法规定"国家根本的组织"这一"实质特性"来说,毫无疑问,中国古代的"宪法"就是礼。

(三) 礼是植根于人们心中的大法,具有至上的地位

礼所具有的"宪法"性也表现于"形式上的特性"方面,即具有高于普通法律的效力。这一形式上的特性被宪法学者视为"现代宪法的特色"[①],而在中国古代社会中,礼无疑也具有这样的特色,任何法律都无法与礼相垺。就立法而言,礼是法的宗旨;就法的体系而言,礼是法的核心;就司法实践而言,与礼相抵触的法律条文在实践中往往会被搁置、修改,甚至废除。汉代的"《春秋》决狱"、魏晋南北朝的"引经入律"、隋唐"一准乎礼"的律、宋元明清对唐律的沿革等,无不体现了古人崇礼为至上之法的不二选择。"二十五史"中的《孝友传》《孝义传》《列女传》《游侠传》等记载了大量的"经义断狱"的司法故事。当法律的条文与礼所提倡的忠、孝、节、义冲突时,法律往往会依据礼而为孝子烈女、忠臣义仆、侠客义士网开一面,以弘扬礼的精神,并彰显礼所具有的根本大法的地位。

以《明史·孝义传》为例,其所载的为亲复仇的孝子傅楫、何兢、俞孜、张震、孙文等皆被朝廷赦免。其中明孝宗弘治年间(1488—1505年)发生的何兢案颇能体现礼所具有的"根本大法"地位。何兢的父亲被知县所害,何兢率亲族数十人伏于道旁,截击知县,将知县打成重伤。其案由刑部、大理寺、巡按御史联合审理多次。部民殴官,是犯上作乱的重罪,按律应绞。何兢在回答判官"何殴县官"这个问题时言:"兢知父仇,不知县官,但恨未杀之耳。"在查清何兢为父复仇的实情后,法司拟判"遣戍",上奏请

---

① 王世杰,钱端升. 比较宪法. 北京:商务印书馆,2010:9-10.

裁。弘治皇帝批准了法司的建议，将绞刑改为遣戍。《清史稿·孝义传》中也记载了一件跨越王朝的复仇案。明末湖北人李复新的父亲被土匪贾成伦劫杀。当时天下大乱，王法不行，贾成伦又人多势众，李复新只好佯装怯懦，使贾成伦无意再加害于他。清代明祚，社会安定，李复新至官府为父申冤。官府拘押了贾成伦，但又恰逢皇帝颁发大赦令，贾成伦遇赦出狱。李复新为父复仇未果，心有不甘，于是伏于路旁，用石头砸死了仇人贾成伦，后主动到官府自首。知县怜悯他一片孝心，上书州府，请赦免李复新的杀人之罪，并以"孝烈"旌表其门。知县言："《礼》言：父母之仇，不共戴天。又言：报仇者，《书》于士杀之无罪。赦罪者，一时之仁；复仇者，千古之义。"

将礼置于高于普通法律的地位，也表现在古代社会的司法官吏选拔考试中。《通典·选举五》记载了这样一条唐代铨选官吏的标准：

> 不习经史无以立身，不习法理无以效职。人出身以后当宜习法。其判问，请皆问以时事、疑狱，令约律文断决。其有既依律文，又约经义，文理弘雅，超然出群，为第一等。其断以法理，参以经史，无所亏失，粲然可观，为第二等。判断依法，颇有文彩，为第三等。颇约法式，直书可否，言虽不文，其理无失，为第四等。此外不收。

此处所言的"经"就是体现儒家思想的礼，所言的"法理""理"即为儒家经学中的法律主张。这种官吏铨选的标准显然是将经义（礼）与体现经义的法理置于了法条之上。

综上，无论是从形式特性来看，还是从实质特性来看，礼在中国古代社会中都有可以与宪法相比拟的地位，发挥着可以与宪法相比拟的作用。从何兢只"知父仇，不知县官"，到官府赦免李复新而旌表其为"孝烈"，从民到官无不将礼置于最高上位法的地位。

二、以"祖制"为基础、以"皇权"为核心

在以"安居乐业"为追求目标的综合型农业社会中，"经验"对变化甚微的社会生活至关重要。王朝的统治方式靠历史经验的总结，家族的壮大靠祖辈经验的积累，个人的发展也须从前人的经历中汲取经验教训。对"经验"的恪守，将"祖制"置于不可或缺的地位，尤其对皇帝而言至关重要，

因为这些都是开创了文治武功的祖先的"故事",是后世皇帝必须遵循的法度。在法的体系中,皇权的至高无上及神圣不可侵犯与中国人的祖先崇拜也有着密切的联系。

(一) 祖宗之法的约束力

在古代中国,"祖宗之法"常常被奉为圭臬,所谓"前事不忘,后事之师"。对王朝来说,帝王的祖先,尤其是有兴邦立国伟业的祖先所订立的制度,甚至是"故事"都会成为后世必须尊奉的法度。对祖先的崇拜和对祖宗之法的尊奉常常通过缅怀先祖的祭祀来表现。在数千年的历史中,帝王对祖先的祭祀不绝于史。"祖宗之法不可变",成为守成帝王的为政信条,因此"祖宗之法"往往也是王朝的基本法律。

武则天是中国历史上不守祖制的唯一的女皇帝,她先以皇后身份主管朝政,后径直将李姓天下改成武氏王朝,当了女皇。就其政绩而言,她并没有什么格外让世人指摘之处,相反在武氏的统治下,朝中不乏贤良,百官各司职守,百姓安居乐业。武氏与宗室李氏因权力之争而引发的动荡被控制在有限的范围内。但是,武则天身为女性干预朝政,并堂而皇之地登上龙位,却与当时的社会价值观大相径庭,更有违祖制。为钳制天下,武则天重用酷吏、践踏成法、诛杀宗室及重臣之举更是为世人难容。即使武则天这样桀骜不驯的女皇最终也还是不得不屈从祖制成法,临终前她留下遗书,去掉自己的"帝号",称"则天大圣皇太后","祔乾陵"[①],即与高宗合葬,回归了李氏媳妇的身份。

祖宗之法不只关乎王室国法,祖宗崇拜是国人的普遍情结,宗祠在聚族而居的中国古代社会的乡村中十分普遍。祠堂是供奉祖先牌位并祭祀祖先的庄严之处,除祭祀外,宣讲家规,约束本族子弟,执行家法,也每每在祠堂中举行。有兴家壮族之功德者,在同姓的宗祠中会受到后世子孙的隆重祭祀,而其所立的家法族规,更是被后人视为"祖训"而遵守。祖先所立的禁令不得违反,否则便会受到家法族规的严惩。

在"祖宗之法"的基础上形成的法的体系,与现代法律体系迥然不同,

---

① 《新唐书·后妃传》。

其最大的特点是"综合性"。我们从古代的经书、政书、官箴书、案牍、律典、蒙书、族谱家训等中，都可以看到"法"的内容。经书是律的精神的体现，律是王朝颁布的统一的法律，此外在家训、官箴书等典籍中也能看到中国古代法文明的精神和不同层次的法律规范。

在数千年的历史发展中，虽然王朝更迭，但对祖先的崇拜使文化一脉相承。尤其是儒家思想自汉以后一以贯之地成为历朝历代立法、司法的主导思想，法的精神寓于其中。首先，在中国古代法文明模式中，"祖宗之法"具有天然的正当性。不仅当朝的祖宗之法会演变为故事，约束后人；以往朝代的法律也是当代立法时所必须参考的。这一点在"律"的制定中表现得尤为突出，《唐律疏议》言，唐制律时对历代律令"沿波讨源"。而历代沿用的作为法律指导思想的"德""礼"更是始自周公的"制礼作乐"，一直被沿用至清。这样一个以祖制为基础的法律体系，充满了历史的经验与智慧，既博大，内容丰富；又精深，在基础法律方面，比如礼、律，经千年探索而不断完善。其次，在祖先崇拜的氛围中，即使国家与政治的中心——皇权也要受到祖宗之法的限制。以往对皇权与法律关系的论述集中在法律对皇权的维护上，这当然是不争的事实，因为中国古代"皇权"的强弱不仅关系到王朝统治的稳定与否，而且直接关系到民众的安居乐业与否。所以，法律极尽可能地维护皇权。但同时，我们还应该注意到的是皇权在受到法律保护时也要受到法律，尤其是祖宗之法的制约。古代社会对帝王践踏法律并非听之任之，帝王践踏法律也并非社会的常态。

（二）皇帝制度

1. 有限皇权

古代法文明体系的基础是祖制，而皇权则是其核心。

皇帝的统治无疑是专制的，但"专制"制度在世界各种文明的发展中呈现的模式却是有差别的。马克垚根据不同国家和地区的专制主义的特点将专制分为罗马帝国的"掠夺专制主义"、西欧的"封建专制主义"、俄国的"贵族专制主义"与中国的"精致的专制主义"[①]。在专制制度下，君主地位是

---

① 马克垚. 古代专制制度考察. 北京：北京大学出版社，2017：43-45.

至高无上的，但在中国，皇帝权力在受到法律维护的同时，也是有限的，即"专制主义不是无限王权，而是有限王权"①。

法国启蒙思想家魁奈将专制君主分为两类，一类是"合法的专制君主"，一类是"为所欲为的或不合法的专制君主"②。而且认为，中国的皇帝在一般情况下，属于"合法的专制君主"；只有在特殊的情况下，中国才会出现破坏法律、一人独裁并将权力推向极致的"暴君"。魁奈对中国皇帝的论述基本是符合实际情况的，他说：

> 中国皇帝是专制君主，但这个名词适用于哪种含义呢？在我看来，好像我们欧洲人常对中国政府怀有一种不好的印象；但是我从有关中国的报告中得出结论，中国的制度系建立于明智和确定不移的法律之上，皇帝执行这些法律，而他自己也审慎地遵守这些法律。③

与夏、商、西周天子的王权相比，皇权首先摆脱了与皇帝血缘关系密切的宗室贵族集团的制约，其次也摆脱了分封到各地的强大的地方诸侯王的制约。自秦皇帝制度建立后，中央集权制的格局是大权集于中央，郡县制取代了分封制，地方的权力被削弱。在中央，权力集中于皇帝，朝廷上的"臣"已经不再是与皇帝有血缘关系，有时甚至可以分庭抗礼的贵族，而是通过各种渠道从不同阶层中选拔出来的官僚。这些官僚大部分出身于布衣百姓，经济、社会、政治地位与势力都无法与夏、商、西周时的贵族相比。因此，自秦统一开始实行皇帝制度后，官僚对皇权的制约，显然比宗法分封制度下贵族对王权的制约力要弱得多。但这并非意味着皇权不受任何的制约，在大权独揽的同时，皇帝也受到各个方面的制约，比如天意天谴、祖宗之法、史官言官、谥法等。至高无上的皇权除非是在出现暴君或皇权旁落的情况下，一般来说是很难为所欲为的，皇权确实是"有限"的。从发展的趋势来看，皇权在两千余年的发展演变中，总体的趋势也是受到的制度限制越来越多。正如祝总斌所总结的那样：

> 一种是君主按照通行的具体政治制度行使权力，这种政治制度，是在

---

① 马克垚. 古代专制制度考察. 北京：北京大学出版社，2017：40.
② 弗朗斯瓦·魁奈. 中华帝国的专制制度. 谈敏，译. 北京：商务印书馆，1992：24.
③ 同②.

长期统治中经过无数政治家、思想家反复总结经验教训，逐步固定下来的。
　　　　另一种情况是君主享有至高无上的权力，在实际行使中，他不但可以超越任何前代君主、大臣留下来的政治制度，而且也可以随时扬弃他自己和大臣制定的任何政治制度。换言之，他的权力不受任何制度、法律的约束。他可以"任心而行"。[①]

这就是说，如果一个皇帝不顾生前身后的名声，不顾王朝的长治久安，他可以是一个独裁者，可以破坏制度、践踏法律。但必须指出的是，这是一种非正常的状况，这样的皇帝往往会被冠以"暴君""昏君"的恶名而载入史册。在国家权力正常运转的情况下，皇帝在行使权力时必须遵循制度，皇帝的言行也须受到各方面的制约。这就是"有限皇权"或"合法的专制君主"的意思。

在中国古代法的研究中，存在一种倾向，似乎皇权不受制度的制约。如韦庆远、柏桦认为：

　　　　在皇权专制制度下，皇帝的权力被宣称是无限的。[②]

由于近代以来，中国的思想家、政治家及学者或因为社会变革的需要，或习惯于以现代的权力观念来反思中国古代社会的制度，往往有意无意地将中国古代皇帝的权力放大，认为古代皇权不受制度的约束。

从皇帝制度在中国实行两千余年来看，皇帝在获得至尊无二地位的同时，也要受到种种制度的有效限制。可以说，皇帝制度能在中国延续两千余年正是限制皇权的制度在实践中有效地发挥了作用的结果。

2. 皇帝的至尊地位

皇帝，又称天子，处于至尊的地位。在中国人的心目中，皇帝不仅是王朝的最高统治者，而且是应天意而生的、具有神性的独一无二的"神人"。如汉高祖刘邦的母亲在怀孕时梦到了神，而其父亲则见到了龙。刘邦出生时"雷电晦冥"[③]。唐太宗四岁时便有神人赞叹道："龙凤之姿，天日之表。"[④]在"二十五史"的记载中，这种皇帝应天意而生的"故事"并非个例。

---

　① 祝总斌. 试论我国封建君主专制权力发展的总趋势：附论古代的人治与法治. 北京大学学报（哲学社会科学版），1988（2）：1.
　② 韦庆远，柏桦. 中国政治制度史. 2版. 北京：中国人民大学出版社，2005：116.
　③ 《汉书·高帝纪》。
　④ 《新唐书·太宗本纪》。

我们从一些古代官制的记载中，可以看出皇帝的至高无上。成书于战国至汉的《周礼》，记载了天官、地官、春官、夏官、秋官、冬官"六官"的不同职责。在记述六官职责时，《周礼》明确论道，六官是在协助"王"（皇帝）来统治国家，六官在不同的领域遇到重大或疑难之事，最终的决定权在王（皇帝）。《周礼》是后人托周公之作，在中国古代王朝官制的发展中具有重要的地位。成书于唐玄宗时期的官修之书《唐六典》就是仿《周礼》而作，有学者称《唐六典》为唐代的行政法典，其对唐代中央及地方的政权机构、职能与编制进行了详细的记载。毫无疑问，这些机构也都是皇帝的辅佐机构。虽然在记载中国古代官制的典籍中，没有关于皇帝职责的规定，但是正是这种将皇帝置于"官"外的官僚制度，才充分显示了皇帝受命于天的至上权威和权力。皇帝实为官制中最为核心的部分，王朝一切机构权力最终都在皇帝的掌握中。"天无二日，民无二主"是中国古代社会中人们心目中天经地义的秩序。

我们从一些古代记载帝王（皇帝）的文献中，也能看到皇帝独一无二的"神性"。编纂于宋代的《册府元龟》开篇便设"帝王部"，以表明帝王的核心地位。在"帝王部"中，编纂者历数历代王朝的兴替，无不应天运而兴，因气数尽而亡。帝王，尤其是在历史上功劳卓著的帝王从降生到登基再到治国理政，冥冥之中似乎都是神意的安排。这些"故事"，在我们看来有些荒诞不经，但在古代却恰恰是皇帝地位合法性的显示。

皇帝独一无二的至尊地位还通过饮食起居、服饰车马、出行仪仗、祭祀朝仪等表现出来。法律从衣食住行到威仪尊严全方位地维护皇帝独一无二的地位。《唐律》中有"造御膳有误""御幸舟船有误""乘舆服御物持护修整不如法""主司私借服御物""监当主食有犯"等诸条，这些条文便规定了对冒犯皇帝尊严、威胁皇帝安全，以及对皇帝御用物保管使用不当、对皇帝侍候不周者的处罚。比如"造御膳有误"条规定：为皇帝做饭，如果在主食方面误犯了《食经》规定的食禁，则处以绞刑。如果在御膳中发现有不洁物，处以徒二年的刑罚。"御幸舟船有误"条规定：皇帝所用的舟船，如果建造得不牢靠，工匠处绞刑。应该整修而没有整修及缺少船篙等，徒二年。

3. 皇帝的权力

（1）皇帝拥有最高权力。

在中国古代，皇帝不仅以无人可以僭越的"神性"具有人间至尊的地位，而且拥有最高的权力。维护皇帝一元化的至高权力，是中国古代以儒家为本，杂糅法家、道家的主流思想的主要目的。在当时的历史与制度背景下，国家的兴衰确实系于皇帝一身。有了英明的皇帝和强有力的皇权，国家就统一，社会就太平，民生就安定。"精致的专制主义"的一切制度都围绕着维护皇权而设置。秦汉是皇帝制度的创立时期，秦始皇以法家的专制集权理论赋予皇帝独断一切的权力。而在汉武帝确立"独尊儒术"以后，皇帝的权力并没有被削弱，"君为臣纲，父为子纲，夫为妻纲"的"三纲"成为历代王朝相沿不变的主导思想，这种思想也得到社会的广泛认同，皇帝制度更加巩固。"君为臣纲"为"三纲"之首，其宗旨与法家的君主集权思想并无二致，也在于强调皇帝统治一切的权力。自秦至清，皇帝的权力都是王朝权力的核心所在，王朝所有的官员都须向皇帝负责，听命于皇帝。虽然在政治、经济、军事、文化等领域，不同的王朝都设立了相同或不同名称的专门机构进行日常的工作和管理，但这些机构最终都服务于皇权，皇帝权力的至高无上在各王朝是一脉相承的。

（2）皇帝拥有最高的立法权。

皇帝拥有最高的立法权，表现在历代由王朝统一颁行的律令等皆由皇帝下诏修订，修订后再由皇帝下诏颁行，有时皇帝甚至会亲自参与律令的修订。以唐为例，《新唐书·刑法志》记载，唐开国时，高祖李渊诏刘文静等对前朝的律令进行修改，后又诏裴寂等十五人"更撰律令"。太宗李世民即位后，诏长孙无忌、房玄龄等修订旧令。高宗李治即位后，诏律学家撰写《律疏》，又诏长孙无忌等修订格敕。皇帝不仅统筹国家法律的修订颁行，而且可以随时下诏修改他认为有违天理人情的条文制度。如唐太宗阅读《明堂针灸图》，见五脏离背部很近，因而感叹道：背部针灸如果不慎都会致人死亡，而鞭笞犯人背部的笞杖刑，因为击打的是罪犯的背部，也很容易致犯人死亡。笞杖刑本属轻刑，如果致罪犯死亡，岂不成了犯轻罪而动用了死刑？于是下诏，鞭笞罪犯不可以打背部。[①]

皇帝拥有最高的立法权还表现在自秦至清的法律形式方面。稳定的法律形式——律的内容由刑名罪名构成，以刑事法律为主，而令典则是王朝机构

---

① 参见《新唐书·刑法志》。

与职能等行政方面的法律规范。稳定的法律形式一旦颁行，或基本不变，或按规定的时间修订。变通的法律形式则包括秦汉时期的科，隋唐时期的格，宋代以后的编敕、例等，这些法律形式可以根据时势随时变通律令典，而这个"时势"，很重要的一部分则是皇帝的意志。变通的法律形式可以将皇帝的意志及时地法律化，变为科、格、编敕、例等。

（3）皇帝拥有最高的司法权。

皇帝拥有最高的司法权，表现在其对诏狱、疑狱的独断权，以及拥有法外行恩、法外断罪的权力上。所谓诏狱，就是皇帝亲自下诏督办的重大政治、刑事案件。汉武帝时期的酷吏杜周为"诏狱"作了最好的注释。《汉书·杜周传》记载，杜周为廷尉时，对皇帝要排挤的人网罗罪名而陷害之，对皇帝要释放的人则千方百计证明其冤情。有人指责杜周身为廷尉，本应为天下主持公道，却不遵守法律，而专以皇帝的意志是从。杜周辩解道：

> 三尺安出哉？前主所是著为律，后主所是疏为令。①

大意为：法律从何而来？以前的皇帝所肯定的著成为"律"，当代皇帝所肯定的则解释为"令"。在杜周为廷尉的时期，下诏狱的人特别多，达到六七万人。

所谓疑狱，则是一种预防冤狱的慎刑的措施，即裁断者（法官），尤其是地方官在审理案件时，如遇证据不足或有疑问不清之处，则逐级上报，直至皇帝，由皇帝裁决。《汉书·刑法志》记载：

> 高皇帝七年，制诏御史："狱之疑者，吏或不敢决，有罪者久而不论，无罪者久系不决。自今以来，县道官狱疑者，各谳所属二千石官，二千石官以其罪名当报之。所不能决者，皆移廷尉，廷尉亦当报之。廷尉所不能决，谨具为奏，傅所当比律令以闻。"

大意为：汉初刘邦诏告御史："审讯中县令遇有不能裁断的疑狱，应上报给上级郡守，郡守裁决后将结果上报给廷尉。郡守不能裁决的，则上报给廷尉，由廷尉裁决，廷尉将结果上报给皇帝。廷尉不能裁决的，上报给皇帝，并随案附上比附的律令。"

---

① 《汉书·杜周传》。

大赦显示了皇帝拥有法外行恩的权力。赦，指释放罪犯，始于三代。《周礼·秋官》记"司刺"官掌管"三赦"。三赦规定了赦的对象有三种，即老幼、过失及精神不健全者。先秦儒家认为"赦"体现了统治者的仁政，孔子主张"赦小过，举贤才"①。所以赦也是帝王利用至高的权力行法外之仁的一种表现。法家主张君主以法治国，所以不主张对罪犯实行赦免。在《管子》中有这样的论述：

> 上赦小过，则民多重罪，积之所生也。故曰：赦出则民不敬，惠行则过日益。②

大意是：君主对轻罪行赦，民众就会不惧犯重罪。因此，赦会使民众越来越不畏惧法令。秦王朝以法家理论为指导，秦始皇为政"久者不赦"③。为区别于秦的苛政，赦在汉代成为常行之制。汉代以后的赦不仅频繁，而且名目也多种多样。次数繁多是因为皇帝行大赦的理由众多。改朝换代甚至改年号，为了表现万象更新，皇帝常常颁布赦令，给犯人以重新做人的机会；遇有普天同庆之事，如立后、立太子、天呈祥瑞之兆等，帝王亦可颁布赦令，以体现对天下子民的恻隐之心，避免举国欢庆之时"一人向隅"的局面出现；在帝王重病、国家有难或灾异出现时，皇帝也常常为应天意，以德化灾而颁布赦令。赦的名目多种多样：全国罪犯一律开释（除常赦所不原者）的赦称"大赦"，针对某一地区的赦称"曲赦"，针对某一类犯罪的赦称"别赦"。

"敕旨断罪"则体现了皇帝所拥有的法外断罪的权力。敕旨断罪是皇帝亲理狱讼或颁发旨令，不依据常法而定罪量刑。皇帝法外断罪在中国古代社会中是屡见不鲜、天经地义的事。皇帝的敕旨具有最高的权威，无论其与常行之法的规定是否冲突，人们都必须以敕旨为裁决的最终依据。若因皇帝敕旨与常法有违而"阻格不行，以大不恭论"。宋代的皇帝在中国历史上并不强势，但徽宗曾下诏："凡御笔断罪，不许诣尚书省陈诉。如违，并以违御笔论"。并说：

---

① 《论语·子路》。
② 《管子·法法》。
③ 《史记·秦始皇本纪》。

出令制法，重轻予夺在上。①

无论是诏狱、疑狱，还是法外行恩、法外断罪，都显示了皇帝凌驾于法律之上的权力。从理论上说，在专制主义的制度下，皇帝的权力不受制度的约束是合理合法的，一般来说只要不是太过分也不会受到人们的指责。

4. 对皇权的制约

虽然从理论上说，专制主义制度下的皇权至高无上，但是在中国"精致的专制主义"的背景下，皇帝的权力也并非全然不受制约。在两千余年专制主义发展中，历代政治家、思想家对皇帝权力无限膨胀的危害并非没有警惕或听之任之。相反，汉代在沿袭秦朝皇帝制度的同时，对在法家理论指导下将皇帝权力绝对化而形成的秦"暴政"进行了深刻的反思与批判。《汉书·艺文志》中在评价法家的学说时指出：

> 及刻者为之，则无教化，去仁爱，专任刑法而欲以致治，至于残害至亲，伤恩薄厚。

大意是：如果刻薄的皇帝运用法家的理论治国，则会泯灭教化，没有仁爱，以为专用刑罚就可以使国家达到治理目标；至于残害了最亲近的人，伤害恩义刻薄了应该亲厚的人。自汉以后，历朝历代无不以秦暴政为戒，逐渐完善意识形态及制度对皇帝权力的制约，故而祝总斌对中国古代社会君权发展趋势总结道：两千余年自秦至清，皇帝权力在发展中不是日益加强，而是逐渐削弱。② 这也是中国古代专制主义的皇权被视为"有限皇权"的原因。中国古代对皇帝权力的制约如下：

（1）天意。

既然皇帝的权力来自"上天"，皇帝是"天子"，那么皇帝的权力自然也就受到天意的约束。中国古人通过"天文"和"天象"来体悟上天对皇帝的褒奖和惩罚。《晋书·天文志》用这样的叙述，将"天文"与皇帝为政得失

---

① 《宋史·刑法志》。
② 祝总斌. 试论我国封建君主专制权力发展的总趋势：附论古代的人治与法治. 北京大学学报（哲学社会科学版），1988 年（2）. 亦有学者对此持有不同的看法。李启成在《中国法律史讲义》中认为，中国古代对皇帝的制约包括"天""祖宗成法""官僚阶层""改朝皇帝之现实威胁"。但是，这些制约取决于皇帝的自我认识和道德自觉，所以中国古代没能在理论上解决对皇权的有效制约问题，更没有产生一套有效的制度。（李启成. 中国法律史讲义. 北京：北京大学出版社，2018：111-137.）

联系在一起：

>   日为太阳之精，主生养恩德，人君之象也。人君有瑕，必露其慝以告示焉。故日月行有道之国则光明，人君吉昌，百姓安宁……其君无德，其臣乱国，则日赤无光。日失色，所临之国不昌……日中有黑子、黑气、黑云，乍三乍五，臣废其主。日蚀，阴侵阳，臣掩君之象，有亡国。

太阳（日）象征着皇帝，若皇帝为政有瑕疵，则太阳必显示异象以警戒皇帝。皇帝遵守天意而行政，则日月光明；皇帝无德，大臣乱国，则日月无光。风调雨顺、五谷丰登是上天给皇帝的褒奖，天灾不断、人祸连绵则是上天给皇帝的"谴告"。因此皇帝为政时，必须时时体悟天意，敬畏天命。皇帝对天的敬畏，体现为顺应时令五行的变化而行政。因为皇帝需要听命于天，所以《礼记》中才有了《月令》篇，规定天子一年十二个月应为及不应为之事，"二十五史"的《五行志》中才记载了诸多"上天谴告"与皇帝"下诏罪己"的故事，才有了汉代以后的司法时令说与司法时令制[①]，等等。

（2）祖宗之法。

中国古代是一个聚族而居的社会，祖宗之法对每一个生长在"族群"中的人是非常重要的约束，皇帝也不例外。对一个王朝来说，皇帝的祖先，尤其是有兴邦立国之伟业的祖先所订立的制度，甚至是"故事"都会成为后世必须尊奉的法度。"祖宗之法不可变"，几乎成为守成皇帝的为政信条，因此"祖宗之法"往往是王朝的基本法律。朱元璋是明代的开国皇帝，他历时三十余年精心制定了《大明律》，并：

>   令子孙守之。群臣有稍议更改，即坐以变乱祖制之罪。[②]

所以，《明史·刑法志》言：

>   太祖之定律文也，历代相承，无敢轻改。

[①] 《月令》《五行志》可以视为"天子之法"，《月令》是《礼记》中的一篇，记载了一年十二个月时节的天文历法及自然变化，并认为天子应按照时令行政事。

[②] 《明史·刑法志》。

可以这样说，在中国古代，尽管法律对一些"强势"皇帝的违法行事常常无可奈何，但再强势的帝王也无法不顾及祖宗的法度。制约皇帝权力的"法"，绝不是可以随皇帝喜怒而轻重的法条，而是恒久不变、代代相传的根植于人们心中的"礼教"大法，而祖宗之法便是这个"大法"中的重要部分。宋人范祖禹告诫哲宗皇帝：

> 陛下承六世之遗烈，当思天下者祖宗之天下，人民者祖宗之人民，百官者祖宗之百官，府库者祖宗之府库。一言一动，如临之在上，质之在旁，则可以长享天下之奉。[1]

可见祖宗之法对帝王的约束。

清同治八年（公元1869年），慈禧太后宠幸的大太监安德海奉慈禧之命出宫置办宫中用品，一路以钦差自居，敲诈勒索，作威作福。不想，行至济南，山东巡抚丁宝桢以"宦竖私出，非制"[2]为由，诛杀了安德海。丁宝桢所说的"制"，正是清人的祖制。鉴于明朝太监干预朝政的历史教训，清开国之初，顺治皇帝在顺治十年（公元1653年）就颁布了一道上谕：太监"非奉差遣，不许擅出皇城"[3]。鉴于祖制，慈禧在闻知安德海被诛后，虽怒不可遏，但也无可奈何，只好不了了之。

（3）礼的约束。

礼在中国古代受到全社会无以复加的尊崇，制礼作乐的周公在中国人心目中并不逊于神灵，而主张礼教的孔子更是被国人奉为"至圣先师"。由于礼在中国古代社会中的地位和作用，近现代的一些学者将礼誉为中国古代的"宪法"。从礼在中国古代社会中所起到的作用来说，礼与宪法确实具有相似之处。

从前文所引用的卢梭关于"宪法"的定义可以看出，礼在中国古代正是起着卢梭所说的"宪法"的作用。在中国数千年的文明中，王朝更迭，政权转换，礼一直被奉为"天之经也，地之义也，民之行也"[4]的大法，礼的精神世世代代镌刻在人们的心中。清人在修《明史》时言：

---

[1] 《宋史·范祖禹传》。
[2] 《清史稿·丁宝桢传》。
[3] 《清史稿·世祖本纪》。
[4] 《左传》"昭公二十五年"。

《周官》《仪礼》尚已,然书缺简脱,因革莫详。自汉史作《礼志》,后皆因之,一代之制始灿然可考。欧阳氏云:"三代以下,治出于二,而礼乐为虚名"。要其用之郊庙朝廷,下至闾里州党者,未尝无可观也。惟能修明讲贯,以实意行乎其间,则格上下、感鬼神,教化之成即在是矣。安见后世之礼,必不可上追三代哉!①

这一段话的大意为:礼的制度由来已久,有些无法知其详,但礼的精神及作用则上至朝廷、下至闾巷,代代相传。后世的礼就其精神而言,与数千年前的三代之礼是一脉相承的。

为了使皇帝成为仁君明主,中国古代对有可能成为皇帝的皇子的教育,甚至对皇帝本人的教育是十分严格的。明代张居正为了教育年幼的万历皇帝专门作《帝鉴图说》,编辑了自尧至宋81位帝王,或留名青史为后人敬仰怀念,或史留恶名为后人唾弃批判的史实。《帝鉴图说》上编选择了32位皇帝的81件故事,编辑成"圣哲芳规";下编选择了26位皇帝的36件故事,编辑成"狂愚覆辙"。值得注意的是,有些皇帝,比如汉武帝、唐玄宗既在上编有载,亦在下编有载,表明了作者实事求是的态度。张居正的这本书,实际上成了明清两代帝王的教科书。

礼教对皇帝的约束并不止于教育,还有着切实的褒奖惩罚制度,这就是自汉沿袭至清的"谥号"制度。谥号,又称谥法,形成于西周中期,即天子及诸侯、大夫死后,根据其一生的业绩由官方给予评价,所谓"盖棺定论"。其中对天子的评价最为引人关注,对卓有功绩的天子称"文"、称"武",而对有亡国丧邦之举的天子则称"幽"、称"厉"②。不想在历史上留下骂名的天子对谥法是有所忌惮的。自诩为千古一帝的秦始皇显然是感到了谥法的约束,所以在确定最高统治者"皇帝"这个称号时,他特意废除了谥法。③ 但欲将天下传至万世的秦王朝二世而亡,继秦之后的汉人又恢复了皇帝的谥

---

① 《明史·礼志》。
② 《逸周书·谥法解》中记载:"经纬天地曰文,道德博厚曰文,学勤好问曰文,慈惠爱民曰文,愍民惠礼曰文,锡民爵位曰文。""刚强直理曰武,威强睿德曰武,克定祸乱曰武,刑民克服曰武,大志多穷曰武。""早孤有位曰幽,壅遏不通曰幽,动祭乱常曰幽。""致戮无辜曰厉。"
③ 《史记·秦始皇本纪》:"制曰:'朕闻太古有号毋谥,中古有号,死而以行为谥。如此,则子议父,臣议君也,甚无谓,朕弗取焉。自今已来,除谥法。朕为始皇帝。后世以计数,二世三世至于万世,传之无穷。'"

法，一直沿用到清。后人从每一位皇帝的谥号中，就可以知道这位皇帝生前的大致行状。比如隋开国皇帝杨坚谥号为"文"，即隋文帝，通过"文"字，后人可以知晓这是一位"慈惠爱民"的仁义之君。第二代皇帝杨广谥号为"炀"，通过"炀"字，后人知道这是一位"去礼远众""好内远礼""好内怠政"的荒唐皇帝。

（4）制度的约束。

对皇帝的权力缺乏有效的约束，是人们对专制主义统治的一般理解。中国古代社会自秦统一的集权制确立以后，毋庸置疑是专制主义的，但中国古代并不缺乏制约皇帝权力的制度。这是因为在两千余年的发展中，人们认识到了皇帝制度的巨大漏洞，或王朝政权的最大威胁实际上来源于皇帝对权力的滥用。因此，在维护皇帝至高权力的同时，中国古代有远见或有见识的政治家、思想家对皇权的滥用也无不存在警惕。这也是中国古代关于"君道"的探讨不绝于史的原因所在。应该注意的是，中国古代对皇权的限制并不只是道德上的自律，一些制度，尤其是官制跨越朝代，相沿数千年，在代代相沿中，被打磨得精益求精，皇帝的权力也受到这些制度的有效制约。比如三师、宰相、史官、言官等官制的设置，就从方方面面有效地制约了皇帝的权力。三师，是为皇帝的教育而设，在古代中国，"师"也许是社会上唯一可以与君权相制衡的力量。[①] 宰相，原为辅佐皇帝总理全国政务而设，黄宗羲认为，设君主意在治天下，但是"天下不能一人而治，则设官以治之"。宰相是"分身之君也"[②]，即君主权力的分担者。正是由于宰相分权于君主，明太祖才废除了宰相之职。古代社会的史官与言官对皇帝的权力直接构成约束。中国古代有官修史书的传统，由于修史的目的直接服务于王朝的政治，是为王朝资鉴而用，所以古代史官推崇"秉笔直书"。任何一位皇帝都无法逃脱史家对他的"盖棺定论"。只要不想在历史上留下恶名，皇帝就不能不畏惧史官。言官是为了防止皇帝一意孤行而设，其职责就是劝谏皇帝。

除官制安排上对皇帝权力有所制约外，在司法实践中，皇帝的最高裁判权也不是不受到约束。

在中国古代，虽然没有职业法官，但执掌法律的"法司"或称"有司"

---

① 《唐六典·三师三公尚书都省》"三师条"："三师，训导之官也……明虽天子，必有所师。"
② 《明夷待访录·置相》。

却是存在的。诸葛亮在《前出师表》中嘱咐阿斗：

> 若有作奸犯科及为忠善者，宜付有司，论其刑赏，以昭陛下平明之理，不宜偏私，使内外异法也。

大意是告诫阿斗对待犯法与立功的人，不要随意赏罚，而是要交给有关部门，依照制度进行赏罚。

（5）法司的制约。

中国古代皇帝与掌握全国最高司法权的廷尉、大理寺卿等的关系颇耐人寻味。皇帝有最终的司法权虽然是毫无疑问的，但这最终的司法权也并非如我们现在想象的那样皇帝"一言九鼎"、说一不二。从"故事"中解读皇帝的最高司法权可以看出，古代司法对皇权的约束也有着精致的安排。一般说来，皇帝对案件有"立断权"，即在案件没有进入司法程序时，皇帝"说了算"。但"说了算"的另一含义是"责任自负"、与法无涉。而案件一旦进入司法程序，皇帝似乎就失去了"说了算"的最高权力，法官的职责在于对法律负责。下面自汉至唐的四则如出一辙的皇帝与法的"故事"，就说明了这一点。

其一，《汉书·张释之传》中记"犯跸案"。汉文帝出行时，有人冲撞了汉文帝的仪仗，惊了文帝的御马。文帝将这个人交与当时的廷尉张释之处理，张释之认为此人看到皇帝的仪仗，便至桥下躲避，又估计出行的队伍已经走过，便从桥下走出，不想判断失误，冲撞了仪仗并惊了御马，此行为构成"犯跸"。"跸"是帝王出行时进行清道，以禁止行人通过的条令。犯跸之罪，依照汉令应判"罚金（铜）四两"。听到张释之的裁决，汉文帝很生气，他对张释之说："这个人惊了我的马，幸亏我的马性情温顺，如果是其他的马，一定会损伤我。难道廷尉就判罚金了事？"面对皇帝的斥责，张释之从容解释道：

> 法者天子所与天下公共也。今法如是，更重之，是法不信于民也。且方其时，上使使诛之则已。今已下廷尉，廷尉，天下之平也，一倾，天下用法皆为之轻重，民安所错其手足？

张释之的话，有这样两层含义：第一，法是天子与民众共同的约束，皇帝不依法断案，将会失信于民。第二，"你捉到了犯跸之人，如果当时立即惩罚他是你的权力,但陛下将案件的裁断权下放给了廷尉(法官),廷尉是依法为天下坚守公平的。"史载,汉文帝听了张释之的话,沉默良久,最终说道"廷尉当是也"(廷尉说得对)。

其二,《隋书·源师传》记载了隋炀帝与大理寺少卿源师的一则故事,与汉代的"犯跸案"极为相似。隋时皇帝有敕:宫外卫士不得擅离所守。有一位主帅却私令卫士外出。隋炀帝自知自己是一位暴君,天下无数人想取其项上人头。他终日担心别人的谋害,所以当知道主帅竟然私令卫士外出时,格外气愤,他将主帅交付大理寺严加治罪。大理寺少卿源师的想法与汉代张释之的想法如出一辙。他据律判主帅徒刑并上奏隋炀帝。隋炀帝愤怒不已,下令斩首,而源师据法力争:

若陛下初便杀之,自可不关文墨,既付有司,义归恒典。

时隔近八百年的隋代法官源师说的话与汉代的法官张释之说的话何其相似:"如果陛下捉到主帅立即杀之,那不是法律的问题。既然托付给了法司,法司的职责在于依法而断。"在皇帝的敕令与"恒典"(稳定长久的律令)之间,法司及法官首先要对"恒典"负责。隋炀帝虽暴虐,最终竟然也依从了法官源师的裁决,史载"帝乃止"(隋炀帝收回了斩首的命令)。

其三,"故事"发生在古代帝王楷模唐太宗与大理寺少卿戴胄之间。《贞观政要·公平》记载,唐太宗下令凡"诈伪阶资"(虚报为官年限资历)者必须自首,否则一经查出,即处死刑。不久有"诈伪阶资"者被查出,大理寺少卿戴胄认为"诈伪阶资"者据法当处流刑。太宗很生气,认为戴胄不依照皇帝的敕旨办事,有损君上的权威。法官戴胄的做法与张释之、源师也是一脉相承:

陛下当即杀之,非臣所及,既付所司,臣不敢亏法。

大意是:如果陛下当即依敕而判处这个人死刑,那不是臣的事情。既然托付法司,进入了司法程序,法官所守的是法。太宗坚持依敕而断,并认为戴胄依法废敕是"令朕失信"。戴胄也坚持自己的裁断,认为法才是朝廷公示天下的"大信",他劝谏太宗"忍小忿而存大信"。最终太宗接纳了戴胄的裁断并表扬了戴胄作为法官而坚持守法的行为:"朕法有所失,卿能正之,朕复何忧也?"

其四,《新唐书·柳浑传》记,唐德宗时,有一位宫廷玉工为皇帝制作玉带,不小心弄坏了一块玉。玉工不敢承认,私自到市场买了一块玉补上。玉带到了唐德宗手上,唐德宗一眼便看出这块从市场买来的玉与其他的玉不一样,于是责问玉工,玉工只好承认了自己偷梁换柱的事情。德宗很生气,以为玉工欺瞒君上,案件转由京兆尹审理,结果论死。时在中书门下任平章事之职的柳浑对京兆尹的裁断提出了疑问。他对德宗说:

> 陛下遽杀之则已,若委有司,须详谳乃可。于法,误伤乘舆器服,罪当杖,请论如律。

在柳浑的质疑下,玉工被依法改判,得以不死。

以上四则皇帝与法官的故事的结局是:汉文帝、隋炀帝、唐太宗、唐德宗——无论是明主还是中庸之君,甚至昏君——无一例外都忍下了自己的怒气而听从了法官的裁决。值得注意的是,这些处在不同时代的中国古代法官,都认为皇帝有"立断"的权力,即皇帝对认为该杀、该罚的人可以"立诛之""初便杀之""当即杀之""遽杀之",但如果皇帝因自己一时的喜怒违法诛杀了依法不当诛杀的人,那责任则完全由皇帝自负。如果想要当一个好皇帝,在历史上留下一个好名声,就要像以上四位皇帝一样慎用皇帝的"立断"权力,"忍小忿而存大信"。这四则皇帝与法官的故事还说明,即使是古代,法官也并非唯皇帝马首是瞻,法官对法律负责、对天下之大信负责是一种制度上的安排,有着制度的保障。这种安排与保障对皇帝的司法权是一种有效的制约。案件一旦归于"法司"或"有司",就进入了司法程序,"法司"或"有司"的长官应该依据法而不是皇帝的意志裁断,皇帝此时也不应再以个人的喜怒干涉法官的裁断。

三、以"典"为主体

中国古代虽没有部门法体系的划分,但法律也绝不是杂乱无章的条文堆砌。秉持"明主治吏不治民"的治国思想,法的体系结构以官署职能为纲。这也符合"以农为本"的中国古代社会的实际状况。

就国家层面的法律规范来说,法律的规范与条文都含纳在官署职能的规定中。比如,我们今天所说的行政法的一些规范大部分便可划归到吏部、御史台的职能规定及"吏律"中，民法、经济法、社会法的一些规范大部分可划归到户部的职能规定与"户律"中，教育法、卫生法的一些规范大部分可划归到礼部的职能规定与"礼律"中，军事法的一些规范大部分可划归到兵部职能规定及"兵律"中，刑法的一些规范大部分可划归到刑部、大理寺的职能规定与"刑律"中，关于建筑、城市管理、环境保护等法律的一些规范大部分可以划归到工部的职能规定与"工律"中，等等。以官署职能为纲而形成的法的体系结构与中国古代社会"官"所处的政治核心地位有着密切的关系。

（一）吏部：官吏与法律

1. 吏部的地位与发达的"官僚法"

《周礼》六官，以天官冢宰为首，隋唐以来的尚书省六部，则以吏部为先，"吏部"是主管官吏的部门。由此可见，"官"在中国古代的重要地位。因为在以农业为主的古代社会，一地方的官员就如同一家的父母，三代的天子和秦统一后的皇帝，就是天下的大家长。官员的品德、素质实际上是社会和谐与稳定的关键。这就是为什么先秦诸子在礼治、法治的主张上各有己见，唯在"治官"上英雄所见略同的原因。

儒家强调官吏的道德操守，主张为官者须为民表率，孔子言：

> 其身正，不令而行；其身不正，虽令不从。[1]

法家虽然认为儒家迂阔，但同儒家一样都重视对官吏的管理制约，只不过是儒家更强调官吏的"德"，而法家更重视官吏的"能"。申不害说，君主对待官吏应"见功而与赏，因能而受（授）官"[2]。韩非十分赞同这种主张，于是有了法家"明主治吏不治民"[3]的这句名言。秦汉之后，随着社会的发展，统治经验的积累，中国古代逐渐形成了一套以德、才为标准的官吏管理制度。故而，许多学者认为与西方相比，中国古代虽然没有发达的民法，却有发达的"官僚法"。在中国古代社会中，雄才大略的帝王、德才兼备的官员是国家发展、政治稳定、经济繁荣、社会和谐的重要保证。官制完备的意

---

[1] 《论语·子路》。
[2] 《韩非子·外储说左上》。
[3] 《韩非子·外储说右下》。

义还在于高素质的官员可以弥补集权制度的缺陷——即使帝王是平庸的,甚至是中下之材,高素质的官员也可以通过循礼守法而使国家保持稳定和发展。如《后汉书·百官志》总结的那样,"周公作《周官》,分职著明,法度相持,王室虽微,犹能久存",即西周初期周公完善了官制,制定《周官》,官吏职责分明,以法度相维持,后来天子的地位虽然衰微,但周朝却能久存。中国古代的官制至唐王朝发展完备,《唐六典》记载了唐各机构衙门的编制与职能及历史沿革,下面依据《唐六典》对其行政机构加以介绍。

2. 吏部的编制与职能[①]

中国古代各朝各代管理官吏的机构名称不尽相同,唐代有吏部和御史台。《唐六典·吏部》这样记载吏部的机构与职能:吏部尚书为吏部长官,正三品。副长官二人称侍郎,正四品。吏部掌管天下官吏的选授、考课和爵位功勋的封赏。选授是对取得了入仕资格的人进行铨选、任命。唐代官员分为九品,三品以上为"贵",五品以上为"通贵"。所以五品以上官由吏部考核后报中书省,由皇帝"制授";六品以下官按资历和考核成绩,由吏部定拟授予。中国古代为官须有朝廷颁发的"委任状",唐宋时期称之为"告身",南宋始称"诰命",为封赠文书,用卷轴式五色绫纸书写。凡文武官升迁改秩,追赠大臣,贬议有罪,赠封祖父妻室,都用诰命。

"考课"是用固定的标准每年对官员进行业绩考察,考察的结果分为九等,即上上、上中、上下、中上、中中、中下、下上、下中、下下。官品根据考课的结果而升降,业绩突出者可以破格升迁,无所作为或有恶迹者依法贬谪。考核的标准是"四善二十七最"。"四善"是为官者须有的道德品质:一为"德义有闻"(有仁厚正派的口碑);二为"清慎明著"(为官清廉,处事谨慎明察);三为"公平可称"(处事公平,没有偏私);四为"恪勤匪懈"(勤于公事,毫不懈怠)。"二十七最"是根据不同岗位的职能而制定的考核标准。比如朝中官员,尤其是皇帝周围的亲近官员要考察其是否发挥了对一些决策拾遗补阙的作用,"选司"的官员是否为国家公正地"权衡人物,擢尽贤良",礼官是否依据经典的规定进行"礼制仪式",等等。

吏部下设四个"司",即"吏部""司封""司勋""考功",各司长官称

[①] 本部分根据《唐六典·吏部》与《唐六典·御史台》。

"郎中"，官位从五品上。"吏部"掌管官吏品阶及俸禄。唐代品阶分为职事品（具体职掌）和散品（资历及俸禄的标准），皆为九品三十一阶。"司封"掌管爵位及每等爵位的待遇。唐代爵位分九等，一般根据与皇室的血缘关系和功劳定为九等：王、郡王、国公、郡公、县公、县侯、县伯、县子、县男。"司勋"掌管对有功人员的奖赏，唐代功勋分为十二转，最高级别为"上柱国"。"考功"掌管文武官员的考课。到期应参加考核的官员将自己的业绩总结出来上交主管官吏，主管官吏在本司（本单位）当众读议，按上上、上中、上下、中上、中中、中下、下上、下中、下下九等评定级别上报。

唐代的官吏监察机构是御史台。御史台的长官称为御史大夫，官品为从三品。御史台的职责是纠举百官失仪违法之言行，接受皇帝下诏交办的案件，弹劾犯罪的官吏，代皇帝和朝廷巡视地方。许多文学作品中将监察御史视为钦差大臣，其实，具有"分察百僚，巡按郡县，纠视刑狱，肃整朝仪"① 大权的监察御史在唐代的官阶不过是正八品上，是名副其实的"位卑而言重"。

吏部的职责规定与"吏律"是官员素质的保证。中国古代有关官吏的法远远不是"吏部"的职能所能涵盖的，负责选举的礼部、负责监察的御史台等有关部门的规章和法令中，都有专门为官员而设的法。中国古代的"官僚法"充分体现出了中国古代法综合性的特征。

3. 吏部的历史渊源与发展

夏、商、西周是以血缘关系为纽带的宗法制社会，人们的社会地位和政治地位依据与天子血缘关系的远近而定，与天子的血缘关系越近者，地位越尊贵。比如，天子的嫡长子继承天子之位，天子的兄弟和其他儿子被封为诸侯；诸侯接受天子分封的土地成为国君，其嫡长子为国君的继承人，其他儿子则被封为大夫；大夫有自己的采邑，其嫡长子继承大夫的爵位和采邑，其他儿子则为士；士食国家的俸禄，士的嫡长子继承士的爵位和俸禄，其他儿子成为自食其力的平民。

与宗法制相辅相成的选官制度是世卿世禄制，即根据出身而确定官爵，这就是贵族"世袭制"。春秋战国以后，随着社会的发展，宗法制和世卿世禄制被打破，在官吏的选拔和任免方面开始"选贤与能"。秦国商鞅为了富

---

① 《唐六典·御史台》。

国强兵，奖励耕战。努力耕作及作战勇敢者可以免除奴隶的身份，获得军功爵，享受以往贵族食国家俸禄的权利。秦汉后，世卿世禄的贵族制逐渐为选贤任能的"官僚制"所取代。一套有关官吏的官品、俸禄、选举、任免、考核、晋升、致仕（退休）、黜退、监察、惩罚等的法令也随官僚制的确立而逐渐完善。

中国古代"官僚法"的核心在于体现"循名责实"的原则，及根据德、才、劳而授职的"公平"精神。当然，这种精神在现实中未必能够完全得以实现，但是我们不能因古代官场的腐败和黑暗而否定古人的这种制度建设的优异之处。因为其毕竟在一定程度上约束了官吏并清洁了官场，也因为这种制度凝结着古人的智慧和精神追求。

中国古代为官不易是众所周知的事。首先，为国求贤的科举制度给了布衣平民入仕的机会。但是入仕的基本条件并不宽松，熟读经史、关心时势是由"士"而"仕"的必备前提，"十年寒窗苦"是入仕者最基本的代价。不要轻视这十年寒窗的修炼，这种教育使入仕者在为官之前确立了为官的理念，这种理念的基础是儒家经典。有了这十年寒窗，我们就不会惊讶中国古代的循吏清官、忠臣良吏为什么受到社会的推崇，受到后人的敬仰——因为他们身上凝聚了民族的理想和希望。其次，自秦开始直至明清，任免县令以上官员的权力统一于中央。全国统一的任官制度，不仅使官僚阶层成为社会的精英，或于中央部门统揽全局，或得以主导一地区的行政，"为民父母"而"造福一方"，而且也有利于文化的传播，有利于使中央王朝所辖地区的法律统一。

4. "官僚法"的现代借鉴

孙中山先生的"五权宪法"，在理论上便充分地肯定了中国古人在选任官吏时所表现出的智慧和追求。孙中山认为西方的三权分立学说，虽然在西方资产阶级革命时起到了巨大的作用，但是随着形势的发展，这种理论已经开始出现弊端，不能适应现实。以美国为例，三权虽相互制约，但又各不相同，政客买通选民，将一些愚昧无能的人选成议员，组成国会。国会既是立法机关，又是监察机关，其往往利用监察权，挟制行政，形成"议院专制"。此外，政府的官员由总统委任，随总统的进退而进退，一朝天子一朝臣，有才能和经验的国家行政官员常常因总统的更替而不得进用，无能甚至腐败的人却常常可以因为总统的赏识而身居要职，由此而形成政治上的散漫和腐败。孙中山认为，三权分立的缺陷是选拔官吏的考试权和监督官吏的监察权不独立所造成的，而中国古代的官吏选拔（科举铨选）制度与监察制度可以弥补三权分立的不足。他提出"五权宪法"的理论，即在立法权、行政权、司法权独立的基础上，再加上考试权与监察权的独立。孙中山格外强调，考试权与监察权的独立是中国所独有的，"五权宪法"集中外之精华，适合中国的民俗国情。根据"五权宪法"的理论，中央政府应该由五院组成："一曰行政院，二曰立法院，三曰司法院，四曰考试院，五曰监察院。"

> 宪法制定之后，由各县人民投票选举总统以组织行政院，选举代议士以组织立法院，其余三院之院长由总统得立法院之同意而委任之，但不对总统、[立]法院负责，而五院皆对于国民大会负责。各院人员失职，由监察院向国民大会弹劾之；而监察院人员失职，则国民大会自行弹劾而罢黜之。国民大会职权，专司宪法之修改，及制裁公仆之失职。国民大会及五院职员，与夫全国大小官吏，其资格皆由考试院定之。此五权宪法也。①

中国古代的官僚法，正如孙中山所总结的那样，只要我们认真对待，就不难发现其中值得借鉴的优秀传统。

（二）户部：民生与法律

1. 户部的编制与职能②

户部的职掌与国计民生最为密切，事关社会的经济保障。户部尽职尽责是社会安定的基础。户部要与礼部及地方相配合，为"教化"及社会安定提供经济上的支持。比如为旌表制度提供物质支持。对于各州县按制度申报到尚书省的孝子顺孙、义夫节妇，户部要按制度蠲免其同籍的徭役赋税，同时按制度"表其门闾"，即修建牌坊、门庭等。

《唐六典·户部》记户部职掌为：

> 掌天下户口井田之政令。凡徭赋职贡之方，经费赐给之算，藏货赢

---

① 孙中山选集：上册. 北京：人民出版社，2011：174.
② 本部分根据《唐六典·户部》。

储之准，悉以咨之。

户部长官称为尚书，一人，正三品；副长官称侍郎，二人，正四品下。户部下设四司，即户部司、度支司、金部司、仓部司。

户部司主管全国的户口和农田政令，包括征发徭役、纳税进贡等事项。

度支司掌管计划并核算全国每年的收入和支出，"计其所出，而支其所用"，并利用水陆交通调拨物资，均天下物产。《唐六典·户部》"度支郎中员外郎"条记，水陆转运的物资、时间皆有一定的规定，称为"程"。比如陆行用马，每日行七十里路程，驴五十里，车三十里。

金部司掌管国家库藏的出纳以及度量衡的标准和金宝财货。凡税收中的钱和布帛皆入金部司库中收藏，各地开矿、铸钱和对外贸易的政令也由金部司掌管。

仓部司掌管国家仓储的出纳。全国税收的粮食入于仓部司，除一般的粮仓外，国家还设义仓，用于荒年时救急；设常平仓，用于调节市场物价。

2. 户籍土地制度

中国古代的户籍制度十分完善，因为户籍是国力的体现，也是国家分配田地和征发徭役、收缴赋税的基本依据。秦代有《傅律》，"傅"字的意思就是在名籍上登记。《傅律》规定男子到了十七岁就要到官府登记。如果"诈小"，到了年纪而不去官府登记，就要依法进行经济处罚，知情不报的邻里也要受到牵连。隋朝初年曾下令州县地方官吏检查户口：一是将一些为了逃避徭役赋税而寄名隐藏于豪强之家的"户"析出，使他们成为王朝而不是豪强属下的"齐民"；二是核对户籍簿上记载的每一个人的体貌，以检验其是否诳报年纪。这种户口大检查史称"大索貌阅"，即大搜索并按人核对户口。在检查中，如果查出有人在年纪上"诈老诈小"，户口不实，连负责"大索貌阅"的保长、里正都要被发配远方。一般来说，一个新王朝建立后，首要的一件事就是丈量天下土地并统计天下人口，在历史文献中可以找到不少王朝的户口统计数字。如隋大业初有 470 余万户，最盛时有 900 万户，经过隋末的战争，唐高祖晚年不满 300 万户，但到中唐时，"天下之户"已经到了 800 多万，人口也达到近 5 000 万。① 为了更好地管理天下的劳动力，王朝往往以法律的

---

① 参见《唐六典·户部》。

形式规定"成丁"的年纪,成丁后可以从国家官府分得土地,但是相应地也要承担向国家交粮纳税、服徭役的义务。比如唐武德、开元时的令规定:

> 诸男女始生为黄,四岁为小,十六为中,二十一为丁,六十为老。①

我们在反映唐代户口状况的敦煌文书户籍部中常常可以看到"小男""中男""成丁""老男"的字样。明初也编制过黄册,详细登记各地居民的家口、产业情况,政府每年审定一次,平时人口的增减、产业的变迁都要及时地呈报官府登入黄册备案。唐令还规定,男子成丁后,就开始负担国家的赋税徭役,老年则免。

户籍同时还是确定一个人身份等级的法律依据。唐代户籍分为士、农、工、商四种:

> 凡习学文武者为士,肆力耕桑者为农,功作贸易者为工,屠沽兴贩者为商。②

中国古代重农抑商,规定工商之户不得参加科举入仕,而士也不得从事工商与民争利。清律将户等为军籍、民籍、匠籍(奴仆)三种,如果私自改变户籍的性质,便要受到杖刑。③

历史的经验使统治者认识到,天下安定与否在于农民是否有自己的土地可以耕种。历代农民起义无不是因土地兼并,大量的农民变为流民而致。孔子所言"不患寡而患不均"④ 是中国古代统治者为政的箴言,历代王朝只要尚有能力调节土地,就会进行土地的分配。秦始皇统一后,下令农民到官府自行申报所耕种的无主荒地,国家予以承认。汉初无为而治,国家保护农民的土地,并将战乱中荒芜的土地奖赏给有功劳的人。唐代的均田制集历代土地平均分配之大成,唐令规定:成丁男子和十八岁以上的中男,国家分给永业田二十亩,可以传给子孙,口分田八十亩。老男(六十岁以上)、废疾人(痴哑、侏儒、腰脊折、一肢废)、笃疾人(癫狂、两肢废、两目盲)分给口分田四十亩,寡妻妾分给口分田三十亩。除丁男和十八岁以上中男外,户主

---

① 仁井田陞. 唐令拾遗. 栗劲,霍存福,王占通,等编译. 长春:长春出版社,1989:133.
② 《唐六典·户部》。
③ 参见《大清律例·户律》"人户以籍为定"。
④ 《论语·季氏》。

也各分给永业田二十亩、口分田三十亩。有足够的土地实行均田的地方称为"宽乡",在宽乡占地过限不为罪。土地不足的地方称为"狭乡",狭乡根据土地情况减半分配。狭乡的人可以迁往宽乡。唐律规定:

> 诸占田过限者,一亩笞十,十亩加一等;过杖六十,二十亩加一等,罪止徒一年。若于宽闲之处者,不坐。①

明太祖朱元璋时全国普遍丈量土地,并根据丈量的情况编制了"鱼鳞册",之所以称为"鱼鳞册",是因为其不但详细记载了各户的土地情况,比如每户的土地亩数和方圆四至,而且绘制成图,状如鱼鳞。

国家对户口制度的不断完善,既减缓了土地兼并的过程,使农民可以长久地拥有自己的土地,过着自给自足、交粮纳税的安居乐业生活;也便于朝廷掌握徭役赋税,充盈国家的仓库,增强国力。

3. 体恤弱势群体

体恤弱势群体也是户部的重要职责。中国古代法律的公正还体现在对"以众暴寡,以强凌弱"的遏制上。《周礼·大司徒》述地官大司徒之职,其中有:

> 以保息六养万民:一曰慈幼,二曰养老,三曰振穷,四曰恤贫,五曰宽疾,六曰安富。

清经学家孙诒让引《论语》以为"慈幼",即十四岁以下不从征;引《管子·入国》以为古代庶民养老"年七十已上,一子无征,三月有馈肉;八十已上,二子无征,月有馈肉;九十已上,尽家无征,日有酒肉。死,上共棺椁"。"振穷""恤贫"即救济贫穷无力生产自给自足的人,"宽疾"即由国家收养聋、哑、瘸、肢体残缺者及侏儒。唐令规定:

> 诸鳏寡孤独贫穷老疾,不能自存者,令近亲收养。若无近亲,付乡里安恤。如在路有疾患,不能自胜致者,当界官司收付村坊安养,仍加医疗,并勘问所由,具注贯属,患损日,移送前所。②

即对于社会上一些因为鳏寡孤独贫穷老疾而无法生存的人,官府要作出安排,让他们的近亲收养他们。如果他们没有亲戚,则由乡里安排抚恤。如

---

① 《唐律疏议·户婚律》。
② 仁井田陞. 唐令拾遗. 栗劲,霍存福,王占通,等编译. 长春:长春出版社,1989:165-166.

果有人在路途中患上疾病，无法自己前往目的地，所在地的官府要将其安排到村里赡养，并给予医疗。这种体恤弱者的法律一直延续到清代。清律规定，官府每月应给鳏寡孤独者粮米三斗，每年给棉布一匹。如果应被收养而没有被收养，负责的官吏要受到杖六十之刑；官吏克扣朝廷下拨的安抚鳏寡孤独贫穷老疾者的粮米、布匹的，以监守自盗论罪。①

体恤弱者的法律，还表现于完备的养老与敬老制度中。春秋时期，大夫七十岁致仕（退休），但是如果有人因为国家需要而无法退休的话，国君应该赐给"几"和"杖"（杖首为鸠形，又称"鸠杖"，用于辅助其行走。几则用于居处跪坐时倚靠），并派专门的侍女服侍他出行，以示尊敬。汉代继承了从周传承下来的敬老美德，并将其普及到普通百姓中。《后汉书·礼仪志》记载：

> 仲秋之月，县道皆案户比民。年始七十者，授之以王杖，餔之糜粥。八十九十，礼有加赐。王杖长[九]尺，端以鸠鸟为饰。

即在每年的仲秋之时，地方官按照户口，授予七十岁的老人"王杖"，并给肉粥。八十、九十岁，加倍抚恤，授予九尺长的王杖，并以鸠鸟为杖首，名为"鸠杖"，以示崇敬。民间便将鸠杖视为朝廷授予七十岁以上老人的一种特权的凭证。老人持有王杖，进官府衙门无须下跪，路人见持王杖的老人必须让道，儿女要是虐待有王杖的老人，将会被官府治罪。1959年和1981年，在甘肃磨嘴子出土的"王杖十简"和"王杖诏书令"册简26枚，被许多专家称为汉代的"养老法律"，证实了文献记载的养老制度和法令在西汉时就已经存在了。简中明确规定，对年七十以上的老人，全社会都要给予尊重。还规定持王杖的老人，可以出入官府，可以在天子道上行走，在市场上做买卖可以不交税，触犯一般的刑律如不是首犯，可以不起诉。

唐代规定，一般的百姓若年龄到了八十岁或有严重的疾病，官府应派侍丁一人照顾，九十岁给二人，百岁给三人。先从子孙中选取，免其徭役赋税；无子孙者，从近亲中选取。②

4. 婚姻制度

中国古代的婚姻制度的最大特征是将婚姻视为家族的事情：

---

① 参见《大清律例·户律》。
② 参见《唐六典·户部》。

合二姓之好，上以事宗庙，而下以继后世也。①

婚姻的目的在于孝敬祖先、延续香火，所以在婚姻中，男女双方当事人的意志并不重要，甚至被忽视，而家长的意见则是决定性的。从礼俗上说，婚姻的成立需要经过"六礼"程序：男方家长请媒人送给女方家长礼品求婚，称"纳采"；媒人到女方家送上男方的礼品，若女方家长同意，则问女子的姓名和生辰八字，并在祖庙或宗祠祖先的牌位前占卜男女双方的姓名和生辰八字，看是相合还是相冲，称"问名"；若卜得吉兆，姓名八字相合便商定婚事，称"纳吉"；男方家长准备聘礼并派人将聘礼送到女方家，称"纳币"或"纳征"；男方至女方家商定婚期，称"请期"；新郎奉父母之命到女方家迎接新娘，称"亲迎"。"六礼"之后，要有拜见公婆的仪式，此时尚不算完婚，还有一道重要的程序是"庙见"，即新娘祭拜夫家祖宗，只有在庙见后，女子才算夫家的人。如果没有庙见，新娘发生意外死亡，是不能葬入夫家的坟地中的。

婚姻的目的决定了父母在婚姻中的地位，所以"父母之命，媒妁之言"是中国古代婚姻合法性的主要依据。虽然法律规定了成婚的年纪限制，但是对双方家长认可的"指腹为婚"及幼童许嫁并不深究。中国古代法律如其他国家和地区同时代的法律一样，维护男尊女卑，赋予男子一些特权。男尊女卑是古代社会的普遍特征，我们应该注意到的是，中国古代的法律为了维护家族的和睦，也制定了种种限制男方过度使用特权的法律。如清律规定，在订婚时要签订婚书或私约，男女双方要如实地告知对方自己的身体年龄（是否有残疾、老幼等）、在宗室中的地位（嫡出、庶出等）。签订婚书后如果反悔，家长要受到杖刑。② 组成家庭后，妻的地位受到法律的保护。唐代禁止"有妻更娶"及"以妻为妾，以妾为妻"，有此行为者判徒刑。清律更是规定，一般的百姓只有在四十岁无子的情况下方许纳妾。

（三）礼部：教化与法律

礼部的职掌十分广泛，凡涉及"礼"之范围皆在其掌管之中，比如祭

---

① 《礼记·昏义》。
② 参见《大清律例·户律》。

祀、皇帝及不同品级官员出巡时的仪仗、不同品级官员的服饰、不同场合所奏的音乐、人与人之间的相互称谓等。礼仪在古代社会中是"定尊卑，别贵贱"的标准，不可或缺。礼部职掌中的教育（科举）与旌表两项，几乎制约着当时社会中的每一位成员，对当今社会也有深远的影响。用今天的话来说，科举就是"精英教育"，而"旌表"制度则是树立"道德楷模"的"普及教育"，官僚贵族、黎民百姓无不被纳入其中。因此，礼部职掌事关全民的素质，礼教普及，不仅会减少犯罪，而且可以预防犯罪。

1. 礼部的编制与职能①

《唐六典·礼部》记礼部职掌为：

> 掌天下礼仪、祠祭、燕享、贡举之政令……尚书、侍郎总其职务而奉行其制命。凡中外百司之事，由于所属，皆质正焉。凡举试之制，每岁仲冬，率与计偕。其科有六：一曰秀才，二曰明经，三曰进士，四曰明法，五曰书，六曰算。

大意为：礼部掌管天下的礼仪、祭祀、国宴、科举法令等。对所有的事情，皆以礼仪标准检验之。每年的冬季举行科举，分为六科：秀才、明经、进士、明法、书、算。

礼部长官称为尚书，一人，正三品；副长官称侍郎，一人，正四品下。礼部下设四司，即礼部司、祠部司、膳部司、主客司。

礼部司协助礼部长官主管全国的礼仪大典、学校教育、五礼（吉礼、宾礼、军礼、嘉礼、凶礼）；规定君臣上下的"通称"，比如外邦称天子为"皇帝"，皇帝自称为"朕"，大臣称皇帝为"至尊"，等等。礼部司还掌管衣冠、符印、表疏、图书、册命、祥瑞、铺设以及官员、宫人的丧葬等事项。

祠部司掌管祭祀仪式、天文漏刻、国忌、占卜、医药、佛道寺观等事。

膳部司掌管国家祭祀时所用的食物，不同的祭祀有不同的贡享。

主客司掌管前朝后裔的安排及藩国的朝贡等。

2. 礼教与科举

礼教，是通过王朝的教育将儒学定为一尊，是否精通儒家经典、领会儒家所倡礼义的宗旨，成为普通百姓能否入仕的前提条件。自唐始，儒家的经

---

① 本部分根据《唐六典·礼部》《唐六典·国子监》《新唐书·百官一》。

典成为国家科举考试的科目。欲取得为官的资格，必须经过"礼部试"，科举及第后方能做官。

科举制度实际是将儒学定为国学。三代"学在官府"，国家设"师氏"，以德教国子（贵族之子）。孔子主张"有教无类"，打破了教育的壁垒，以"六艺"（礼、乐、射、御、书、数）教授弟子。秦行法治，欲学为官者"以吏为师"。汉立太学，以儒家经典教授学生。唐代有国子监，又称太学，长官称为祭酒，从三品。国子监祭酒掌管国家的儒学教育并按制祭祀孔子，国子监既是官学的管理机构，又是国家的最高学府。国子监是国家的文化教育重地，皇帝常亲临讲学，即使高官至此也须下马步行。

我们从唐代规定的科举内容中可以看到"经"的地位。《唐六典·礼部》记：

> 凡正经有九：《礼记》《左氏春秋》为大经，《毛诗》《周礼》《仪礼》为中经，《周易》《尚书》《公羊春秋》《穀梁春秋》为小经。

各州县设经学博士，以五经教授学生，其是官办"州学"与"县学"的主体。此外，中国古代自宋以后"书院"发达，书院起源于私塾教育，其原本也是因科举考试而兴起的，教授的内容与官学一致。书院在后来的发展中，形成了民办官助、官办民助、官办、私办几种方式，无论何种方式，书院教育基本上以科举"应试"为目的，即以儒学经典为主要教授内容。书院教育普及了儒学，即使偏僻地区的贫寒之家的子弟，也可以通过书院的学习参加科举。

3. 旌表制度

古代社会对清正廉明、卓有政绩的官员及道德卓著的百姓给予旌表。旌表的一般程序是：由地方上报中央礼部，由礼部核准，树立牌坊，进行表彰。与科举"精英教育"不同，旌表是对全社会普遍的道德教育，旌表的目的在于形成重视道德、珍视声誉的社会风气。

旌表制度迫使统治集团的成员，甚至皇帝也必须格外注重个人的修养。可以说，礼教也是统治者自律的土壤。许多人认为中国古代的帝王天下独尊，没有任何力量可以约束帝王的言行，事实并非如此。在朝中，帝王的言行受礼制的约束，其服饰、饮食，甚至举止若不合礼，都会受到朝臣，尤其是谏官的规谏和评论。虽然礼教培养了中国古人"顺民"的品行，但礼教所宣扬的道德伦理同样也是统治者自身的束缚。"口含天宪"的皇帝可以朝令夕改，无视制度的约束，但无法任意变动人们的价值观。贵族官僚可以凭借势力践踏法制，却难以挣脱伦理道德的网罗。

刑罚，包括一些制裁制度是弘扬礼义的一个重要渠道，但并不是主要的渠道。中国古人对礼义的追求主要靠"礼教"实现，以礼义——忠、孝、节、义或仁、义、礼、智、信教民。这种教化是普及性的，可以说中国古代每一个人，上至帝王将相、下至黎民百姓，从咿呀学语时起就受到各种形式的礼义熏陶和教育，如国家的提倡、社会主体舆论的导向、家族的荣誉等。礼教通过教化的方式，统一了人们的价值观，最大限度地预防了犯罪。

（四）兵部：军队与法律

兵，在古代汉语中常为"战争"之意，比如我们常说"兵不厌诈""兵荒马乱"，这些成语中的"兵"都是指"战争"而言。与法律发展史最为相关的"刑起于兵"的"兵"也是指"战争"，即刑罚起源于战争之中。中国古人的明智之处在于认识到虽然战争可以征服敌人、开拓疆土，但战争毕竟是人类的灾难。正是基于这种认识，中国主流思想历来主张各国和各民族间的和平共处，不在迫不得已的情况下决不选择以武力战争的方式解决争端。清人赵藩在凭吊武侯祠时写下了对蜀丞相诸葛亮的赞叹：

> 能攻心则反侧自消，从古知兵非好战；不审时即宽严皆误，后来治蜀要深思。

赵藩"知兵非好战"之论堪称中国古代兵家的精髓。

1. 兵部的编制与职能[①]

兵部是朝廷军事行政的管理机构，兵部长官为尚书，正三品；副长官称侍郎，正四品下。《唐六典·兵部》记：

> 兵部尚书、侍郎之职，掌天下军卫武官选授之政令，凡军师卒戍之籍，山川要害之图，厩牧甲仗之数，悉以咨之。

即兵部掌管的是军队将领的选任、武官的考核及军籍，以及作战地图和

[①] 本部分根据《唐六典·兵部》。

兵器的保管等。其下属有四司：兵部司、职方司、驾部司、库部司。

兵部司负责武官的铨选及中下级武官的擢升，并会同吏部司封司、司勋司对在战争中立有功勋的将士按功授勋。

职方司掌管地图及地方镇守与边境的烽堠数目。职方司还有一个重要的职责是接待归化王朝的邦国。若有"番客"到京，则委托鸿胪寺（接待外宾的机构）接待，并询问番客本土的山川风土，制成图籍。各地区治所的变迁、边境的争端解决皆由职方司提供图籍证据。

驾部司掌管车辇、传驿、马牛之数。唐代三十里设一驿站，全国有1 639所驿站，从都城长安到各地四通八达。边关军情、各地政事都要通过驿站上报到朝廷，皇帝的敕令、朝廷的旨意也要通过驿站下达到地方官府。驾部司还掌管皇帝、官府马车的配给与养护。

库部司掌管国家兵器的制造、武器的库藏，及兵器支出、入库的数量等。

2. 军法

有战争就有军队，"兵"又有"士兵""军队"的含义。中国古代的军队担负着多方面的职能，如宫殿的守卫、边关的镇守、交通驿站的畅通、关津的把守、地方治安的维护、征伐等事无不有赖于军队，军队是王朝统治的支柱。

早在四千多年前，有扈氏不服禹之子夏启的统治，夏启起兵讨伐，作战前发布命令，大意是：作战中，我命令攻左，若有人敢不服从，我命令攻右，若有人敢不服从，是为不服从命令。作战中服从命令、努力杀敌的人，我在祖宗牌位前颁行奖赏，因为他们为祖宗增了光；如不服从命令，我将在牌位前给予严惩。夏启的这番话，被视为文字记载的最早的军法，称为《甘誓》。[①]"甘"是夏启与有扈氏作战的地方，"誓"是夏、商、西周时的一种法律形式。

举世闻名的秦兵马俑坑真实地展现了秦王朝军队的强大。秦兵马俑坑位于秦始皇陵东，是秦始皇陵的随葬坑。专家认为其再现了秦步兵、骑兵、车兵等多兵种的混合编队的庞大阵势。如此庞大的军队，战时的调遣、和平时

[①] 参见《尚书·甘誓》。

的守卫与组织都离不开严密的法律法规，即军法军纪。而军法军纪的执行因为事关国家的存亡安危，所以也格外严格。

中国自古调兵的权力基本上归于朝廷，并由帝王直接掌握，即朝廷掌管出兵之权，发兵由帝王派兵部持调兵、发兵的凭证或委任将帅，或征调部队。这种凭证称为"兵符"。虎符，在古代是较为常用的调兵遣将的信物，一般为铜铸，虎形，背部刻有铭文，分两半，右半留在朝廷，左半授予统兵的将帅，将帅须在接到朝廷使臣的右半虎符并验合后，方可发兵。虎符最早出现于春秋战国时期。虎符调兵，都是专符专用，一地一符，绝不可能用一个兵符同时调动两个地方的军队，调兵遣将时需要两半勘合验真，才能生效。

以《大清律例·兵律》为例，我们可以初步了解古代有关军事的法律规定。《兵律》分为五个部分，即"宫卫""军政""关津""厩牧""邮驿"。

其一，"宫卫"，即保卫宫室、城门方面的规定。因为宫室的保卫为重中之重，所以称为"宫卫"。此律始于晋朝，隋唐时改为"卫禁"，明清律又改回原称。古代入宫室必须要有凭证，或称为"门籍"。没有门籍擅自入宫殿门，处杖六十、徒一年的刑罚；如果擅入御厨（给皇帝做饭的地方）和皇帝所在之处，则处以绞监候刑。守卫宫门的卫士如果是故意放纵，则与犯人同罪；如果是没有察觉，减等论罪。违禁入其他地方，如皇城门、京城门等也各有规定。"宫卫"律中还格外规定了宿卫、守卫人员必须坚守职责、按时值班，如果私自替代，按律惩罚：

> 凡宫禁宿卫，及皇城门守卫人，应直不直者，笞四十。以应宿卫守卫人，私自代替，及替之人，各杖六十。以别卫不系宿卫守卫人，冒名私自代替，及替之人，各杖一百……京城门，减一等。各处城门，又减一等。

其二，"军政"，即军队行政事务方面的规定。汉代的"兴"律、隋唐的"擅兴"律是"军政"律的渊源。"军政"律规定了军队的调遣权力归于中央。边关及各地镇守，如果发现军情及有人聚众造反，必须尽快探明实情，申报上司，并由上司转达朝廷，由皇帝发布圣旨，调遣官军征讨。若擅自调拨军马及军队，处杖一百，罢职并发边远地方充军。若军情十分紧急，所守之地远离朝廷，允许统军军官当机立断，发兵征讨，但在行动的同时也必须立即上奏朝廷。若传递军情有误或延迟传递、泄露军情、贻误战机、不固守城池、纵军掳掠、不操练军队、私卖或毁弃军器等皆会受到法律的严厉惩罚。

其三，"关津"，即有关在水陆交通要道上设立稽查站的规定。古人出门远行，必须请求当地官府发给"文引"，类似现在的证明信。如果没有文引，不由官设的关口、渡口行走，则犯"私度""越度"之罪，重者，可判至绞刑。如果把守关津的人不核实文引放行或应该放行而有意刁难不放行，则视其情节处罚。此外，如果有人携带违禁物品出关或私出外境，把守关津之人没有察觉，也按律重判。

其四，"厩牧"，即有关官牛马等畜产的牧养规定。如牧养不如法，造成官畜产死伤，处杖刑；在规定的时间内，马牛等孳生未达到应有的规定数目，要惩罚牧养者。律文规定严禁私自出借、盗卖官畜产。

其五，"邮驿"，即有关官文书邮递时限的规定。由人传送文书称为"邮"，由马传送文书称为"驿"。律文规定铺兵递送公文，一昼夜行三百里，公文随到随送。官府应该随时维护"铺舍"。"急递铺"每十五里设置一所，每铺设铺兵四名，铺司一名。

（五）刑部：道德与刑法

中国古人对"刑"的认识颇具特色，从现实来说，中国古代的先哲认识到在维护社会秩序、保障社会安定等方面，"刑"是必不可少的统治之器；从理想的方面来说，中国古代的先哲是将"刑措不用"作为追求目标的。《史记》记周公"制礼作乐"，礼教大兴，成王、康王之际：

> 天下安宁，刑错（措）四十余年不用。①

即天下没有犯罪的人，刑罚搁置了四十多年而不用。但是，自成、康以后，"刑措不用"的景象在历史上便难以再现。鉴于现实和理想的距离，中国古人对"刑"采取了充分认识其负面作用并限制使用的谦抑态度。一方面，不放弃"刑措不用"的理想，大力倡导礼义教化，用伦理道德约束人们的心灵；另一方面也完善刑法制度，以备不时之需。《先圣大训·仲弓三十》

---

① 《史记·周本纪》。

托孔子之言论述了伦理道德与刑罚的关系，颇能反映出古人对"刑"的作用的全面认识：

> 圣人之治化也，必刑政相参焉。太上以德教民，而以礼齐之；其次以政焉。导民以刑，禁之刑，不刑也。化之而弗变，导之而弗从，伤义以败俗，于是乎用刑矣。

即刑罚是在礼教失效的情况下迫不得已而用之的手段。

1. 刑部的编制与职能[①]

掌管"刑"事的行政机构是尚书省的刑部。《唐六典·刑部》记，刑部长官为刑部尚书，正三品；副长官二人，称刑部侍郎，正四品下。

> 刑部尚书、侍郎之职，掌天下刑法及徒隶勾覆、关禁之政令。

刑部下设四司：

刑部司协助长官、副长官掌管律、令、格、式文本，并与中书省一起复核大理寺裁决的重大案件，主要是死刑案件。此外，刑部司还掌管刑具的规制与使用制度、审理案件的程序和原则等。比如："凡枷杖杻锁之制，各有差等。（注）枷长五尺已上、六尺已下，颊长二尺五寸已上，（二尺）六寸已下，共阔一尺四寸已上，（一尺）六寸已下……"

都官司掌管徒以上刑名册，并按制度发给囚粮、医药等。

比部司掌管内外百官的俸禄、官府经费、收缴赃物等。

司门司掌管天下关口往来出入的籍赋（凭证）。如果渡关，必须先向司门司申请发"过所"（类似证明与护照）。无过所而渡者为犯禁，没收其所带货物并予以惩罚。

2. "德本刑用"的理论基础

学界一般用"德主刑辅"来描述或归纳汉"罢黜百家，独尊儒术"后的中国古代法律状况。但李德嘉通过对"德主刑辅"观点的重新审视发现，"德主刑辅"毕竟是现代人对古代法的概括和总结，古人自己的说法是"德本刑用"。如《唐律疏议·名例律》载："德礼为政教之本，刑罚为政教之用"。显然"德本刑用"较"德主刑辅"的描述更恰当、客观，更符合古人

[①] 本部分根据《唐六典·刑部》。

的本意。① 本书采用李德嘉的观点。

在春秋战国关于人性善恶的争论中，有一些颇为中庸的观点。告子说人性"犹湍水也。决诸东方则东流，决诸西方则西流"②。汉代人对人性善恶的认识，杂糅了先秦各家思想。大儒董仲舒将人性比喻为"禾"，将善比喻为"米"。他认为：

> 米出禾中，而禾未可全为米也。善出性中，而性未可全为善也。③

他进而论证人性有"善质"，但"善质"须经王者教化而为"善"。在此，董仲舒还确定了具有"善质"者的范围。他认为，所谓"人性"是针对一般人而言的，即大多数的"中民"，并不包括大善大恶之人：

> 圣人之性不可以名性，斗筲之性又不可以名性。名性者，中民之性。④

这样，实际上是将人分为三等，即圣人、中民、斗筲。在此基础上，唐代韩愈提出了系统的"性三品""情三品"之说：

> 性之品有上、中、下三。上焉者，善焉而已矣；中焉者，可导而上下也；下焉者，恶焉而已矣。⑤

情为性之表现，因而亦分上、中、下三品。上品之人，七情俱合于善，"动而处其中"。中品之人，经教化可以达到善。下品之人则情发而悖于善。⑥ 以"性三品"的理论分析德刑的关系，可以得出这样的结论：大多数的中品之人，得教则向善，失教则向恶。故道德教化是针对大多数"中品之人"而言的。一小部分"下品之人"，天生为恶，教化对他们来说如对牛弹琴，故必须以刑作为强制手段，约束他们不敢为恶。因此，针对大多数人的治理，应该用"德"，而对一小部分的斗筲之人则必须用刑。这就是"大德而小刑"，也就是今人总结的"德主刑辅"的治理手段。由此可见，"德主刑

---

① 李德嘉. 德主刑辅说之检讨. 北京：中国政法大学出版社，2017：1-7.
② 《孟子·告子》.
③ 《春秋繁露·深察名号》.
④ 《春秋繁露·实性》.
⑤ 《韩昌黎全集·卷十一·原性》.
⑥ 同⑤.

辅"与人性相符，是预防犯罪、促成社会和谐的有效保障。

既然"刑罚不可废于国""刑为盛世所不能废"，中国古人无论是在罪与罚制度的设立上，还是在刑罚的执行上，都是相当精心的。罪名的设定、审判的原则、刑罚的种类、刑具的规制、行刑的方式等，都是由王朝统一规定的。历代王朝对律典的修订，都必须经过皇帝下诏、众臣反复集议、起草、上奏、皇帝下诏颁行的严格程序。自汉代儒家被统治者确立为独尊的地位后，中国古人力求德与刑的相辅相成，将礼义的精神贯彻到刑法中去，即所谓的"法中求仁"，而非"法中求罪"。

（六）工部：建筑规制与法律

中国古代的和谐是建立在社会等级基础上的。从工部的法令中，我们可以看到古代社会等级秩序下"和谐"的构建，但更应该引起我们关注并作为今日借鉴的则是古人对自然法则的那种尊重和顺应的态度。在有关兴造的法律条文中，我们看到古人并非只是一味地从自然中索取，而更多是顾及到人与自然的长期共处，用现在的话来说就是具有"可持续利用、发展"的理念。这种依法对人类欲望的节制，及"与自然和谐"的宝贵理念与我们今日所提倡的"科学发展观"有着高度的契合。

1. 工部的编制与职能[①]

工部长官一人，称工部尚书，正三品；副长官一人，称工部侍郎，正四品下。工部主管：

> 天下百工、屯田、山泽之政令。[②]

用今天的话说，就是主管全国的工程、手工业、屯田，及山林、江河湖海的管理等。工部下设四司，即工部司、屯田司、虞部司、水部司。

2. 工部司的职责与建筑等级

工部司的职责是确定工程营造的规制，包括工匠所造的器物、度量衡器等。唐令明确规定，制造兵器必须在器物上镌刻制造者的姓名和制造的年

[①] 本部分根据《唐六典·工部》。
[②] 《唐六典·工部》。

代。① 其实，在器物上镌刻年代和工匠姓名不只是唐代的制度，在出土的各朝代的兵器、度量衡器及建筑材料如城墙的用砖、宫殿的瓦当上，我们都可以看到工匠的姓名和年代。这是当时的法令所要求的。如果制造的器物不如法，制造者及其主管都要按法令承担责任。《大清律例·工律》是这样规定的：

> 凡役使人工，采取木石材料，及烧造砖瓦之类，虚费工力而不堪用者，计所费雇工钱，坐赃论。若有所造作，及有所毁坏，备虑不谨而误杀人者，以过失杀人论。

在工程的营造中，如果考虑不周而致人死亡，对组织者论以过失杀人罪。这是"人命关天"思想在法令中的充分体现。这种对人的生命的尊重即使与现代的观念相比也毫不逊色。

中国古代的衣食住行皆有制度，就建筑而言，皇宫、王府、官邸、民宅各有差异，京、郡、县等城市的规模也各有不同。不同地位的人，居住之所的大小、建筑用料的优劣、布局摆设的不同显示了古代社会森严的等级制度，而同一级别官员的官署和居所则大致有相同的规模和布局。天子、皇帝之居所，不必说一般的百姓，就是诸侯显贵也不可随意仿造，更不可逾制建造。以城墙为例，《左传》"隐公元年"记载了这样一个故事：郑庄公的母亲武姜喜爱小儿子共叔段而不喜欢郑庄公。郑庄公即位后，武姜请求将京邑封给共叔段。身为国君的郑庄公答应了母亲的请求。郑国大夫祭仲对郑庄公说：先王的制度，诸侯国的城墙不过三百雉（一雉为长三丈、高一丈），诸侯国以下大夫的城邑，大者不过为诸侯国城墙的三分之一，即百雉，中者五分之一，即不过六十雉，小者九分之一，即不过三十三雉。但是，共叔段所居之地的城墙已经超过了百雉，显然已僭礼逾制，成为郑国君权的威胁。祭仲劝说郑庄公将逾制的共叔段除掉，以免后患。郑庄公却言"多行不义必自毙"。此后，共叔段恃母之宠，不断扩大自己的地盘，并招兵买马，攻打郑庄公，兵马至鄢（郑国邑名，现河南境内）。郑庄公兴兵讨伐，共叔段兵败出逃。这个故事被清初文人吴楚材、吴调侯选为《古文观止》的第一篇，流传甚广。我们从中可以看出，在先秦时，天子、诸侯、大夫的都邑规制确实

---

① 参见《唐六典·将作监》及《唐令拾遗·营缮令》。

有制度的规定，逾越了这个规定就践踏了礼制，就应该受到讨伐。秦汉之后，一直到清，这种建筑规模方面的法令制约始终存在。

皇帝所居住的皇宫必定是当时规制最大而用料最精的建筑，王府也不能逾越，比如唐令规定，王公以下的堂舍不可以用"重拱藻井"，三品以上官员的堂舍最大为"五间九架"，五品以上为"五间七架"，六品、七品以下为"三间五架"。同时，官私宅第都不得造楼阁窥视邻居。如果逾越这种规制便有犯上之嫌。

《大清律例·工律》规定：

> 凡军民官司，有所营造，应申上而不申上，应待报而不待报，而擅起差人工者，各计所役人雇工钱，坐赃论。

3. 屯田司的职责与对公家财物的保管

屯田司掌管天下屯田的政令。地处边远的州郡，有时因交通不畅而使守边军队的补给不能及时送到，所以允许军队开垦荒地，将收获作为军队的储备，以备不时之需。而其他地区的官府也有公廨田。屯田制度中最令人感兴趣的是，对官署中公家财物的保管，以及对应住公廨（官署）而不住，却住"街市民房"者的惩罚。

《大清律例·工律》规定：

> 凡各府、州、县有司官吏，不住公廨内官房，而住街市民房者，杖八十。若埋没公用器物者，以毁失官物论。

律后注阐明本条律文的意义在于约束有司官吏，使其不得放纵。若不受约束，私自住于"街市民房"中，要责"杖八十"。公廨中国家配给的"公用器物"，不得私自占有和毁坏，若私自占有或毁坏则追赔并以窃盗罪论处。

4. 虞部司的职责与环境保护

虞部司掌管有关山林川泽开发利用的政令，用今天的话来说就是主管环境的开发保护。中国人很早就认识到了人与自然的和谐关系十分重要。效法自然、顺应自然、保护自然的制度早在西周时就已经出现了，负责这方面的官员被称为"虞""衡"。《周礼·地官》记掌管山林保护的官员称"山虞""林衡"，掌管川泽保护的官员称"泽虞""川衡"。先秦时，环境保护之事属于"地官",也就是户部之职。也许是因为随着社会的发展,人类的营造与环境的关系日益密切,所以环境保护之责划归到了工部下属的虞部司。

古代的山林川泽归国家所有,山林川泽之利由公众共享,这种"共享"是有制度和法律约束的。顺应天时,根据时节禁止人们入山砍伐、狩猎及捕捞,并根据时节开禁,允许人们获取山林川泽之利,以及收取利税是虞部司的重要工作。以《礼记·月令》为例:春正月,是万物复苏生长之时,因此禁止在祭祀中使用母牛、母羊,禁止砍伐树木,禁止捣毁鸟巢,不许杀死有益于农作物的幼虫,不许捕捉幼兽和怀孕的野兽。春二月(仲春),不许竭泽而渔,不许焚烧山林。春三月(季春),不许入山狩猎,城门要严防有人将捕兽的工具和毒药带出,以防非法猎杀野兽。命令看守田野和山林的人员禁止任何人砍伐桑条、荆条,因为此时百鸟在林中汇集。夏五月孟夏(夏天开始)时节,是万物继续生长的时候,不应该有毁坏的行为,不许大兴土木,不许砍伐大树。六月仲夏,命有关官员为老百姓祭祀山川。七月季夏是树木生长的时期,管理山林的虞人必须前往山林巡查,禁止滥砍滥伐。因为此时是生长的节气。秋季三个月,是收获的季节,季秋之月,山林开禁,"草木黄落,乃伐薪为炭"。仲冬之月,山林湖泽中若有可以拾取的菜蔬果品、可以猎取的野鸟野兽,主管官员告诉百姓可以尽情猎取,但是不可因此而发生纠纷。季冬之月,开湖泽之禁,命渔夫开始打鱼,天子亲往打鱼之处品尝,在品尝之前,先供奉祖先。并命监管山林川泽的官吏,收取百姓供给的祭祀所用的薪柴。如此精细地顺应自然的取舍,固然是由中国古代农业社会的生活方式所决定的,而对自然的礼敬、对生命尽其所能的保护,未尝不是全人类所应有的永恒理念。

5. 水部司的职责与水利兴修

水部司掌管用水的法令。疏导沟洫、开渠垒堰、灌溉及水上渡口交通等事务皆由水部司掌管。《唐六典·工部》记:"水部郎中、员外郎掌天下川渎、陂池之政令"。天下江河与泉流沟渎共3.3亿余处,除贯穿东西的江河大川,尚有中等河川135条,小河川1 252条。各处水利堤防斗门设有专人管理并按需配给人员,"自季夏及于仲春,皆闭斗门,有余乃得听用之","仲春乃命通沟渎,立隄(堤)防,孟冬而毕"。仲春灌溉时不得过量,不得"浸人庐舍,坏人坟隧"。用水的秩序是自下游开始。在以农业为主的中国古代,用水的法令十分细致周到，敦煌文书中发现的唐《水部式》证实了这一点。[①]

兴修水利是中国自古以来的传统，至今仍举世闻名的中国古代四大水利工程——都江堰、郑国渠、白渠、灵渠确实造福万代，使我们今天也受益匪浅。

四、以"律"为辅助

自近代"法系"之说形成后，"律"就成为中华法系研究中的重点。更有学者将律视为中华法系之核心，并将《唐律》视为中华法系或中华法系成熟时期的代表作。[②]。笔者认为，问题也就由此产生：一是，尽管学界对"中华法系"的定义并不一致，但没有人否认中华法系是以"礼"为主导、以"德"为皈依的，中华法系的价值取向与儒家几乎完全一致。而作为"刑书"之一的律，起于法家，为什么在中华法系的研究中却被学者如此青睐？二是，中国古代自秦以后，几乎历代王朝皆颁行律文[③]，但完整流传至今的旧律，以唐律为最古。而唐代之前，十余王朝的律皆佚。近代法史学家程树德"欲尽搜罗唐以前散佚诸律"[④]，而作《九朝律考》。但是令人深思的是，《九朝律考》始于汉律，而奠定了律之基础的秦律却"皆于汉律中附见之"[⑤]。众所周知，在1975年湖北睡虎地云梦秦简发现之前，学界对秦律一直是语焉不详。因为在浩瀚的历史典籍中，秦律一直为史家所避讳，或阙文不载，或语焉不详。既然律之于中华法系如此重要，而中国又是一个重视文化与典章制度传承的国度，为什么律的完整流传却始于唐代，而发"律"之端的秦朝的律文在史籍中难以寻觅？

---

① 仁井田陞. 敦煌发现的唐《水部式》研究//杨一凡，寺田浩明. 日本学者中国法制史论著选：魏晋隋唐卷. 北京：中华书局，2016.

② 王启富，陶髦. 法律辞海. 长春：吉林人民出版社，1998，156-157；沈宗灵. 法理学. 2版. 北京：北京大学出版社，2004：10.

③ 读沈家本《历代刑法考·律令考》可知，唯北朝东魏、西魏，五代晋、汉，辽，元未颁行本朝之律，但东魏、西魏沿用北魏之律，五代晋、汉沿用晋律，辽、元以汉制治汉人，律一直被沿用，方龄贵《通制条格校注》（中华书局2001年版"前言"）考证，元之"断例"篇目一如唐律与金《泰和律》。

④ 程树德. 九朝律考. 北京：商务印书馆，2017：序ⅶ.

⑤ 同④凡例. 程氏所谓"九朝"者，谓汉，曹魏，晋，南朝梁、陈，北朝北魏、北齐、北周及隋。秦律为汉所沿袭者，则于"汉律中附见之"。

对中国古代法文明体系中的代表性法典——"律"在中华法系中地位的解读，通过定义"律"与"中华法系"的概念，论述律从重"制"到重"义"的发展演变，以及律在中华法系中逐渐取得的重要地位，可以说明中华法系与儒家法律价值观的关系，说明中国古代法文明的内涵和特征。

（一）"律"与"中华法系"是产生于不同历史时期、性质不同的概念

"律"与"中华法系"是两个出现于不同历史时期的概念。笔者曾经对"古代法"与"传统法"的概念作过区分，认为古代法是历史的客观存在，是已经静止了的过去；而传统法则是后人对古代法的阐释，其是流动的、对现实有影响的。① 按此划分，律属于前者，即古代法的研究范畴；而中华法系则属于后者，即传统法的研究范畴。

1. "律"：基于法家之学的中国古代"刑典"

对于"律"，古人多有论述，其基本是中国古代的刑典。② 将律作为法律制度的名称，始于先秦。《康熙字典》释"律"："又军法曰律，《易·师卦》：师出以律；又刑书曰律，《汉书·刑法志》：萧何据摭秦法，取其宜于时者，作律九章；《晋书·刑法志》：秦汉旧律起自李悝。"《韩非子·饰邪》在叙述各国变法状况时言："当赵之方明《国律》、从大军之时，人众兵强，辟地齐、燕。"可见，在先秦诸侯国中，律已经成为法律的名称之一。《史记·律书》《汉书·律历志》记载，"律"字最原始的含义是以声音表达自然界的变化规律，也就是我们今天所说的"音律"，由音律演变为法律之"律"，从甲骨文中看，商代就已经开始了，甲骨文中的"师惟律用"③ 正与

---

① 马小红. 礼与法：法的历史连接. 修订本. 北京：北京大学出版社，2017.

② 或称"刑书"，这种名称皆为古人在论述律时所用之原文。如《唐律疏议》言李悝《法经》为"集诸国刑典"；《新唐书·刑法志》言"唐之刑书有四，曰律、令、格、式"。然近代以来，亦有学者认为律并非现代意义上的刑法，如居正认为："历代的所谓律，我们不可误认其范围为如今之刑法，例如《唐律》卷一名例，不仅为关于刑法之总则，同时亦为关于一般法律的适用法；卫禁、职制、厩库、擅兴，则属于行政法规；户婚属于民事法规；贼盗、斗讼、诈伪、杂律，乃可谓实质刑法；捕亡、断狱，则属于诉讼法规、监狱法规、及关于法官违法失职之惩戒法规；又如杂律之中，有属于行政性质者，如关于河防的规定是；有属于民事性质者，如关于钱债的规定是；有属于商事性质者，如关于市廛的规定是。"（罗福惠，萧怡. 居正文集：下册. 武汉：华中师范大学出版社，1989：488.）

③ 中国社会科学院考古研究所. 小屯南地甲骨：上册 第一分册. 北京：中华书局，1980：201.

《易经》中的"师出以律"的记载相印证。由此可知，《康熙字典》中将"律"释为"军法"是律作为法规或法典时最初的状况。①

律最早是军法的名称，通过东汉许慎《说文解字》的解释，我们可以了解当时专门适用于军队的"律"与适用于一般人的"法"是有所不同的。法，在先秦的典籍中常常写作"灋"，右边的"廌"与"去"表示以具有神性且能断曲直的神兽"廌"进行裁断，"去其不直"，左边的三点水表示"平之如水"的结果。而律，作为军法，则更强调"均布"、"划一"与不可抗拒。律强调的是颁行的制度或条文具有权威性、普遍性。军法——律的特点是令出必行、赏罚分明且严厉。而这一点正是战国时期法家所推崇的君主治国之道。于是，在秦国推行"什伍制"，在全民皆兵的过程中，便有了商鞅"改法为律"的变革。律由此成为对所有人（不仅仅是军人）皆有约束力的"刑书"。我们应该注意的是，商鞅的"改法为律"只是"移军法之律作刑典之称"，而不是将所有的法统统纳于律中。② 可以说，自商鞅之后，律便成为刑典，也就是《康熙字典》中所言的"刑书"的专有名词。汉人继承了秦朝的这一变革的成果，律在汉初立法时仍然为刑典之名称，《汉书·刑法志》记：

> 汉兴，高祖初入关，约法三章曰："杀人者死，伤人及盗抵罪。"蠲削烦苛，兆民大说（悦）。其后四夷未附，兵革未息，三章之法不足以御奸。于是相国萧何捃摭秦法，取其宜于时者，作律九章。

可见，《九章律》是汉初之刑书，其目的在于"御奸"，即惩罚犯罪。《汉书》之后，北齐时成书的《魏书》、唐贞观时成书的《晋书》分别在各自的《刑法志》或《刑罚志》中记述了作为"罪名之制"的律。由此，我们知道商鞅所作的"律"，其条文大致出于战国时期魏国李悝的《法经》。《唐律疏议》总结了战国以来律的发展：

> 魏文侯师于里（李）悝，集诸国刑典，造《法经》六篇……商鞅传授，改法为律。汉相萧何，更加悝所造《户》《兴》《厩》三篇，谓《九

---

① 关于律由音律之意拓展为纪律、法律的过程，参见马小红. 礼与法：法的历史连接. 修订本. 北京：北京大学出版社，2017：101-104。

② 吴建璠. 商鞅改法为律考//韩延龙. 法律史论集：第4卷. 北京：法律出版社，2002：39-45.

章之律》。魏因汉律为一十八篇，改汉《具律》为《刑名第一》。①

关于汉之后历代律典的篇目，学者多有考证与研究，不再赘言。

归纳古人对律的记载和今人对律的论述，我们可以为律下这样一个定义：作为统一的国家刑法，律形成于春秋战国的变法之际，是法家之学的产物；作为历代王朝统一颁行的刑典之名称，律一直沿用到清朝，与秦以后的中国古代社会相终始。

律的内容与作用类似于现代社会中的"刑法"。其有这样几个方面的内容：第一，它明确规定了何种行为属于犯罪，并规定了相应的"罪名"。因此，古人常将律称为"罪名之制"。第二，它规定了国家法定的"常刑"种类，比如《唐律》中的笞、杖、徒、流、死。因此，古人也常将律称为"刑名之制"。第三，与三代刑书不同，它明确规定了何种行为构成何种犯罪，应该受到何种刑罚，且公之于众。第四，它规定了加重处罚与减轻处罚的刑罚适用原则。

在此应该交代的是，上述引用的古人对律的概括与总结，多是从制度、作用或表现形式方面描述的。

2. 中华法系：以儒家思想为灵魂，以内容儒家化为追求

"法系"是一个近代比较法研究中出现的概念。由于不同学者划分法系的标准不尽相同，所以关于世界上究竟有多少"法系"的论断也不尽相同。1937年，中国法律史学家杨鸿烈在《中国法律在东亚诸国之影响》一书中对当时法系划分的情况作了介绍②，综合比较各种观点，杨鸿烈取五大法系之说，即将世界法系划分为印度、中国、回回、英国、罗马五大种类。并以为"'中国法系'在'世界法系'中有其不可磨灭之价值存在，即'发生最

---

① 《唐律疏议·名例律》。
② 杨鸿烈言：日本学者穗积陈重先将法系分为印度、中国、回回、英国、罗马五种，后又加日耳曼、斯拉夫两种，共七种；德国学者柯勒尔、温格尔将世界法系分为原始民族、东洋民族、希腊罗马民族三种；东洋民族又分为半文明民族法及文明民族法二种，中国法系属文明民族法。美国韦格穆尔教授将法系分为埃及、巴比伦、中国、希伯来、印度、希腊、罗马、日本、日耳曼、斯拉夫、穆罕默德、海洋、大陆、寺院、英美、爱尔兰等十六种法系。(杨鸿烈. 中国法律在东亚诸国之影响. 北京：中国政法大学出版社，1999.) 20世纪初，"法系"之说为中国学界普遍接受，如梁启超1904年在《中国法理学发达史论》中言："近世法学者称世界四法系，而吾国与居一焉。"(梁启超. 饮冰室合集：文集之十五. 北京：中华书局，1989.)

早''传播最广',足与其他四大法系分庭抗礼也"①。"中华法系"又有"中国法系""中国固有法系"等多种说法。

"中华法系"既然是近代以来比较法研究的成果,其概念就必然带有"比较法"研究视角的特征。"中华法系"具有不同于其他法系的表现形式、内容及精神特征。而这一直是近代以来学界研究的焦点。

西方学界在对中华法系进行批判时,有两种观点在国际法学界流行甚广并为中国学界所接受:一是,中国古代法律"以刑为主",因而中国社会是半开化的"静止的社会"。这一观点源自英国法律史学家梅因的《古代法》。尽管梅因在《古代法》中对中国法律的论述甚少,但其在这一著作中确立的"静止的社会"与"进步的社会"的法律标准被学界奉为圭臬。梅因认为,与世界其他国家和地区是"静止的社会"不同,"进步的社会"主要指欧洲,其标志是民法发达,公民财产多受到法律的保护,法律促进了,而不是限制了社会的发展。中国的法律虽然较处在原始状态下的印度的法律有所进步,但这一进步是有限且中止了的,"因为在它的民事法律中,同时又包括了这个民族所可能想象到的一切观念"②。梅因思想东传之际,正是中国反思自身传统向西方寻求强国良方之时,梁启超对此深以为然。1906 年梁启超发表《中国法理学发达史论》,虽认为"我之法系,其最足以自豪于世也",但在同年撰写的《论中国成文法编制之沿革得失》中却又矛盾地认为:

> 我国法律界最不幸者,则私法部分全付阙如之一事也。罗马法所以能依被千祀,擅世界第一流法系之名誉者,其优秀之点不一,而最有价值者,则私法之完备是也。③

这种反思和批判,在 20 世纪初期对中国法的反思中始终居于国内外学

---

① 杨鸿烈. 中国法律在东亚诸国之影响. 北京:中国政法大学出版社,1999:2. 另:杨鸿烈没有更详细地说明取"五大法系"之说的原因,但在中国法史学界这一观点可以说是不刊之论。这一观点为学界普遍接受的原因,笔者认为应该有两点:一是这种划分清晰地表明:"凡属于具有某种共性或传统的法律就构成一个法系。"(沈宗灵. 法理学. 2 版. 北京:北京大学出版社,2003:130.)二是法系同时还必须具有"清晰、完备、系统、连续的法律思想和法律方法体系"。(倪正茂. 比较法学探析. 北京:中国法制出版社,2006:156-158.)这两个标准应该是学界对法系划分的共识。

② 梅因. 古代法. 沈景一,译. 北京:商务印书馆,1984:14.

③ 梁启超. 饮冰室合集:文集之十六. 北京:中华书局,1989:52.

界的主流地位。① 尽管在 20 世纪 30 年代以后，中国法律史学界便开始对这一误解进行纠正②，但由于"比较"深陷误区，即使现在，这种观点在学界也颇为普遍。③ 正是由于这种"比较"带来的偏见，"以刑为主"成为中华法系所谓的特点。二是，中华法系深受儒学的影响，儒家的价值观是中华法系之灵魂。在对中华法系的研究中，无论是以清代法律为主要研究对象的国际学界，还是已然将中国历代法律之内容纳入中华法系研究的中国学界，对中华法系以儒家思想为皈依都无异议。1947 年由商务印书馆出版、在国内外法学界影响深远的瞿同祖的《中国法律与中国社会》中总结道：

> 儒家化是中国法律发展史上一个极为重要的过程……
>
> 自儒家化的过程完成以后，如本书各章所显示的，中国古代法律便无重大的、本质上的变化，至少在家族和阶级方面是如此。换言之，家族主义及阶级概念始终是中国古代法律的基本精神和主要特征，它们代表法律和道德、伦理所共同维护的社会制度和价值观念，亦即古人所谓纲常名教。④

对于近代学界通过比较而归纳的中华法系的两大特点，笔者认为：第一个特点是误解的产物，是亟须纠正的；而第二个特点，即中华法系的精神以儒家的思想为核心，法律的发展有一个儒家化的过程，则是符合客观事实的。但是，我们说中国法律儒家化的过程，应该注意两点：一是法律儒家化不只是律的儒家化，二是律的儒家化是法律儒家化的难点和重点。如陈顾远在《中华法系之回顾及其前瞻》中言：

---

① 杨鸿烈. 中国法律发达史. 上海：上海书店，1990：1-18.

② 如 1932 年上海法学编译社出版的丁元普的《中国法制史》之"绪言"曰："刑之一门，要不足概括法制也。"持此观点者，亦有不少是有影响力的学者，如杨鸿烈、陈顾远、居正等等。1959 年中国学者李祖荫在中译本的《古代法》之"小引"中批判道：梅因认为"一个国家文化的高低，看它的民法和刑法的比例就能知道。大凡半开化的国家，民法少而刑法多，进化的国家，民法多而刑法少"。日本的一些学者据此"说中国古代只有刑法而无民法"实为无稽之谈，因为"古代法律大抵都是诸法合体，并没有什么民法、刑法的分别，中国古代是这样，外国古代也是这样"。

③ 如美国学者 D. 布迪、C. 莫里斯在《中华帝国的法律》中认为："中国法律的注重于刑法，表现在比如对于民事行为的处理要么不作任何规定（例如契约行为），要么以刑法加以调整（例如对于财产权、继承、婚姻）。"（D. 布迪、C. 莫里斯. 中华帝国的法律. 朱勇，译. 南京：江苏人民出版社：1995：2.）而中国 20 世纪 50 年代后的一些"中国法制史"教科书也持此观点。

④ 瞿同祖. 瞿同祖法学论著集. 北京：中国政法大学出版社，1998：360.

　　　　论其（指儒家。——引者注）思想之表现于法律者，以礼为本，以刑为辅，刑事法之要除刑官外，固归之于律统、刑书、刑狱方面，而政事法、民事法则见之于礼书、礼制方面，并有先王成宪、开国祖训为不成文之信条，居于无字天书之崇高地位，与真正不成文的柔性的宪法相当。然无论为无字天书，为律统、刑书及刑官、刑狱，为政事法、民事法之见于礼书、礼制者，皆属于中华法系之法的范围，舍其一端则非中华法系之全貌，必有扞格不通之虞。①

　　虽近来亦有学者对中国古代法律儒家化提出异议，认为法家的学说才是中国历代法律的指导思想②，又有学者认为魏晋南北朝时期法律条文与儒家思想只是暗合，但这"并不意味着前者是后者影响的结果，或者可以说，后者并非前者出现的主要条件"③。但分析郝铁川、韩树峰这两位具有代表性论者所征引的文献，尚不足以动摇汉魏以来律的儒家化进程的发展导致中国古代法律儒家化的结论。以为中华法系是"法典的法家化"的郝铁川教授，对中华法系的论证，几乎没有涉及"律"以外的法律规范，远不是上述陈顾远所言"中华法系"之范围，而是一种对中华法系狭隘的理解。另外，论者在举例说明唐律对秦律的继承时，颇有断章取义之嫌，因为论者没有对《唐律疏议》中大量的以经注律的"疏议"进行解释。④ 认为魏晋以来法律与儒家思想只是"暗合"的韩树峰教授，将现实社会的需要视为魏晋法律儒家化的动因，本身就承认了这一时期法律的儒家化现象。但应该注意的是，魏晋以来，儒家思想与现实法律绝非"暗合"，用儒家的思想置换法家思想在法制体系中的地位，使法制尽可能地体现儒家的理念，甚至将礼制的条文直接作为法律的"规范"，法律的内容不断地儒家化，是立法者明确提出的目的，

---

　　① 范忠信，尤陈俊，翟文喆. 中国文化与中国法系：陈顾远法律史论集. 北京：中国政法大学出版社，2006：540-541.
　　② 郝铁川. 中华法系研究. 上海：复旦大学出版社，1997.
　　③ 韩树峰. 汉魏法律与社会：以简牍、文书为中心的考察. 北京：社会科学文献出版社，2011：250.
　　④ 参见郝铁川著《中华法系研究》的上编"中华法系的特点"中的第二章"法典的法家化"。该章分为三节：一、法家创立的《法经》《秦律》是后世封建法典的基础；二、法家学说是历代封建法典的指导思想；三、汉唐间法律未曾儒家化。郝铁川关于中华法系特征的具有新意的论点在学界有着广泛的影响，对拓展研究思路有着积极的作用，但是正如其本人所说的那样，许多观点有些"片面地深刻"。（郝铁川. 中华法系研究. 上海：复旦大学出版社，1997：25-56.）

是主流思想家的主动追求。"一准乎礼"的唐律的出现，正是这种追求的结果。

通过梳理有关"中华法系"研究的论点，笔者认为我们可以为"中华法系"下这样一个定义：第一，中华法系是近代比较法研究中提出的概念，它以中国古代法律为主要研究范围，同时也包括受其影响的东亚、南亚古代法律。就地域而言，中华法系以中国为主，但又不限于中国。第二，就时代而言，中华法系主要指汉代法律儒家化以来的中国古代法律，截止到清末变法修律之前。但是，儒家的思想形成于春秋战国，是在总结夏、商、西周，尤其是西周历史经验的基础上形成的。所以，汉以前的历史，可以视为中华法系的准备期。第三，中华法系的特点，在于其价值观以汉代形成的"纲常名教"的儒家思想为核心，以法律内容的儒家化为追求，与社会普遍认可的伦理道德相辅相成。

（二）律学：律义的阐释由法向儒的转变

如上所述，"律"与"中华法系"就概念的形成而言，存在着一个时间差。"律"作为法律的名称出现，最迟不过在商代，因为甲骨文中有"师用惟律"的记载。被认为保存了大量夏、商、西周史实的《易》中亦有"师出以律"的记载，汉以后的经学家大都将此处的"律"释为军队出征时的纪律。"师律"，也就是军中的法律。[①] 因此，律为商周时期的军法应无疑义。将律推而广之，作为定罪量刑的国家刑典，则始于战国时期商鞅在秦国的变法。

而今人在研究中提出的"中华法系"，应始于汉代儒家的纲常名教成为

---

① 《周易正义》："初六，师出以律。否臧凶。"魏晋王弼注："为师之始，齐师者也。齐众以律，失律则散，故师出以律，律不可失。失律而臧，何异于否。失令有功，法所不赦。故师出不以律，否臧皆凶。"唐孔颖达疏："师出以律者，律，法也。初六，为师之始，是整齐师众者也。既齐整师众，使师出之时当须以其法制整齐之。故云师出以律也。否臧凶者，若其失律行师，无问否之与臧，皆为凶也。否谓破败，臧谓有功。"另，参见易学精华. 济南：齐鲁书社，1990. 此书汇编了唐、宋、元、明、清治《易》成就颇为卓著的学者的著作。如：唐李鼎祚的《周易集解》；宋张载的《横渠易记》、程颐的《伊川易传》、朱震的《汉上易传》、朱熹的《原本周易本义》、朱元升的《三易备遗》；元吴澄的《易纂言》《易纂言外翼》，黄泽的《易学滥觞》；明来知德的《周易集注》；清毛奇龄的《仲氏易》，惠栋的《周易述》，张惠言的《周易虞氏义》，《周易虞氏消息》、焦循的《易通释》。以上学者在其著作中皆将"师出以律"之"律"释为法律意义上的律。

王朝的主导思想、法律开始儒家化之时。中华法系是一个与汉以后儒家居于主导地位的中华文化相匹配、以儒家价值观为核心、礼法融合的法律体系。将从时间到内容看似格格不入的律与中华法系连接在一起的关键词是"律义"。

1. "法家之律，犹儒者之经。"

就立法而言，战国时期，商鞅将用于军队中的"律"，推广而成为具有普遍约束力的国家刑典，必有着丰富的法律实践经验的总结与理论阐释。这种总结与阐释，是律由军法转变为刑典的理论依据，这种理论依据也就是律之"义"。春秋战国时期律的"制"与"义"是统一的，律之制是在法家思想指导下而形成的，律之义则是法家的重刑主张。

就法律实践而言，春秋战国时期各诸侯国的政治、法律改革，为商鞅在秦实行"改法为律"积累了丰富的经验。春秋时期，齐桓公任用管仲"作内政而寄军令"，将军队的组织方式用于地方的管理，使"卒伍整于里，军旅整于郊"①。齐国由此广开兵源，增强国家的战斗力以应付连年不息的诸侯兼并战争，终成霸业。这正是三百多年后商鞅在秦国实行"什伍制"的历史渊源。所不同的是，管仲"作内政而寄军令"时，法律尚处在习惯法时代，而商鞅实行什伍制时，距公元前536年"郑人铸刑书"②而开启中国法典时代已有近两百年的历史了。更值得一提的是，在商鞅入秦前，魏国李悝集各国变法之大成，著成《法经》六篇，更是为商鞅的"改法为律"提供了制度上的借鉴。

仅有制度的基础，尚不足以使律成为自秦以后中国古代史上唯一贯彻始终的王朝颁行的统一刑典之名称。律制之发达、成文法之风行、《法经》之出现，必有其"学"来阐释其义。先秦及秦代虽未有"律学"之名，但法家对"法"的阐述与传授，随着各诸侯国的变法而影响广泛。众所周知，法家注重刑罚在治国中的作用，强调"刑无等级"。正是在法家思想的指导下，春秋战国时期的刑典才有了突破性的发展，即从习惯法时代的"刑名之制"发展为法典时代的"刑名""罪名"合一的制度。③春秋以前，三代刑书只言

---

① 《国语·齐语》"管仲对桓公以霸术"。
② 《左传》"昭公六年"。
③ 有关习惯法时代与法典时代的区别，参见梅因. 古代法. 沈景一，译. 北京：商务印书馆，1984：1-12。

"刑名",或以"刑名"为主,没有"罪名"。如《尚书·吕刑》言墨、劓、剕、宫、大辟"五刑";《左传》"昭公六年"记周有《九刑》,而《九刑》据汉人言为"正刑五,加之流宥、鞭、扑、赎刑"①。许多中国法制史的教科书中,将《尚书》中记载的"不敬上天""不吉不迪"等对"罪行"的描述,误定为当时的"罪名",因此而抹杀了中国古代刑事法律制度在春秋战国时所取得的巨大进步。其实,"罪名"的出现,其历史意义并不亚于子产第一次将刑法公之于众的"铸刑书"。因为,从法律的发展规律看,刑名确定而罪名不确定,正是习惯法时代的特征。因为罪名不确定,方可"议事以制",即由裁断者综合各方面的情况"议"而量刑。这是习惯法时代贵族阶级的法律特权。这种只有确定刑名的"刑名之制",显然无法达到春秋战国时期法家"刑无等级""罪刑相抵""赏罚分明"的法律诉求。正是在法家学说的阐释下,才有了李悝《法经》一改以"刑名"作为刑典之篇名的做法,而改为以"罪名"为篇目。《法经》六篇,其中《盗》《贼》《杂》对罪名作了明确的规定。《晋书·刑法志》记:

(李)悝撰次诸国法,著《法经》。以为王者之政,莫急于盗贼,故其律始于《盗》《贼》。盗贼须劾捕,故著《网》《捕》二篇。其轻狡、越城、博戏、借假不廉、淫侈、逾制以为《杂律》一篇,又以《具律》具其加减。

在介绍了《法经》篇名后,《晋书·刑法志》画龙点睛地指出:

是故所著六篇而已,然皆罪名之制也。

商鞅携带着李悝的《法经》入秦,并"改法为律",实为由刑名之制转向罪名、刑名之制合一。② 随着这一重大变革的深化,无论是从字义还是从内容上看,"律"都更能体现法家的用刑原则:均布、划一、不可违抗。将刑的作用发挥到极端,是法家学派的特征。大到富国强兵,小到民间的纠

---

① 《周礼正义·秋官·司刑》。
② 关于《法经》成书时间及性质,以及商鞅"改法为律"的有无在学界一直存在着争论。关于《法经》的问题,参见何勤华. 中国法学史:第1卷. 修订本. 北京:法律出版社,2006:66-84;李学勤. 秦玉牍索隐. 故宫博物院院刊,2000(2)。笔者亦以为《法经》应为战国时期李悝总结各国刑制变革之著作,而商鞅携之入秦,以其为基础制定了秦律。关于商鞅"改法为律"的问题,参见吴建璠. 商鞅改法为律考//韩延龙. 法律史论集:第4卷,北京:法律出版社,2002:25-47。笔者赞同作者的观点。

纷，刑的作用可以说是无处不在，《管子·七臣七主》言，"律者，所以定分止争也"。1975年出土的湖北睡虎地云梦秦简，证明了作为刑典的"律"，在秦统一前已经十分发达。而阐述律义的法家之学在秦统一后，更是被秦统治者视为不容置疑的王朝核心价值观。从《史记》《汉书》的描述中可以看出，秦始皇为政的特点是"贵治狱之吏""专任刑罚"。而秦王朝的"学"，其目的也在于统一官吏的思想，高度重视刑罚的作用，告诫天下人必须绝对服从"律"的规定。为了树立律的权威，充分发挥刑的震慑作用，商鞅提出在中央与地方均设"法官"或"主法令之吏"，并奉他们"为天下师"①，而韩非进一步明确提出"明主之国，无书简之文，以法为教；无先王之语，以吏为师"②。秦始皇统一后，采纳了丞相李斯的建议，禁绝天下私学，焚烧《诗》《书》及法家之外的各家书籍，昭告天下："若欲有学法令，以吏为师。"③ 由于这种文化教育的专制，到秦二世时法家之学已经演变为"非斩劓人，则夷人之三族也"④ 的极端刻薄寡恩之说。

正如元代儒生柳赟所言：

> 法家之律，犹儒者之经。⑤

秦自孝公用商鞅变法，中经七世，至秦王政，一百五十余年推崇法家。统一后，秦始皇更是以法家思想与学说统一法令完善律制。学在官府，恪守律令，经过秦政，已成社会风习。汉代秦后，统治者深知严刑峻法荼毒天下是秦覆灭的原因，所以汉初便屡屡发布诏令，废除秦朝苛法，逐渐恢复私学，但秦"以吏为师"、重视刑律之风尚存。汉高祖曾布告天下，郡守须按朝廷要求选拔"明法者"或"明德者"，上报朝廷，举荐书上要写明被荐者的形状、年纪，年老有病者不在举荐范围中。审核合格者，郡守亲自前往勉励，并送至丞相府学习。有此人才而郡守不举荐者，免官。⑥

---

① 《商君书·定分》。
② 《韩非子·五蠹》。
③ 《史记·秦始皇本纪》。
④ 《新书·保傅》。
⑤ 柳赟. 唐律疏议序//唐律疏议. 刘俊文，点校. 北京：中华书局，1983：664.
⑥ 《通典·选举一》："其有称明德者，御史、中执法、郡守必身劝勉，遣诣丞相府，署其行、义及年。有其人而不言者，免官。"《汉书·高帝纪》记："御史大夫昌下相国……御史中执法下郡守，其有意称明德者，必身劝，为之驾，遣诣相国府，署行、义、年。有而弗言，觉，免。年老癃病，勿遣。"

律，作为法家青睐的治国工具在战国至秦得到充分发展，并成为王朝教育的中心内容。以严刑峻法统一人们的言行和思想，任何人不得违背——这就是法家对律义的阐释。

2. 律的儒家化

对律义阐释的转变，始于汉初私学的恢复。汉初，虽然"以吏为师""以法为教"的秦风犹存，但国家对私学的控制已经大大松动，儒家之学此时也悄然兴起。随着儒家之学的恢复，法律之学私相授受也不再受到严格的限制。汉中期，武帝定儒学为一尊，以法家之学阐释律义的做法被正式废止。《汉书·武帝纪》记载，建元元年，汉武帝诏天下举荐贤良方正、直言极谏之士。在所举荐的贤良中，有习申不害、商鞅、韩非（皆为法家）及苏秦、张仪（为纵横家）之学的人，丞相卫绾上书言法家与纵横家之学"乱国政"，建议废除。这一建议被武帝认可。其后，武帝又诏贤良上治国之策，决意效法先王，改变秦以刑钳制天下，而使天下人怨望反叛的重刑学识。诸位儒生，尤其是董仲舒在对策中主张的儒家"大一统"之学深合武帝之意，于是脱颖而出。[①] 建元五年，置"五经博士"。所谓"博士"，是秦时学官的名称，其任职的资格是"通古今"，但秦时的博士"备员弗用"，并无多少发言权。[②] 而武帝所置"五经博士"则不同于秦之博士，其任职要求是"通儒家之学"。所谓五经，有时又称"六经"，章太炎考证，"六经"之名为孔子所定，其中《诗》《书》《礼》《乐》是周代官方教学的课本，《周易》《春秋》亦为孔子所赞。这六类典籍皆经过孔子修订，故称为"六经"，而《乐》有谱无经，所以武帝"罢黜百家，表彰六经"，而所设学官却称为"五经博士"[③]。五经博士的设立，确立了儒学的官学地位。武帝又采纳了董仲舒的建议，兴太学，置博士弟子员。五经博士各以本人所擅长的经授徒。而通晓经义者，擢拔为官。与董仲舒同样受到武帝青睐

[①] 《汉书·武帝纪》："（元光元年）五月，诏贤良曰：'朕闻昔在唐虞，画像而民不犯，日月所烛，莫不率俾。周之成、康，刑错不用，德及鸟兽，教通四海……贤良明于古今王事之体，受策察问，咸以书对，著之于篇，朕亲览焉。'于是董仲舒、公孙弘等出焉。"

[②] 参见《史记·秦始皇本纪》。

[③] 章太炎. 国学讲演录. 上海：华东师范大学出版社，1995：46-47. 关于儒家经书由"五经"到"十三经"的演变，参见顾颉刚. 汉代学术史略. 北京：东方出版社，1996：47-54.

的公孙弘"以《春秋》白衣为天子三公，封以平津侯"[1]，"以儒术为利禄之途，始于此"[2]。武帝之后，儒学定于一尊，经学成为汉学的核心，因通经而走向仕途的人越来越多。

律源于刑，是在法家思想指导下形成的罪名、刑名合一之制，而先秦及秦统一后的律义，也是法家之意。法家之所以重律，是因为强调国家的利益至上，而刑罚的震慑和划一功能实为维护国家利益的利器。作为罪名、刑名合一之制的律，在实践中当然要"法中求罪"，通过严厉惩罚犯罪来彰显律的权威。而汉代儒生，继承的是先秦儒家的传统，其不仅看到了刑罚震慑作用的有限，更看到了秦朝"专任刑罚"二世而亡的教训及过度用刑的危害。汉武帝时确立的官方主导学说——经学，高扬的是儒家仁义教化的旗帜，与以刑立威的律不免矛盾。但是，无论是武帝，还是当时及后来通过习儒通经而受到朝廷重用的儒生，都没有提出过废除律制的建议。因为他们都明智地认识到"汉承秦制"是一个历史的必然，是他们无法更改的选择。无论法家对律的阐释与儒家思想有着怎样的冲突，律制在国家与社会的治理中都是无法废除的。成书于东汉儒生之手的《汉书·刑法志》对此说得透彻："鞭扑不可弛于家，刑罚不可废于国，征伐不可偃于天下。"

与秦始皇以刑钳制天下人言行，甚至焚书尊法而统一天下人的思想不同，汉统治者面向现实作出了以官爵利禄为诱导、以发展经学而扬儒抑法统一人们思想的聪明决策。在刑典方面，以儒家思想阐述律制，将儒家对刑的诉求注入律中，成为汉武帝罢黜百家后的不二之选。于是用儒家的思想解释律制、阐述律义成为汉中期以后经学的重要内容之一，律学因此而兴。以儒家经典注释律文、阐释律义的律学之兴起与发展，终于使在法家思想指导下形成的律在宗旨和精神上逐渐皈依儒家。

开以经注律、以儒家学说阐述律义之先河者，是汉代董仲舒。清代张鹏一作《两汉律学考》，从《史记》《汉书》《后汉书》的本传及表、志中集律家，以"表"的形式述其人名、世业、官阶、事迹与所著。董仲舒之前列萧何、叔孙通、张欧、张释之、贾谊、晁错、宋孟、刘礼、田叔、吕季主、彭祖十一人。唯文帝时的贾谊有儒学背景，"年十八能诵诗、书"，而其余人或

---

[1] 《史记·儒林列传》。
[2] 邓之诚. 中华二千年史：卷一. 北京：中华书局，1983：146.

为文吏，有"学"无派，如萧何、叔孙通等，或学法家，好法律，如晁错、彭祖等。而武帝后，情况改观。董仲舒通晓《春秋》，史载"治《公羊春秋》"，景帝时期为博士，武帝时举贤良，为诸侯国相，后因病而免。董仲舒最为世人知晓的是因"天人三策"而获得武帝赏识，儒学因此而成为汉之"国学"。其实在刑典由法向儒的转变方面，董仲舒也是功不可没。从史书的记载看，董仲舒没有直接参加汉律的修订，但是在致仕家居期间，主管刑狱的最高长官廷尉张汤屡受武帝派遣，亲自至董仲舒所居的陋巷中请教。董仲舒总是以经剖析，集二百三十二事，给后人留下了《春秋决狱》。程树德考证，此书直到宋初尚存。① 武帝派张汤所问之事，主要是"狱事"，而董仲舒"动以经对"。这种折狱方式，所改变的首先是律之目的，即刑典虽是为政者必备的治理手段，但确立律的权威，以刑罚的震慑、恐吓作用建立王朝所需要的秩序并不是刑典的最终目的。刑典的目的在于维护《春秋》等儒家经典中所提倡的人伦，比如《通典》引董仲舒以《诗》与《春秋》决狱的例子：养父甲包庇犯有杀人罪的养子乙，问"甲当何论？"董仲舒认为：

> 《诗》云："螟蛉有子，蜾蠃负之。"《春秋》之义，"父为子隐"。甲宜匿乙。②

可以说，董仲舒的《春秋决狱》为改造律义提供了思路，其影响所及较亲自参加律的修订更为深远。董仲舒后，虽然亦有以法家、纵横家之学释律者，但依据儒家经典裁决重大或疑难案件蔚然成风。有许多著名的经学家，经律两通，像董仲舒那样"表《春秋》之义，稽合于律"③。亦有先好刑名之学，而后又学习儒家经典者。④ 许多学者指出，汉武帝罢黜百家是表面文章，终汉之世，就律的阐释而言，儒家并没能一统天下，而是王、霸并存。虽然就历史现象的描述来说，这样的论点也无可非议，但是，就历史的走向来说，我们可以看到，自汉初始，法家作为王朝确立的唯一的统治学说的地

---

① 程树德. 九朝律考. 北京：中华书局，1963：163.
② 《通典·礼二十九》。有关更多的《春秋决狱》事例，参见程树德著《九朝律考》之《汉律考》及高恒著《论"引经决狱"》（高恒. 秦汉法制论考. 厦门：厦门大学出版社，1994：178-193.）。
③ 《论衡·程材》。
④ 参见《两汉律学考》。该书为清代张鹏一著，现藏于日本东京大学东洋文化研究所。笔者经高见泽磨教授帮助，得复印本，在此深表感谢。

位动摇。自武帝时起,律义唯法家之学是从的局面也不复存在。不同的律义阐释淡化了法家对刑的强调,也淡化了作为刑典的律与儒家仁义思想的冲突。以经决狱的律学虽然与释律诸家并存,但其已经取代法家成为王朝的官方主导学说,并逐渐为社会大多数人所认可,如张鹏一总结的那样:"汉以经术施诸政治,《春秋》治狱一事,实自仲舒发之,当时人君向用其说,古汉世律法多洗秦旧,流风所被,浸为俗尚。"[1]

董仲舒后,两汉律学的发展,史籍多有记载,学界也多有论述。如《晋书·刑法志》记:"叔孙宣、郭令卿、马融、郑玄诸儒章句十有余家,家数十万言。"而出自东汉大儒班固之手的《汉书·刑法志》中所表达的法律观,也说明儒家的刑法主张经过律学的阐释至西汉末基本成为律之灵魂。《汉书·刑法志》中总结了自黄帝以来刑罚的发展,引儒家之经与孔子之言告诫统治者,王者应该有为天下人父母的慈悲之心,对民众的统治应以教化为主,刑罚只是一种迫不得已而用之的工具。因此,用刑之道的根本在于"省刑",而不是如法家那样用繁刑峻法将天下人置于法网之中。《汉书·刑法志》引孔子言:

> 今之听狱者,求所以杀之;古之听狱者,求所以生之。

由此区别了儒法两家用刑目的的不同:法家于"法中求罪",儒家于"法中求仁"。又引孔子言:

> 古之知法者能省刑,本也;今之知法者不失有罪,末矣。

由此区别了儒法两家对刑罚作用的不同认识:法家只是将刑作为惩罚犯罪的工具,而儒家则将刑视为社会教化的一种特殊手段,即用刑不仅要树立法律的权威,更要树立是非善恶观。儒家用刑之道的效果是"省刑"而缓和社会矛盾,法家用刑之道的效果则是法繁而刑苛,激化社会矛盾。《汉书·刑法志》的结论是:"礼教不立,刑法不明"。是如《尚书》所言,"伯夷降典,折民惟刑",即"制礼以止刑"。

《汉书》为官修史书,其表现出的价值观在当时社会中居于主流地位自不待言,其中的《刑法志》充分体现出的儒家刑法观念证明,法家对律的阐

---

[1] 《两汉律学考》。

释已经逐渐退出历史舞台，而儒家通过对律的重新解释，为律注入了新的灵魂。

（三）礼的拟制：律制日益简约，律义日益深邃

汉武帝之后，王朝的统治者逐渐为法家思想指导下形成的律注入了儒学的价值观。作为刑典的名称，律自秦王朝始为历代沿用不变（只有元朝除外），而内容也多有沿革，这种一以贯之的延续性几乎可以与儒家崇尚的礼相比。实际上，自汉武帝后，律的发展历程与礼有诸多相似处，甚至可以说其正是礼的拟制。

众所周知，周公"制礼作乐"及周礼之发达，是中国古人以"礼仪之邦"而自豪的缘由。"克己复礼"是孔子的毕生理想，但身处春秋"礼崩乐坏"之时的孔子也知道周的礼制、礼仪过于烦琐，想完全实施，几乎是无法达到的。因此，在强调"复礼"时，相对于制度、仪式而言，孔子更强调恢复与弘扬礼义，即礼所维护的人伦道德——孝、忠、节、义与礼义所体现的仁、义、礼、智、信的宗旨。简单地说，孔子对改良礼制并不反对，但他旗帜鲜明地反对抛弃礼义，所以阐述礼义在儒家体系中远比礼制的恢复和改革重要。《礼记·大传》中强调：

> 立权度量，考文章，改正朔，易服色，殊徽号，异器械，别衣服，此其所得与民变革者也。其不可得变革者则有矣：亲亲也，尊尊也，长长也，男女有别，此其不可得与民变革者也。

战国以后，作为一种制度，礼制被越来越简化，其影响远不如在西周宗法制下广泛，而汉之后，礼制仪式更是常常只具象征意义，如陈寅恪所言"自汉以来史官所记礼制止用于郊庙朝廷，皆有司之事"[①]。在礼制简约的同时，礼的价值观经过不同时期儒生们不间断地阐释，却成为社会主流价值观。忠、孝、节、义及仁、义、礼、智、信成为社会的共识和各项制度的根本，合乎礼义与否，大到关涉王朝的合法性，小至关系个人言行的准则。

律，自汉中期以来的发展，也经过了律制日益简约、律义（儒家之说）日益深邃这样一个类似战国至汉时的礼的发展过程。秦汉时期，就律制的形

---

① 陈寅恪. 隋唐制度渊源略论稿. 北京：中华书局，1977：4.

式而言主要有律、令两种。律是王朝颁行的基本刑典，而令则是王朝根据时势发布的单行法规，涉及王朝制度的各个方面。刑事方面的令，主要用来补律之不周或根据案情具体情况加重或减轻处罚。汉初萧何对律进行了"简化"，原因在于战国至秦朝的"泛刑罚"治理，将许多不能或不应纳入刑法领域解决的问题也纳入律中。从湖北云梦睡虎地出土的秦简看，汉人对秦法"繁于秋荼而密于凝脂"的评价并不为过。但简化律制并不是一件简单的事情，其不仅需要长时间实践经验的积累，而且需要理论的指导。萧何的《九章律》虽为后世奉为律宗，但其简化律制的工作并未达到理想的状态。程树德在《九朝律考·汉律考》中列出了许多汉律中律令不分、律礼不分的例子。但此时的律礼不分，是律令定义尚不明确、体系尚不完善，以及秦之尊法任刑的思想尚有广泛的影响造成的，其与汉武帝后的礼法有机的融合有着本质的不同。

1. 律制日益简约

汉之后，修律基本是在王朝统一之初进行的，从律之篇目来看，汉律60篇①；曹魏《新律》18篇；晋《泰始律》20篇；北齐律12篇②；北周《大律》25篇③；隋《开皇律》12篇，《大业律》18篇；唐《武德律》《贞观律》12篇，《永徽律疏》12篇；《宋刑统》依唐律，12篇；明《大明律》7篇；清《大清律例》7篇。

自汉至唐，律的篇目、条文总体呈减少的趋势，而魏晋律学兴盛之际，也正是这一进程迅速而稳定发展之时。唐初制律以北齐律、《开皇律》12篇为宗，更是对律简约化的一种历史的肯定。唐之后，元代制定《大元通制》，其中"断例"部分的篇目一如唐律。故其"序言"中说元之刑典：

> 于古律暗用而明不用，名废而实不废。④

律制在发展过程中，除总体呈现简约的趋势外，还有一个特征，即有极

---

① 《晋书·刑法志》："汉承秦制，萧何定律……合为九篇。叔孙通益律所不及，《傍章》十八篇，张汤《越宫律》二十七篇，赵禹《朝律》六篇，合六十篇。"
② 参见《隋书·刑法志》。
③ 同②.
④ 关于唐、金、元刑典篇名之比较，详见方贵龄.通制条格校注.北京：中华书局，2001：前言13—15.

强的延续性。不仅"律"作为刑典名称相沿两千余年,甚至一些篇章条文也两千余年一脉相承,如《大清律例》叙述"名例"之沿革:"李悝造《法经》,其六曰《具法》,汉曰《具律》,魏改为《刑名》,晋分为《刑名》《法例》。沿至北齐,乃曰《名例》。隋唐以后因之,至今不改。"

2. 律义日益深邃

与律制发展日益简约同步的是,对律义的阐释日益深邃。甚至可以说,正是律义的深邃,使律制在修订时有了儒家理论的指导,因而体例更为规范,条文更加完善,解释也更加准确。《晋书·刑法志》记,曹魏时期制定《新律》,律学家对以往的律进行了学理上的分析:第一,对当时通行的律的解释,以"应经合义"为标准进行统一,加强儒家价值观的地位。第二,就体例而言,指出了《九章律》的缺点:阐发刑之宗义的篇目《具律》在律典中"既不在始,又不在终",因而不能显示其重要性。于是《新律》"集罪例以为《刑名》(代替《具律》。——引者注),冠于律首"。在注《晋律》时,张斐指出律"当慎其变,审其理"。第三,对一些罪名、刑名进行了更为精确的解释。比如,对律、令的解释,汉人言:"前主所是著为律,后主所是疏为令。"① 而魏晋时杜预则言:"律以正罪名,令以存事制。"② 杜预的解释显然较汉人的解释更具有学理性。③

汉以后的经验与学理的积累,使得律逐渐"经"化,文颖注《汉书》在解释《宣帝纪》中的"令甲"时言:

> 萧何承秦法所作为律令。律经是也。天子诏所增损,不在律上者为令。

唐代时,律完成了官方的统一解释,从魏晋时期的"应经合义"而达到"一准乎礼"的地步,后世的立法者无不奉之为圭臬。从纪晓岚在《四库全书总目》中对唐、清两朝律的评价可以看出,律自唐以来,修订审慎,改动极少,已然成为刑之"经":

---

① 《汉书·杜周传》。
② 《太平御览·刑法部四·律令下》。
③ 关于晋代律学的重大发展与律之篇章体例、术语解释的进步,参见高恒. 中国古代法制论考. 北京:中国社会科学出版社,2013:359-379。

高宗即位，又命长孙无忌等偕律学之士撰为义疏行之，即是书也。论者谓《唐律》一准乎礼，以为出入得古今之平，故宋时多采用之，元时断狱，亦每引为据。明洪武初，命儒臣同刑官进讲《唐律》。后命刘惟谦等详定《明律》，其篇目一准于唐。至洪武二十二年，刑部请编类颁行，始分吏、户、礼、兵、刑、工六律，而以《名例》冠于律首。本朝折中往制，垂宪万年。钦定《大清律例》，明简公平，实永为协中弼教之盛轨。①

自汉武帝尊儒之时起，作为刑典的律就被赋予了多重历史使命：首先，惩罚犯罪，维护王朝秩序，是律义不容辞的职责。其次，体现并维护王朝的主导思想，比如，体现儒家关于刑的主张，培养官吏"刑为盛世所不尚"的价值观，等等。经过近八百年的发展，"一准乎礼"的唐律终于达到了这样一个境界。也许唐律及其疏议得以流传，正是因为自唐始，律就已经不只是量刑定罪、根据时势不同而代有改变的法律实践中的适用之典，它更是"刑理"之典。就刑罚而言，唐时的格令、宋时的编敕、明清时的例皆可以因时因势而变通轻重，但律却是相对稳定的、不可变的。因为自唐之后，律重在律义，律义所体现的律之理与"经"并无二致，如薛允升在《唐明律合编》的《例言》中所言"律与经相辅而行"。

3. 律制、律义演化之因

对于汉之后律的儒家化的过程、表现与原因，前辈学者陈寅恪、程树德、杨鸿烈等从不同角度有着精彩的论述，被视为不刊之论，已成学界通识：汉中期董仲舒开法律儒家化之先河，此后律学的发展，使礼的一些条文入于律中，如八议、准五服以制罪等，晋律则是一部尤为儒家化的法典。

笔者认为，上述的表述基本符合历史的客观情况，但有一点需要进一步说明，即《汉书·刑法志》记载，法律之儒家化在汉初就已有端倪。比如文帝废肉刑，诏书引《诗》文作为依据："恺弟君子，民之父母。"肉刑不仅施刑手段残酷，而且绝人自新之路，"何其刑之痛而不德也"。为体现儒家君主为民父母的仁慈心，文帝除肉刑，"具为令"，后定律以城旦舂、髡钳城旦

---

① 《四库全书总目·史部·政书类二·法令》。

舂、笞三百、笞五百、弃市分别代替完、黥、劓、斩左趾、斩右趾。虽然有关肉刑废、复的争论一直持续到魏晋方告一段落，但是无论是肉刑的废除论者，还是肉刑的恢复论者，均以儒家仁义之说为理论依据阐明自己的论点。又记景帝时，令"狱疑者谳"，与五听、三宥之法相近。而令"年八十以上，八岁以下，及孕者未乳、师、侏儒当鞠系者，颂系之"，与周之三赦之法相近。

学界之所以将武帝时董仲舒"《春秋》决狱"视为法律儒家化之始而忽视了汉初的过渡性，也许是因为，学界所言的法律儒家化主要指的是刑律之儒家化，所以对"具为令"的儒家化缺乏关注。如陈顾远以为：

> 最使礼与律相合而为一者，莫若以经义折狱一事。①

瞿同祖认为儒家之有系统地修改法律始自曹魏，其所举资料多是曹魏时期修律的记载。② 陈寅恪也以为：

> （晋）司马氏以东汉末年之儒学大族创建晋室，统制中国，其所制定之刑律尤为儒家化。③

随着律的儒家化，政治家、思想家、学者等开始从注重律制的完善转向注重对律义的阐释。曹魏时，尚书卫觊上书言：

> 九章之律，自古所传，断定刑罪，其意微妙。百里长吏，皆宜知律。刑法者，国家之所贵重，而私议之所轻贱；狱吏者，百姓之所悬命，而选用者之所卑下。王政之弊，未必不由此也。请置律博士，转相教授。④

《三国志》中记载的被朝廷所采纳了的卫觊的这一短短的上书，给我们透露了丰富的历史信息，使我们可以窥探到魏晋之后律制与律义的演化之因。

首先，与汉武帝置五经博士，使经学成为国学而研习日深相同，魏晋时

---

① 范忠信，尤陈俊，翟文喆. 中国文化与中国法系：陈顾远法律史论集. 北京：中国政法大学出版社．2006：175.
② 瞿同祖. 中国法律之儒家化//瞿同祖法学文集. 北京：中国政法大学出版社，1998：361—381.
③ 陈寅恪. 隋唐制度渊源略论稿. 北京：中华书局，1977：100.
④ 《三国志·卫觊传》.

律博士的设置，确立了律学的官学地位，对律的研究如同对经的研究一样受到了王朝重视。这也是魏晋至唐，作为刑典的律的体例日益完备而简约的原因。

其次，卫觊提出的置律博士的建议被历代统治者所采纳，一直到宋。《通典·职官九》记："律学博士，晋置"，"东晋以下因之"。沈家本在《法学盛衰说》中对律博士的作用给予了充分肯定。其言："盖自魏置律博士一官，下及唐、宋，或隶大理，或隶国学，虽员额多寡不同，而国家既设此一途，士之讲求法律者亦视为当学之务，传授不绝于世。"① 其实，律博士的设立对于律的意义，就如同汉武帝置五经博士之于儒学的意义一样。五经博士的设立使儒家经典的研究日益深入，而律博士的设立则为律的研习与传授及对律义的深入阐发提供了基础。

最后，卫觊上书中言"百里长吏，皆宜知律"，沿用了秦"以吏为师""以法为教"的律之传授形式，但秦对官员习律强调的是对律条文的熟记，而魏晋后更强调官员对律义的理解。律博士的职掌之一就是"教文武官八品以上及庶人子之为生者"②，如前文所引，律博士所授为律之"经义"所在。沈家本在《法学盛衰说》中进一步论道，元废律博士而法学衰。此论或有偏颇。因为，唐永徽年间制定律疏议，有两个目的：一是为生徒的"以经注律"的考试提供标准答案。③ 二是防止因官员对律文理解的不同而产生"不有解释，触涂睽误"④ 的现象。自"疏议"完成后，官员在断狱中"皆引疏分析之"⑤。元人柳赟合刊《唐律疏议》，表明律义自唐以来，已经统一且成为官员必备之知识，律博士对律义的研习传授似乎已没有太大的必要了。这也许是废除律博士的原因。唐之后，王朝解决的重点问题，是统一官员对律义的理解，故明清两代的律文中，皆设有"讲读律令"条。明律学家雷梦麟言：

> 讲者，解晓其意；读者，记诵其辞。若不能讲解，不晓律意，虽能

---

① 沈家本. 历代刑法考：第4册. 邓经元，骈宇骞，点校. 北京：中华书局，1985：2143.
② 《册府元龟·学校部·总序》。
③ 参见《册府元龟·刑法部·定律令》。其曰："（永徽）三年，诏曰：律学未有定疏，每年所举明法，遂无准凭。"
④ 《唐律疏议·名例律》。
⑤ 《旧唐书·刑法志》。

记诵，引用犹差，何以剖决事务？①

卫觊针对"刑法者，国家之所贵重，而私议之所轻贱；狱吏者，百姓之所悬命，而选用者之所卑下"的"王政之弊"所提出的"置律博士"与"百里长吏，皆宜知律"的建议，可以说适应了汉以来律之儒家化发展的需要，也促成了律与礼相似的发展历程。这一历程，至唐代告一段落。

通过定义"律"与"中华法系"、梳理律义由法向儒的发展历程，及解释律在发展中逐渐"经"化的现象，可以看出：

第一，在律与中华法系的关系问题上，可以说，律只是中华法系中的有机组成部分。由于律源于"刑"，经战国与秦法家的指导而发达，其与儒家"胜残去杀"、提倡礼教而限制刑罚的理念殊为不符。汉中期，王朝主导思想由法家转变为儒学后，起于刑制、深受法家及秦统治者青睐的律，较其他制度的转变显得尤为困难。因为中华法系的价值观是"经"，制度核心是礼，其既不是"以刑为主"的，也不是以律为核心的。但是，汉中期以后律义由法向儒的转变，则确实是中华法系之说成立的关键。从这一方面说，学界对律的重视也不无道理。

第二，关于律在中华法系中的地位，唐以前注重律的体例与条文的完善，而且也更实用；唐以后，律不只是适用于一朝一代的实用的制度，而且还是有着深刻学理、与经并行的刑之"经"。明清时期，律更是作为一种刑罚轻重的"矫正器"、一种"经"化的刑制，其意义远远大于其实用价值。律的"经"化，正是自唐以后，律典得以完整地流传于后世的原因。但即使是"经"化了的律，在中华法系中仍然不具有主要地位，因为对刑的负面作用始终抱有戒心，才是中华法系，也是儒家思想的特点。

---

① 雷梦麟. 读律琐言. 怀效锋，李俊，点校. 北京：法律出版社，2000：95.

思想理念

中国古代法的思想理念有三个显著的特征：一是春秋战国时期的百家学说为汉武帝时形成的主流法思想理念奠定了基础，并被主流法思想理念吸纳改造。儒家、法家、墨家、道家等对此后两千余年法思想理念的发展皆有广泛而深刻的影响。二是汉武帝"独尊儒术"后，在文化思想"大一统"的背景下，为社会大众广泛认可的主流法思想与统治者所极力提倡的主导法思想合一，在意识形态领域形成了巨大的导向作用。三是在强大的主流法思想"一统"之时，非主流法思想理念仍然存在，明末清初甚至形成了非主流法思想理念可以与主流法思想理念抗衡的趋势。

一、先秦法思想理念及其影响

梁启超在《中国法理学发达史论》中将中国古代法理学的内容分为："法之起因""法字之语源""旧学派关于法之观念""法治主义之发生"四个方面。其中，"旧学派关于法之观念"主述儒家、道家、墨家的法思想，"法治主义之发生"主述法家的法思想及法家与儒、道、墨诸家思想的异同。[①] 梁启超的论述开启了以现代法学方法研究古代法思想的先河，梁启超称儒家为"礼治主义""人治主义"，道家为"放任主义"，法家为"法治主义""势治主义"。梁启超的论述比较局限于对各家学说的内容归纳，笔者认为，如果以现代法理学分析，以"天之信念""理想主义""现实主义""工具主义"

[①] 参见《饮冰室文集之十五·中国法理学发达史论》。（梁启超. 饮冰室合集：文集之十五. 北京：中华书局，1989.）

"自然主义"分别对应概括夏、商、西周神权,以及墨家、儒家及主流思想、法家、道家的法思想理念本身及其影响也许更为恰当。

(一)"主义"辨正

1. 主义

"主义"是一个近代才出现的词语,笔者查阅了近代以来出版的权威辞书《辞源》《辞海》,以免对各种"主义"的解释望文生义。通过查阅,笔者惊讶地发现,出版于 1915 年并多次续编与修订的《辞源》与刊行于 1936 年并多次改编、修订的《辞海》,竟然没有对"主义"一词的解释。倒是简明的《新华字典》中有一个较为符合当下人们认知的解释:

> 人们对于自然界、社会以及学术、文艺等问题所持的有系统的理论与主张。

结合网上搜索的结果及时下论著中对"主义"一词的使用,归纳起来,"主义"大约有三方面的含义:第一是对社会发展不同阶段占据事务主导方面的描述,如封建主义、资本主义、社会主义。第二是人们的一种政治理想和信仰,如共产主义、自由主义。第三即《新华字典》中的释义,简言之为系统的理论和思想。笔者所用的"主义"指的是第二、三种。

"主义"虽是近代才出现的词语,但在中国古代社会也确实存在过这种现象,先秦儒、墨、道、法、阴阳、名、农、兵等各家的理论与主张显然是自成体系并可以视为具有理念追求的学说。在近人所著的中国法学著作中,"主义"多用于对西方法学流派的介绍,而对中国古代的法思想理念的介绍则很少使用"主义"二字。这与近代中国法学界对传统缺乏文化自信有关,因为很多法学研究者认为,中国古代的学术,尤其是法学多是经验的总结,没有或缺少成体系的理论。唯梁启超在《中国法理学发达史论》中言儒家为礼治主义,法家为法治主义,道家为放任主义,以及诸多学派兼有的人治主义、势治主义、术治主义等。对中国古代的法思想理念,缺乏"主义"的总结归纳,固然是中国古代法学特殊的表现形式造成的,但更为重要的原因还是近代以来我们对自己传统法文化缺乏自信。

与西方许多法学家一样,中国古代的思想家、政治家的思想主张大多也是针对法的具体问题而发的,学派也好,思想家也好,并没有事先预设的

"主义"约束；即使有，也不是唯一的。就像法国启蒙思想家孟德斯鸠既是自然法学派中的翘楚，相信法应具有普遍的公正性与正义性，同时也开法社会学研究的先河，认为不同地域的自然和文化环境对法有着不同的影响。马克思的法学思想充满了理想主义，同时也充满了对现实的批判精神。笔者将先秦儒家以"理想主义"概括，但并不否认儒家的学术本是"入世"的学说。我们也可以换一个角度，认为儒家是理想主义的，但同时也是保守主义的。道家崇尚自然，但对法的社会功能的关注并不亚于法家，其是自然主义的，也是批判主义的。笔者用"主义"来描述中国古代学派与思想家的法思想理念，从学术上说，是为了通过这种"主义"的归纳，强调中国法思想理念"融通"的特点。先秦各学派间的借鉴与汉武帝以后儒家现实主义对各学派的融合以及对先秦儒学如琢如磨的完善，正是中国法思想理念史发展的主线。

2. 理想主义、工具主义、自然主义

用"主义"来概括中国古代法思想理念或学派，是为了更好地显示出中国古代法文明模式在价值观方面的特点，而不是僵化地生搬硬套。下面以对儒家、法家、道家的描述略作说明。

近代以来，"理想主义"更多地被运用于国际关系学的研究中，其直接继承了18世纪德国哲学家康德的主张，即在处理国际事务中应该以"和平"为原则，康德的目标是"要在所有民族之间创造一种和平的共同体，而不必是一种友好的共同体"[1]。就法学而言，康德的理想主义与中国的儒家有着相同之处，即强调：

> 立宪原则和有实效的法律原则上必须是获得所有相关各方的充分支持（普遍共识）的。实际上，立法者必须尽力通过的是那些公民们原则上有可能给予支持的法律。这是法律的合法性的检验基础。[2]

这也恰恰是中国儒家的立法主张。春秋战国时期，儒家反对兼并战争，提出了"兴灭国，继绝世，举逸民"[3]的主张。在法与民的关系上，儒家不同于法家之处在于格外强调自下而上形成的、具有广泛民心基础并为社会广

---

[1] G. 希尔贝克，N. 伊耶. 西方哲学史：从古希腊到二十世纪. 童世骏，郁振华，刘进，译. 上海：上海译文出版社，2004：378-383.
[2] 同①381.
[3] 《论语·尧曰》。

泛认可的"法"——礼的正当性。自汉武帝时期直至清代，以民心作为法正当性的检验标尺这一传统在中国从未中断。当然，儒家的理想主义与康德的理想主义也有不同，这就是儒家并不严格地区分法律与道德之间的界限。康德反对法律道德化或道德法律化，他认为除在偷盗、谋杀、毁约等自有人类社会以来就被禁止的行为方面，道德与法律是合二为一的，在其他方面，道德与法律有着明确的分野。一个不道德的行为，比如缺少人情味、缺乏感恩心，并不意味着要受到法律上的惩罚。而中国儒家的理想却是法设而无犯、刑设而不用的刑措不用之境界。虽然儒家也并不是全然将法律与道德混为一体，但儒家认为，法的目的就在于维护道德。中国古代法律除刑法方面的道德法律化、法律道德化（比如纳礼入律）外，道德对行政法律规范与民事法律规范的浸透（比如"官箴书"、乡规民约中），更是随处可见。

用"主义"归纳法家的思想理念，是一项很复杂的事情。如果从社会发展的主张来看，法家对传统极为不屑，主张全面变革，与激进主义有着类似之处。就对法的主张而言，在今人对形式主义的阐述中，也能看到法家的影子。比如法家注重法在形式上的完善，结合名家学说，形成刑名法术之学。与儒家相比，法家更注重法律的官方有效解释，更看重法律形式上的逻辑性与公正性。但对法家之法的最大特征以及法家遗留给后世的遗产，还是用"工具主义"来解释最为恰当。先秦法家将法视为实现"富国强兵"理念的最为有效的手段，在主流法思想理念的形成和发展中，法家法律工具主义的影响也并未完全消失，而且在主流法思想中占有一席之地。"遵守法律"在中国古代从来就不是目的，而只是一种实现目的的行动及手段。只是在主流法思想理念中的儒家理想主义与道家自然主义因素的制约下，法家的法律工具主义失去了战国至秦朝时那样无限膨胀与发展的条件，法律工具主义导致暴政的趋势得到了有效的控制。

自然主义是一种涉猎广泛、内容深邃的学说。就哲学意义而言，自然主义相信宇宙间一切存在和活动都是自然的：

> 自然主义认为：在原则上自然界是完全可知的。自然界中，有一种具有客观规律的规则性、统一性、整体性。如果没有这些，追求科学知识将是荒谬的。人们对于他们的信念无止境地寻求具体的证明，这就可看作是对自然主义方法论的一种确认。

自然主义并无本体论的偏爱，也就是说，它对任何特殊的实在范畴都无偏见：二元论和一元论、无神论和有神论、唯心论和唯物论本质上都能和它和谐共存。[1]

西方自然主义运动兴起于19世纪末和20世纪初，其在文学方面的表现是，以忠实地、不加选择地反映现实为宗旨，反映不带有道德评价的真实"生活侧面"[2]。我们从对自然主义的定义中，可以感受到道家思想与自然主义穿透地域与时空的契合。道家对各种学说的兼容并蓄，赋予了中国古代学术思想，尤其是主流思想巨大的融合力，使诸家思想中切合于时势之处都能够在主流思想的体系中找到用武之地。当然道家的自然主义发自对自然的崇尚，更多地要求人们顺应自然，而不强求认识，更不主张征服自然——这是道家自然主义与建立在近代科学基础上的自然主义的不同。正是道家法律自然主义的包容，儒家的法律理想主义得以在汉初黄老学派为主导思想时复活，法家的法律工具主义也未曾遭受到如秦王朝对待儒家"焚书坑儒"那样的灭顶之灾。在法律自然主义的主导下，先秦诸家的法思想主张得以并存融合，为主流法思想理念的形成奠定了基础。

汉以后儒家或主流法思想中的法律现实主义将在后文中详述。

（二）"天之信念"与宗教的区别

在人类文明发展伊始，神意主宰一切，习俗、制度、权力等的合法性无不来源于神。在这个历史发展阶段中，将法视为神明的产物是世界各个文明中所共有的现象。在人们的认识中，法体现了神意，法本身也因此具有了神圣性，成为人们必须遵守的规则。谁的言行违背了法，谁就触犯了神，谁就会受到最严厉的惩罚。英国法律史学家梅因总结这一时期法的特点是："法"是神意的产物，即神是立法者。而人世间的统治者"王"，只是法的执行者。[3] 也就是说，立法者，神也；执法者，王也。由于王是神意的执行者，

---

[1] 简明不列颠百科全书：第9册. 北京：中国大百科全书出版社，1986：571-572.
[2] 同[1]571.
[3] 关于在人类文明发展的伊始，法是神意的体现，王不过是法的执行者这一观点，是英国法律史学家梅因总结不同地区法律起源后得出的经典论断。直到今天这一观点仍为学界认可并在研究中被广泛引用。（梅因. 古代法. 沈景一，译. 北京：商务印书馆，1984：3.）

所以王的权力来源于神,王权也就因此而具有了合法性,即"王权神授"。学界常常将人类社会这种最初的神明崇拜称为"原始宗教",将这种来自神意的王权统治时期称为"神权法"时代。

中国古代文明的起源和法的形成同样也经历了这样的一个时期,夏、商、西周可以说是中国的神权法时代。崇尚天意的夏是神权法的形成时期;笃信天命,信仰帝(天)、祖的商是神权法的兴盛时期;代商而起并将天命与民心相连接的西周,则是神权法的动摇时期。

值得关注的是,除中国古代法文明模式之外的其他地区的法文明在经历了神权法时代后,宗教逐渐形成并发展了起来。产生于公元前的佛教、公元前后的基督教和公元7世纪的伊斯兰教几乎覆盖了除中华文明圈以外的所有的古文明发源地。公元前3世纪佛教被古印度孔雀王朝阿育王奉为国教;4世纪末,基督教逐渐发展为罗马帝国国教,5—10世纪传遍欧洲。兴起于公元7世纪末的伊斯兰教,成为"联合阿拉伯人、建立统一国家的思想基础",最终将阿拉伯"松散的部落联盟转变为真正的国家"[1]。而中国古代法文明模式的发展与这些国家和地区的法文明模式有很大的不同,自西周神权法动摇后,在中国古代文明中"宗教"始终缺席。虽然在中国古代社会中神权法思想的影响始终未曾完全消失,但也始终未能产生出如佛教、基督教、伊斯兰教那样的宗教,世俗社会从遥远的西周起就淡化了神的控制。就法而言,中国古代法文明从没有像西方学者所赞扬的古罗马那样,很早就有了"人法"(ius)与"神法"(fas)的区别[2],也没有像中世纪的西欧那样形成有别于世俗法的"教会法",更没有形成宗教教义与法律合一的"宗教法"。

关于宗教的缺席,对中国古代法文明而言,对中国社会而言,对中华文明而言,究竟是"缺陷"还是"幸事",西方的学者莫衷一是。英国启蒙思想家梅因认为:

> 这些东方的和西方的法典的遗迹,也都明显地证明不管它们的主要性质是如何的不同,它们中间都混杂着宗教的、民事的以及仅仅是道德

---

[1] 马克垚. 世界文明史: 上. 2版. 北京:北京大学出版社,2016:351.
[2] 朱塞佩·格罗索. 罗马法史. 黄风,译. 北京:中国政法大出版社,1994:96-97. 作者认为:"fas是神的法律,ius是人的法律(fas Lex divina, ius lex humana est)。""罗马人对法的理解使他们很快将ius从宗教领域中分离出来。"

的各种命令；而这是和我们从其他来源所知道的古代思想完全一致的，至于把法律从道德中分离出来，把宗教从法律中分离出来，则非常明显是属于智力发展的较后阶段的事。①

梅因进一步认为，印度的法律始终处在"尚未从宗教的统治中区分出来的那个阶段"，而中国的法律虽然较印度的法律有所进步，但是神法与人法也并未就此分离：

> 在它（指中国。——引者注）的民事法律中，同时又包括了这个民族所可能想象到的一切观念。②

即道德与法律是混一的。无疑，梅因认为除西方以外，其他地区的"神法"未能如西方那样形成独立的体系，是一种社会发展"停滞"或"静止"的表现。但是，另一位启蒙思想的巨擘、法国思想家伏尔泰却对中国文化另有一番见地，他不认为中国是一个"无神论"的国度，更不认为中国是一个无信仰的社会。在他的巨著《风俗论》中，每每说到中国，他都告诉人们，中国的信仰、风俗有别于西方，这种"有别"，使中国社会呈现出"开明"的气象。他告诫西方学界不可片面地用西方的价值观评价中国。比如，他坦言：

> 确实，中国的法律不谈死后的惩罚与褒赏，中国人不愿肯定他们所不知道的事情。他们与一切开化的伟大民族之间的这一差别是惊人的。③

伏尔泰不认为这一差别是一种法律落后或野蛮、社会停滞或静止的标志，反而认为这正是中国古代法文明的优长之所在：

> 其实我们应赞赏中国人的两点长处，既谴责异教徒的迷信，也谴责基督徒的习惯作法。中国儒生的宗教从来没有受无稽神话的糟蹋，也没有为政教之争和内战所玷污。④

---

① 梅因. 古代法. 沈景一, 译. 北京：商务印书馆, 1984：9-10.
② 同①14.
③ 伏尔泰. 风俗论：上册. 梁守锵, 译. 北京：商务印书馆, 1995：78.
④ 同③220.

虽然中国古代法一直受到神权的影响，但是自西周之后，就神权而言，其发展与世界其他地区的文明有了明显的不同。这种不同，在近代中西文化交融冲撞时引起了学界的高度关注，学者对此见仁见智，争论不休。但无论是赞扬，还是贬抑，谁都不能否认它是中国古代法文明的特点。

中国古代的神权思想虽然没有发展成为宗教，但是中国人的"天之信念"一直存在。简要归纳其发展与特征如下：

（1）夏商时期，中国进入了神权法时代，出现了至上人格神——天或帝。王的权力是天之所赐，人间的法度是天之所立。商人以祖配天，天、祖并祭，以血统高贵作为获取天命的依据，而当时人们对天与鬼神的信仰是无条件的。商人的天、祖并祭，为中国式的神权崇拜——天与鬼神并存共敬的模式奠定了基础。周初为解释天命由商转移到周的合法性，提出了以德配天，将最高统治者的品格作为获取天命的依据，而最高统治者品德之优劣则以民心为标准，有德者得民心，得民心者得天下。人间的法度源于上天，源于有德之祖先对天意的体察和遵循。西周对民意的重视，对德的强调，动摇了人们对天无条件的崇拜。

（2）春秋战国诸子学说的出现，不仅在实践中，而且在理论上杜绝了中华文明形成宗教的可能，其终结了神权法时代。在破除天之信仰方面，较为激进的是道家与法家，他们几乎完全将天视为哲学意义上的表达自然规律的天。道家以"道"为万物之母，否认了有好恶、喜怒并能对人间施以奖惩的超自然的人格神"天"的存在。法家醉心于现实政治，子产"天道远"的思想对春秋战国的政治影响深远。持较为中庸态度的是儒家与阴阳家。儒家推崇周政，在对天与民的论述中，儒家继承了周政的重民、重德思想，但通过对民与德的论述，也有意地淡化了天的作用。对天与鬼神，儒家以祭祀表示"敬"，但鉴于商重鬼神而轻民意的教训，儒家更强调祭祀有度，对天与鬼神敬而远之。阴阳家本是一个以自然变化规律为研究领域的学派，思想上与道家有较强的吻合力，也是将天视为自然之天。但出于人类对自然强大力量的无奈，阴阳家陷入了神秘主义，阴阳变化由自然规律演变成一种不可抗拒的神秘力量。

在天之信仰方面，最为传统的学派是墨家。墨家强调的"天报不爽"与"鬼神之诛"都是神权法时代主流价值观的延续。但是墨家之天既不同于商代塑造的那个重人间祭祀并专门维护商人统治的天,也不同于周人塑造的那个"唯德是辅"——专门维护有德并得了天命的统治者之天,墨家的"天"是保护大众相爱相利、惩罚恶人相恶相贱的公正无私的天。这个"天"的概念,深刻地影响了后世,对社会底层民众的影响尤为深远。"替天行道"往往成为历代农民起义及改朝换代的旗帜。

(3) 鉴于对天的不同认识,春秋战国时期各家的救世"药方"也不尽相同,道家以道为法,希望人们回归并顺应自然,按自然法则生活。法家主张制定制度,规范人们的言行,甚至以法统一人们的思想。儒家将伦理道德放在了首位,对天与鬼神的祭祀是为了"厚德"。人们发自内心,而不是迫于外界压力的自我完善,才是儒家的理想。而阴阳家与墨家则强调恢复人们的敬畏之心,虽然阴阳家的敬畏是对神秘的自然之敬畏,而墨家的敬畏是对拟人化的天之敬畏。

春秋战国诸子对天与鬼神的论述,虽"各引一端",具有不同的特色,但它们又是互相吸纳与融合的。从学术渊源上看,孔子曾问礼于老子,墨子本"受孔子之术",韩非为荀子的学生,却"归本于黄老",等等。春秋战国诸子的思想是在互相借鉴与批判中发展起来的。所以儒、墨虽然天道观不同,却同样重德、重民;道、法虽然对治理国家的主张迥异,但在对天的认识上却所见略同。这种相互融合的学术思想发展模式为汉以后融合各家、取"其宜于时者"的现实主义的主流学术思想奠定了基础。

(4) 夏、商、西周对天与鬼神的信仰,一是解释了政权的合法性,二是论证了人间法度的神圣性。借用梁启超发明的一个概念,此时的政治是"天治主义"的。[1] 天治主义在春秋战国时受到了质疑,当时的政治家、思想家在"上天"与"民"之间明显地倾向于民。翻开《左传》随处可见思想家、政治家、史家将民"升位"与神并肩,甚至于神之上的论述:

> 夫民,神之主也,是以圣王先成民而后致力于神。[2]

---

[1] 参见《饮冰室专集之五十·先秦政治思想史》。(梁启超. 饮冰室合集: 专集之五十. 北京: 中华书局, 1989: 19-22.) 梁启超言:"最高一神之观念已渐确立,其神名之曰天,曰上帝。于是神意政治进为天意政治,吾得名之曰天治主义。"

[2] 《左传》"桓公六年"。

国将兴，听于民；将亡，听于神。①

但是，春秋战国时期，对天的质疑和淡化，并未结束对天与鬼神的信仰。天命、天罚观念对秦以后的中国也一直有着巨大的影响。

众所周知，历代帝王无不将王朝的合法性与"天命"连接，皇帝被称为"天子"，生有异象，祭祀上天、祖宗也是历代皇帝必行的最为隆重的仪式。这种祭祀其实与神权法时代的祭祀有着同等的意义，即昭告天下：皇帝是负有天之使命的人。一般家族中的敬祖也未曾中断，延续祖先的香火是中国人人生的最大意义，是"孝"道的体现。但是这种具有原始宗教性质的祭祀，显然不是"天治主义"信仰的简单回归。春秋以后，中国人将更多的希望寄托在道德的修行上，而对天与鬼神的信念则常常是在现实中走投无路时的选择。当人们说"要想人不知，除非己莫为""替天行道""天理昭昭"时，是对天之信念的表达，更是对现实失望的表达。对天与鬼神又信又疑的典型之作是元人关汉卿所作的《窦娥冤》。窦娥含冤临刑时，先对"天"发出了这样的埋怨：

> 有日月朝暮悬，有鬼神掌着生死权。天地也，只合把清浊分辨，可怎生糊突了盗跖颜渊：为善的受贫穷更命短，造恶的享富贵又寿延。天地也，做得个怕硬欺软，却元来也这般顺水推船。地也，你不分好歹何为地？天也，你错勘贤愚枉做天！

在表达了对天"不作为"或"怕硬欺软"的愤懑后，窦娥仍信上天或自己的魂魄会显"象"还她公道：血不落地，六月飞雪，三年不雨。戏文中，不仅天按窦娥的要求显了象，以证窦娥的冤屈感天动地，而且窦娥的鬼魂最终也在公堂上讨回了公道。

（5）神权法时代与墨子学说中的天与鬼神信念，显然在民间的影响甚为广泛，这就是报应的思想。而主流思想对天与鬼神则始终秉持着敬而远之的态度。出自主流思想的法，显然更为理性。也许正是因为中国古代社会较早地脱离了神的控制，才避免了发生在其他文明中的宗教纠纷和战争，才避免了法律对异教徒非人道的迫害，而达到了古代社会所能达到的最高程度的文

---

① 《左传》"庄公三十二年"。

明和最大范围的平等。

当我们今天反思中国古代缺乏宗教信仰致使法治的发展举步维艰的时候，我们也许应该读一下西方启蒙思想家对"神权政治"的反思：

> 神权政治不仅统治过很长时期，而且暴戾恣睢，干出了失去理智的人们所能干出的最可怕的暴行。这种统治越是自称受之于神，就越是可憎可恨。①

当我们如今在为中华古代文明中没有产生宗教而迷惘困惑，甚至遗憾惋惜，认为中国人的法治信念因为没有宗教传统的支持而难以确立时，我们的祖先也许更应该庆幸对神"敬而远之"的理智，使他们中的千千万万的人避免了被"神"的涂炭。

（三）以"人性善"为基础的先秦儒家法律理想主义

先秦儒家以"人性善"为学说基础，在春秋战国乱世之中力倡"礼治"、"德治"和"人治"。他们将对现实的批判与对人性的希望统一起来，期盼小康、大同之世的再现。

儒家是对中国社会影响最为广泛和深远的学派，自春秋时期形成，经秦王朝的焚书之灾而在汉中期复兴，成为汉至清历代王朝的主流与主导学派。汉、宋、明以至于当今，几乎每一时代都有每一时代的"新儒学"。每一时代的"新儒学"虽然都以先秦儒学为渊源，都自诩为对孔子学术的传承，但汉以后的儒学与先秦儒学有着明显的差异。先秦儒家以"人性善"为基础，充满了以教化弘扬人性的理想主义色彩。而汉复兴后的儒家，则淡化了先秦儒家的理想主义色彩，以人性"善恶兼"而融合了先秦各家的主张，发展成以儒为本、兼容各家、服务于现实政治的学派。

（1）将先秦儒家定位为法律理想主义，是因为先秦儒家的创始者孔子和继承者孟子对人性充满希望，在诸侯国兼并、战乱四起、礼乐崩坏、弑君杀父的乱世，他们的救世良方竟然是通过恢复、保持与弘扬人性恢复礼治。基于对人性的希望，他们将夏、商、西周只有贵族才能享有的受教育权利普及

---

① 伏尔泰. 风俗论：上册. 梁守锵，译. 北京：商务印书馆，1995：40.

到了普通的人，这就是"有教无类"①。他们忧虑甚至厌恶现实，但对未来并不悲观。与他们所构建的大同理想之世相匹配的法的体系，也是一个教化的而非惩罚性的，或以教化为主、惩罚为辅的体系。法在"惩恶"的同时，更重要的是担负着"扬善"的使命。这是儒家带给中国古代法文明模式的特征。

儒家思想的另一大特点是将夏、商、西周拟人化的"天"或"帝"基本演绎成哲学意义上的自然之天。孔子、孟子的天，有时是义理之天，有时也会是人格化的天。但孔子、孟子与他们推崇的西周政治家周公相比，更注重人生的圆满，而对具有神性的天与鬼神之事并不深究。孔子学生季路问孔子鬼神事，孔子回答说，如果对生者都不能好好地侍奉，又怎么能侍奉好鬼神呢？季路又问："死是怎么回事？"孔子答道："未知生，焉知死？"②但由于未能完全脱离神权法时代的影响，或者是基于情感的需要，孔、孟对天的态度是"敬而远之"的。故而墨子批评孔子否定天与鬼神却又将祭祀看得很重。但是，正是这种"敬而远之"使中国古代法文明模式从神的笼罩下解放出来，也使此后的中国避免了被宗教的涂炭，达到了当时社会所能达到的最高文明。冯友兰评论道：

> 吾人对待死者，若纯以理智，则为情感所不许；若专凭情感，则使人流于迷信，而妨碍进步。③

与天相比，先秦儒家更关注人，关注人生，关注人间的法是否能惩恶扬善，关注众生的福祉是否得到保护。这种对"民本"思想的弘扬，正是儒家法律理想主义的体现。

（2）基于对人性的信任，先秦儒家并不特别关注法律的形式，也没有像法家那样着意于法的逻辑结构、内容范围、实行措施及语言表达，更没有将法与刑等同起来，孜孜以求罪与刑的名实。儒家关注的是法的原则、法的社会效果与法必须承担的道德责任。正因为如此，梁启超在《中国法理学发达史论》中将儒家归为"自然法"学派：

---

① 《论语·卫灵公》。
② 《论语·先进》："季路问事鬼神。子曰：'未能事人，焉能事鬼？'曰：'敢问死。'曰：'未知生，焉知死？'"
③ 冯友兰. 三松堂全集：第2卷. 郑州：河南人民出版社，1988：319.

> 自然法者，儒家之根本观念也。①

从西方自然法学派的角度解读儒家，有一定的道理。因为儒家主张的伦理法体系与自然法学派确有不谋而合之处，自然法学派认为：

> 制定法律是一种必须满足某种道德要求的有目的的活动，法律是道德要求的产物。其次，他们还认为，法律的存在这一问题不能完全与它们的道德义务或道德性质的问题不相干。这样，自然法学家就采取了或接近于采取了一种道德义务论的观点。②

（3）应该知道，用"自然法学派"来描述儒家也是不准确的。因为儒家是中国文化的产物，也许其有些主张、精神与西方法学的某些学派相通，但由于文化土壤不同，面临的问题不同，所以其必定带有自身文化的特征。先秦儒家重礼、重德、重人之素质（尤其是君主的素质），是在总结夏、商、西周，尤其是西周历史经验的基础上形成的。儒家认为三代历史中，有着不变的历史规律；三代礼法所要求或体现的忠、孝、节、义或仁、义、礼、智、信，凝聚着华夏地区文明之一贯精神。对于族群来说，这种精神的重要性远胜过君主的设立，所以孔子说即使华夏地区没有君主，也比夷狄地区有君主要好。③ 这是一种文化的自信，体现在法律方面，与规范制度相比，儒家更注重法的精神。这也是近代有些学者将儒家视为"历史法学派"④ 的原因。

（4）先秦儒家极为重视法的精神，强调法与道德的一致性，但其并不是无视法律制度的必要性和作用。只不过在儒家看来，失却了内在精神的制度——不仅仅是法律制度，也包括儒家极力赞扬的礼乐制度——也就失去了意义。孔子说："人而不仁，如礼何？人而不仁，如乐何？"⑤ 在孔子看来人们对法的遵守，用礼乐制度表达内心的敬畏，一定应该是发自内心的，而不

---

① 《饮冰室文集之十五·中国法理学发达史论》。（饮冰室合集：文集之十五. 北京：中华书局. 1989：66.）另：《中国大百科全书·法学》释"古典自然法学派"："17、18 世纪的古典自然法学说和古代、中世纪的自然法思想之间，有很多共同点，例如，都将自然法与抽象的正义观念并列；都认为自然法是永恒不变、普遍适用的。"（中国大百科全书·法学. 北京：中国大百科全书出版社，1984：180.）
② 马丁·P. 戈尔丁. 法律哲学. 齐海滨，译. 北京：生活·读书·新知三联书店，1987：46.
③ 《论语·八佾》："子曰：'夷狄之有君，不如诸夏之亡也。'"
④ 《中国大百科全书·法学》释"历史法学派"："19 世纪以反对古典自然法学派、强调法律体现民族精神或历史传统为特征的法学派别。"（中国大百科全书·法学. 北京：中国大百科全书出版社，1984：372.）
⑤ 《论语·八佾》。

应该是屈从于权势的不得已之为。先秦儒家所追求的法，是一种合理的法、与道德不相违的法。所以在表达发自内心的言行规范方面，儒家的要求甚至比法家更细致、复杂。与法家不同，先秦儒家强调法是自下而上形成的。对于一些带有地方色彩的风俗习惯，儒家并不主张简单地以国家的强制力进行改造，"入乡随俗"是儒家制定规范的基本原则之一。儒家的这一思想对中国古代法律有着深远的影响，这也许就是中国古代没有形成国家颁行的统一的民法之因。虽然没有统一的民法，但在实际中，中国并不缺乏民众权利维护及民事纠纷解决的平等规则。因此，我们应该谨慎地审视中国古代没有制定民法的原因是顺其自然的不为，还是文明程度不够的不能为。以礼与习惯维系一方的和睦、安定并裁决纠纷，未尝不是古人治大国的智慧体现。也许在儒家看来，以法的形式去规范包罗万象的民间社会生活并非明智之举。这一点可以用法律社会学来解释：

> 法官的作用不在于寻找一种新的解决方法，而在于寻找一种符合他周围群体的意愿的解决方法。由此可见，说法官创造、制定了一些法规，是不正确的。实际上，这些法规早已存在，借用日耳曼古文献里的一句再确切不过的话说，法官只不过"寻找"到了这些规则罢了，日耳曼的古文献里有时称法官为"寻找法规的人"。①

（5）综上，我们在儒家法学术思想中，看到了与自然法学派、历史法学派、社会法学派相通的一些主张或观点，但是我们不能说儒家是自然法学派、历史法学派或社会法学派。儒家就是儒家，就如同他们崇尚的礼，虽然其中有习惯法、宪法、民法的因素，但我们不能说礼等同于现代习惯法、宪法或民法的概念，因为礼就是礼。由此，我们还需要纠正目前一些"通说"，比如认为儒家的"法"就是"刑"，并进一步将这种误解扩展到说中国古代的法就是刑。近代戊戌变法的领袖、被梁启超称为"清季输入欧化之第一人"的严复②在翻译孟德斯鸠的《法意》③时就指出：

---

① 亨利·莱维·布律尔. 法律社会学. 许钧，译. 上海：上海人民出版社，1987：66.
② 孟德斯鸠. 孟德斯鸠法意：上册. 严复，译. 北京：商务印书馆，1981：序.
③ Baron de Montesquieu, *De L'Esprit Des Lois*，中译本有严复于 1904—1909 年间翻译的《孟德斯鸠法意》（商务印书馆 1931 年版），译文中有严复的按语；张雁深翻译的《论法的精神》（商务印书馆 1961 年版）；许明龙翻译的《论法的精神》（商务印书馆 2012 年版）。

西人所谓法者，实兼中国之礼典。中国有礼、刑之分，以谓礼防未然，刑惩已失。而西人则谓凡著在方策，而以令一国之必从者，通谓法典。至于不率典之刑罚，乃其法典之一部分，谓之平涅尔可德①，而非法典之全体。故如吾国《周礼》、《通典》及《大清会典》、《皇朝通典》诸书，正西人所谓劳士②。若但取秋官所有律例当之，不相侔矣。皇帝诏书，自秦称制。故中国上谕，与西国议院所议定颁行令申正同，所谓中央政府所立法也。③

张国华在论证西周法律制度时，更是直截了当地告诉我们：

西周的"礼"，其实就是西周调整贵族内部和同族平民关系的"法"。……只是在西周不叫"法"或"法律"而名之曰"礼"。④

再比如，学界普遍认为儒家轻视法律，缺乏规则意识。其实，儒家所重之法，是法背后的精神。对于法律规则，儒家会追问"善"与"恶"，会追问其是维护了道德还是破坏了道德。这种追问也正是儒家法律理想主义的必然要求。

（四）以人性"好利恶害"为基础的法家法律工具主义

法家是春秋战国时兴起的一个学派，也是在中国法律学术思想史的发展与研究中占有十分重要地位的学派。就对传统的淡漠与对制度的重视而言，法家在中国古代史中可以说是一个空前绝后的学派。法家对"法"（制度）进行了全方位的论述，如法的起源、法的性质、法与君主的关系、法与传统的关系及法与舆论的关系等等。法家的核心思想是"以法治国"。

法家法治理论对春秋战国的社会变革、对中国古代法律制度体系的形成发展都起到过积极的作用。但由于其毫不掩饰地宣扬"霸道"学说，主张严刑峻法以维护君主集权，所以其学说难以为大多数人所接受。由于其学说也不利于社会矛盾的缓和与社会的稳定发展，所以自秦亡后，作为一个学派受

---

① 平涅尔可德（刑法）Penal code。——原编者注
② 劳士（法律）Law。——引者注
③ 孟德斯鸠. 孟德斯鸠法意：上册. 严复，译. 北京：商务印书馆，1981：7.
④ 李光灿，张国华. 中国法律思想通史（一）. 太原：山西人民出版社，2001：总论13.

到后世的严厉批判,但法家的思想并未"中绝",在汉以后主流法思想理念中,法家的学说被改造继承,集权统治形成了"内法外儒"的治理格局。

(1) 从概念上说,我们要对法家之法、古人之法、传统之法与我们现代所说的法有一个区分。首先,我们用最简易的语言概括一下今人对法的共识,即法是人们社会生活中的共同规范和价值追求,其有两个层面:一是与一般制度相区别,法具有普遍性与强制性,但这个强制性的制度不是为了剥夺公民的自由、权利,而恰恰是为了维护每一个人与生俱来所应有的权利。二是一个社会中法的制度与规范反映了社会的价值理念和追求。现今社会法的价值追求除正义、公平外,民主也是其核心价值所在。其次,我们以此来回观中国古代社会,以现代法的含义解释古代法。就第一层面的规范意义而言,中国的古代法包括两种:一是由国家制定并颁行、强制性特征明显的"法";二是由下而上形成的、强制性相对缓和的"礼制"。法侧重于维护政治秩序,君权或皇权是法维护的中心。礼侧重于维护家庭与社会秩序,人们的权利在礼中有一定的体现,但礼的规定基本是以"义务"而不是以"权利"为本位的。就第二层面的法的价值追求,即法的精神而言,"礼义"就是中国古代法的精神之所在。最后,与"古代法"密切相关的"传统法"则是今人对古代法的阐述,古代法是已经发生了的、过去了的并已经静止了的,而"传统法"却是活在当下的历史,是当代的人对古代法的认识、继承和改造。①

法家之法当然是古代法的一部分,但是法家之法既不同于夏、商、西周的"神法",也不同于儒家强调的自下而上、以"礼"为主体的法。它的重点在于强调"国家制度",强调这个制度所具有的强制性和统一性。法家之法更不是现代意义上的法,其片面强调民众对于国家的义务和服从,强调国家权力的至高无上。法家之法依靠权力的强制力推行,如果违法,无论轻重,几乎都逃不脱被施以重刑的后果。所以,法家提倡的作为君主御用工具的"法治",与我们今天的与民主如孪生兄弟的"法治"有着根本的不同。在古代法律学术思想中,法家不同于三代强调的神本,也不同于儒家强调的礼教,因为无论是神还是礼,在法家看来,都对君权构成一定的制约。法家

---

① 马小红. 礼与法:法的历史连接. 修订本. 北京:北京大学出版社,2017. 具体可参见该书第一章。

之法是以服务于君主专制为宗旨的法。我们从法家之法中所体会到的是狭隘的法的功能，从这一角度来说，将法家定位于法律工具主义应该是妥当的。

（2）法家在中国历史上是一个很特殊的学派，从学术渊源和发展的形式来看，其上无所承，下无所传。虽红极于春秋战国至秦，但在中国漫长的历史发展中，可以说是昙花一现。上无所承，是说法家对传统几乎完全否定，其注重的是法在现实中的作用。法家既不像墨家那样推崇传统，也不像儒家那样主张维护及改良传统。相对于当时的其他各家，法家给人以横空出世的感觉。下无所传，是说秦统一后的政权被推翻后，法家的学说在历史上一直受到思想家的批判和民众的质疑。虽然在政治与社会秩序的治理中，法家的一些主张并未消失，尤其在立法、司法中法家思想影响深刻，但是自汉代始，却没有哪个王朝敢公然打起法家的旗号，没有哪个统治者敢于或愿意自称"以法治国"，更没有人愿意以法家自诩。"王霸兼用""礼法结合"虽是中国法律学说不变的主题，但王道的理想、礼仪之邦的追求才是中国古代社会法律学术思想中的主流或导向，这就是所谓"内法外儒"。

（3）法家学说之所以无法被统治者作为公之于众的旗帜，表面的原因是秦用法家之说二世而亡的历史，给后人以深刻的警醒，善于总结历史经验的古人认为法家之学可以"打天下"，不能"守天下"。深层次的原因在于法家的法缺乏灵魂或信念。法家不言鬼神，也不讲是非善恶，而且认为人性"好利恶害"正是统治者可以利用的弱点。于国家而言，法家以尚"力"，即"富国强兵"为务，认为有实力的国家理所当然应该受到弱小之国的推崇和朝拜，理所当然地应该实行"霸道"；没有实力的国家理所当然应该去朝拜强国，受强国的摆布，所谓"力多则人朝，力寡则朝于人"[①]。于个人而言，法家教导人们顺应"好利恶害"的人性，不问是非，只需追逐利益而避免灾难即可。法家的学说，使人不仅丧失了理想，而且泯灭了是非善恶的良知。法家的法，充满了暴力而缺乏灵魂。春秋战国至秦，法家的失败告诉中国古人，好法之君，必是暴君。"法治"与暴政联系在了一起，如同《汉书·艺文志》中评价法家学说所言：

> 及刻者为之，则无教化，去仁爱，专任刑法而欲以致治，至于残害

[①] 《韩非子·显学》。

至亲，伤恩薄厚。

这也是中国自汉代后，明智的统治者对法家学说始终持有审慎、贬抑态度的原因。

(4) 我们还要深入地理解法家的"法治"实质是"刑治"与"势治"。就"刑治"而言，法家是中国古代唯一主张重刑的学派。他们主张轻罪重刑[①]，秦末陈胜、吴广揭竿而起便是因为"天下苦秦久矣"[②]。《汉书·高帝纪》亦记刘邦言："父老苦秦苛法久矣。"汉初人们对秦的"刑网"仍心有余悸，以至于谈"法"色变，几乎没有人不痛恨秦法的残暴。就"势治"而言，虽然梁启超在《中国法理学发达史论》中言，专任势治，即权力之治，就不是"真法家"或只是法家中一部分人的主张，但是，秦王朝的统治说明至少在秦统一后，法家就成为或变为"势治"的迷信者。秦朝的法或刑，对秦始皇不构成任何的约束，而只是其独裁的御民工具。在后期法家的学说里，最好的君主当然是既能守法又能有势，但更现实的君主则是"出言即法"并具有凌驾于法律之上的"势"。法家的法治存在着两种显而易见的危险：一是将法视为君主的御用工具，法律成为权力的附庸；二是将法作为只讲秩序、钳制民意的独裁治民之具。法家之法的消极影响，即使生活在现代社会的我们也常有感受。比如有人将法的主要作用，片面地理解为维护社会稳定的工具。

(5) 法家的主张，在春秋战国时与儒家针锋相对。在法律学术思想方面，自春秋战国至汉，法家的法律工具主义与儒家的法律理想主义始终在博弈。法家视儒家理想为"迂阔"，儒家视法家理论为"虎狼之学"，视秦国为"虎狼之国"。但就结局而言，秦的统一使法家学说在博弈中胜出，这是因为法家的学说较儒家学说更适应于竞争的环境。但是，历史的发展又充满了曲折，在秦朝成为主流学术思想的法家思想自汉后则受到最为猛烈与持久的批判。这种批判使法家思想指导下形成的秦法不断地儒家化，最终形成以儒家为本、礼法合一的主流法律学术思想。因此，我们在评论法家时，既不能因为其在历史上曾有过的积极作用和巨大成功（缔造了统一的秦王朝）而否认

---

① 《韩非子·饬令》："行刑，重其轻者，轻者不至，重者不来，此谓以刑去刑。"
② 《史记·陈涉世家》。

其在历史与现实中的消极影响，同样也不能因法家学说在历史与现实社会中的消极作用而否认春秋战国时法家对社会发展的贡献。

（6）如果我们从学术思想的传承来分析中国古代法文明与其他国家和地区法文明的源流的不同，有两方面需要注意：其一是西周由神本而民本的转变；其二是春秋战国时期儒法两家的对立与发展。在西周由神本向民本转折时，其他国家和地区的文明由神本产生出了宗教，人被完全置于神的笼罩之下。而西周"敬天保民"思想的出现，不仅动摇了神权法思想，而且使中国古代法文明就此走上人神并重的道路。这一点前文已经论述。春秋战国时期，同处"轴心期"[①]时代的中西思想家的不同，也是显而易见的。如果单就对人性与社会治理的论述来看，孔子与苏格拉底有着许多的相似之处，他们基本上都对人性与道德充满了信任，并醉心于教化。[②] 柏拉图之于苏格拉底犹如孟子之于孔子，柏拉图的"哲学王"统治的理想与孟子的"惟仁者宜在高位"[③]的贤人政治都对人性寄予了厚望。但柏拉图在晚年却对人性失望了，基于对人性的失望，柏拉图"不得已舍正义而思刑赏，弃德化而谈法治"[④]。而亚里士多德对人性的认识迥异于苏格拉底，他认为人性本恶，"哲学王"是无从出现的，而教化无补于人性：

> 所有这些罪恶都是导源于人类的罪恶本性。即使实行公产制度也无法为之补救。[⑤]

亚里士多德从人性看到了苏格拉底与柏拉图缔造的由"哲学王"统治的

[①] "轴心期"是德国思想家雅斯贝尔斯（Karl Jaspers，1883—1969）在其著作《论历史的起源与目标》中提出的观点，即指公元前 800—前 200 年，尤其是前 600—前 300 年，处于地球北纬 25 度至 30 度区间的不同文明都有了超越原始文化形态的突破性发展，其表现在各自都产生了伟大的精神导师：以色列有犹太教的先知们，古印度有释迦牟尼，中国有孔子、老子，古希腊有苏格拉底、柏拉图、亚里士多德。这一时期被称为"轴心期"，是人类精神发展之源，不同文明精神导师的学说有相通和不同的地方。每当人类社会发展到瓶颈期，遇有机遇或危机时，人们都会自觉或不自觉地回望这一时代，并从哲人的思想中汲取精神力量。轴心地区的轴心期文化由于有了这次超越与突破，一直延续、影响到今天。而同时代其他地区没有实现这次超越突破的古文明，如巴比伦、埃及，即使其文明规模宏大，也难免覆灭的结果，其文明成为文化化石。（卡尔·雅斯贝尔斯. 论历史的起源与目标. 李雪涛，译. 上海：华东师范大学出版社，2016：7-29.）

[②] 柏拉图. 苏格拉底之死. 谢善元，译. 上海：上海译文出版社，2011：英译者序.

[③] 《孟子·离娄》.

[④] 柏拉图. 理想国. 郭斌和，张竹明，译. 北京：商务印书馆，2002：译者引言 4.

[⑤] 亚里士多德. 政治学. 吴寿彭，译. 北京：商务印书馆，1996：56.

"理想国"的缺陷和危险,而认为弥补这种缺陷、避免这种危险的出路在于"法治"。亚里士多德的法治首先是"众人之治",这里包含了他所理解的"正义":

> 依次见解所得的结论,名位便应该轮番,同等的人交互做统治者也做被统治者,这才合乎正义。可是,这样的结论就是主张以法律为治了;建立[轮番]制度就是法律。那么,法治应当优于一人之治。①

可以看出,亚里士多德是想"以法律之治"遏制人性的膨胀,即遏制"不是起因于饥寒而是产生于放肆"的"世间重大的罪恶"②。这种重大的罪恶是指权力的滥用。由此西方轴心时代走过了由人治而法治的历程。战国时期的法家,与亚里士多德有相似处,他们都对先哲的人治产生了怀疑,都对人性有着现实的认识,又都对制度的优势抱有充分的希望。但与亚里士多德不同的是,法家虽然批判了儒家的"人性善"论,但是他们并没有像亚里士多德那样欲用"众人之治"来"遏制"掌权者的"人性",相反他们认为人性是可以利用的。人性恶—以"众人之治"遏制当权者之恶—法治,是亚里士多德的逻辑,而人性"好利恶害"—以君主之权力利用之—法治,是法家的逻辑。所以近代西方法治的启蒙来源于传统,而中国从法家"法治"传统中却无法更新出近代的法治。

(五) 以道家为主的法律自然主义

自西方近代法学传入后,中国学界一直在寻找本土的"自然法"。梁启超认为在先秦诸家中,儒家"最崇信自然法者也",并言:

> 儒家之论,其第一前提曰,有自然法。其第二前提曰,惟知自然法者为能立法。其第三前提曰,惟圣人为能知自然法。次乃下断案曰:故惟圣人为能立法。而第三前提所谓圣人者,复分三种。第一种,为天化身之圣人。第二种,受天委任之圣人。第三种,与天合德之圣人。③

---

① 亚里士多德. 政治学. 吴寿彭,译. 北京:商务印书馆,1996:167-168.
② 同①71.
③ 《饮冰室文集之十五·中国法理学发达史论》。(梁启超. 饮冰室合集:文集之十五. 北京:中华书局,1989:54,61.)

梁启超还认为道家的思想中也有自然法：

> 道家亦认有自然法者也。虽然，其言自然法之渊源与自然法之应用，皆与儒家异。①

儒家与道家"自然法"思想之异为何？梁启超说：

> （道家）不认自然法为出于天。故曰："天法道，道法自然。"……天亦自然法所支配，而非能支配自然法者也。②

"自然法"是一个地地道道从西学中舶来的概念。用西法中的概念、理论甚至发展进程归纳、解释、评价中国古代法，是近代中国法学的潮流，这种研究或被名曰"比较法研究"。问题在于比较研究首先需要的是对两种或多种客观事实的陈述，而不是以一方的模式或价值观为标准去阐释与评判另一方或其他各方。如儒家的法律主张固然与西方的自然法学派、历史法学派、社会法学派的观点有诸多相同或相通之处，但我们不能以这些生长于西方的学派名称来命名儒家。同样，中国古代许多政治家、思想家的法律思想中虽然不乏被西方称为"自然法"的因素，但用"法律自然主义"而不是自然法学派来描述以道家、黄老学派为中心的法思想理念也许更为贴切。

1. "自然法"辨正

自然法思想在西方法学发展中始终占有重要的地位。寻找自然法思想的渊源，不免还要回望那个产生了苏格拉底、柏拉图、亚里士多德诸位先哲的"轴心时代"。古希腊、古罗马时期是自然法思想发展的第一个时期。我们用《简明不列颠百科全书》中的相关内容来概括古希腊的自然法思想：

> 古希腊以来，对于自然法的意义及其与成文法的关系存在着不同的看法。古希腊智者派将"自然"和"法"区别开来，认为"自然"是明智的，永恒的，而"法"则是专断的，是出于权宜之计的。因此，按一种观点，法律是为强者的利益服务的；按另一种观点，法律是为弱者服务的。苏格拉底、柏拉图和亚里士多德都断定能发现永恒不变的标准，

---

① 《饮冰室文集之十五·中国法理学发达史论》。（梁启超. 饮冰室合集：文集之十五. 北京：中华书局，1989：66.）

② 同①66-67.

以作为评价成文法的参考。①

自然法作为一个成体系的思想形成于"希腊化时代"的斯多亚学派。② 斯多亚学派的特点是关注人之伦理以及人如何持身、行动,以获取幸福。他们肯定理性是人所共有的自然本性,而自然状态是一种为理性控制的和谐、正义的状态。这种状态为自私所破坏,人类面临的问题是塑造自然法则,回归自然的理性,回归自然法。在古罗马,斯多亚学派被继承:

> 大致来说,这意味着一个人不再被认为是一个群体的有机部分,而被认为是普遍法规和政府体制之下的一个个人。原则上所有个人在任何时候、任何地方都适用的法律之下都是彼此平等的。这里我们遇见了最发达形态的自然法概念。③

古罗马时期的政治家、斯多亚学派代表人物,也是自然法思想的发展者西塞罗(公元前106—前43年)认为,自然法才是至高无上的法,如果人类制定的法律与自然法相矛盾,那么就不能将其称为"法",所谓"恶法非法"。

将神学与自然法密切联系起来的中世纪的代表人物是意大利的神学家、哲学家托马斯·阿奎那(1225—1274年)。他将法律分为永恒法(上帝法)、自然法(关涉人的永恒法)、神法(《圣经》与神的启示,指导人们追求世俗幸福外的永恒幸福)和人法(国家制定的法律,应当源于自然法)。他相信理性,认为上帝的永恒法也不过是神圣智慧的理性而已。人与其他动物的不同,也在于其有理性,他将人称为"理性动物",认为人虽然不能"认识上帝的全部计划,但是人的理性使他能够分享永恒理性,因此他能够认识到正当行为和目的的(规范性的)自然倾向。自然法不外乎是理性生物对永恒法

---

① 简明不列颠百科全书:第9册. 北京:中国大百科全书出版社,1986:569.

② 斯多亚学派,目前另一种汉语译法为"斯多葛学派",如《中国大百科全书·法学》中沈宗灵撰写的"古希腊法律思想"条用此译法。本书取《简明不列颠百科全书》的译法"斯多亚学派"。该学派由出生于塞浦路斯的学者芝诺(Zenon,公元前326—前264年)创立。"'斯多亚'之名源自位于雅典的彩色列柱厅(Stoa Poikile),此地为该学派聚集、讲学之所。"(徐继强. 西方法律十二讲. 重庆:重庆出版社,2008:40.)

③ G. 希尔贝克,N. 伊耶. 西方哲学史:从古希腊到二十世纪. 童世骏,郁振华,刘进,译. 上海:上海译文出版社,2004:111.

的参与"①。

自然法发展的高峰时期是17、18世纪。资产阶级启蒙思想家直接继承了古希腊、古罗马自然法思想,而批判了中世纪建立在神学基础上的自然法。我们通常称这一时期的自然法思想为"古典自然法学"。这一学派的代表人物有荷兰的格劳秀斯、斯宾诺莎,英国的霍布斯、洛克,法国的孟德斯鸠、卢梭等。与阿奎那对自然法阐述的不同之处在于,古典自然法学派将自然法建立在了世俗的价值基础之上,"神即自然"是他们哲学观的共同特征。② 葡萄牙法史学家叶士朋总结道:

> 自然法观念的这种新意义成为17世纪欧洲法律文化的决定性因素。从某种方式来说,新的自然法建立于理性之上,同建立于神学之上的旧自然法相呼应。社会和法律思想世俗化了。在欧洲首次(以宗教改革的方式)打破了宗教的统一并同非欧洲宗教传统的民族进行了接触的背景下,便不是奇怪的事了。由于这种世俗化,法的根基转而建立于世俗的价值之上,这些价值有如理性的自明性一样对所有的人都是共同的。③

已经为中国人所熟知的"天赋人权""社会契约""主体权利""权力制约"等理论也都发端于此。

19世纪,自然法学由于受到实证主义、功利主义、民族主义的批判而衰落。自然法学对人的理性的强调,发扬了法的普遍性特点,根据法的这个特点,法律似乎突破了地域、民族的界限,一国一地的法可以由本国人制定,也可以由外来人制定,甚至一国一地的法可以作为其他国家和地区的法行使。因为从人普遍具有的理性出发,法也应是人类社会的普遍规则。自然法学的这种观点受到许多民族主义者的批评:

> 法学家在国家法传统因素的激励下,开始反对输入理性法的体系。

---

① 韦恩·莫里森. 法理学:从古希腊到后现代. 李桂林,李清伟,侯健,等译. 武汉:武汉大学出版社,2003:71-72. 以上关于自然法发展的表述,除直接引文,还参考了《中国大百科全书·法学》(中国大百科全书出版社1984年版)、《简明不列颠百科全书》(中国大百科全书出版社1986年版)中的有关词条;参考了徐继强著《西方法律十二讲》(重庆出版社2008年版)。
② G. 希尔贝克,N. 伊耶. 西方哲学史:从古希腊到二十世纪. 童世骏,郁振华,刘进,译. 上海:上海译文出版社,2004:256.
③ 叶士朋. 欧洲法学史导论. 吕平义,苏健,译. 北京:中国政法大学出版社,1998:154.

这种情形主要发生在德国。萨维尼激烈攻击 G. 蒂博（G. Thibaut）编纂一部理性法典的计划（此设想试图在世界主义和国家主义之间作一种妥协），他认为，法典编纂所"制订的"一种法首先应该是生活本身，而理性法的普遍化的法典则纯属抽象，是"人民的精神"所无法接受的。①

第二次世界大战后，"正义"作为法的核心问题被重新提出，并被作为评判人为法的标准，自然法学在西方复活，直到今天，虽然其规模与深刻度尚无法与古典自然法学相比。

可以说，自然法学贯穿了西方法律学术思想发展的全过程，"自然法"本身也是一个内容不断拓展的概念，每一个时代的自然法学都有着时代的烙印。即使同一时代的自然法学的大家，他们的观点或侧重点也各有不同。但是，有一点我们是可以把握的，即自然法学派都确信自然法是自然或上帝赐予人类社会的大法，这个大法反映了法的正义本质，应该是人为法的指导，也是检验人为法正当与否的标准。

2. 先秦各家的法律自然主义

厘清自然法概念与自然法学派在西方的发展，对于我们分析中国古代法文明中的有关"自然"的法思想理念十分必要。

首先，将先秦道家的法律主张归类于"自然法"思想实在是一种误解，这种误解或源于对道家"道法自然"的望文生义。道家的"道"，说的是宇宙发展的规律。这种"道"与自然法可以比拟的地方是，道家认为这种"万物之母"的道是永恒不息、不可改变的；而自然法学派也认为自然法是稳定而永恒的。但是，两者的不同之处更显而易见，即自然法学派在论述自然法时立足于"人"，自然法是人为法的检验标准或是永恒法中关于人的部分，其发于人之理性并合乎正义；但道家只承认自然规律的无往不胜，否定人为法的意义，甚至否定道德的规范作用。道家将一切人为的规范以及对贤者的崇拜都视为多余。道家的"道"无所谓正义，也无所谓善恶，"道"显示的所谓"公平"便是以万物为"刍狗"②。即使如此，道家也崇尚自然，主张人

---

① 叶士朋. 欧洲法学史导论. 吕平义，苏健，译. 北京：中国政法大学出版社，1998：170-171.
② 《道德经·第五章》："天地不仁，以万物为刍狗；圣人不仁，以百姓为刍狗。"

类按自然规律生活。

其次，与道家不同，儒家是以"人"为中心来论述自然——"天象"的。如前所述，儒家的"天"有自然与人格神的双重意义，但儒家毕竟认为圣人体悟天道所立的"法"——儒家称之为"礼"的规则是公正、正义而且长久的，是检验人间规范的标准。从这一角度来说，儒家与自然法学有着更多的契合点。而如自然法贯穿于欧洲法学史一样，礼也贯穿于整个中国法律与法学发展的进程。尽管近代西学引导了中国法学的潮流，儒家学说与礼不断受到思想界、学界甚至社会舆论的质疑，但儒家的观念与礼对中国社会的巨大影响始终不曾消失。然而，儒家与西方自然法的出发点并不一致，西方自然法的理想是以人性恶为基础的，而儒家的主流却认为人性本善。孔子，尤其是孟子从未像亚里士多德，甚至柏拉图那样，基于对人性的失望而放弃贤人政治，后世儒家更不曾像宗教笼罩下的中世纪欧洲的法学家那样认为人有"原罪"，以及像古典自然法学家霍布斯那样认为人在自然状态下是自私与残忍的。儒家主张遵从圣人之法，因为儒家认为体察天道不是人人都能做到的，唯有圣人才能体察天道而立法。儒家对圣人的崇尚实际上是对天的崇尚，其中也包括了对发自自然、与生俱来的人性善的崇尚。

最后，我们也有必要剖析一下法家。法家基本不关心"人"之外的事情，所以在法家的著作中很少看到有关自然、神鬼的论述。但是法家的思想却与自然有着密切的关系，这充分显示了法家"其归本于黄老"[1]的实质。法家论述历史的发展，就如同道家论述自然的规律，不论善恶，没有是非，一切自然而然，不可抗拒。德治、礼治行于"人民少而财有余"的上古之时，是理所当然的事情；法治行于"人民众而财货寡"的当今（战国）之世也是时势使然。物质丰富而不必争抢时，通过说教，人们很容易成为彬彬有礼的君子。而当物质匮乏，人们为抢夺财物、资源而争乱时，说教就失去了作用。制止争乱最为简捷、有效的方法就是"重刑"。道家与法家都反对儒家的繁文缛节。对"圣人"的定义，法家与道家也更为接近。儒家的"圣人"体察天道，代天立法；道家的"圣人"顺应自然；而法家的"圣人"则顺应时势。三家的"圣人"都是能够与自然和谐相处的人，只是表

---

[1] 《史记·老子韩非列传》。

现不同而已。对于法律，儒家思虑周详，既考虑对犯罪个体的惩处，又考虑对社会整体的正义和民心的引导。法家则简单得多，他们只考虑法律如何设定得周密，将民众置于法网中，君主可以"缘法而治"。道家更是如此，他们认为最佳的境界是人回归到自然中去，这样就可以不劳儒家的圣人体察天道并辛苦地说教以行礼，法家的设法立制更是没有必要，一切顺应自然，便可以"无为而治"。

此外，阴阳家、墨家的思想中也都有与自然法思想相契合处，比如阴阳家对自然规律永恒性与普遍性的确信，墨家的"法不仁，不可以为法"[①]与阿奎那"恶法非法"思想的契合，等等。但是，阴阳家与墨家缺乏对人之理性的论述，在人与自然的关系上，阴阳家更偏重于论述自然变化对人的掌控，墨家更偏重于天与鬼神对人的掌控。

3. 法律自然主义的特征

无论道家、儒家，还是法家、阴阳家、墨家，以及秦汉后形成的主流法思想理念，在论证人与自然关系时，通常都认为人对自然应该是崇尚而敬畏的，同时也将人作为自然的一个组成部分，认为人类社会的统治与法律应该"效法"自然，而不是违背自然。这种对自然无条件地崇尚与效法，更符合"自然主义"的特征，而主张法律应该效法自然、"顺天则时"则是法律自然主义的典型特征。

虽然诸子思想中皆有法律自然主义的倾向，但是也各有特征。比如道家是一种绝对的自然主义，认为在道的面前，无所谓强弱，无所谓智愚，甚至无所谓贵贱贫富，因为"损有余而补不足"[②]的自然之道会使一切在不自觉中自然而然地达到平衡或公平。而儒家的自然主义则更关注天道的正义，关注为大多数人拥护或接受的价值观。他们对道家的不分善恶的自然观显然不同意，对道家"无为自化""清净自正"的君主为政之道也不赞同，儒家主张君子自强不息，强调人的主观能动性，主张人与自然的互动，故而"子曰：'人能弘道，非道弘人。'"[③] 也许是因为有这种差异，司马迁在记述儒道两家学说时说，学习道家学说的人，往往会贬斥儒家的学说；同样，学习

---

① 《墨子·法仪》。
② 《道德经·第七十七章》。
③ 《论语·卫灵公》。

儒家学说的人，也会贬斥道家的学说。司马迁叹道：孔子说"道不同不相为谋"，也许就是指这件事吧。①

无论是道家的法律自然主义，还是儒家及其他学派的法律自然主义，都大大地加强了中国古代法文明的包容性，因为自然——古人也常将其称为"天象"——是气象万千、最具包容性的。在笔者所涉猎的书论中，清代郑板桥对自然主义的解释最为到位，他说：

> 尝论尧舜不是一样，尧为最，舜次之。人咸惊讶。其实有至理焉。孔子曰："大哉尧之为君，惟天为大，唯尧则之。"孔子从未尝以天许人，亦未尝以大许人，惟称尧不遗余力，意中口中，确是有一无二之象。②

郑板桥认为孔子极力推崇尧独一无二，将"天"与"大"这种极端的赞美之词许之以尧的原因，在于尧所行的是自然之"天道"，而舜不及尧，因为舜所行的是惩恶而扬善的"人道"。郑板桥说，天固然是春夏秋冬四时冷暖行之有时，但也常常有狂风淫雨、赤旱千里、风雨不调之时，只是这些逆时的灾害并不能损害天的伟大；天生万物，有麒麟、凤凰、灵芝、仙草、五谷、花实等瑞兽灵草，但也有蛇、虎、蜂蜇、蒺藜等猛兽毒草，只是这些亦有功用的所谓孽障并不损害天的仁德。自然之象所体现出的丰富的天之道，本来就是良莠不齐、善恶杂陈的。作为天子的尧，深谙天道，所以朝中既有贤臣，也有恶人，只是恶人损害不了尧的伟大。与尧不同，舜为政则举贤才、罚罪臣。舜流放了共工，放逐了驩兜，诛杀了三苗和鲧，朝中尽是贤人良臣。但郑板桥认为，这不过是人为的为君之道而不是符合自然的天道，舜因而在孔子的眼中是次尧一等的贤君而已。郑板桥总结道："夫彰善瘅恶，人道也；善恶无所不容纳者，天道也。尧乎，尧乎！此其所以为天也乎！"③善恶尚且可以同朝为官，何况其他。这种既有道家的超脱，又有儒家的宽恕的包容性，显然是自然主义带给中国文化以及中国法律文化的特征。

法律自然主义赋予中国古代法文明的包容性首先表现为不同法律学术

---

① 《史记·老子韩非列传》："世之学老子者则绌儒学，儒学亦绌老子。'道不同不相为谋'，岂谓是邪？李耳无为自化，清静自正。"

② 《郑板桥集·家书·书后又一纸》。(郑板桥集. 上海：上海古籍出版社，1979：17.)

③ 同②.

思想间的融合，其造成了中国人开放式的思维方式，即没有截然对立、没有不可以融合的"中庸"之路。就先秦而言，诸子思想虽"各引一端"[①]，但它们之间又是互相吸收和融合的，如孔子问礼于老子，墨子本"受孔子之术"，荀子亦接受了法家的某些思想，法家的集大成者韩非则为荀子的学生又"归本于黄老"，名家的"循名责实"为法家继承改造为"刑名法术"之学，等等。春秋战国诸子虽学派分明，但也是在互相借鉴与批判中发展起来的。而秦汉之后，由于政权力量的强大，各个王朝无不在文化、思想、学术"大一统"上费尽心力，"大一统"桎梏了人们的思想，但从另一个角度来看，"大一统"也正是以儒家为本、兼容并蓄、包容各家学说的产物。

法律自然主义在中国历史的发展中有着特殊的文化与政治功能。文化功能即融合各家之言，造就了博大精深的中国古代法文明。就政治功能而言，因为自然主义所采取的无为而治往往与乱后思安、经济处在恢复中的新王朝的政局相吻合，所以在王朝初建时，发源于道家，或为道家分支的黄老学派往往会成为王朝的指导思想。法律自然主义指导下的立法一般都会以宽简为原则。

（六）主流法思想中的法律现实主义

中国古代法主流思想理念形成于汉武帝"罢黜百家，独尊儒术"之后，其是继秦王朝"政治统一"后的思想与文化的"一统"，意义十分重大。自汉武帝至清，主流思想理念与主导思想理念合一，渗透于社会的方方面面，主导着全社会的价值观。主流法思想是主流思想的一个组成部分，其主要内容是以儒家为本、兼采各家学说，指导立法、司法实践，并成为主导全社会的法的价值观。

"现实主义"的内涵极为复杂，其核心是强调人们应该真实、客观地认识社会，并采取妥协的态度，寻求人类最佳的生存状态。形成于汉武帝之时的主流法思想契合现实主义的内涵，其表现主要有三个方面：一是虽然以儒家为本，但也兼采先秦百家"其宜于时者"的主张，具有强大的融合力。二

---

① 《汉书·艺文志》。

是修订先秦儒家的"人性善"思想为"善恶兼",由此改进了先秦儒家唯道德的理想主义,肯定了法律在人类社会发展中的不可或缺性。三是保守儒家的道德导向,将人类社会的福祉作为最终的皈依。

1. 对各家法主张的采纳

主流法思想形成于汉武帝时期,其是以儒家法律主张为本,兼采法家、道家、墨家、阴阳家等各家法律学说而形成的。

主流法思想以儒家的法思想为本,即强调法律必须与道德相辅相成。礼所强调的忠、孝、节、义,也就是汉儒总结的"三纲五常"①是立法与司法的指导原则。在一般情况下,主流法思想强调法律的条款与法的精神——礼教所提倡的忠、孝、节、义应该是一致的。而在一些特殊的情况下,礼与法的具体条文也可能会发生抵牾,如为亲尽孝而复仇杀人的孝子、为义而触禁的侠客、为保护主人而犯国法的义仆等。在这种情况下,主流法律思想理念的主张是舍法条而全礼义,因为这些人的言行虽触犯了法条,但符合法所要维护的精神,因此在法律的裁决上应酌情减免处罚。

主流法思想吸纳了法家的主张,认为法律是治国安民不可或缺的手段,一般的纠纷解决应该以礼的原则和公序良俗为依据,选拔、考核、奖惩官员更应有章可循,即使极端的法律手段——刑罚,也不可废于国。吸纳法家思想的原因还在于主流法思想与先秦儒家对人性的认识略有不同,即人性并不是尽善尽美的,大多数人生来就具善、恶双重性,即"善恶兼"。一个好的环境可以充分弘扬人的善行,一个坏的环境也能泯灭人的良知而扩张人的恶

---

① 三纲,即"君为臣纲,父为子纲,夫为妻纲";五常,即仁、义、礼、智、信。"三纲"是自汉中期主流思想形成后,中国古代社会的核心价值观。其高度概括了国家、社会、家庭中人与人之间的关系,对中国古代社会的社会稳定与文化发展起到了积极的作用。"三纲"的内容也是诸家合流的结果,其最初见于韩非的论述,《韩非子·忠孝》中说:"臣之所闻曰:'臣事君,子事父,妻事夫。三者顺则天下治,三者逆则天下乱。此天下之常道也,明王贤臣而弗易也。'则人主虽不肖,臣不敢侵也。"这段记载反映了儒法两家对君臣、父子、夫妇关系既有相同的看法,也有不同的看法。先秦儒家提倡礼治、德治、人治,也主张臣事君,子事父,妻事夫,同时也要求君仁、父慈、夫义。尤其在君臣关系上,孟子主张"民为贵",君主若为独夫民贼,人人得而诛之。在家庭关系上,孟子主张子女要无条件地顺从父母,即使父母不慈,子女也不能不孝,如舜对自己的父母一样。而韩非则强调臣子对君主的无条件的服从,即君主即使不好,臣子也不能背叛。从对"三纲"的确认,也可以看出主流法思想以儒家为本、兼采各家的特点。主流法思想以阴阳之学阐释君臣、父子、夫妻的关系,既继承了儒家对父子关系的强调,也继承了法家对君臣关系的强调,淡化了孟子的"诛暴君"思想,使其理论更现实地服务于君主集权制的政治和以家为本位的社会。

性。此外，道德教化对于一部分天生恶人的感化作用甚微，所以只能使用刑罚。基于此，教化的弘扬与法律的禁止都不可或缺。

主流法思想对道家思想的采纳主要表现在力主立法宽简上，因而每当王朝初期，统治者基本都会实行宽政简刑的政策，都会修订律令。

主流法思想对阴阳家思想的采纳，是以阴阳消长的自然规律来解释"德本刑用"的正当性、合理性和永恒性。比如阴阳家认为自然界中万物生生不息，地久天长之道在于顺应阴阳的变化。阳主生，为主，位尊；阴主杀，为辅，位卑。故在人类社会中，君、父、夫为阳，为主，位尊；而相对应的臣、子、妻则为阴，为辅，位卑。因而"君为臣纲，父为子纲，夫为妻纲"的"三纲"是符合自然长久之道的天经地义的制度。

2. 保守道德的导向作用：以人类福祉为皈依

主流法思想以伦理道德为核心，以人们安居乐业的幸福生活为目的。梁启超、杨鸿烈、张国华、张晋藩等对主流法思想的内容都做过归纳[①]，尽管不同的学者的归纳不尽相同，但认为中国古代法多"含道德的分子"[②] 则是学界的共识。

从历史的发展来看，主流法思想是保守主义的。与先秦儒家不同，主流法思想不认为人性是完美无瑕的，基于人性有善有恶的现实，主流法思想的国家治理主张更为现实。孔子认为：

> 善人为邦百年，亦可以胜残去杀矣。[③]

即圣人统治国家百年，就可以不用刑罚。

孟子认为：

> 人皆可以为尧舜。[④]

而主流法思想则认为：

[①] 详见梁启超著《中国法理学发达史论》《论中国成文法编制之沿革得失》，载《饮冰室合集》，中华书局1936年初版，1989年重印；杨鸿烈著《中国法律发达史》，商务印书馆1930年初版，后多次重印、再版；张国华编著《中国法律思想史新编》，北京大学出版社1991年初版，后多次重印、再版。张晋藩著《中国法制史》，商务印书馆2010年版。

[②] 杨鸿烈. 中国法律发达史. 上海：上海书店，1990：4.

[③] 《论语·子路》。

[④] 《孟子·告子》。

鞭扑不可弛于家，刑罚不可废于国，征伐不可偃于天下。①

主流法思想的现实性和保守性表现在尽管认为人性并不完美，现实制度也不是无懈可击，但并不主张激进，而是主张以儒家学说为本，调和各种矛盾，节制政治权力，维系社会稳定和稳健的发展。主流法思想的保守主义是现实的，但其并不排斥先秦儒家的理想主义，相反，在主流法思想的体系中，先秦儒家的理想主义色彩虽然被淡化，但其始终占据着重要地位，起着导向的作用。

主流法思想的现实主义，是"中国式"和"古典式"的，其强调在对现实复杂性认识的基础上，寻找最佳应付之策。此外，主流法思想与功利主义也是殊途同归的，即两者都强调法律应以人类的福祉为皈依。不同之处在于：主流法思想强调人类福祉是以道德伦理的是非为前提的，认为只有符合道德伦理的法律才是善法，才能维护人类社会的良好秩序，人类才能获得真正的幸福；而功利主义并不注重道德是非，只注重结果，认为人类的行为只要增进了幸福，就是正确的。主流法思想认为，道德发自人的善良本性，而功利主义则强调道德源于人们追求快乐的自私本性。

综上，由于是现实主义的，主流法思想能根据历史发展与社会实际状况，及时调整法律，使法律与道德相辅相成。其既不放弃先秦儒家的法律理想主义，又不排斥其他各家学派学说中"其宜于时者"的主张。主流法思想对儒家的守护，削弱了法家法律工具主义的不良影响。同时，主流法思想对法家思想的吸收，也弥补了儒家"迂阔"的不足。冶不同学派的学说观点为一炉，主次有序、多元并存、随势应变、与时俱进的主流法思想体现了中国式的现实主义。

二、主流法思想

"遵循祖制""率由旧章"是农业社会为政、为人的准则。在中国法思想理念的发展中，也带有农业社会深深的烙印。在汉武帝后，春秋战国时期特点鲜明的不同学派的学说，经过博弈、蜕变，汇入了以儒家为本的主流思想

---

① 《汉书·刑法志》。

理念中。从此，完善、修补、改良成为中国法思想理念的特点，即使当时社会中的非主流，甚至异端思想，也常常会以儒家的论述为依据。"集权—礼法时代"的思想理念发展的主线便是修补、完善，而非突破。

以儒家为本、兼采各家的主流法思想内容十分丰富。如果用现在的法理学加以分析，我们可以归纳出其内容主要集中于两个方面，即法与自然的关系、法与人的关系（法与人性、法与道德、法治与人治）。在对法与自然、法与人的关系的论述中，涉及法的概念、本质、特征、体系与作用等问题。

（一）主导思想与主流思想

钱穆言：

> 思想必然是公共的，尤其是所谓时代思想，或某学派的思想等，其为多数人的共同思想，更属显然。凡属大思想出现，必然是吸收了大多数人思想而形成，又必散播到大多数人心中去，成为大多数人的思想，而始完成其使命。①

主流法思想正是这样一种思想，即为社会广泛认可的法思想。

在阐述主流法思想之前，有必要对主导思想、主流思想简单地作一区分。主导思想是统治者所提倡的思想，而主流思想则是为社会广泛认可的思想。主导思想与主流思想在许多情况下是一致的，即统治者倡导而社会亦广泛认可，如夏、商、西周的神权至上思想，战国至秦的法家思想，汉至清的儒家思想。但有时主导思想未必就是主流思想，如：春秋时虽"礼崩乐坏"，但社会上大多数人仍以"非礼"为不齿；秦统一后，独尊法家，但天下却"诵法孔子"，统治者提倡的主导思想与社会的主流思想发生分离，甚至对立。

在一个社会中，法的制度设计一定是主导法思想的反映，但制度反映的思想是单一的，而思想本身却是多元互动的。思想唯有多元互动，才能推进制度的变化和社会的变革。如战国的百家争鸣，使法家思想取代了礼治思想而成为主导思想；汉代对秦政的反思，使汉儒取道中庸而形成礼法合治的思

---

① 钱穆. 中国思想通俗讲话. 2版. 北京：生活·读书·新知三联书店，2005：自序1.

想，取代了法家思想的主导地位，其宣扬的价值观亦为社会大众所认可，形成了主导思想与主流思想的合一。

此外，即使在古代大一统文化中，亦有非主导、非主流，甚至异端思想的存在。这些思想在一定的历史背景下，如钱穆所言，影响广泛，对大多数人有着一定影响，而主流思想则成为全社会的共同理念和价值观。

（二）法与自然

不同的自然环境与社会文化背景，使中西方人从大自然中感悟到不同的真谛。以农为本的中国人从自然中感受到的是万世不易的四季变化与万物相生相克的和谐之美。从中国古人思想中不难寻找到崇尚自然、效法自然的法理念。顺应自然，万物和谐相处就是中国人所认为的最大公正。西方人从自然界感悟到的是"物竞天择""优胜劣汰"的"公正"竞争原则，其自然法的精髓就在于"公正"。虽然这种"公正"在西方人眼里也只是一种人类社会只可以不断接近，却永远不可能实现的理想法。对自然的不同感悟，造就了中西方法理念中虽都有"和谐"观，但中国法理念中的和谐强调的是每一个人安于本分和角色，而西方法理念则更强调博弈后以秩序为基础的和谐。

1. "天人合一"的立法思想

崇尚上天（神），用占卜获取天（神）意，是人类社会发展伊始必经的阶段。甲骨卜辞的发现证明了商人几乎无事不卜：大到祭祀、征伐、立制，小到行止、梦幻、疾病之类。商统治者对"天"的崇拜迷信达到了顶点，商纣王在周人大兵压境、商亡迫在眉睫的情况下依然说"我生不有命在天乎！"[1] 周革商命，对"天"的存在与威力不可能毫无怀疑，因而人对天的绝对服从在周初有了改变。相对以往的"天"来说，人的地位显著提高。周初统治者认为，天意通过占卜可以预测，但更直接的是通过民意来反映天意。所谓"天畏棐忱，民情大可见"[2]，"民之所欲，天必从之"[3]。统治者只有凭借"德政"才能获取民心，并由此获得天命。"天—王—民"由此成为一个有机的整体，"民之所欲，天必从之"的思想可以说是"天人合一"思想理

---

[1] 《史记·殷本纪》。
[2] 《尚书·康诰》。
[3] 《左传》"襄公三十一年"引《太（泰）誓》。

念的萌芽。

春秋战国时期，尽管卜筮之法仍盛行，但"天"的概念在学术上还是发生了很大的变化，各家各派在论及"天"时，基本上是各取所需。儒家对"天"持敬而远之的态度，孔子的学生记：

>子不语怪、力、乱、神。①

虽然孔子说"祭神如神在"②，但孔子对"天"仍持"敬"的态度："迅雷风烈，必变。"③ 即遇到异常的天变，孔子一定要以恭敬的姿态来迎候。孔子还认为"获罪于天，无所祷也"④。法家先驱子产认为：

>天道远，人道迩，非所及也，何以知之？⑤

道家对"天"的解释就是"自然之道"。自然界的变化规律虽不受人事的影响，但人类社会若逆自然规律而动，则必乱、必亡无疑。墨家虽迷信天地鬼神，但对天地鬼神采取的也是实用主义的态度。他们把自己"兼相爱，交相利"的社会理想说成是天地鬼神的旨意。阴阳五行家由于宗法制的崩溃而"官失其守"，流落民间成为方士⑥，他们从以占卜释天意转为注重以自然释天意。太史公说：

>夫阴阳四时、八位、十二度、二十四节各有教令，顺之者昌，逆之者不死则亡。未必然也，故曰"使人拘而多畏"。夫春生夏长，秋收冬藏，此天道之大经也，弗顺则无以为天下纲纪，故曰"四时之大顺，不可失也"。⑦

对"天"多种多样的、现实的解释，使中国古代文明避免了狂热的宗教崇拜而始终以人为中心。但也正因为如此，中国古代文明对自然的探索往往无法深入，对"天"若有若无的迷信也始终没有打破。中国古人论证"天

---

① 《论语·述而》。
② 《论语·八佾》。
③ 《论语·乡党》。
④ 同②。
⑤ 《左传》"昭公十八年"。
⑥ 关于阴阳五行家的由来，参见冯友兰. 三松堂全集：第2卷. 郑州：河南人民出版社，1988：430。
⑦ 《史记·太史公自序》。

道"的目的在于为"人事"提供效法的模式。日月运行、寒暑交替、春华秋实、生老病死等,这些不可抗拒的自然规律为统治者解释法的来源提供了依据。

"天人合一"观在西汉主流法思想形成时,被董仲舒系统化、理论化。董仲舒认为天人是相通的,人的精神、身体本身就是大自然的副本,所谓:

> 唯人独能偶天地:人有三百六十节,偶天之数也;形体骨肉,偶地之厚也;上有耳目聪明,日月之象也;体有空窍理脉,川谷之象也;心有哀乐喜怒,神气之类也。①

既然天人相通,那么人与天便可互相感应:"人之喜怒"可化为"天之寒暑"②。人间的政通人和可致自然界发生相应的变化:

> 阴阳调而风雨时,群生和而万民殖,五谷孰(熟)而草木茂。③

在董仲舒看来,帝王为政最重要的莫过于效法上天、顺应自然,因为与自然融为一体才是天长地久之道。

董仲舒的"天"有两个含义:一是阴阳、四时、五行、万物自然演化的规律,其通过"天象"来表现,这是自然之天;二是有意识及喜怒哀乐并能主宰万物(也包括人类)的"天",这层意义上的"天"具有神秘的宗教色彩。④董仲舒更强调的是自然之天,因为"天意难见也,其道难理"⑤,而自然的阴阳、四时、五行变化却是人人都能感受到的"天象"。

阴阳、四时、五行的变化造就了自然界中的"万象",古人称之为"天象"。在儒家思想体系中,天象是圣人制礼的依据,也是统治者立法的依据。儒家的经典著作《礼记·月令》中详细地记述了天子一年十二个月应穿的服装、佩戴的饰物及应行之政。天子的为政应天所变,与春夏秋冬四时变化相协调。《礼记·月令》的大致内容是:春季为万物复苏之际,阳气渐盛。为迎春之阳气,天子应衣青衣,服青玉,率三公、九卿、诸侯迎春气于东郊。

---

① 《春秋繁露·人副天数》。
② 《春秋繁露·为人者天》。
③ 《汉书·董仲舒传》。
④ 李泽厚. 中国古代思想史论. 北京:人民出版社,1985:145.
⑤ 《春秋繁露·如天之为》。

对大自然要采取保护的措施，禁止捕杀幼鸟幼兽，禁止捕捞池鱼，禁止掏取鸟卵，禁止砍伐树木，等等。天子要体察上天的好生之德，教化百姓，赏有功，恤老怜幼，体恤贫弱，开仓廪、赐贫穷、赈乏绝并减少狱讼。夏季为万物生长之际，阳气最盛。天子应衣朱衣，服赤玉，率三公、九卿、诸侯至南郊而迎夏之阳气。夏季，对大自然也要采取相应的保护措施，不可毁坏长成的万物，不可砍伐大树。天子要体察上天的生养之德，行仁政，别贵贱，多赏而薄刑并禁止大的土木工程。秋季为阳气收敛、阴气上升之时，万物转入萧条。天子应衣白衣，服白玉，率三公、九卿、诸侯迎秋气于西郊，举行田猎而教战阵之法，举兵讨伐不义并修订法令、断刑决狱，以迎秋天的肃杀之气。冬季阳气深藏，阴气最盛。天子应衣黑衣，服玄玉，率三公、九卿、诸侯迎冬气于北郊。天子应体察冬藏之意，收租赋于民。民则应在有司的指导下获取自然所赐的山泽之利。对没有收藏好的谷物和放佚的马牛等畜兽准许人们任意收取。对犯罪者申以严刑，加重制裁。

效法上天可以说是中国古代立法的原则。《唐律疏议·名例律》开篇阐述了制定"刑罚"的依据是：

《易》曰："天垂象，圣人则之。"观雷电而制威刑，睹秋霜而有肃杀，惩其未犯而防其未然，平其徽纆而存乎博爱，盖圣王不获已而用之。

2. 顺天则时的"司法时令说"

"司法时令说"源于战国时期的阴阳家的思想，其认为王政、法度都应该顺应阴阳消长、四季变化的规律而定，断讼听狱的司法活动也应该与天时相应。在春夏万物生长之际，应从事教化奖赏，在秋冬万物肃杀之时，则应从事断狱活动，故而汉之后"司法时令说"促成了秋冬行刑的"司法时令制"。"司法时令说"的具体体现是：首先要求帝王"顺天"之意，将自然界的灾异之象视为"上天遣告"帝王为政有失。一旦灾异发生，帝王要检点言行，亲自复查、审断案件，平反冤狱。其次要求帝王"则时"。比如当春夏阳和之际，帝王应效法天意，善待人犯，停止一般的狱讼和拷掠犯人；而秋冬时要效法上天的肃杀之威，审决死刑，严惩犯罪。[①]

---

① 参见《礼记·月令》。

"司法时令说"为主流法思想所采纳,并形成日益完善的"司法时令制"。董仲舒认为,一岁之中有春、夏、秋、冬四季,而"春暖以生,夏暑以养,秋清以杀,冬寒以藏"。效法四季,王有四政,即庆、赏、罚、刑:"以庆副暖而当春,以赏副暑而当夏,以罚副清而当秋,以刑副寒而当冬。"[1]

天人合一与顺天则时,用天意、天象阐释论证了人间法令的来源、作用和必要性,赋予人间法律神圣性和合理性。同时,这种对自然的崇尚和效法也造就了古人"秋后处斩""秋后算账"的习惯。

(三) 法与人性

不同的人性论决定了不同的法思想。自春秋战国起,中国的先哲们便对人性与法的关系进行了探讨。说到底,人性与法的关系最终还是自然与法的关系的延伸,因为人性原本就是自然所赐。先秦儒家基本持"性善"的观点,所以他们相信道德教化的作用,主张"礼治";而法家对人性的阐释是"好利恶害",所以更相信"力"的约束,故而主张"法治"。汉朝随着儒法两家的融合,主流法思想的"性三品"之说形成,以儒家为主的礼法并用、"德本刑用"的法思想占据了主导与主流地位。

1. 孔孟的"性善论"与"礼治"

孔子对人性的善恶并无明确的论断,他认为人性原本相近,只是后天的教化与环境不同,使人性在发展中产生了差异,即"性相近也,习相远也"[2]。但孔子同时也认为"苟志于仁矣,无恶也"[3]。表现了性善的主张。孔子的继承者孟子则明确提出了"人性善"的观点。孟子认为,突然间看到一个孩童将跌落井中,无论什么人都会"怵惕恻隐"。这种不自觉地"怵惕恻隐",唯恐孩童受到伤害的心情,便是"不忍人之心"。由"不忍人之心"而产生的"恻隐之心"则为"仁之端",产生的"羞恶之心"为"义之端",产生的"辞让之心"为"礼之端",产生的"是非之心"为"智之端"[4]。源于"不忍人之心"的仁、义、礼、智四种美德是天之所赐,也是人之所以为

---

[1] 《春秋繁露·四时之副》。
[2] 《论语·阳货》。
[3] 《论语·里仁》。
[4] 《孟子·公孙丑》。

人的根本。孟子言:"无恻隐之心,非人也;无羞恶之心、非人也;无辞让之心,非人也;无是非之心,非人也。"① 忠、孝、节、义及仁、义、礼、智、信在孔孟的学说中都是根植于"人性"的"人之常情"。由于倾向或确认"人性善",孔子、孟子都将拯救时弊的希望寄托于对人性的恢复,所以儒家主张"克己复礼"。

由于重视礼治,孔子和孟子对当时新兴起的"法治"思潮皆持否定的态度。因为在孔、孟看来,以刻薄寡恩为特征的法家"法治"理论不仅不利于人性的恢复,反而会压抑人性、扭曲人情,"法治"的最佳结局也不过是"民免而无耻"②,因为"礼乐不兴,则刑罚不中"③。从人性善的主张出发,孟子肯定"人皆可以为尧舜"④。他告诫统治者应注重教化,"谨庠序之教,申之以孝悌之义"⑤,告诫人们做人以"守身为大"⑥。法律形式服务于法律的精神,是儒家法思想理念最为基本的特征。这也是中国古代司法在一定程度上允许以情破法、行"法外之仁"的法理依据。

2. "人性恶"与"法治"

荀子对人性的认识与孟子截然不同。他认为"恶"才是人生来就有的本性,而"善"不过是人后天的修饰和伪装。《荀子·性恶》开篇便说:"人之性恶,其善者伪也。"荀子引用舜语,说道:"人情甚不美,又何问焉?妻子具而孝衰于亲,嗜欲得而信衰于友,爵禄盈而忠衰于君。人之情乎!人之情乎!甚不美,又何问焉?"⑦ 据此荀子断言如果不节制人性,必然会发生争夺,最终悖理乱制而形成暴乱的社会。⑧ 而荀子的学生、著名的法家人物韩非对"甚不美"的人情揭露得更为深刻,对"人心险恶"的描述也更为生动。儒家所认定的人间脉脉温情在韩非的学说中变成了赤裸裸的"利""害"关系。人们的一举一动、一言一行无不受性的约束,为"利"而往,儒家的忠、孝、节、义在法家看来不过是迂阔的空谈。

---

① 《孟子·公孙丑》。
② 《论语·为政》。
③ 《论语·子路》。
④ 《孟子·告子》。
⑤ 《孟子·梁惠王》。
⑥ 《孟子·离娄》。
⑦ 《荀子·性恶》。
⑧ 参见《荀子·性恶》。

荀子与韩非的不同在于，荀子认为人性通过教化是可以改造的，人们的自省自律可以抑制人性的膨胀，并为自己披上善良的伪装，这就是"化性而起伪"①。承认通过教化可以改变人性，是荀子以儒家自诩，而学界大部分学者也将其归于儒家的原因。但荀子的礼治教化毕竟以"人性恶"为基础，所以荀子的礼治又有别于孔、孟，在强调礼对道德的弘扬作用的同时，荀子也强调礼的规范约束作用。荀子将礼比作权衡、绳墨、规矩②，荀子在谈礼的时候"眼光却贯射于法的对象——'物'的'度量分界'（这是权利思想的萌芽，和孟子求'礼之端'于'辞让之心'的唯心理论何等两样），如果把'礼'字换成'法'字似乎还要切实些"③。在改造孔、孟的礼治时，荀子并不讳言"法治"，因为从人性恶出发，荀子不认为教化是万能的。他对教而不化的"奸民"主张用刑罚来迫使其收敛本性："不教而诛，则刑繁而邪不胜；教而不诛，则奸民不惩"④。隆礼而至法，教化与刑罚并举是荀子奉献给统治者的治世良方。荀子也因此被学界誉为儒法合流的思想先驱。

法家对人性"好利恶害"有着深刻的认识，与荀子不同，他们对改造人性既不抱有希望，也不感兴趣。孔子、孟子与荀子的教化思想在法家看来都是迂阔之论。法家认为，明智的君主只需考虑如何利用人性。既然人们"好利恶害"，那么君主便可设赏罚来统一人们的思想，使人们按照统治者的意愿行事。如此，赏罚成为法家推行法治的杠杆。比如，耕战有利于富国强兵，法家认为君主不妨设赏以劝之。当人们认识到努力耕战有利可图时，自会勤力本业，为国效力。懒惰、私斗有害于国，法家就劝君主不妨设刑以禁之。当人们认识到懒惰与私斗逞强会招致刑狱之灾、贫困之苦时，自会避之如瘟疫。设赏罚以利用人性，比教化简单而可行，"人生而有好恶，故民可治也"⑤。法家认为儒家所赞扬的道德君子正是国家富强的大患："儒以文乱法，侠以武犯禁，而人主兼礼之，此所以乱也。"⑥而儒家赞扬的"富贵不能

---

① 《荀子·性恶》。
② 参见《荀子·王霸》。
③ 杜国庠. 先秦诸子的若干研究. 北京：生活·读书·新知三联书店，1955：129.
④ 《荀子·富国》。
⑤ 《商君书·错法》。原文为："人君而有好恶，故民可治也。"蒋礼鸿引陶鸿庆注认为，根据上下文贯通之意，"人君"当为"人生。"（蒋礼鸿. 商君书锥指. 北京：中华书局，1986：65.）
⑥ 《韩非子·五蠹》。

淫，贫贱不能移，威武不能屈"的君子，不仅不能成为民之楷模，而且国君应视之为治国的大患。在"人性恶"的基础上，法家彻底否定了儒家的礼治，而提倡以赏罚为基础的"法治"。法家的主张为以后的统治者实行"法外之法"提供了理论根据。

3. 主流法思想的"性三品"

在春秋战国人性善恶的争论中，还有一些颇为中庸的观点，比如告子说，人性"犹湍水也。决诸东方则东流，决诸西方则西流"[1]。

汉代主流思想家对人性善恶的认识，杂糅了先秦各家的思想。董仲舒将人性比喻为"禾"，而将善比喻为"米"：

> 米出禾中，而禾未可全为米也。善出性中，而性未可全为善也。[2]

董仲舒进而论证人性中有"善质"，但"善质"须经王者教化而为"善"[3]。董仲舒还确定具有"善质"者是大多数人。他认为所谓的"人性"是就一般人，即"中民"而言的，其中并不包括大善的"圣人之性"，也不包括大恶的"斗筲之性"[4]。人基本可以分为三等，即圣人、中民、斗筲。在此基础上，唐代的韩愈将董仲舒人性思想系统化，提出了"性三品"与"情三品"之说，他在《原性》中指出："性之品有上、中、下三。上焉者，善焉而已矣；中焉者，可导而上下也；下焉者，恶焉而已矣。"人情为人性的表现，亦分上、中、下三品。上品之人，七情俱合于善，"动而处其中"，是为圣人。这种人是人中的极少数。中品之人，经教化可以达到善，"求合其中者也"，是人中的大多数。下品之人则"直情而行者也"，也是人中的少数人。[5] 因此，就人类整体而言，人的善恶参差不齐，良莠并存。大多数的中品之人，得教则向善，失教则向恶。宋代理学家朱熹总结历代人性论的研究成果后说：

> 孟子言性，只说得本然底，论才亦然。荀子只见得不好底，扬子又见得半上半下底，韩子所言却是说得稍近。盖荀、扬说既不是，韩子看

---

[1] 《孟子·告子》。
[2] 《春秋繁露·深察名号》。
[3] 同[2].
[4] 《春秋繁露·实性》："圣人之性不可以名性，斗筲之性又不可以名性。名性者，中民之性。"
[5] 参见《韩昌黎全集·卷十一·原性》。

来端的见有如此不同,故有三品之说。①

性三品、情三品实际上是春秋以来有关人性、人情争论的总结。

基于对人性、人情有着较全面的认识,汉以后主流法思想主张礼法并举。此处的礼与先秦孔、孟所倡导的礼一脉相承,侧重于符合人伦的礼之义,也就是法的精神,其主要内容被汉儒概括为"三纲五常"。礼与法是两种不同的治国手段,对不同品性的人用礼还是用法也各有侧重:礼侧重于大多数人,也就是中品之人;刑主要针对下品之人。简单地说,礼是一种由里及表的教化方式,法是一种由表及里的约束方式。礼以扬善,法以惩恶。但是,礼法的目的是一致的,即都在于使人们能"求合其中"。

主流法思想对人性与法的关系的论述,确定了法的作用不只是规范人们的言行和维护社会的秩序,既"惩恶"又"扬善"才是法所要达到的最终目的。

(四) 法与道德

先秦儒家认为,治理国家德礼政刑不可偏废,但应该以"德礼"的普及为追求。因为德礼教化不仅可以使民众避免违法犯罪,而且可以使民众因为有羞耻之心而变被动守法为主动循礼。在汉人对秦法的反思中,先秦儒家有关德礼政刑关系的论述成为全社会的共识。在德与法的关系的论述上,汉儒有两大贡献。

1. 德主刑辅

明确了刑在治国中的辅助地位,即近代学界所总结的"德主刑辅",并以此来指导立法、司法。董仲舒以阴阳五行的变化规律论证先秦儒家的德礼政刑关系。既然天地万物皆由阴阳演化而成,而阳"以生育养长为事",阴"积于空虚不用之处",那么自然界就是阳处主导地位,阴处辅助地位的。这种天象也是天意的体现,故而上天有好生之德。人类社会本身也是自然阴阳演化的组成部分,所以统治者为政的手段可以效法自然界的阴阳变化,即将阳主阴辅转化为德主刑辅,因为:

---

① 黎靖德. 朱子语类. 北京:中华书局,1986:70.

> 阳为德，阴为刑；刑主杀而德主生。①

2. 为政之学

将先秦儒家学说现实化，使儒学由"圣人之学"变为统治者的为政学说，使儒家的法思想具有了实用性。孔子的学说之所以被春秋至秦代的统治者弃而不用，一个重要的原因是其过分强调教化，理想色彩太浓。有人问政于孔子："如杀无道，以就有道，何如？"孔子回答：

> 焉用杀？子欲善，而民善矣。②

在先秦的儒家看来，政治就是如此简单："君正则天下正"。与先秦儒家略有不同，汉代的儒生更注重统治者的统治方式。因而在肯定教化的同时，汉儒并不讳言刑杀的震慑作用，即"阳不得阴之助，亦不能独成岁"③。这标志着汉代思想家与政治家的成熟。

（五）法治与人治

在论述中国古代人治思想之前，必须首先区别中国与西方、古代与现代有关"人治"与"法治"含义的异同。第一，中国古代的"人治"思想可以与西方柏拉图的"贤人政治"相比较。但无论是古代的，还是西方的"人治"，都不是现实中某些人所说的"权大于法"或"以言代法"或"长官意志"。将古代的"人治"简单或庸俗地解释为"权大于法"，是以今人之心度古人之腹。第二，中国古代法家法治思想的核心是维护君权，其与现代社会的民主思想水火不容。

1. 先秦儒家的人治思想

中国古代的人治思想主要集中于先秦儒家的论述中。先秦儒家认为，在治国中，统治者，尤其是君主的道德与才能较制度的完善更为重要。孔子认为：

> 其身正，不令而行；其身不正，虽令不从。④

---

① 《汉书·董仲舒传》。
② 《论语·颜渊》。
③ 同①.
④ 《论语·子路》。

最高统治者的言行，甚至喜怒直接关系到国家的安危、社会的治乱和人民的苦乐。因为上行下效是普遍的规律。孔子强调：

> 君子之德风，小人之德草。草上之风，必偃。①

如此而言，有什么样的统治者，就有什么样的人民。因此，法令执行的最佳途径是统治者自己"身正"。孟子继承了孔子"身正令行"的思想，认为"惟仁者宜在高位"②。在"君"与"法"的关系上，孟子认为君是核心，一个君主的品德，决定着一国的风气，"君仁，莫不仁；君义，莫不义；君正，莫不正；一正君而国定矣"③。而主张礼法合一的荀子以"有治人，无治法"④的思想完善了儒家的人治思想。

2. 主流法思想中的人治与法治关系论述

汉至清末，随着混合法制度的逐步完善，逐渐形成了"人法并重"的法思想，其特点是既重视"法"的威严，又强调人的素质而主张"人法兼治"。欧阳修言：

> 有正法则依法，无正法则原情。⑤

王安石认为治理国家：

> 非大明法度不足以维持，非众建贤才不足以保守。⑥

苏轼指出单纯"任人"与单纯"任法"的缺陷：

> 任法而不任人，则法有不通，无以尽万变之情；任人而不任法，则人各有意，无以定一成之论。⑦

自宋以后"人治"与"法治"并重的思想一直占主导地位。"人法兼治"的思想是"人""法"之辩的归宿。应该注意的是，古代的"人治"与"法治"之争的最终结论虽然是"人法兼治"，但由于长期受儒家"民本"思想

---

① 《论语·颜渊》。
② 《孟子·离娄》。
③ 同②.
④ 《荀子·君道》。
⑤ 《欧阳修全集·论韩纲弃城乞依法劄子》。
⑥ 《王安石全集·上时政疏》。
⑦ 《苏轼全集·王振大理少卿》。

与法家"治吏"思想的影响,"人"的因素仍在首位。沈家本一语中的地说:

> 有其法者尤贵有其人矣。①

三、非主流法思想

思想有思想的发展规律,这就是在一个社会中,思想的存在不会像制度那样单一,其必定是多元的。即使在汉以后大一统的文化环境中,主流思想也不可能完全淹没非主流思想。历史发展的事实是自主流法思想形成之后,非主流的法思想依然存在。

(一)东汉王充对主流法思想的批判

王充从无神论的立场出发,对主流法思想中的君权神授、天刑天罚、司法时令说进行了系统的批判。

1. 对"天人感应"的批判

主流法思想以谶纬神学对皇权专制加以解释,认为皇帝的至尊之位与至高无上的权力是上天授予的,因而是合理合法且不可动摇的。王充以为这纯系无稽之谈。因为人皆非天有意而生,而是天地运行无意间自然而然的产物。因此,从"天性"来看,人与人并没有什么尊卑贵贱之分,而是平等的,尊卑贵贱是人为的产物而非"天意"。他断言:

> 虽贵为王侯,性不异于物。②

从朴素的唯物主义立场出发,王充否定了君主的神圣性,对等级制的形成也作了较为客观的论述。

为了神化维护统治者利益的法制,主流法思想大力宣扬"天人感应",认为天有赏罚能力:当政治清明时,上天便会用风调雨顺奖赏天子;当政治昏庸腐败时,上天便会用旱、涝、地震、失火等灾害以示惩罚。这便是"上天遣告"说。同样,法制亦是"天刑""天罚"的产物,一个人多行不义,

---

① 沈家本. 历代刑法考:第1册. 邓经元,骈宇骞,点校. 北京:中华书局,1985:51.
② 《论衡·道虚》。

便会大难临头，或有牢狱之灾。相反，多行善事则可一生平安，颐养天年。王充对主流法思想这套"虚而无验"的说教进行了批判。王充认为天有"天道"，其按自然的规律发展变化："灾变时至，气自为之。"① 自然灾难是自然之气运行郁结不畅所至，与人事绝无关联。人有"人道"，其亦按自己的规律发展变化，政治的清明与否及人的善恶决定于人类自己而非上天。因此：

> 人不能以行感天，天亦不随行而应人。②

他举例说明天与人各行其是：尧、舜、商汤是主流思想家竭力赞扬的"圣君"，但在尧、舜、商汤时既有过旱灾，又有过涝灾，难道能说上天在用灾难遣告"圣君"吗？如果说是"遣告"，那么"天刑""天罚"岂不是无公道可言？如果说不是"遣告"，主流法思想的神学观则不攻自破，"人不晓天所为，天安能知人所行？"③ 在王充看来，"行善者福至，为恶者祸来"的报应说更是荒诞不经。④ 人世间的赏罚出自君王公卿，有时很难做到公正。战国时秦国大将白起曾活埋了数十万赵国的降兵，在这数十万降兵中，不乏善良忠厚之人，这些人何福之有？秦国丞相李斯因忌韩非之才，将韩非下狱用毒酒药死。秦统一后，为秦国大业立有汗马功劳的李斯亦被处"具五刑"而惨死。"上天"何以明辨过其中的是非？总结历史经验及社会生活现象，王充认为君不因圣明而长寿，也不因残暴而短命，"恶人之命不短，善人之年不长"⑤。这些足以说明天人各行其是，既不相知，也不相通，更无法感应。

2. 对"司法时令说"的批判

主流法思想家认为天之寒暑与人之喜怒相应。为了使法律应合天意，他们创立了"司法时令说"，认为人君在春夏时应效法上天的"好生之德"，停止行刑而行奖赏，秋冬时则应效法上天的肃杀之威，断狱行刑，以惩人间之败类。若赏罚不遵守时节，则会酿成灾变：用刑于春夏，天气便会当暖不暖，寒阴之气袭人；用赏于秋冬，天气便会当寒不寒，造成虫灾。王充认为

---

① 《论衡·自然》。
② 《论衡·明雩》。
③ 《论衡·变虚》。
④ 参见《论衡·福虚》。
⑤ 《论衡·福虚》。

"司法时令说"是荒唐可笑的。他在《论衡·寒温》中列举了大量的事实证明"司法时令说"不堪一击。王充先纵向举例,他说:前世的蚩尤、秦朝都是以用刑酷烈而著名的王朝。蚩尤时,百姓终日惶恐不安;秦朝时,受刑之人相望于道。但蚩尤、秦朝时天气仍按春夏秋冬而演变,并未因用刑酷繁而常寒。汉代赦令频频而下,天气亦未因之而常温。横向举例,王充说:齐、鲁之地相邻,在同一时间齐国行刑,鲁国行赏,天气并不会齐寒而鲁温。因此,王充断言:寒温是自然节气变化所致,与政治无关。人间的赏罚不会影响天气的寒暑。

王充对主流法思想神学观的批判可谓尖锐。但值得注意的是,王充并不否认主流法思想中对德刑关系的论述。其与主流法思想的区别在于:主流法思想以神学解释儒学,将儒家"为政在德"的思想神秘化;而王充则从"人事"上解释儒学,认为"为政在德"是一种优于刑罚的治国手段。

(二)魏晋玄学对主流法思想的挑战

魏晋南北朝时期政权的分裂、经济的南移和民族的融合,为文化的发展、思想的宽松提供了一个时机。此时文化专制主义被相对削弱,儒家法思想虽仍占立法、司法的主导地位,但其独尊的气势较汉武帝时已有所减弱。因而这一时期的学术思想较秦汉而言相对活跃,学术派别增多,对主流思想的主导地位构成了威胁。

1. 魏晋玄学的发展

东汉末期,外戚、宦官相继把持政权,政治日益腐败,在意识形态中谶纬之学流行,用迷信的手段宣扬"天命"、"天意"及因果报应,除神化统治阶级的统治外,丝毫无助于社会问题的解决。在这种情况下,一部分士大夫突破了主流思想的束缚,力图将儒学从谶纬之学及繁杂的经学中剥离出来,以恢复"名教"的真实面目,这便是玄学的萌芽时期。曹魏年间何晏、王弼等研究《老子》《庄子》,用道家"自然"的思想去解释儒家的经典《周易》,改变用阴阳谶纬释儒的途径。他们认为名教出于自然,名教与自然的关系是里与表的关系。这是玄学发展的第一阶段。其后,司马氏为了取代曹魏,以名教相标榜而杀戮异己,一些士大夫出于对司马氏的反感,走上了独尚自然之路。是为玄学发展的第二阶段。其代表人物是嵇康、阮籍。出于政治斗争的需要，他们"非汤、武而薄周、孔"①，并且不拘礼法，放浪形骸，思想颓废，将礼法之士讥讽为裤中之虱，主张冲破名教束缚，回归自然。他们的思想中有无政府主义的因素，如阮籍提出：

> 无君而庶物定，无臣而万事理。②

应该注意的是，嵇康、阮籍等人对礼教的攻击蔑视与当时的政治密切相关，他们因憎恨以名教相标榜的司马氏集团而抨击礼法，因在政治上郁郁不得志，备受打击，才华抱负不得施展而颓废绝望。这一时期的玄学对主流思想的冲击最大。西晋时期，向秀、郭象等注《庄子》，认为名教即为自然，老、庄、周、孔实质上没有什么不同。这便是玄学发展的终结阶段。

玄学是一个哲学学派，论证的多是抽象的"玄理"，对法律问题极少论及，但玄学对法思想理念的影响并不微弱。何晏、王弼、向秀、郭象在论及名教与自然的关系时，用道家的"自然"观赋予名教新的生命。他们认为主流法思想中的实质内容，即儒家的伦理纲常之说与老、庄推崇的自然之道是合二为一的。无论是他们提倡的"名教出于自然"也好，还是"越名教而任自然"及"名教即自然"也罢，都是以道家的理论论证儒家思想的合理性。在玄学家的理论中，主流法脱下了神秘烦琐的阴阳谶纬外衣，而套上了永恒的自然光环。以道释儒、道儒结合对法律的最大影响便是反对烦法酷刑，法令贵简贵无。在《老子道德经注》中王弼指出：

> 多其法网，烦其刑罚，塞其径路，攻其幽宅，则万物失其自然，百姓丧其手足。③

嵇康、阮籍对礼法的讥讽实质上揭露了当时政治的黑暗。鉴于政治的黑暗，他们认为法律不过是人们的枷锁。阮籍认为世上的暴虐就生于毫无实质内容的君臣礼法之中：

> 君立而虐兴，臣设而贼生，坐制礼法，束缚下民。④

---

① 嵇康. 嵇康集校注. 戴明扬，校注. 北京：中华书局，2015：179.
② 阮籍. 阮籍集校注. 陈伯君，校注. 北京：中华书局，2014：141.
③ 王弼. 老子道德经注. 楼宇烈，校释. 北京：中华书局，2011：135.
④ 同②.

这种非主流思想曾造成法律虚无主义在魏晋的盛兴。

我们对嵇康、阮籍否定礼法应作全面的分析，即他们否定的是司马氏的礼法，反对的是司马氏的法律。他们是以放浪形骸、不拘礼法的形式表示对政权的轻蔑，但对儒家纲常名教提倡的精神并不完全反对。

2. 法律虚无主义

魏晋玄学思潮使先秦老、庄之说在现实政治中充分地发挥了作用。王弼、何晏、向秀、郭象一派融道、儒为一体，形成外道内儒的思想体系，为主流思想注入了新的活力。嵇康、阮籍一派则基于政治义愤而否定礼法，对主流思想有所批判。东晋时，思想家鲍敬言继承了嵇康、阮籍一派的思想，首次明确提出无君、无政府主张，以为无君、无政府的社会是人类的理想社会。在法律上，鲍敬言主张废弃刑法，回归自然，具有法律虚无主义的思想。鲍敬言对现实的批判、对政治黑暗的揭露给人以深刻的启迪。

东晋葛洪作《抱朴子》，其中的《诘鲍》篇中记载了鲍敬言的思想。鲍敬言否定了君权与法律的神秘性，以为君主与法律是弱肉强食、尔虞我诈的产物。他一针见血地指出，君臣之道起于强者对弱者的征服、智者对愚者的欺诈：

> 夫强者凌弱，则弱者服之矣；智者诈愚，则愚者事之矣。服之，故君臣之道起焉；事之，故力寡之民制焉。[①]

有了君主，便有了贫困，有了战争，有了贫富不均。在鲍敬言看来，君主不仅不神圣，而且是万恶之源。犯罪亦根源于君主制度，因为君臣之道立，"奉上厚则下民贫"，君主及官吏不劳而获，使广大农民不得不铤而走险。对造反的百姓，统治者又"闲之以礼度，整之以刑罚"，用礼乐政刑去规范、镇压他们。因此，礼乐政刑不仅不是"兴利除害"之具，反而是"屠割天下"之器。鲍敬言认为，只要君主制不灭，以礼乐政刑治理天下就是徒劳的。他主张：

> 无君无臣，穿井而饮，耕田而食，日出而作，日入而息。泛然不系，恢尔自得，不竞不营，无荣无辱。[②]

[①] 《抱朴子·外篇·诘鲍》。

[②] 同①。

鲍敬言的"无君论"与法律虚无主义对主流法思想是一个极大的冲击。

(三) 唐代柳宗元对主流法思想的质疑

柳宗元（公元 773—819 年）是唐中后期的文学家与思想家，是朴素的唯物主义者，其对主流法思想的批判集中于对神学观的否定上。

1. 因"势"变法

柳宗元从法律的起源上否定了主流法思想对法律的神化。柳宗元认为：制度、国家、君主及法律的产生并非上天的安排，也非圣人的创设。国家、君主、法律起源于"势"，这个"势"指人类社会发展的必然趋势。柳宗元这样描绘"势"与法之间的关系：人类社会伊始，人与万物同生。在森林草莽之中，野兽成群。人类既无兽类的爪牙之利，又无禽类的羽毛自卫。为了生存，人类势必要借助一些工具、兵器。有了工具、兵器，人类势必会发生争战。为了平息争乱，人类又势必要推举出能明断是非曲直的人作为首领。众人以首领的是非为是非，对不从者施之以威，于是"君长刑政生焉"[①]。国家与法律是人类社会发展的必然产物，这便是柳宗元的法律起源论。单纯地以"势"解释法律的起源固然有不周全之处，但是这种历史观无疑是进步的。因为法律因"势"而生，则必然会因"势"而变。这种因"势"变法的思想否定了"天不变，道亦不变"的复古保守观点，对社会变革起到了推动作用。

2. 否定"天人感应"

柳宗元否定了主流法思想的"天刑""天罚"观。柳宗元认为人与天各行其是，互不相关。一个人只行善事，未必可得善终，作恶多端也未必不享荣华富贵。风调雨顺，五谷丰登，人类社会的政治未必清明；灾害四起，人类社会的治理也未必悖乱。因而，将天说成有惩罚奖赏能力，天人可以感应，绝非圣人之言，而是"瞀史之语"[②]。天行天道，生长出万物，也出现灾荒；人行人道，制定出法制，也产生悖乱。二者没有因果关系，而是各不相预。

3. 否定"司法时令说"

柳宗元还否定了主流法思想的"司法时令说"。主流法思想认为赏罚须

---

① 《柳宗元集·封建论》。
② 《柳宗元集·时令论》。

合"天时",春夏万物生长之时应停刑行赏,秋冬万物肃杀之时应断狱行刑,按时令行赏罚可以体现统治者上合"天意"、下恤百姓的仁义之心。柳宗元认为,春夏秋冬四时变化纯为自然之道,与人间的赏罚并不关联。国家设法立刑,目的在于止乱扬善。赏罚必须及时才能起到应有的作用:

> 赏务速而后有劝,罚务速而后有惩。①

秋冬行善,等到春夏才行赏,人们便会怠于行善;春夏为恶,拖至秋冬才行罚,人们便会轻慢刑罚;赏罚的社会效果便会被大大削弱。因此,"司法时令说"是"驱天下之人入于罪"②。从惩恶劝善的目的出发,柳宗元认为"司法时令说"背离了圣人之道。他主张不分季节,有罪则刑,有善则奖,以此充分迅速地发挥赏罚的作用。从"仁政"方面来说,柳宗元认为"司法时令说"不仅体现不了君主恤民之心,恰恰相反,其极易造成司法黑暗。柳宗元认为所谓圣人的仁政德化"利于人,备于事"而已,而"司法时令说"恰恰违背了这一原则。比如一个死刑犯,春天时便已结案,碍于时令不到,打入牢狱,身背沉重的刑具,苦度盛暑之日。其身体"痒不得搔,痹不得摇,痛不得摩,饥不得时而食,渴不得时而饮"③,坐卧不宁,生不如死,唯闻其哀号之声。这哪有仁德可言呢?

柳宗元对主流法思想的批判亦集中于神学观上。他对儒家的思想持肯定态度,但不满主流法思想将儒学神秘化,因而他对儒学的某些解释较董仲舒等主流思想家更为准确、精辟,而且富有创见。其对现实制度的批判也往往一语中的,极为深刻。

(四)明中叶非主流法思想中的复古主义

明中叶以后的非主流法思想有两个显著的不同于以往的特征:一是不再局限于从局部对主流法思想中的某些观念进行反思,而是从整体上对秦以来的制度与汉以来的主流思想进行剖析和批判。二是以"复古"主义为特征,明确提出恢复"三代之制"和先秦儒家学说。从某种意义上说,明中叶的复

---

① 《柳宗元集·断刑论》。
② 同①.
③ 同①.

古主义思潮为明末清初的启蒙思想家的出现作了思想准备。

1. 王守仁对主流法思想的反思

明承宋元,思想上奉朱熹的理学为主流,提倡"存天理,灭人欲",将汉以后以儒学为基础的主流思想几乎宗教化,强调"天理"和"人欲"的对立。因此宋代以后,统治者不但强调用严刑峻法维护"天理",而且将原本以人性为基础,以尽人情、求变通、束缚人心为特征的礼教演绎成外在的繁文缛节。宋明之礼教,形式条文日益严格,以致失去人性,违背人情,其较严法的约束更为残酷。故明清以来有"礼教杀人"之说,而鲁迅的"礼教吃人"之论,在现代也几乎是家喻户晓。

王守仁是明中期正德、嘉靖年间的重臣,史载其"天姿异敏",出将入相。由于在维护朝廷统治方面所立下的汗马功劳,他受到朝廷的器重,被封为伯。王守仁在朝中也是位高势广权重。就法的主张而言,王守仁并未脱离主流思想的体系,但他并不机械地固守"主流",而是对主流思想进行了反思。王守仁在研读朱熹理学数年而无所获的情况下,博览群书,独自悟道:"忽悟格物致知,当自求诸心,不当求诸事物。"① 因而他将宋陆九渊创立的"心学"发扬光大。王守仁认为陆九渊"心即理也"的主张才是孟子学说的真传。"天理"为人心所固有,其实际就是存于人心中的"良知"。因此,追求天理之法,不应一味以外在的条文来约束,而是应"自求诸心"中的"良知"。若人人"致良知",天理便流行天下。王守仁言:

> 所幸天理之在人心,终有所不可泯,而良知之明,万古一日,则其闻吾拔本塞源之论,必有恻然而悲,戚然而痛,愤然而起,沛然若决江河,而有所不可御者矣。②

王守仁的学说有这样几点值得注意:第一,认为流行于世的主流的朱子理学烦琐而失本。悟道的简捷之法不是求诸烦琐的外界事物,而是求诸自心。其打破了对理学的迷信和理学独尊天下的局面,在思想的解放上功不可没。第二,与理学相比,王守仁更崇尚先秦孟子的学说,并以先秦儒学为

---

① 《明史·王守仁传》。
② 王阳明. 传习录. 叶圣陶,点校. 北京:时代出版传媒股份有限公司,北京时代华文书局,2014:126.

本。这一点被后来的启蒙思想家所继承。第三,将"天理"与"人欲"的对立转化为"心"的和谐统一,主张人们通过反省自律、求诸自心而"致良知"。与"存天理"强调的依靠外力维系的形式上的和谐不同,"致良知"追求的是一种实质上的和谐。第四,无论王守仁的本意如何,其认为"良知"为人心所固有的本身,在客观上表现出了"平等"的意识,以至于学界有人认为"致良知"之说"具有'平等精神'与'个人解放'的要求"[①]。这一点对后世启蒙思想家也有很大的启发。另外,王守仁在朝中显赫的地位也有利于其学说的传播,其学说影响之广深,可以说与主流思想在伯仲之间。就历史影响而言,王守仁的"心学"在突破主流法思想的束缚方面可以说起到了开先河的作用。

王守仁的法思想与当时的主流法思想是有区别的。与朱熹"以严为本"的思想相比较,王守仁更主张缓和社会矛盾,分别时势,"宽猛相济"。作为政治家的王守仁并不固守"德本刑用""先德后刑"等主流法思想的教条,也不呆板地或一味地强调"教化",或一味地强调"严刑"。王守仁所注重的是"实效",在上书论边务之事时,王守仁提出"行法以振威",以严刑峻法遏制将帅的怯懦,使令行禁止,有功必赏,有过必罚。他建议皇帝:

    手敕提督等官,发令之日,即以先所丧师者斩于辕门,以正军法。[②]

在少数民族地区,王守仁格外强调注意因地制宜。在平定广西思恩、田州的少数民族起义后,王守仁以为"思(恩)、田(州)地方,原系蛮夷瑶、侗之区,不可治以中土礼法"。在奉命治理该地区时,王守仁"沿途询诸商贾行旅,访诸士夫军民,莫不以为宜从夷俗"。因此,王守仁主张审度时势,"治夷之道,宜顺其情"[③]。与主流法思想比较,王守仁的法思想理念更侧重于实际问题的解决,强调法与社会环境、习俗的协调及社会的长治久安。

2. 王艮与泰州学派

王艮师从王守仁,并创立了泰州学派。出身于社会下层的王艮在对传统的批判上已经脱离了王守仁"心学"的羁绊,声称自己"贯伏羲、神农、黄

---

① 侯外庐. 中国思想通史: 第4卷: 下册. 北京: 人民出版社, 1960: 905. 此书的作者并不同意这一观点,而是在"关于王阳明思想的评价问题"一节中引出这一观点并对其加以批判。
② 《王阳明全集·陈言边务疏》。
③ 《王阳明全集·奏报田州思恩平复疏》。

帝、尧、舜、禹、汤、文、武、周公、孔子"之道，认为：

>"天理"者，天然自有之理也。才欲安排如何，便是"人欲"①

王艮强调"个人"的重要和"人欲"的合理。在政治上，王艮批判的锋芒已经指向了不合理的制度。王艮的"复古"思想与后世启蒙思想家对"三代已前"的向往也颇为类似，或可以说启蒙思想家以古非今的启蒙方式直接源于此。有学者总结道：

>王艮对于政治，分作三种不同类型，羲皇景象、三代景象、五伯景象。这是袭用了王阳明的说法。这三种不同类型的政治，究竟是什么具体景象呢？《年谱》有一个故事作了象征性的说明："五十四岁……先生如金陵，偕（董）燧数十辈会龙溪（王畿）邸舍，因论羲皇、三代、五伯事，同游未有以对。复游灵谷寺，与同游列坐寺门，歌咏。先生曰：'此羲皇景象也。'已而龙溪至，同游序列候迎。先生曰：'此三代景象也。'已而隶卒较骑价，睁扰寺门外。先生曰：'此五伯景象乎。羲皇、三代、五伯，亦随吾心之所感应而已，岂必观诸往古？'"……王艮对五伯之世的深刻不满，指的就是封建社会的压迫和剥削。王艮所空想而希冀实现的就是列坐歌咏的平等自由的世界。②

可见王艮的政治理想是以平等为基础的。基于此，王艮认为天下不和谐的原因在于社会财富分配的不公，因此主张均田而"定经界"，使民有恒产。对横征暴敛的君主，王艮承袭了孟子的"民贵君轻"说，主张"易其位"。王艮的门徒将王艮的思想继续推进，不仅脱离了王守仁的体系，而且冲出了名教的罗网。

自王艮始，泰州学派中的许多人以"处士"自居，拒绝仕途，以讲学为务。其于社会的中下层有着广泛的影响，加之其学说自身的批判性，被统治者视为异端邪说。其学派中的何心隐、李贽皆死于狱中。因此，泰州学派对现实社会中的不公和法律的残暴有着深刻的切身体会。罗汝芳是泰州学派中为数不多的有官职的人，他对现实中法律的残酷也并不讳言：

---

① 王艮. 王心斋全集. 南京：江苏教育出版社，2001：10.
② 侯外庐. 中国思想通史：第4卷：下册. 北京：人民出版社，1960：981.

> 某自始入仕途，今计年岁，将及五十。窃观五十年来，议律例者则日密一日；制刑具者，则日严一日；任稽察施拷讯者，则日猛一日。每当堂阶之下，牢狱之间，睹其血肉之淋漓，未尝不鼻酸额蹙，为之叹曰："此非尽人之子与？非曩昔依依于父母之怀，恋恋于兄妹之旁者乎？夫岂其皆善于初而不皆善于今哉？"及睹其当疾痛而声必呼父母，觅相依而势必先兄弟，则又信其善于初者而未必皆不善于今也。①

此言无疑是对统治者以法律扭曲和摧残人性的揭露。罗汝芳的理想境界是民众的自治，故其为官时"以讲会乡约为治"②。这种自治是建立在和睦、平等基础上的。泰州学派的何心隐更是将这种平等的思想在其宗族中做了实践，建立了一个在史册上（虽非正史）颇具名声的"乌托邦"。在这个"乌托邦"中，人人都是平等的，老有所养，幼有所教，有师而无君。③

泰州学派的思想、政治观点和理想，尽管有明显的历史局限性和空想性，但正如后世启蒙思想家黄宗羲所评论的那样："诸公掀翻天地，前不见有古人，后不见有来者。"④ 泰州学派的出现确实震动了思想界和整个社会，并成为启蒙思想家理论的重要来源。

（五）明末清初启蒙思想家的出现

主流法思想发展到明末清初时遇到了前所未有的挑战：僵化的思想体系与日益发展的经济的冲突愈演愈烈，阶级矛盾、民族矛盾交错于其中。在这一时代背景下产生的启蒙思想，很难用主流和非主流来归类。它是一种新兴起的思潮，如西方启蒙思想家对古希腊、古罗马传统的复兴一样，明末清初的启蒙思想家也是在对现实的批判中，将希望直接寄托在了"三代已上"社会的复兴和先秦儒学的回归上。

1. 启蒙思想家产生的时代背景

明末清初是中国历史发生深刻变化的时代，时人称之为"天崩地解"。这一时代变化在经济、政治及思想文化上皆有所反映。

---

① 《明儒学案·泰州学案三·近溪语录》。
② 《明儒学案·泰州学案三·参政罗近溪先生汝芳》。
③ 侯外庐. 中国思想通史：第4卷：下册. 北京：人民出版社，1960：1018-1030.
④ 《明儒学案·泰州学案一》。

(1) 经济上资本主义萌芽的出现。

自明中叶起，由于手工业、农业生产水平的提高，商业的发达，社会分工进一步加强，手工业部门中首先出现了资本主义萌芽。江南地区，尤其是苏州一带产生了大量以织绢为生的"机户"和"机工"。机户与机工之间的关系是"机户出资，机工出力"的雇佣关系。机工对机户没有人身依附关系，他们在法律上获得了较为自由的地位。机户"以机杼起家致富"，积累财富数万金，甚至百万金。他们出资购买机工的劳动力，按值付酬。机户与机工的关系是数千年古代中国不曾出现过的一种新的生产关系，其正朝着资本主义社会中资本家与工人之间的雇佣关系发展。资本主义的萌芽已经在此时出现。

明朝末期，资本主义萌芽继续成长，市民阶层的力量日益壮大。手工业工人组成行会，在货币贬值、物价腾飞时向工场主或作坊主要求增加工资的事时有发生。对待朝廷的盘剥，城市居民亦起而抗争。万历年间，宦官曾四处征商收税，结果处处受到抵制。湖广市民将征商的宦官陈奉逐出武昌，其随从五六人被抛入江中。苏州机户为抗议宦官孙隆加税，"皆杜门罢织"，失业的机工亦铤而走险，捶死税官多人，孙隆逃往杭州。

清初，手工业、商业迅速恢复。全国各大小城市、市镇中，布满了手工作坊。以丝织闻名的江南、四川、福建、山东、湖广的手工业较明代更为发达，江西制瓷业、广东铸铁业、四川煮盐业也都有不同程度的发展。随着手工业的发展，一向为专制制度所压抑的商业也不可扼制地蓬勃发展起来。广东佛山，弹丸之地，却有大街小巷622条，商铺、市集如林。内地商人奔走于西北、西南，而四面八方的商人会集于北京。商业的繁荣，促进了经济的发展。

资本主义萌芽的出现，使古代社会的主体经济，即自给自足的自然经济开始动摇。许多无地农民涌入城市，一些农村开始转而经营经济作物的生产。重农抑商、重本轻末的传统观念与制度在"末富居多，本富日少"（从事商业及手工业而致富的人居多，从事农业而致富的人日益减少）的状况下被逐渐冲破。

(2) 政治上各种矛盾错综复杂。

明末清初，政治局势十分复杂。阶级矛盾、民族矛盾及统治者内部的政治斗争交织在一起。尤为引人注目的是,伴随着资本主义萌芽的出现,形成了新的工商市民阶层。在对统治者的斗争中,这一阶层锋芒初露,显示了巨大的潜力。明末清初的各种矛盾主要表现如下:

第一,阶级矛盾。明朝末年,朝廷腐败无能,王公勋戚与豪强地主疯狂地兼并土地,使许多农民成为无立锥之地的流民。国家的赋税、徭役与官僚豪绅的巧取豪夺,将农民逼上了绝路。明自万历时起,农民的起义便此起彼伏,从未间断。佃农抗租、军队哗变、奴婢"叛主"等使王朝处于风雨飘摇的境地。万历年间,白莲教反朝廷的秘密活动遍布北方。天启年间,天灾引发了王二领导的饥民起义,明末农民大起义以此为开端,历时十七年,直至李自成率领农民军攻入北京城,崇祯皇帝自缢于煤山(今北京景山)。在农民军所到之处,"从者如市,良民无不呼千岁,间呼万岁"①。由此可见,广大农民对朝廷的痛恨已到极点。

第二,民族矛盾。明朝末年,民族矛盾亦空前尖锐。在朝廷所辖的东北地区,建州女真部发展强大起来。强大了的女真部族看到了明朝廷的腐败无能,便开始对明朝廷发动战争。自万历时起,明对女真的战争,败多胜少,明朝对辽东的统治开始动摇。女真人先建立了后金政权,与明对峙;后又改国号为清,表明志在灭明。李自成攻占北京后不久,清兵便大举入关。此时镇守山海关的明将吴三桂投降了清朝,引清兵共同镇压农民起义军,农民军最终被迫放弃了北京。清朝建立了统一的政权,取代了明朝的统治。但是,民族矛盾并未因清朝的统一而缓和。清初,各地的抗清斗争风起云涌,许多汉族士大夫也加入了抗清行列。人民的反抗,迫使清政府不断地调整政策,加速汉化,并改施怀柔之策。

第三,政治矛盾与官场的斗争。明朝末年,王朝的政治十分腐败。朝廷独揽政治、经济、军事等一切大权,实行独裁统治。但皇帝本人却无心于朝政,整日在宫中嬉戏,大权便旁落于宦官手中。宦官的统治是十分黑暗的。他们结党营私,排挤朝中的贤能正直之士,或教唆皇帝耽于嬉乐,或任意诛杀大臣。

一些在政治上受到打击、较有远见卓识的开明士大夫看到宦官专权、朝

---

① 康熙《麻城县志》卷一〇《艺文志》:梅之焕《与洪制台书》。转引自翦伯赞. 中国史纲要:第3册. 北京:人民出版社,1963:241.

廷无道,便挺身而出抨击朝政,这些人便被称为东林党人。东林党人在与宦官的斗争中几起几落,他们常常被逐出朝廷,成为在"野"势力。当东林党人被罢官免职后,他们便以"裁量执政"为事。当时有不少人只是与当权者意见不一就被视为东林党人:

> 凡一议之正,一人之不随流俗者,无不谓之东林。若似乎东林标榜,遍于域中,延于数世。①

与以往的开明士大夫不同,东林党人与江南手工业及商业界的关系密切。他们的斗争时时受到市民的支持,因而被朝廷视为心腹之患。虽然东林党人历经坎坷,许多人为反对宦官执政受尽酷刑,献出生命,但是他们的斗争从未停止过,一直延续到他们的子孙。这便是启蒙思想家产生的渊源。

2. 启蒙思想家的产生

启蒙思想家多是东林党人的后裔,他们对朝廷的黑暗有着充分的认识,与他们父辈不同的是,阶级斗争、民族斗争、政治斗争的日益激化,使他们感到了两千年的集权制已处于"天崩地解"之时。他们将对明王朝统治的不满,转移到了对整个制度的怀疑上。此外,他们与新兴起的市民阶层关系日益深入,使他们有可能用前所未有的观点去研究历史,分析制度。因而,他们对制度提出的不是改良之策,而是尖锐的批判与否定。启蒙思想由此而产生。

首先,明末清初的启蒙思想是资本主义萌芽的产物。由于有了新型的生产关系的萌芽,启蒙思想家才有了新的思想武器与新的观点。资本主义萌芽是启蒙思想家冲破旧思想藩篱的经济基础。

其次,明末清初的启蒙思想是反思日益腐朽的古代社会的产物。明朝末年的内忧外患,使正直的士大夫不仅感到了亡国的危机,而且感到了"亡族"的危机。从东林党人到启蒙思想家,开明的士大夫走过了一个艰难的历程。他们对旧制度的认识日趋深刻,从失望到怀疑,从怀疑到基本否定。

再次,农民起义为启蒙思想家的出现创造了条件。明末农民大起义暴露了专制的黑暗与野蛮,也暴露了纲常礼教的虚伪,其为思想的解放扫清了道路。

最后,明末清初的启蒙思想家是传统文化的产物。启蒙思想是对中国传

---

① 《明儒学案·东林学案一》。

统思想的更新。启蒙思想家都深受中国传统文化的熏陶。在新的形势下，他们用新的思想对传统文化"去粗存精"。孟子"君轻民贵"的民本思想是启蒙思想家提出微弱的"民主"要求的历史依据。此外，"学校议政""君臣共治""限制君权"等，都可以在儒学中找到根据。启蒙思想实际上是对传统精华思想的一次弘扬。

3. 启蒙思想家介绍

明末清初启蒙思想家的代表人物是黄宗羲、顾炎武、王夫之、唐甄等。这些人有着大致相同的坎坷经历，有着大致相同的政治主张与抱负。他们在"国破家亡"的情况下，对两千年的专制制度进行了深刻的反思。他们的许多见解，冲破了伦理纲常的束缚，体现出了新兴市民阶层的要求。启蒙思想家在政治上明确地反对君主独裁专制，具有民主、民权以及近代平等思想的倾向；在经济上，否定传统的重农抑商政策，主张平均地权，工商皆本；在学术上，抨击空谈的时尚，主张经世致用；在法思想上，提出了具有民主、平等色彩的"法治"主张，彻底动摇了主流法思想的根基，具有划时代的意义。在对主流法思想的批判中，黄宗羲、唐甄侧重于揭露专制法制及礼教的罪恶；王夫之、顾炎武侧重于对立法、司法用新的观点加以总结，并提出新的主张。启蒙思想家的政治、经济、法律主张虽大体一致，但也略有差异。

黄宗羲（1610—1695年），字太冲，号南雷，世称梨洲先生。黄宗羲的父亲黄尊素是著名的东林党人，因抨击时弊被宦官杀害。黄宗羲曾至京为父申冤。清兵南下时，黄宗羲组织义兵抗清，此后隐居著述。《明夷待访录》是黄宗羲总结明亡教训而作的一部划时代著作，书中对专制制度进行了深刻的批判，并闪烁着民主思想的光辉。《明夷待访录》篇幅不长，但全面总结了君主专制社会的政治机制、财经贸易与文化教育诸方面的问题，顾炎武称其是"起百王之弊"的著作。此书凝结了作者一生的心血，由于对旧制的批判言中要害，此书一度被统治者列为禁书。在书中，黄宗羲论证了君臣间的关系不应为主仆而应为师友，又论证了法律不应为"一家一姓"私利而设，应为"天下之利归天下之人"而设。其提出通过法治、舆论及相权来限制君主独裁。这些变革主张体现了前所未有的民主意识。黄宗羲博学强记，所著甚丰。其所著《宋元学案》《明儒学案》等著作在当时亦不同凡响。

顾炎武（1613—1682年），字宁人，世称亭林先生，是与黄宗羲同时代的思想家。清兵南下时,顾炎武曾举兵抗清,后来专心学术,终身不仕。顾炎武十分仰慕黄宗羲,他在读完《明夷待访录》后写道:"读之再三,于是知天下之未尝无人,百王之敝可以复起,而三代之盛可以徐还也。"[1] 顾炎武反对专制政治,以为"天下兴亡,匹夫有责"。在学术上,他力主学术与现实相结合,"除旧布新"以实现社会改革。顾炎武的主要著作有《日知录》与《天下郡国利病书》。

王夫之(1619—1692年),世称船山先生,是与黄宗羲、顾炎武齐名的思想家。明亡后,王夫之曾举兵抗清,后隐居湘西。王夫之认为自然与社会都是变化发展的,因而应用变化的眼光看待问题。从进化的历史观出发,王夫之要求政治改革,反对君主独裁专制。他还提出土地非王者私产,"有其力者治其地"的进步主张。王夫之一生著述不下百余种,由于其思想触动了统治者的根本利益,所以被列为禁书,湮没了一百多年后才得以印行。王夫之的主要著作有《黄书》《噩梦》《读通鉴论》《宋论》等。

唐甄(1630—1704年),字铸万,号圃亭,是稍晚于黄、顾、王三大家的思想家。唐甄曾作过清朝的知县,但仕途不顺,仅十个月便被罢免革职,其后,以讲学著述维持生计,穷困潦倒。唐甄反对专制思想,与黄、顾、王不谋而合,他用了三十年的时间写成《潜书》九十七篇,评判国家政治。在书中,他提出"自秦以来,凡为帝王者皆贼也"[2] 的观点。

启蒙思想家对权力高度集中的集权政体与"大一统"的文化专制进行了大胆的怀疑和批判,对皇权的合法性也进行了质疑、拷问。他们对传统反思与批判的力度不同于以往,对君、臣、民关系的论述也一反传统价值理念,具有启蒙的意义。另外,这一时期的启蒙与1840年后的洋务运动、戊戌变法及辛亥革命也不相同,其是一场由社会发展内部需要而产生的对"传统"的反思,而不是迫于外界压力的反省。因此,启蒙思想家在批判传统的同时,也格外注意从传统中寻求发展的动力。这一点格外值得当下借鉴。[3]

---

[1] 顾炎武. 顾宁人书//黄宗羲. 明夷待访录. 北京:中华书局,1981.
[2] 《潜书·下篇下·室语》。
[3] 关于启蒙思想家的法思想详见本书"专论"部分的"兼容并蓄的思想理念"中的"中国古代的两次'法治'思潮"。

专论

延绵渐进的历史沿革

相较于其他国家和地区的法文明而言，数千年一脉相承，延绵不断地渐进、传承，可以说是中国古代法文明模式在历史沿革中展现出的特色。这种渐进、传承的特征在汉之后"道德法律化"的过程中表现得尤为显著。

一、萌芽时呈现出的"早熟性"

（一）"早熟性"

所谓早熟，是在社会生产力发展相对不足、经济条件尚不具备的情况下，国家与法却提前诞生了。

在中国历史的发展中，从政治形态上说，夏，甚至夏代以前便进入了阶级社会，建立了国家，并有了法律。恩格斯认为国家与氏族组织的区别有两点：第一，国家按地区而不是按血缘来划分它的居民。第二，公共权力机构的设置。

> 构成这种权力的，不仅有武装的人，而且还有物质的附属物，如监狱和各种强制设施。这些东西都是以前的氏族社会所没有的。①

夏代的情景无论是从考古发掘的资料来看，还是从文献记载的传说来看，都已属于恩格斯所说的国家建立后的状况。被专家们确定为反映夏文化

---

① 马克思恩格斯选集：第4卷. 3版. 北京：人民出版社，2012：187.

的"二里头文化"一、二期①的墓葬中，反映了夏代的阶级分化及"公共权力"对被统治者的残害：

> 长方形竖穴墓的葬式多为仰身直肢，一般都有器物随葬……另一些墓葬散见于坑穴、灰层之中，骨架残缺不全，或身首异处，或上肢与下肢分置两处，或数具骨架成层叠压埋葬。它们都没有随葬器物。这些死者不是自然死亡，有的明显地留有斩割、捆绑的痕迹。他们的身份和有墓穴、有器物随葬的死者不同，而与商代遗址中发现的奴隶墓的葬式相仿。②

从文献的记载看，夏代的国家特征也十分明显。

《尚书·禹贡》虽为后世之书，但其中言夏禹治水、划分九州之事却有一定的史影。这说明夏时已开始按地域划分国民。

与夏族有着血缘关系的有扈氏被夏启打败，罚为"牧竖"③（从事牧业方面的奴隶），说明夏代的血缘关系已经开始瓦解。

作为"公共权力"的附属物——官吏机构、监狱等，在夏代也已初具雏形。《礼记·明堂位》记："夏后氏官百。"《竹书记年》记："夏帝芬三十六年，作圜土。""圜土"是夏代的监狱的名称。④

从政治特征上看，夏代有了国家和法律已毋庸置疑，不仅如此，考古发掘的资料还在将中国形成国家的时间继续上移。1983年辽宁朝阳地区发现了一处属红山文化的遗址，考古专家根据出土文物断定，遗址距今约五千年。专家们认为五千年前，这一地区便存在着一个具有国家雏形的超部落联盟组织，从而将中华文明史推前了约一千年。

但是，若从经济与文化发展的角度加以考察，夏王朝并不具备国家产生的条件。摩尔根在《古代社会》一书中论证了由野蛮社会进入文明社会，即由部落联盟时代进入阶级社会的两大特征：一是铁器的使用；二是文字的发明。⑤

---

① 殷玮璋. 二里头文化探讨. 考古，1978（1）.
② 同①.
③ 《楚辞·天问》："有扈牧竖，云何而逢？"
④ 《释名·释宫室》："狱，又谓之圜土，筑土表墙，其形圜也。"
⑤ 路易斯·亨利·摩尔根. 古代社会：上册. 杨东莼，马雍，马巨，译. 北京：商务印书馆，1977：3—17.

从目前考古发掘的状况来看，商代之前，是以陶器为主，商周时才出现了大量的青铜器，故被称为"青铜时代"。至于铁器，直到春秋战国才姗姗来迟。这就是说，中国社会是在生产力发展尚不充分的情况下进入阶级社会的。政治的发展有超前的倾向。另外，迄今为止，我们所能认定的最早的文字是商代的甲骨文。龙山文化、红山文化、二里头文化都未有文字的发现。周人说："惟殷先人有册有典"①。可见，夏代以前文字的有无实难以断定。

中国古代法文明就是在以上所述的经济与文化发展相对不足，而政治却早熟的背景下萌芽的，作为政权的附属物——法律，不免带有"早熟"的痕迹。这主要表现在以下方面：在法律中保留了大量的氏族社会的传统，由于部落间的战争产生了刑，而部落内部则仍以传统之礼规范，所以夏代的法律格外地重视刑罚与伦理教化的作用。

（二）夏之刑

上古之时，部落联盟间的战争十分频繁，如黄帝与炎帝、蚩尤，尧、舜与九黎、三苗之间皆进行过旷日持久、规模浩大的战争。萌芽于战争之中的法律格外重视刑罚的威慑作用。《汉书·刑法志》言：

> 大刑用甲兵，其次用斧钺；中刑用刀锯，其次用钻凿；薄刑用鞭扑。大者陈诸原野，小者致之市朝，其所由来者，上矣。

重刑的氏族传统在早熟的夏王朝的法律体系中得到充分发展。就刑罚而言，《周礼·司刑》郑注：

> 夏刑大辟二百，膑辟三百，宫辟五百，劓、墨各千。

可见，五刑制在夏代就初具规模。《左传》"昭公六年"记：

> 夏有乱政，而作《禹刑》；商有乱政，而作《汤刑》；周有乱政，而作《九刑》。

自夏开始，"刑"便成为中国古代立法的重要内容。就罪行而言，《尚

---

① 《尚书·多士》。

书·甘誓》记夏启征讨有扈氏时说有扈氏"威侮五行,怠弃三正",即不按上天旨意办事,不重用德高望重的大臣,因而"天用剿绝其命"。宣布完有扈氏的罪行后,启又对本族的成员说:"弗用命,戮于社。"即对在战争中不听从命令者,在神祇面前处以戮刑。因而,夏代的刑罚不仅施于异族,也施于本族,这是夏之刑在继承部落传统时的发展。

部落时期萌芽的刑在夏代有了长足的发展,部落时期施刑内外有别的传统也为夏人所继承。《尚书大传·卷一》有"唐虞象刑"的说法,所谓"象刑"是一种象征性的刑罚,主要施于部落之内,通过人们的知耻之心而约束人们的言行。这种象征性刑罚与部落间野蛮的厮杀,以及对异族所用的残酷的刑罚,如斩首、活埋等相比较,尚未失去血缘的温情。夏代的统治者为了维护内外有别的传统,还设立了赎刑以区别本族与外族,《尚书·吕刑》序言中记:"吕命穆王训夏赎刑。"摩尔根通过对易洛魁人氏族的考察证明,赎刑原为原始社会末期部落间解决争端的一种温和方式,即一个部落对另一个部落有所冒犯,并希望对方谅解时,则可以通过谈判,向被冒犯的部落献上一定数量的财富,以平息争端。① 在阶级社会中,赎刑一变而成为有产阶级的特权。战败的俘虏、一无所有的奴隶是无法享受赎刑的恩惠的,只有本族的成员在犯罪后方可享受"以钱买罪"、免遭皮肉之苦的赎刑。这是统治者赐予本族成员的一种特权。赎刑虽不如"象刑"那么温和,但与残酷的肉刑相比,确实可算得上古朴仁义。故唐人孔颖达总结道:

> 夏承尧舜之后,民淳易治,故制刑近轻。②

(三) 夏之礼

除重视源于部落战争的刑之外,夏代统治者还格外重视传统的礼及其所包含的伦理道德。这是夏代法律体系的第二个特征。

夏代文献虽不足征,但从先秦诸子、"三礼"、"三通"等诸多史料记载的传说中,尚可考见夏礼的一些内容。夏礼不仅开三代之礼先河,而且与部

---

① 路易斯·亨利·摩尔根. 古代社会:上册. 杨东莼,马雍,马巨,译. 北京:商务印书馆,1977:74-76.
② 《尚书·吕刑》。

落之礼一脉相承，即孔子所言：

> 殷因于夏礼，所损益可知也；周因于殷礼，所损益可知也。①

夏代礼的形式、内容与推行方法中无处不见传统的影子。传统的礼起源于对天地鬼神的祭祀，夏人对鬼神的祭祀有增无减。孔子言：

> 禹，吾无间然矣！菲饮食而致孝乎鬼神，恶衣服而致美乎黻冕，卑宫室而尽力乎沟洫。禹，吾无间然矣。②

其大意为：对于大禹，我是无可非议的。他自己吃着粗食却将祭祀鬼神的物品做得十分丰富，自己平日的衣着十分简朴，却将祭祀之服做得华丽而庄严，自己的住处十分简陋却致力于沟洫水利。

部落联盟时期，许多风俗习惯经祭祀而变为礼，如强调统治者的表率作用，敬老，维护部族成员间的和睦，等等。夏王朝的统治者对这些传统均有所继承。《庄子·天下》记墨子言：

> 昔者禹之湮洪水，决江河而通四夷九州也，名山三百，支川三千，小者无数。禹亲自操橐耜而九杂天下之川；腓无胈，胫无毛，沐甚雨，栉疾风，置万国。禹，大圣也，而形劳天下也如此。

可见夏时，王在具有了至高无上权力的同时，为天下表率的作用尚未失却，以至于大禹"形劳天下"，其兼有部落首领与阶级社会最高统治者双重身份。从墓葬来看，夏族成员的分化尚不充分，部落成员间平等的和睦关系仍继续存在，《礼记·檀弓》言："有虞氏瓦棺，夏后氏堲周，殷人棺椁，周人墙置翣。周人以殷人之棺椁葬长殇，以夏后氏之堲周葬中殇、下殇，以有虞氏之瓦棺葬无服之殇。"堲周，据《淮南子·氾论训》高诱注："夏后氏禹世，无棺椁，以瓦广二尺，长四尺，侧身累之以蔽土，曰堲周。"可见，夏代墓葬尚无明显的等级差别，凡夏族成员，皆以堲周葬之。部落时期的敬老之风在夏代演变为提倡孝道。夏五刑之属三千条，《孝经·五刑章》言："五刑之属三千，而罪莫大于不孝。"可见夏代已有了"不孝"的罪名。孝为伦理之本，夏礼对孝的重视，影响极为深远，后世统治者一直将其视为帝王治

---

① 《论语·为政》。
② 《论语·泰伯》。

国、君子立身之本。

当然，我们并不否认夏代的礼与部落联盟时期的礼有着本质的区别。夏礼之中包含了许多阶级的内容，也正因如此，礼才成为夏代法体系中的有机组成部分。《礼记·王制》云：

> 山川神祇有不举者为不敬，不敬者君削以地。宗庙有不顺者为不孝，不孝者君绌以爵。变礼易乐者为不从，不从者君流。革制度衣服者为畔，畔者君讨。

在此，我们可以看到分别源于戎与祀的刑和礼密切地结合为一体。

综上所述，部落时期的刑与礼在阶级社会中，在夏朝有了长足的发展，而且深受统治者重视。这种对传统的保留与发扬的原因在于，经济发展相对缓慢，统治者在政治上不得不借助传统的力量。早熟的中国古代法文明将伦理与刑罚置于突出的地位，既符合当时经济发展还不足以挣脱血缘纽带的状况，又适合统治者以传统凝聚人心的需要。在此后的中国古代法文明的漫长发展中，早熟带来的这一特点始终未曾消失。

二、发展中呈现出的"同步性"

所谓同步，是指法在发展过程中始终与社会各个方面保持高度的协调一致，尤其与王朝的政治兴衰保持着一致。秦之后，法的发展日益成熟，法随着中央集权兴衰而兴衰，始终与社会发展的趋势相一致。自秦以后，中国社会的发展经历过形成、发展、鼎盛、衰败各个阶段。法的发展同样也经历了这样几个阶段，而且在时间上高度吻合。

（一）确立阶段

战国至秦，是中央集权制确立的阶段。这一时期的政治特点是官僚制取代世卿世禄制，中央集权制取代贵族分封制。法随着君主制的形成确立也进入到创制时期。秦法就其特点而言，与战国以来法的变革一脉相承，即重刑罚；就其内容而言，则变维护宗法贵族制为维护君主官僚制。秦朝的统治者对法给予了高度的重视，法律制度迅速发展，秦始皇自豪地宣称，秦王朝治国凡事"皆有法式"[①]。为了加强人们的"法治"观念,秦始皇不仅统一法令,而且实践了法家"以法为教""以吏为师"的主张。

(二) 发展阶段

汉至南北朝,是中央集权制发展的阶段,这一时期的政治特点是,统治阶级在总结秦的统治经验教训的基础上,继续坚持中央集权制,但在思想统治方面改法为儒,强调怀柔,强调以"礼"(伦理道德)而不是以法统一人们的思想,因而出现了在制度上汉承秦制,在思想领域则以儒学为正统的现象。先秦的儒法之争,于此时形成合流。法随着君主制的发展而丰富。首先,正统法思想随着中央集权制的发展而形成,为法注入了新的内容,并将三代重伦理的特点发扬光大,形成家族本位的观念。统治者提倡以孝治天下,汉代皇帝的谥号大多冠"孝"字。北齐时"不孝"成为"重罪十条"之一,为十恶不赦之罪。自汉代开始,礼律融合便成为法的核心观念;南北朝时以礼注律、以律证礼盛行,目的就在于强调法所体现的道德伦理观念。其次,从制度上看,汉至南北朝改变了秦法"繁于秋荼而密于凝脂"[②]的状况。汉代萧何作《九章律》成为古代律典之宗,曹魏制《新律》"集罪例以为《刑名》,冠于律首"[③],律典体例日趋简约。自魏晋始,大量的礼的内容直接入于律中,如八议、官当、准五服以制罪等,在制度上也开创了礼律融合的新途径。

(三) 鼎盛阶段

隋唐是中央集权社会发展的鼎盛阶段。这一时期的政治特点是中央集权制度高度完善。统治者集统治经验之大成,设立了三省六部制度、官吏选拔考核制度等,这些制度保证了国家机器的正常运转。法的发展此时也进入鼎盛时期,其主要表现为:

第一,正统法思想在实践中得到充分的体现。在立法时,唐初统治者明

---

① 《史记·秦始皇本纪》。
② 《盐铁论·刑德》。
③ 《晋书·刑法志》。

确提出"德礼为政教之本，刑罚为政教之用"[1] 的原则。唐律制定后，统治者又以礼为依据对律条进行了逐字逐句的解释，律条中处处体现着礼的精神。

第二，伦理道德观念继续被弘扬。伦理的教育不仅针对成年人，而且普及到童蒙教育。如唐王刚作《劝孝篇》，对不孝行为进行严厉的指责，告诫人们："勿以不孝头，枉戴人间屋。勿以不孝身，枉著人衣服。勿以不孝口，枉食人五谷。天地虽广大，不容忤逆族。早早悔前非，莫待鬼神录。"[2] 这种渗透到社会方方面面的教育有效地预防了犯罪，其也成为法体系的有机组成部分。

第三，法律制度完备，新五刑制笞、杖、徒、流、死代替了旧五刑制墨、劓、剕、宫、辟，同时，一些酷刑被废除。律文的条款简明完备，覆盖面广，确实给人"疏而不漏"的感觉。稳定的法律形式律、令在此时也更加稳定，发挥着越来越大的作用。南北朝时人们将修订法律视为"创制垂法，革人视听"[3] 的新朝代伊始的象征。而正是隋唐之时，律、令在实践中得到最大限度的实行，其甚至可以遏制帝王因喜怒而滥用刑罚。《隋书·源师传》记："有一主帅，私令卫士出外，（炀）帝付大理绳之。（源）师据律奏徒，帝令斩之。（源）师奏曰：'此人罪诚难恕，若陛下初便杀之，自可不关文墨，既付有司，义归恒典。脱宿卫近侍者更有此犯，将何以加之？'帝乃止。"隋炀帝是历史上有名的暴君，竟也能"乃止"自身的喜怒，律令制度的完备可想而知。唐代初期"守文定罪"更是蔚然成风。史载：

> 有司断狱，多据律文，虽情在可矜而不敢违法，守文定罪，或恐有冤。[4]

由此可见，法随着隋唐社会政治的发达而进入黄金时代，它的影响远及东南亚，唐律甚至成为中华法系的代表作。

---

[1] 《唐律疏议·名例律》。
[2] 北京燕山出版社 1991 年出版的《孝经忠经白话精解》将《劝孝篇》作为附录收入，并署名"唐·王刚撰"，其根据不详。
[3] 《隋书·刑法志》。
[4] 《贞观政要·刑法》。

（四）衰败阶段

经五代十国的过渡至宋代，中央集权制走向衰败。宋代的衰败主要表现于经济上"积贫积弱"，政治上中央集权畸形发展为皇权专制，思想文化日益僵化，法也由此进入衰落时期。这一时期，理学占据意识形态的主导地位，"礼义廉耻"的道德观被推向极端，正统法思想日益僵化，在实践中被推向极端。在伦理道德与法律条文相矛盾时，人们的变通方法唯有一途，即尊礼曲法。礼律融合至此演变为唯礼是从。由于理学将礼奉为"天理"，所以礼便成为"天不变，道亦不变"的万世之制，任何人不可更改。礼的地位虽然至尊，但其内容却日益枯萎。思想僵化，制度也被桎梏。五代之后，人们便将唐律视为经圣人损益过的"彝典"[1]而加以推崇，立法者不敢擅自改动。于是自唐之后，无复有新律：《宋刑统》几乎照抄唐律；金《泰和律义》"实《唐律》也"[2]；修订了三十年的明代《大明律》实际上也只是一种象征性制度，法律实践中多以例行事；清代对唐律的改动也不过是"或于其重者轻之，轻者重之"[3]，律令制度成为束之高阁的一纸空文。

自宋之后，中国古代法文明确实有一个很大的转折。汉代曾有人指责杜周"不循三尺法，专以人主意指为狱"[4]，可见在中央集权的前期，人们并不习惯皇帝过多地干预法律的执行。唐朝时戴胄在论及皇帝与法律的关系时指出，敕令常常出于皇帝一时的喜怒，而法令则是国之大信所在，二者相抵牾时，明智的皇帝应"忍小忿而存大信"[5]。而宋代的皇帝却公然宣称"出令制法，重轻予夺在上"[6]，法伴随着皇权专制的发展其御用性也加强了。明清两代更是将律视为空文。朱元璋虽"每御西楼，召诸臣赐坐，从容讲论律义"，但却认为"(律) 因循日久，视为具文"[7]。清代则"有例不用律，律既多成虚文"[8]。

---

[1] 《旧五代史·刑法志》。
[2] 《金史·刑志》。
[3] 沈家本. 历代刑法考：第 2 册. 邓经元，骈宇骞，点校. 北京：中华书局，1985：928.
[4] 《汉书·杜周传》。
[5] 《贞观政要·公平》。
[6] 《宋史·刑法志》。
[7] 《明史·刑法志》。
[8] 《清史稿·刑法志》。

中国古代法的发展与历史的兴衰如此地协调一致,原因在于中国古代社会高度集权的政治体制。自战国至清,中国社会始终实行高度集中的一元化中央集权制统治。一元化的统治使统一成为历史发展的主流。战国时,人们便将统一视为最高的政治理想,主张中央集权制的法家急于统一的心情与主张自不待言,就是主张中庸的儒家也无不以统一为己任。《孟子·梁惠王》记有人问孟子安定天下之策,孟子脱口而答:"定于一。"后世汉儒从孔子《春秋》中亦看出"大一统"的"微言大义"。正因为"定于一"与"大一统",中央集权才能成为统治的核心,皇帝才能成为政治锁链中的"第一环"[①]。在"大一统"的社会环境中,社会的兴衰往往以政治为转变,经济、思想、文化、法制无不围绕着中央集权一损俱损,一荣俱荣。这便是法与历史兴衰具有"同步性"的原因。

三、道德法律化的发展

在向近、现代转折、发展的过程中,中国古代法的变革所遇到的最大且一直延续的难题是道德与法没有明确的分野,二者"犹昏晓阳秋相须而成"[②]。在今人看来纯属道德范畴的事情,恰恰正是古代法重点规范的对象,法律与道德相为表里,甚至融为一体。道德与法相为表里的传统是优是劣?应弘扬还是应摒弃?这些问题一直是近代以来法理、法史学界聚讼的焦点。对古代社会道德法律化的研究有助于客观评价法在古代社会中的历史作用及其对现实的影响。本节拟从道德法律化的历史沿革与内容、道德法律化的特征与作用等方面对道德法律化进行阐述。

(一) 道德法律化的历史沿革与内容

1. 历史渊源

道德法律化的历史渊源可以追溯至中国古代法文明起源之时。中华文明发源地之一的中原地区,气候温暖宜于稼穑,原始社会后期农业已十分发达。农业社会以守土安居、敬天尊祖为特征,这就是《左传》中所说的:

[①] 黑格尔. 历史哲学. 王造时,译. 北京:商务印书馆,1963:168.
[②] 《唐律疏议·名例律》.

> 国之大事，在祀与戎。①

受地域与生活方式的影响，中国古代法的起源有别于西方。西方法主要产生于由物品交换而演绎出的习惯、规则与契约中，而中国古代法则产生于祭祀与兵戎之中。法产生于战争，古人早有论述，如《汉书·刑法志》言："大刑用甲兵。"在《通典·兵一》中，唐人杜佑进一步论证道：

> 三皇无为，天下以治。五帝行教，兵由是兴，所谓"大刑用甲兵，而陈诸原野"。

"兵刑合一""刑起于兵"早已是毋庸置疑的定论。值得注意的是，这种源于兵戎的法，是以"刑"为核心的，在后世的发展中，大多数演化为刑律，而仅为法之一端。要全面论证中国古代法的起源，还必须注意到产生于部落祭祀的"礼"。

礼，最初是祭祀的程序和仪式。王国维在《释礼》中言：

> 《说文》示部云：礼，履也，所以事神致福也。
> 奉神人之事通谓之礼。②

礼，体现了人们对上天的崇拜与对祖先的怀念，因而具有极大的权威性。因为人们确信，违礼必触犯神灵，必遭天谴。礼借助神的威力而具有了法的性质，正所谓：

> 礼义者，五帝三王之法籍……③

礼重敬祖，人情色彩十分浓厚，《礼记·礼运》托孔子之言，释礼是"以正君臣，以笃父子，以睦兄弟，以齐上下，夫妇有所"的规范。这些在古代社会中至关重要的法度，在今人看来皆属道德伦理的范畴。礼作为中国古代法律渊源之一，为中国传统法打上了深深的伦理道德的烙印，为道德的法律化奠定了坚实的基础。

2. 三代"礼治"的历史借鉴

夏、商、西周是"礼治"的全盛时代。后世所言的"法"（或"律"

---

① 《左传》"成公十三年"。
② 《观堂集林·卷六·释礼》。（王国维遗书：第1册. 上海：上海古籍书店，1983.）
③ 《淮南子·齐俗训》。

"刑")在三代时仅为礼治的一个有机组成部分。从内容及实施方法上划分，夏、商、西周，尤其是西周的"礼"可以分为两部分：

第一，"礼义"，即礼的宗旨、精神之所在。其以人情为基础，以道德为核心。概括地说，人情即万世不可变的"亲亲也，尊尊也，长长也，男女有别"①。"亲亲父为首，尊尊君为首"②，由亲亲、尊尊、长长、男女有别而生出的忠、孝、节、义等道德规范，在家以孝敬父亲为首，在国以忠于国君为首。礼义的实施途径主要是教化。传说夏、商、西周之时已有了学校，"小学在公宫南之左，大学在郊。天子曰辟雍，诸侯曰泮宫"③。掌管教化的官称"司徒"，其职责是"修六礼以节民性，明七教以兴民德，齐八政以防淫，一道德以同俗，养耆老以致孝，恤孤独以逮不足"④。春秋时孔子盛赞周代的制度以夏商二代为鉴，"郁郁乎文哉"⑤。出自后人之手的《周礼》对周的学校、教官、教育内容皆作了详细的追记，其中不乏真实的成分。《尚书·吕刑》言："士制百姓于刑之中，以教祗德。"即以刑弼教之意。

第二，"礼仪"，即礼的条文、规范，也就是《礼记·大传》中概括的："立权度量，考文章，改正朔，易服色，殊徽号，异器械，别衣服"等方面的制度或习俗。《礼记》言，这些制度与习俗是可以"与民变革者也"。礼仪的实施主要依靠刑罚推行。据载西周时仪礼三千⑥，五刑之属三千⑦，故东汉时著名律学家陈宠认为：

> 礼之所去，刑之所取，失礼则入刑，相为表里者也。⑧

礼义与礼仪、教化与刑罚在"礼治"的体系中显然是前者，即礼义与教化占据主导地位。《尚书·吕刑》言刑必言德，如"惟敬五刑，以成三德""朕敬于刑，有德惟刑"。在《尚书》的《康诰》《酒诰》《召诰》等诸篇中，皆体现出敬礼、敬德的思想及刑罚目的。

---

① 《礼记·大传》。
② 《史记·太史公自序》索隐。
③ 《礼记·王制》。
④ 同③.
⑤ 《伦语·八佾》。
⑥ 参见《仪礼正义》及《经学通论·三礼》。
⑦ 参见《孝经·五刑章》。
⑧ 《后汉书·陈宠传》。

王国维总结道：

> 周之制度典礼，乃道德之器械……周制刑之意，亦本于德治、礼治之大经。①

程树德亦认为：

> 三代皆以礼治，孔子所谓殷因于夏礼，周因于殷礼，是也。《周礼》一书，先儒虽未有定说，而先王遗意，大略可见。其时八议八成之法，三宥三赦之制，胥纳之于礼之中，初未有礼与律之分也。②

三代的法在"礼治"体系中虽然不占据主导地位，但其与道德、制度、习俗皆有着密切的关系。"礼治"赋予三代法兼容并蓄的功能与博大精深的内容，为汉代之后道德法律化的长足发展提供了历史的借鉴。

3. 儒家思想为道德法律化提供了理论指导

春秋战国至秦是"礼治"逐步崩溃、"法治"迅速确立的时代，面对历史性的转折，儒家提出了中庸改良之策。

儒家认为在社会变革中，应维护传统之精神，革除传统之弊病，切忌完全抛弃传统。"过犹不及"③是孔子对世人的告诫。儒家对传统的"礼治"基本持肯定态度，他们改造或改良"礼治"的设想是继承弘扬"礼义"，因时而损益"礼仪"。故而"亲亲也，尊尊也，长长也，男女有别。此其不可得与民变革者也"，而"立权度量，考文章，改正朔，易服色，殊徽号，异器械，别衣服，此其所得与民变革者也"④。法在儒家理论体系中，不具有绝对的权威性，道德才是裁决一切的最终标准。正因如此，孔子才提倡"父为子隐，子为父隐"⑤，断定公冶长"虽在缧绁之中，非其罪也"⑥。

与儒家针锋相对的法家以"人性好利恶害"为基点，对"礼义"及儒家所倡导的道德基本持否定的态度。法家认为"竞于道德""逐于智谋"的时

---

① 《观堂集林·卷十·殷周制度论》。（王国维遗书：第 2 册. 上海：上海古籍书店，1983.）
② 程树德. 九朝律考. 北京：商务印书馆，2017：17.
③ 《论语·先进》。
④ 《礼记·大传》。
⑤ 《论语·子路》。
⑥ 《论语·公冶长》。

代皆已一去不复返，而"当今争于气力"①。在"争于气力"的时代，道德的说教显得过于迂阔，而且无济于乱世的治理。治国安民的上策莫过于以暴制暴。鉴于此，法家对制度及维护制度的手段——刑罚格外感兴趣，因而主张：

> 无书简之文，以法为教；无先王之语，以吏为师。②

在法家理论体系中，法在中国古代历史中具有了空前绝后的权威与地位。司马谈在总结法家的特征时言：法家"不别亲疏，不殊贵贱，一断于法"③。为了维护国家制度的权威性，法家主张重刑重赏，并主张抛弃有碍于法令实施的道德。《韩非子·八说》中将八种为传统及舆论所盛赞的有德之人说成是危及国家利益的人，即：

> 为故人行私谓之"不弃"，以公财分施谓之"仁人"，轻禄重身谓之"君子"，枉法曲亲谓之"有行"，弃官宠交谓之"有侠"，离世遁上谓之"高傲"，交争逆令谓之"刚材"，行惠取众谓之"得民"。

从维护君主、国家及法制的利益出发，韩非进一步指出了"不弃"等行为的危害：

> 不弃者，吏有奸也；仁人者，公财损也；君子者，民难使也；有行者，法制毁也；有侠者，官职旷也；高傲者，民不事也；刚材者，令不行也；得民者，君上孤也。

由此可见，在法家的理论体系中，一切有碍于法的道德都在被排斥之列。

儒法之争以秦统一六国、法家胜利而告一段落。道德法律化的进程在这一时期放慢了速度，但传统的伦理道德却在儒家的整理发掘下得以系统化、理论化，儒家学说由此而成为汉代之后道德法律化的理论指导。

4. 汉代之后道德法律化的发展

汉承周、秦之后，对周、秦两代历史经验与教训的总结格外用心。西周

---

① 《韩非子·五蠹》。
② 同①。
③ 《史记·太史公自序》。

近三百年的"礼治"盛世与秦统一后不足十六年而亡的"法治"给汉人以深刻的印象。因此，汉代的政治家、思想家几乎一边倒地倾向于"礼治"。秦因"法治"而亡也是汉人的共识。《汉书·刑法志》总结道：

> 至于秦始皇，兼吞战国，遂毁先王之法，灭礼谊之官，专任刑罚，躬操文墨，昼断狱，夜理书，自程决事，日悬石之一。而奸邪并生，赭衣塞路，囹圄成市，天下愁怨，溃而叛之。

秦王朝的早夭使汉人重新认识到了道德的价值。汉初贾谊言：

> 德之所以生阴阳、天地、人与万物也。固为所生者法也。①

在贾谊看来，德乃天下万物之根本，制度法令应是德的派生物。礼作为德的外在表现形式，自汉起重新受到人们的重视：

> 道德仁义，非礼不成；教训正俗，非礼不备；分争辩讼，非礼不决；君臣、上下、父子、兄弟，非礼不定；宦学事师，非礼不亲；班朝治军，莅官行法，非礼威严不行；祷祠祭祀，供给鬼神，非礼不诚不庄。②

在汉儒看来，法律失却了道德的精神，就等于丢失了灵魂。汉代中期的贤良文学们认为，"二尺四寸之律"古今相同，但殷、周用之则治，秦用之则乱，其原因在于：

> 汤、武经礼义，明好恶，以道其民，刑罪未有所加，而民自行义，殷、周所以治也。上无德教，下无法则，任刑必诛，劓鼻盈蔂，断足盈车，举河以西，不足以受天下之徒，终而以亡者，秦王也。③

三代"礼治"在人们对传统的怀念中，在汉儒对秦法的批判中得以重新登上历史舞台。汉人摒弃了法家以法治国的理论，摒弃了秦王朝以威吓、震慑为目的的立法思想，明确地指出法的设立须以人情为基础："法者，缘人情而制，非设罪以陷人也。"④ 与法家主张因民之性立法以治民不同的是，

---

① 《新书·道德说》。
② 《新书·礼》。
③ 《盐铁论·诏圣》。
④ 《盐铁论·刑德》。

"人情"在信奉儒家的人的眼中，应是"亲亲""尊尊""长长""男女有别"的道德伦理的体现。道德法律化的进程自汉中期后，随着正统法思想的建立，随着儒家主导地位的确立而进入了一个新阶段。

道德法律化在汉代的第一条途径是立法时以儒家思想为指导，以道德伦理为基础，使法律尽量与道德保持一致。如董仲舒所言："刑反德而顺于德"①。汉代去古未远，律条中时常混杂着礼的节文，程树德在《汉律考》中言："后世以之入礼者，而汉时则多属律也。"② 这种无意识的混杂，形成了礼法的局部融合。而以道德为原则的立法指导思想使礼法融合、道德法律化有了全面的发展，所谓"刑诛一施，民遵礼义矣"③。

道德法律化在汉代的第二条途径是在司法实践中不独以法律为依据，而是引经决狱，将孔子在《春秋》中的"微言大义"作为定罪量刑的最高标准，并逐渐将其演变为法律。如董仲舒以"《春秋》之义，父为子隐"为由，认为养父包庇犯罪的养子"不当坐"④。汉宣帝时，"子首匿父母，妻匿夫，孙匿大父母"皆不为罪成为定制。⑤ 董仲舒对疑狱"动以经对"，颇具名声，以至于病老致仕、身居陋巷时，朝廷还每每派遣廷尉问断狱之得失，董仲舒因而作《春秋决狱》二百三十二事。《春秋》决狱使道德在法的体系中重新占据了主导地位。

自汉代起，道德法律化的进程便始终没有停止，许多道德的戒律逐渐演化成法律的条文。如不孝为罪，古已有之，北齐时更将之列为"重罪十条"之一，隋唐时将之列入"十恶"。犯此罪者不仅为常赦不原，而且一般都被从重处刑。在律典对不孝罪作出严惩规定的同时，统治者在司法中对因孝而触犯刑律者又常常网开一面。汉哀帝时，丞相薛宣因未能为后母守丧且与兄弟不和，受到博士申咸的弹劾。薛宣的儿子薛况因父亲仕途受阻而怀恨申咸，于是买通了刺客杨明，唆使杨明毁坏申咸的面容，为父亲出气。杨明于宫门外拦截申咸，砍断了申咸的鼻梁骨，又砍裂了申咸的嘴唇。有司裁定薛况、杨明犯大不敬罪，应处弃市之刑。但廷尉却认为薛况出于孝父之心，所

---

① 《春秋繁露·王道通三》。
② 程树德. 九朝律考. 北京：商务印书馆，2017：17.
③ 《盐铁论·疾贪》。
④ 《通典·礼二十九》。
⑤ 参见《汉书·宣帝纪》。

犯罪行虽大，但心无大恶，犯罪动机可悯，因而建议改判徙刑。哀帝与群臣议后，定为减罪一等，徙敦煌。① 汉之后，随着道德的法律化，道德的权威远远高于法律，道德成为根植于人们心中的"大法"。

清末修律，沈家本等人欲效法西方，将道德与法律"一分为二"，遭到江苏提学劳乃宣的强烈反对。劳乃宣认为：

> 中国宗教遵孔，以纲常礼教为重。如律中十恶、亲属容隐、干名犯义、存留养亲，及亲属相奸、相盗、相殴，发冢犯奸各条，未便蔑弃。②

他指出，沈家本等人修订的法律在实践中无法实施的原因在于：

> 离法律与道德教化而二之。③

他建议：

> 将旧律有关礼教伦纪各节，逐一修入正文，并拟补干名犯义、犯罪存留养亲、亲属相奸相殴、无夫奸、子孙违犯教令各条。④

由此可以看出道德法律化在中国古代社会中根深蒂固。

综上所述，道德法律化的发展大致经历了以上四个时期。道德法律化的主要内容是以道德作为立法、司法原则，以法律体现道德的宗旨并维护道德的规范。值得注意的是，汉代之后以道德为立法、司法的原则及纳礼入律与三代纳法律于"礼治"体系之中既有相同之处，又有所区别。两者主要的区别在于：三代的道德与法律同处在"礼治"体系之中，而汉代之后，法律虽愈来愈充满着道德的精神，但法律毕竟已成为一个相对独立并有自身发展规律的体系。此外，还有一点值得注意，即汉代及其以后的统治者虽对三代"礼治"推崇备至，但繁文缛节的礼之仪毕竟已被时代抛弃，不可全面恢复。《汉书·礼乐志》记，汉统治者曾几度欲制礼仪皆未能成功：汉初高祖命叔孙通"为奉常，遂定仪法，未尽备而（叔孙）通终"；文帝时贾谊"草具其仪"，后因被人陷害而未成；武帝时因窦太后不

---

① 参见《汉书·薛宣传》。
② 《清史稿·刑法志》。
③ 同②。
④ 同②。

喜儒术，"其事又废"，武帝也因"征讨四夷，锐志武功，不暇留意礼文之事"；成帝时刘向上书，成帝"以向言下公卿议，会向病卒"。从表面上看，礼仪不修皆出偶然之因，但实际上，礼仪脱离现实，无法恢复是必然之势，正如陈寅恪所言："旧籍于礼仪特重，记述甚繁，由今日观之，其制度大抵仅为纸上之空文。"① 因此，自汉后，人们所说的"礼"，多偏重于礼义，即礼的宗旨与精神，也就是道德。道德法律化正部分地弥补了礼仪不可复兴的缺漏。

（二）道德法律化的特征与作用

欲探究道德法律化的特征，必须先探究"德"或道德在中国古代社会的内涵。《康熙字典》引《正韵》言："凡言德者，善美、正大、光明纯懿之称也。"《说文解字》释"德"为"登"。段玉裁注："俗谓用力徙前曰德。"总结古人对"德"或道德的解释，概括地说："德"便是努力向善；道德是一个十分复杂的体系，不同的时代有不同的特征。西周人言"德"，多与天命、祭祀相关，认为有德者才能享有天命。《周书》中记："惟乃丕显考文王，克明德慎罚""闻于上帝，帝休"②"宅新邑，肆惟王其疾敬德，王其德之用，祈天永命"③。由于"德"是得天命的依据，所以周王的谥号皆含有道德之义，如文、武、成、康、昭、穆等。④ 由于"德"与天命相关，所以西周时修德只是贵族的事情。孔子言"德"，虽亦与敬天命相关，但其从"性相近也，习相远也"⑤ 的观点出发，提倡"有教无类"⑥，将修德变为全民之事。除随时代而变迁外，道德还因阶层的不同而有不同的标准。如古人认为"孝"为道德之本，但天子之孝与庶民之孝便有很大不同。成书于汉，传说为孔子学生曾参撰写的《孝经》便将孝分为"天子章""诸侯章""卿、大夫章""士章""庶人章"五类。天子的"孝"表现为"以孝治天下"⑦；诸侯的

---

① 陈寅恪. 隋唐制度渊源略论稿. 北京：中华书局，1977：4.
② 《尚书·康诰》。
③ 《尚书·召诰》。
④ 侯外庐，赵纪彬，杜国庠. 中国思想通史：第1卷. 北京：人民出版社，1957：87-93.
⑤ 《论语·阳货》。
⑥ 《论语·卫灵公》。
⑦ 《孝经·孝治章》。

"孝"表现为"保其社稷""和其民人"①；卿、大夫的"孝"表现为"守其宗庙"②；士的"孝"表现为"保其禄位""守其祭祀"③；庶人的"孝"表现为"谨身节用，以养父母"④。

由于道德内容十分丰富，所以道德法律化的内涵也十分复杂。我们可以从两个方面理解道德法律化中的"德"：

第一，相对法而言，德是目的。这一点在西周表现得尤为突出，《尚书·召诰》记周初统治者认为夏、商二代的子孙"不敬厥德，乃早坠厥命"。鉴于夏、商的教训，周的统治者认为为政必须以敬德保天命为目的。于是，用刑用法必须合乎"敬德"的原则，这就是《尚书》中《康诰》与《多方》中屡次提到的"明德慎罚"。《吕刑》中亦反复强调用刑的目的在"以教祗德""以成三德""有德惟刑"等。孔子及后世儒家亦将道德作为追求的目的。与战国法家欲建立皆有法式的"法治"王国相反，孔子及后世儒家要建立的是道德的王国。在道德王国中，人与人之间的关系由善美的人情来维系，整个社会充满了和谐："父子有亲，君臣有义，夫妇有别，长幼有叙（序），朋友有信。"⑤ 人人以宽厚的仁待人是道德王国的特征。

第二，相对法而言，道德是一种更高明的治国手段。孔子言："道之以政，齐之以刑，民免而无耻；道之以德，齐之以礼，有耻且格。"⑥ 汉儒对道德作为治国手段远远优于法律作了更生动的论述：

> 法能刑人而不能使人廉，能杀人而不能使人仁。所贵良医者，贵其审消息而退邪气也，非贵其下针石而钻肌肤也。所贵良吏者，贵其绝恶于未萌，使之不为，非贵其拘之囹圄而刑杀之也。⑦

作为治国手段，"德"的优势在于可以预防犯罪，可以标本兼治，可以使人知耻而不为非。由于"德"同时具备目的与手段两重性，所以以道德为

---

① 《孝经·诸侯章》。
② 《孝经·卿、大夫章》。
③ 《孝经·士章》。
④ 《孝经·庶人章》。
⑤ 《孟子·滕文公》。
⑥ 《论语·为政》。
⑦ 《盐铁论·申韩》。

原则的道德法律化势在必行，竭力体现并维护道德也成为立法者追求的目标。道德法律化使中国古代法有了以下显著特征。

1. 立法、司法须以"人情"为变通

中国古代社会的法在设立与实施时，有一颇为引人注目的现象，即大致相同的法律，在不同的时代，由不同的人执行，效果往往截然不同。创立了"千古之制"的秦始皇被后人斥为暴君，他所缔造的统一的秦帝国也只存在了不到十六年。而沿用秦制的西汉王朝，不仅初期出现了文景之治，中期出现了武帝盛世，而且统治延续了二百余年。使"天下愁怨，溃而叛之"[①] 的秦代之法直到汉代中后期并未有大的改动。宣帝时，路温舒上书言：

> 秦有十失，其一尚存，治狱之吏是也。[②]

秦法的负面作用在汉朝得以成功地避免或减弱，正是"人情"起了作用。《汉书·刑法志》总结道，文帝之时：

> 将相皆旧功臣，少文多质，惩恶亡秦之政，论议务在宽厚，耻言人之过失。

自汉代后，立法、司法是否能体现人情，成为人们评判君主、官吏及法律的标尺。一味固守法条而不知变通，虽清廉堪称天下仪表的官吏也不免被视为酷吏，如"被污恶言"而死、"家产直不过五百金"的汉代张汤由于"治淮南、衡山、江都反狱，皆穷根本"，而被当时人斥为"诈忠"[③]，太史公司马迁将之列入《酷吏列传》中。与张汤不同，宋代包拯虽"立朝刚毅"，却受人敬仰，成为有口皆碑的清官。这是因为包拯有执法如山的一面，还有"恶吏苛刻，务敦厚，虽甚嫉恶，而未尝不推以忠恕"[④] 的一面。深谙统治术的帝王典范唐太宗，虽然反复强调法须公平，反对大赦，但他决不固守法条，在人情与法冲突、情法不能两全时，他更倾向于尽"人情"。他曾下诏，以为：

> 比来有司断狱，多据律文，虽情在可矜而不敢违法，守文定罪，或

---

① 《汉书·刑法志》。
② 《汉书·路温舒传》。
③ 《史记·酷吏列传》。
④ 《宋史·包拯传》。

恐有冤。自今门下省覆，有据法合死而情在可矜者，宜录状奏闻。①

　　唐太宗曾以情纵囚虽被一些政治家所批评，但被唐太宗所纵的四百余囚犯皆能遵守诺言，按时到官心甘情愿地伏法却也是不争的事实。

　　道德源于人情，道德法律化实质上是以道德为法之灵魂。因此，失却了道德、人情的法，在中国古代便失去了存在的意义与价值。春秋时，曾有人赞扬一个"证父攘羊"的人是正直之人，孔子反唇相讥，认为公正、正直之理皆体现于人情之中，悖于人情者，无法谈论公正、正直，所谓"父为子隐，子为父隐，直在其中矣"②。战国时，孟子亦认为圣君大舜不诛其罪恶多端的弟弟象，正体现了人情之大德。③ 在孔孟的理论中，法屈就人情就是天经地义之理。因为人情是永恒的，而法是可以随时变通的，法只有与人情相一致时，才具有威力与生命力。在孔孟之道的引导下，"人情即法""情重于法"成为中国古代法的特征之一。

　　"人情即法"表现在法中有诸多体现人情的条文，如不孝、恶逆、存留养亲、亲亲相隐等。"情重于法"则表现于司法实践中对烈女、孝子、侠客等的开释赦免上。从"二十五史"的《列女传》《孝子传》《游侠传》《卓行传》《一行传》中，我们可以收集到大量的因情触法的案例。俗话说"官法如炉"，平民百姓避之犹恐不及，但如"炉"的官法对为亲复仇的孝子、为节触法的烈女、为义犯禁的侠客义士等却一反平常威严之态，变得柔情似水。自古以来，在密如凝脂的法网中得以保全性命的孝子、烈女、侠客义士不可胜记。

2. 强调官吏的素质与自律

　　由于强调道德，法在中国古代社会中不具有至上的权威。法律实施的正确与否、实施的效果如何，多依赖于统治者自身的素质与自律。道德法律化，为"人"在司法中作用的发挥留有充分的余地。

　　首先，制定法律使之与道德相辅相成以及准确理解法律，能于执法中体现出立法的宗旨，都需要统治者具备一定的素质。《荀子·君道》中言：

---

① 《贞观政要·刑法》。
② 《论语·子路》。
③ 参见《孟子·万章》。

> 君子者,法之原也。

又言:

> 故有君子,则法虽省,足以遍矣;无君子,则法虽具,失先后之施,不能应事之变,足以乱矣。

在历史上有君子则有良法的典型,可以以秦汉为例。中国古代法律制度的基本框架形成于秦。在法家理论的指导下,秦始皇"刻削毋仁恩和义"[①],执法因之而格外酷烈,最终成为秦亡的导火索。汉承秦法,不是僵化地沿袭,而是"霸、王、道杂之"[②]。儒家"礼治"的思想取代了法家"法治"的理论,成为指导立法、司法的原则。道德的精神融入法律之中。汉代统治者虽然不可能改变秦法的性质,但大大减弱了秦法的残酷性,缓和了日益尖锐的社会矛盾,使服务于专制的法制呈现出开明气象。

"人"在执法中的效果迥异,可以以隋唐为例。唐代所制之律,其体例、篇章、条款大致与隋《开皇律》相同。但隋文帝"性猜忌,素不悦学"[③],其后期法令多成虚文,隋文帝常以自己的喜怒破法,而官吏"上下相驱,迭行棰楚,以残暴为干能,以守法为懦弱"。隋炀帝即位,虽对文帝之法进行了改良,定罪量刑条款轻于文帝之时,但炀帝自身视法律为空文,又"更立严刑",以至"益肆淫刑",最终使"天下大溃"[④]。隋代的法制状况证明了荀子"无君子,则法虽具……足以乱矣"的断言。以同样法度治国的唐太宗,却能"志存公道,人有所犯,一一于法"[⑤]。贞观年间守法蔚然成风,贞观四年(公元630年)"断死刑,天下二十九人",史称"几致刑措"[⑥]。唐初的法制状况又证明了荀子"有君子,则法虽省,足以遍矣"的断言。

其次,法律的社会效果往往取决于统治者的自律与表率作用,即孔子所言:"其身正,不令而行;其身不正,虽令不从。"[⑦] 人们对法的评价,不只

---

① 《史记·秦始皇本纪》。
② 《汉书·元帝纪》。
③ 《隋书·刑法志》。
④ 同③。
⑤ 《贞观政要·诚信》。
⑥ 《贞观政要·刑法》。
⑦ 《论语·子路》。

是看法律自身完善与否，同时更要看执法之人自身的道德品行。许多孝子、清官、循吏断案不仅能使当事人口服心服，而且能起到教育一方民众的作用，原因在于其自律与自身的表率作用。《汉书·韩延寿传》中记，西汉宣帝时，左冯翊韩延寿巡察属县，途中遇兄弟二人为争田产而投诉。面对各执一词的兄弟二人，韩延寿没有急于分辨孰是孰非，而是自责自己身为郡守，不能以礼导民，致使兄弟相争。他闭门思过，其属下县令、县丞以至啬夫、三老也都深深自责。官吏的自责，感化了当事人，争执双方各以田相让，并髡首肉袒至官府谢罪。一桩剑拔弩张的争田案，在官吏的自责下得到了较司法审判更为圆满的解决。《魏书·列女传》记清河太守崔景伯是有名的孝子，其治下有一人不孝，恶名传遍乡里，吏欲治其罪。崔景伯的母亲告诉儿子可将不孝子带到家中住一段时间。不孝子在崔府中看到太守对母亲无微不至地侍奉，深受感动，回到家乡后效法崔景伯，竟以孝而闻名乡里。

在古代社会中，君主、官吏的道德修养与素质远远重于设法立制。百姓对圣君、清官的信赖也远远超过对法的信任。"有其法者尤贵有其人"①，法居次位，"人"的素质居首位，是道德法律化赋予古代法的又一特征。

3. 强调"听讼"的目的是"无讼"

"法立而无犯，刑设而不用"这句广泛流传的俗语表达了中国古代法追求的最高境界。由于小农经济及宗法社会结构的影响，中国古人的理想国中总是充满了人与人之间的温情，以暴力为后盾的法与刑最好成为有备无患的虚设之器。孔子主张"胜残去杀"②"必也使无讼乎"③。就是道家、法家也无不将"去刑"作为追求的理想。消除人为法，是道家"大道既成"的标志之一。《老子·五十七章》以"法令滋彰，盗贼多有"这样尖锐的语言批判严刑峻法。法家亦表明使用刑罚的目的在于消除刑罚，"以刑去刑，刑去事成"④。

"无讼"思想使讼事的多少成为判断社会治与乱、政治清明与昏暗的标志。早在春秋时，叔向便言：

夏有乱政，而作《禹刑》；商有乱政，而作《汤刑》；周有乱政，而

---

① 沈家本. 历代刑法考：第1册. 邓经元，骈宇骞，点校. 北京：中华书局，1985：51.
② 《论语·子路》。
③ 《论语·颜渊》。
④ 《商君书·靳令》。

作《九刑》。三辟之兴，皆叔世也。①

《礼记》托孔子之言，描绘了大同社会的特征：

> 谋闭而不兴，盗窃乱贼而不作，故外户而不闭。②

没有讼事，是大同之世的特征之一。晋代陶渊明的《桃花源记》、宋代王禹偁的《录海人书》都将"皆有法式"的秦朝作为鞭挞的对象。桃花源中的"村民"是"先世避秦时乱，率妻子邑人来此绝境，不复出焉"。《录海人书》中的"海人"则是为秦始皇求仙药而漂泊海外的"童男卯女"的后裔。由此可见，人们对法家"法治"的惧怕。

追求"无讼"必然会提倡忍让、自律。孔子强调：

> 听讼，吾犹人也。必也使无讼乎。③

即告诫官吏在不得已情况下使用法律，但不要忘记"无讼"的追求。立法时，不要失却了仁慈怜悯之初心。汉儒解释"无讼"的含义为：

> 圣人假法以成教，教成而刑不施。故威厉而不杀，刑设而不犯。④
>
> 法者，缘人情而制，非设罪以陷人也。⑤

"无讼"理想对平民百姓的影响亦不可低估。宋人吴自牧记：

> 临安府治（今杭州。——引者注）前曰州桥，俗名懊来桥。盖因到讼庭者，到此心已悔也，故以此名呼之。⑥

设法立制的最终目的不是实现"法治"，而是实现"德治"。这正是道德法律化的动力。

4. 强调效法自然，维护社会整体的和谐

如前所述，"德"与天命、天道密切相关，道德法律化势必使传统法律更加注重效法上天。"天"在中国古代哲学中具有"神明""自然"等多种解

---

① 《左传》"昭公六年"。
② 《礼记·礼运》。
③ 《论语·颜渊》。
④ 《盐铁论·后刑》。
⑤ 《盐铁论·刑德》。
⑥ 《梦粱录·卷七·小西河桥道》。

释，传统法律所效法的主要是自然之"象"。胡适认为《易经》及老子所言的"象"是自然之"法象"，孔子认为：

> 人类历史上种种文物制度的起源都由于象，都起于仿效种种法象，这些法象，大约可分两种：一种是天然界的种种"现象"（如云"天垂象，见吉凶，圣人则之"）；一种是物象所引起的"意象"，又名"观念"。①

中国古代的立法，由于效法了自然之象，故而有了"德本刑用"的指导思想。董仲舒言：

> 天出阳，为暖以生之；地出阴，为清以成之……暖暑居百而清寒居一。德教其与刑罚犹此也。故圣人多其爱而少其严，厚其德而简其刑，以此配天。②

又有了礼乐政刑相辅相成的"四达而不悖"③的体系。《礼记·乐记》记：

> 礼以道其志，乐以和其声，政以一其行，刑以防其奸。

还有了仿效五行的五刑制度。《白虎通·五刑》释"五刑"为：

> 刑所以五何？法五行也。大辟，法水之灭火；宫者，法土之壅水；膑者，法金之刻木；劓者，法木之穿土；墨者，法火之胜金。

由此，阴阳、四时、五行无不体现于法律之中。因为效法自然，所以中国古代法十分注重法律与社会的和谐，并注重将一切有利于社会稳定的因素都尽量纳入法律体系中。正如法国启蒙思想家孟德斯鸠所言：

> 中国的立法者们所做的尚不止此。他们把宗教、法律、风俗、礼仪都混在一起。所有这些东西都是道德。所有这些东西都是品德。这四者的箴规，就是所谓礼教。④

---

① 姜义华. 胡适学术文集：上册. 北京：中华书局，1991：61.
② 《春秋繁露·基义》。
③ 《礼记·乐记》。
④ 孟德斯鸠. 论法的精神：上册. 张雁深，译. 北京：商务印书馆，1987：313.

道德法律化突出了道德至关重要的地位。其使中国古代法有了"灵魂"。孔子所说的"礼乐不兴，则刑罚不中"① 为后世立法者所恪守。道德法律化促使中国古代法文明具有了同时代其他地区和国家的法无法比拟的开明性。因为德治注重缓和的教化，注重由里及表的治理，缓和了君主制下法律的残酷性。

（三）余论

1840年后，中国面临亘古未有之变局。在与西方的交往中，中国仍恪守圣人之训，以礼待"夷"，但结果出人所料，中国处处被动挨打，不仅面临亡国的危险，而且面临亡族的危难。中弱西强的局面使中国有识之士认识到了"不变则亡，全变则强，小变仍亡"②，变法成为救亡图存的首务。在这场以西方模式为仿效对象的变法中，中国的传统受到前所未有的批判，而古代法首当其冲。

在开一代风气的思想家龚自珍眼中，中国社会如"有疥癣之疾"的病人，而法制是对"病人""约束之，羁縻之"使其无法自救的绳索。官吏"束之于不可破之例""官司之命且倒悬于吏胥之手"③。戊戌变法时的思想家更是直接将中弱西强的原因归结为"法治"的兴衰。梁启超认为中国积弊在于：

> 法治主义之学说，终为礼治主义之学说所征服，门户之见，恶及储胥，并其精粹之义而悉吐蔑之。④

又言：

> 顾欧洲有十七、八世纪之学说，而产出十九世纪之事实。自拿破仑法典成立，而私法开一新纪元。⑤

在梁启超的论述中，"礼治主义之学说"实为阻碍中国社会发展的障碍。

---

① 《论语·子路》。
② 汤志钧. 康有为政论集. 北京：中华书局，1981：211.
③ 龚自珍全集. 上海：上海人民出版社，1975：34—36.
④ 《饮冰室文集之十五·中国法理学发达史论》。（梁启超. 饮冰室合集：文集之十五. 北京：中华书局，1989：43.）
⑤ 同④.

直至现代，人们对"在中国文化中，似乎没有承认守法是美德"① 这一传统也深以为憾。可以说，批判"礼治"，赞扬西方"法治"是近百年来学术发展的主流与方向。就法律而言，效法西方，道德与法律分流已是大势所趋。经清末修律，古代法终于瓦解，道德法律化的进程在形式上遂告结束。

但令人深思的是，自古代法瓦解、西法引进后，百年来中国"法治"的实践却难如人意。法律的权威因道德空白的出现而难以确立，法的理论内容与大众所理解的"法"常常背道而驰、相互矛盾。道德与法律相为表里的传统与现实社会中的法相互冲撞，使一些在西方国家行之有效的法律制度在中国变得非驴非马。曾竭力主张以西法救中国的梁启超鉴于此而对西学失去了信心，他伤心地总结道：

> 自由之说入，不以之增幸福，而以之破秩序；平等之说入，不以之荷义务，而以之蔑制裁；竞争之说入，不以之敌外界，而以之散内团；权利之说入，不以之图公益，而以之文私见；破坏之说入，不以之箴膏肓，而以之灭国粹。②

近代一些力倡西学的大师几乎都走过这样一条崇拜西学—怀疑西学—回归传统之路。

仿效西法失败的原因显而易见：

首先，西法与中国传统背离过甚，难免受到古代法观念的抵触。马克思曾指出：

> 人们自己创造自己的历史，但是他们并不是随心所欲地创造，并不是在他们自己选定的条件下创造，而是在直接碰到的、既定的、从过去承继下来的条件下创造。一切已死的先辈们的传统，像梦魇一样纠缠着活人的头脑。③

近代在法的变革中，常常难如人愿，原因首先就在于人们忽视了中国

---

① 吴恩裕. 法治与中国政治改进//蔡尚思. 中国现代思想史资料简编：第五卷. 杭州：浙江人民出版社，1983.

② 《饮冰室专集之四·新民说》. (梁启超. 饮冰室合集：专集之四. 北京：中华书局，1989：127-128.)

③ 马克思恩格斯选集：第1卷. 3版. 北京：人民出版社，2012：669.

"既定的、从过去承继下来的条件"。事实证明，西方文化必须经过传统的选择方能有效地发挥作用。中国古代法与西方法不同，道德对制度的变通作用可以说在司法中发挥得淋漓尽致。西方法尤其是大陆法系重条文完备，司法中变通属于极少数的个例。中国古代法因重道德而注重由里及表的治理方式，西方法则因重制度而采取的是一种由表及里的治理方式，两者可以互补，而绝不可互相替代。鉴于此，道德法律化的传统在现实中应有所作为。

其次，中国具有悠久的文化传统，幅员广阔，越在危难之时，人们的认同感就越强。这也是中国接受西方法比较困难的重要原因。美国学者柯文在论述中国与印度的不同时说："墨菲认为中国能如此有效地挡住西方影响的"原因在于"中国人对自己的形象具有巨大优越感"，因而"挫败了西方努力，使它未能取得它在印度的成就（按西方说法的成就）"[①]。

除上述原因外，中国古代法通过传统的桥梁在现实中仍发挥作用，西方法观念无法为中国大众普遍接受的重要原因还在于中国古代法中毕竟凝结着民族的精华。道德法律化、法律与道德相为表里毕竟是数千年统治经验的结晶。道德法律化使道德成为社会最高追求，与道德密切相关的法律在道德的约束下也会更接近公正，成为良法，因而道德法律化的最终结果是使人们真正地接受法律，使法律树立起真正的权威。在对道德不断的追求中，在人们自律自尊中，社会的发展将更充满生机与希望。梁启超认为传统美德不仅是中国数千年礼仪之邦成立发展的根基，而且更是"国家将来滋长发荣之具"[②]。

道德法律化使法在实施中能充满人情，其对社会的和谐发展亦不失可借鉴之处。正如梁漱溟比较了中西社会的状况后指出的那样：

> 西洋人是先有我的观念，才要求本性权利，才得到个性申展的。但从此各个人间的彼此界限要划得很清。开口就是权利义务、法律关系，谁同谁都是要算账，甚至于父子夫妇之间也都是如此。这样生活实在不合理，实在太苦。中国人态度恰好与此相反：西洋人是要用理智的，中

[①] 柯文. 在中国发现历史：中国中心观在美国的兴起. 林同奇，译. 北京：中华书局，1989：116-117.

[②] 《饮冰室文集之二十八·中国道德之大原》。（梁启超. 饮冰室合集：文集之二十八. 北京：中华书局，1989：13.）

国人是要用直觉的——情感的；西洋人是有我的，中国人是不要我的。在母亲之于儿子，则其情若有儿子而无自己；在儿子之于母亲，则其情若有母亲而无自己；兄之于弟，弟之于兄，朋友之相与，都是为人可以不计自己的，屈己以从人的。他不分什么人我界限，不讲什么权利义务。所谓孝弟礼让之训，处处尚情而无我。虽因孔子的精神理想没有实现，而只是些古代礼法，呆板教条以致偏欹一方，黑暗冤抑，苦痛不少。然而，家庭里，社会上处处都能得到一种情趣，不是冷漠、敌对、算账的样子。于人生的活气有不少的培养，不能不算一种优长与胜利。[①]

综上所述，道德法律化实为中国古代法之所长，古人精心设计、打磨了数千年，实为中国古代法文化一以贯之的红线。抛弃其陈腐的内容，用其方式与手段，使道德与法找到结合点，不失为现实法治发展的一条佳径。

[①] 梁漱溟. 东西文化及其哲学. 北京：商务印书馆，1987：152-153.

刚柔兼顾的制度设计

如"通论"部分所述,自汉以后,中国古代法文明模式中的制度设计以"混合法"为主要特征。"混合法"制度的形成,与中国古代政权形式——"混合政体"息息相关。博大精深的"混合法"既有确定性的一面——表现了法律制度的刚性特征,也有重制度导向、富有变通性的软法特征——表现了中国古代法律制度柔性的一面。

一、中国古代的"权力"理念

中国古代社会的制度、价值观与西方确实有着诸多的不同。对"权力"的认识也是如此。从西方先哲的著作中,我们可以看到早在古希腊时,西方人对权力,尤其是对最高权力就充满了戒心。直到近代,对权力的限制问题一直是西方政治学研究的焦点。而在中国,"权力"是一个中性词,政治家、思想家更为关注的是掌握权力的"人"。

由此深入解析,对权力不同认识的背后,实际上是对人性的不同认识。对权力的限制,是希望通过制度遏制人的贪欲,由表及里地达到社会的正义。而对人的关注,则是希望通过弘扬人之善性,使权力发挥正面的作用。社会公平主要通过人的良知而由里及表地实现。因此,中西社会对权力尽管有着不同的解读,却有着相同的目标,所谓"天下殊途而同归,一致而百虑"。

(一)问题的提出:"定义"中国古代社会的性质

自近代中西文化大规模地交融以来,对中国古代社会的定性就是一个国际学界聚讼不已的话题。

孟德斯鸠的《论法的精神》是近代西方法治的扛鼎之作，其第一卷中就谈到了政体与政体原则的问题。在总结以往政治学的基础上，孟德斯鸠将政体划分为三类，即专制、君主、民主共和。这三种政体类型划分的依据是"权力"的不同状态：

> 共和政体是全体人民或仅仅一部分人民握有最高权力的政体；君主政体是由单独一个人执政，不过遵照固定的和确立了的法律；专制政体是既无法律又无规章，由单独一个人按照一己的意志与反复无常的性情领导一切。①

孟德斯鸠进一步阐述不同政体有着不同的原则，民主共和国的原则是"品德"，君主国的原则是"荣誉"，专制国的原则是"恐怖"。值得注意的是，出于对文化、民族的偏见，孟德斯鸠将中国划为"专制国"。但是，中国具有完备的典章制度，许多王朝的统治甚为开明，这与他对专制国的描述是相矛盾的。孟德斯鸠如此武断地解释了这一矛盾现象：

> （中华帝国的）人们曾经想使法律和专制主义并行，但是任何东西和专制主义联系起来，便失掉了自己的力量。中国的专制主义，在祸患无穷的压力之下，虽然曾经愿意给自己戴上锁链，但都徒劳无益；它用自己的锁链武装了自己，而变得更为凶暴。②

然而，同在西方，时代稍晚于孟德斯鸠的启蒙思想家、法国重农学派的代表人物魁奈对中国政体的评价却与孟德斯鸠不同。在《中华帝国的专制制度》中，被其弟子称为"欧洲孔子"的魁奈专设章节对孟德斯鸠的主张进行反驳。③ 针对孟德斯鸠将中国划归为专制国，魁奈说："我从有关中国的报告中得出结论，中国的制度系建立于明智和确定不移的法律之上，皇帝执行这些法律，而他自己也审慎地遵守这些法律。"④ 魁奈言，"专制君主"可以分为两

---

① 孟德斯鸠. 论法的精神：上册. 张雁深，译. 北京：商务印书馆，1987：8.
② 同①129.
③ 弗朗斯瓦·魁奈. 中华帝国的专制制度. 谈敏，译. 北京：商务印书馆，1992. 在此著第三章第一节"基于伦理的法律；正经；孟德斯鸠先生"、第七章第一节"孟德斯鸠先生的主张"，作者用较长的篇幅专门对孟德斯鸠《论法的精神》中关于中国的论述进行了辩驳。
④ 同③24.

种,即"合法的专制君主"与"为所欲为的或不合法的专制君主",而中国的皇帝属于前者,即"合法的专制君主"。魁奈实际上是将中国划归为"君主国"。

但有些令人感到遗憾和诡异的是,终结西方学界伟大思想家关于中国问题争论的不是中西文化间更深入的融合与沟通,而是西方的炮舰。19世纪中叶以后,清政府一次次屈服于西方的武力,在战争中败北,割地赔款,中国是"野蛮专制"的国家便成为学界乃至于西方社会的共识。这种共识为西方对中国的殖民找到了依据。

受西学的影响,中国学界也开始对中国的"政体"进行研究。[①] 19世纪末、20世纪初,西学在中国政界与学界影响深广,有披靡之势。鉴于中国"亘古未有"的变局,也鉴于中国当时"救亡图存"的迫切需要,当时的思想先驱,如康有为、梁启超等基本接受了西方对中国政体的"定义",对中国的"专制政体"进行了深刻的反省和批判。当时的反省与批判甚至在今天也被视为不刊之论,在学界的研究中被反复征引。然而,同样值得我们注意的是,随着时代的发展、中国古代社会的解体,一些戊戌变法时的思想先驱、领袖,开始对近代以来的反思进行了反思。其中,戊戌变法领袖、开中国近代学术之风的梁启超的思想变化最具有典型意义。

1896年,戊戌变法前夕,为警醒国人,梁启超这样评价中西的局势:

> 今吾中国,聚四万万不明公理,不讲权限之人,以与西国相处,即使高城深池,坚革多粟,亦不过如猛虎之遇猎人,犹无幸焉矣。乃以如此之国势,如此之政体,如此之人心风俗,犹嚣嚣然自居于中国而夷狄人,无怪乎西人以我为三等野番之国,谓天地间不容有此等人也。[②]

对中国科技、学术、国力落后于西方的担忧,对中国前途的深切忧虑,促使梁启超反思中国"政体"的理论基础。梁启超认为,自秦后两千年来所秉持的是荀子的专制之学,而反对独裁的孟子之学早已中断,孔子之学也处

[①] 参见梁启超《饮冰室合集》(中华书局1989年版)。从目录来看,1896年至1905年间,梁启超在《变法通议》(1896年)、《论中国与欧洲国体异同》(1899年)、《各国宪法异同论》(1899年)、《中国专制政治进化史论》(1902年)等论著中都论述过"政体"的问题。作者的观点前后稍有不同,戊戌变法前,作者基本以为中国为专制国,后以为中国介于专制国与君主国间。

[②] 《饮冰室文集之一·论中国宜讲求法律之学》。(梁启超.饮冰室合集:文集之一.北京:中华书局,1989:93—94.)

在衰败中。① 正是基于这样的认识，梁启超才鼓吹变法。与其同时代的康有为、严复、谭嗣同等人，也无不以为中国两千年来实为君主专权无道的黑暗社会，"君权则日尊"，正是"国威则日损"的原因。②

然而，到了民国时期，梁启超的思想似乎有所变化，在作于1920年的《清代学术概论》中，梁启超反思道：

> 启超之在思想界，其破坏力确不小，而建设则未有闻。晚清思想界之粗率浅薄，启超与有罪焉。③

梁启超反省了当时不加选择地吸纳西学的做法，并将那种"无组织，无选择，本末不具，派别不明，惟以多为贵，而社会亦欢迎之"的西学输入称为"梁启超式"的输入。④ 其实，在戊戌变法失败后不久，梁启超对西学在中国的适用与传统在现实中的作用就开始了反思。这一时期，梁启超对于"专制"的认识处在矛盾之中。一方面，他将"专制"与"野蛮落后""民权不申"相联系，指出中国与欧洲、日本在"政体"演进中的不同：

> 欧洲、日本，封建灭而民权兴；中国封建灭而君权强。何也？曰：欧洲有市府而中国无有也；日本有士族而中国无有也。⑤

另一方面，在1905年的《开明专制论》中，梁启超不再将"专制"简单地与"野蛮"相联系，而是将专制分为"开明"与"野蛮"两类："开明专制"是"由专断而以良的形式发表其权力"，"野蛮专制"是"由专断而以不良的形式发表其权力"。不独专制可以分为开明、野蛮，非专制政体也有"野蛮"与"开明"之分，即：

> 以公意发表良形式者，谓之开明的非专制；以公意发表不良之形式

---

① 梁启超言："二千年间，宗派屡变，一皆盘旋荀学肘下，孟学绝而孔学亦衰。于是专以绌荀申孟为标帜，引《孟子》中诛责'民贼''独夫''善战服上刑''授田置产'诸义，谓为大同精意所寄，日倡导之。"（梁启超. 清代学术概论. 朱维铮，导读. 上海：上海古籍出版社，1998：84.）
② 《饮冰室文集之一·论中国积弱由于防弊》。（梁启超. 饮冰室合集：文集之一. 北京：中华书局，1989：96.）
③ 梁启超. 清代学术概论. 朱维铮，导读. 上海：上海古籍出版社，1998：89.
④ 同③97-98.
⑤ 《饮冰室文集之九·中国专制政治进化史论》。（梁启超. 饮冰室合集：文集之九. 北京：中华书局，1989：70.）

者，谓之野蛮的非专制。①

更为重要的是，梁启超认为"儒家之开明专制论，纯以人民利益为标准"②，而且明确主张"开明专制适用于今日之中国"③，实行开明专制是当时的中国走向强盛的最佳选择。很多学者都注意到了梁启超的这种变化，美国学者张灏认为：

> 在梁看来，开明专制不仅是世界历史的常有现象，而且还具有一段悠久和光荣的思想历史，在中国古代法家的思想中和近代欧洲如马基雅维里、波丹和霍布士等政治家的思想中都能找到。要是早几年，梁会严厉地指责这些思想家，而现在他却在他们的著作里寻找为中国政治秩序所开的药方。④

我们研读中西前贤的经典著作时，会感受到中国文化在世界发展中的分量。在西方近代的进程中，中国的模式也曾经是西方思想家绕不过去的"模式"，所以在孟德斯鸠、伏尔泰、魁奈、黑格尔的著作中，对中国的解释都占有相当的分量。尤其是孟德斯鸠在《论法的精神》中有关"政体"的论述结束时将"中华帝国"专门列出，因为对于中国很难套用他关于政体的分类。到过中国的传教士对中国政体的评价是：

> 那个幅员广漠的中华帝国的政体是可称赞的，它的政体的原则是畏惧、荣誉和品德兼而有之。⑤

孟德斯鸠明白，如果不能合理地解释上述传教士的评价，"三种政体的原则的区别便毫无意义了"。孟德斯鸠说："对于我在上面所说的一切，人们可能有所非难，所以我在未结束本章之前，必须加以回答（中华帝国的问题）。"⑥ 但可惜的是，孟德斯鸠的回答正如魁奈所言，充满了偏见。而这种

---

① 《饮冰室文集之十七·开明专制论》。（梁启超. 饮冰室合集：文集之十七. 北京：中华书局，1989：21.）
② 同①30.
③ 同①49.
④ 张灏. 梁启超与中国思想的过渡（1890—1907）. 崔志海，葛夫平，译. 南京：江苏人民出版社，1993：181.
⑤ 孟德斯鸠. 论法的精神：上册. 张雁深，译. 北京：商务印书馆，1987：127.
⑥ 同⑤.

偏见，又不幸为另一启蒙思想大家伏尔泰所言中，并被传播到世界各地，中国被塑造、误解成为独裁的"专制国"①。伏尔泰明确地表明，孟德斯鸠描述的"专制国"并不适用于中国，因为：

> 独裁政府是这样的：君主可以不遵循一定形式，只凭个人意志，毫无理由地剥夺臣民的财产或生命而不触犯法律。

而中国的实际情况是：

> 尽管有时君主可以滥用职权加害于他所熟悉的少数人，但他无法滥用职权加害于他所不认识的、在法律保护下的大多数百姓。②

今天中国人对于"专制"与"君主"的理解，并没有那么复杂，这当然缘于梁启超等人前期对孟德斯鸠学说的接受，将中国"定义"为"君主"与"专制"的简单结合，即君主制必是独裁专制的，而专制必是法律简陋、统治野蛮的。戊戌变法前后，梁启超为中国思想界的翘楚，他对中国传统的批判与定性，无疑成为一种风尚。这也是直到现在许多人仍将中国古代社会认为是皇帝一个人说了算的"专制独裁"社会的原因。而民国时期，梁启超等人也开始反思自己"梁启超式"地输入西学并将中国古代社会定义为"专制国"的错误，但可惜的是，这时的梁启超在学界的影响日渐式微，而不复存在的"中国古代"也离时代渐行渐远，加之西方文化的强势，中国始终未能为自己"正名"。

西方启蒙思想家的争论及梁启超等人从批判到反思批判的学术历程，为我们留下了一个问题，即如何"定义"中国古代社会的性质。

（二）中西权力理念的不同源于对人性认识的差异

定义中国古代社会的性质，当然要从中国古代的"政体"说起，即中国古代社会的权力，尤其是最高权力的状态是怎样的。权力状态的背后，是人们的权力理念，而中西权力理念的不同则源于对人性认识的差异。

一说到"政体"，近代中国的一些学者就不免有些替祖先惭愧，因为

---

① 伏尔泰. 风俗论: 上册. 梁守锵, 译. 北京: 商务印书馆, 1995: 221.
② 伏尔泰. 风俗论: 下册. 谢戊申, 邱公南, 郑福熙, 等译. 北京: 商务印书馆, 1997: 460-461.

"中国自古及今惟有一政体,故政体分类之说,中国人脑识中所未尝有也"①。而在西方,稍晚于孔子,与商鞅、孟子几乎同时代的亚里士多德就开始从权力的角度研究"政体"的形式。从亚里士多德的《政治学》中可以看出,"政体"是古希腊思想家的重要研究论题。有关政体的研究反映了古希腊思想家的权力理念,其实,中国的先哲同样有着对"政体""权力"的研究。从公元前先哲们的著作中我们可以看到中西思想家对权力相同或相近的认识,也可以看到其中的差异。

我们可以发现,先哲们的思想有着相通,甚至是相同之处。先秦孔子主张的"其身正,不令而行"的人治思想与西方柏拉图提出的"哲学王"统治并无二致。在孔子与柏拉图的理想国中,权力应该是与人的品德、智慧、才能,甚至身体的健壮完美相联系的。对于消除社会不公与犯罪,柏拉图与孔子的治理方案似乎雷同。从亚里士多德对苏格拉底、柏拉图的批评中,我们知道苏格拉底、柏拉图主张财产"公有",希望城邦建立"划一"的政治制度。② 在阅读西方先哲们描述的"理想国"时,我们不自觉地就会想到《礼记》托孔子之言所描绘的"大同之世",甚至能具体地联想到直到今天在中国妇孺皆知的孔子名言"不患寡而患不均"及孟子天下"定于一"的主张。柏拉图的"理想国"与孔子的"大同"中充满了"哲学王"与"圣君"的奉献,充满了人性之"善"。因为相信"善",所以无论是理想国,还是大同世界,所重视的都是教育,是对人们心灵的净化。

问题在于,在随后的发展中,中西文化的主流开始分道扬镳。专家这样概括柏拉图的政治生涯:

> 第一阶段是壮志雄心的幻灭时期。第二阶段困心衡虑,久而弥坚,相信哲学家确能兼为政治家,确能治理世界。其代表作《理想国》,不仅是哲学家的宣言书,而且是哲人政治家所写的治国计划纲要。第三阶段柏拉图垂垂老矣。事与愿违,不得已舍正义而思刑赏,弃德化而谈法治,乃撰《法律篇》。③

---

① 《饮冰室文集之九·中国专制政治进化史论》。(梁启超. 饮冰室合集:文集之九. 北京:中华书局,1989:60.)
② 亚里士多德. 政治学. 吴寿彭,译. 北京:商务印书馆,1996:44-61.
③ 柏拉图. 理想国. 郭斌和,张竹明,译. 北京:商务印书馆,2002:译者引言ⅳ.

在西方思想家反思以往的主张时，中国的儒家创始人孔子却老而弥坚，初衷不改，坚持认为"善人为邦百年，亦可以胜残去杀矣"①。如果是善人治理国家，连续一百年，就会消除暴力和犯罪。孔子自信，如果有君王能重用他来主持国家政事，三年之内，便会取得成效。②

柏拉图之后的亚里士多德，对"哲学王"的统治已经毫无兴趣，而"权力"在不同状态下的不同作用，促使亚里士多德开始了系统的"政体"研究。从亚里士多德的《政治学》中，我们看到了思想家对人性的失望。在批评财产公有主张时，亚里士多德说：

> 实际上，所有这些罪恶都是导源于人类的罪恶本性，即使实行公产制度也无法为之补救。③

有些人认为君主制的统治比较适合城邦，圣明的君主在没有德才兼备的子孙可以传位时，可以传位于贤。而亚里士多德说：

> 主张君主政体的人将起而辩护说：老王虽有传位于子嗣的法权，他可以不让庸儿继承。但很难保证王室真会这样行事；传贤而不私其子的善德是不易做到的，我就不敢对人类的本性提出过奢的要求。④

在"研究了一百五十多个希腊国家的政制"⑤后，亚里士多德得出了结论，即由贵族集团或一部分人共同参与政治的共和民主政体与只依靠君主一人智虑的君主政体相比，共和政体更为可靠，也更为公正。而平等的人平等地参与政治的方法就是"法治"：

> 依此见解所得的结论，名位便应该轮番，同等的人交互做统治者也做被统治者，这才合乎正义。可是，这样的结论就是主张以法律为治了；建立〔轮番〕制度就是法律。那么，法治应当优于一人之治。遵循这种法治的主张，这里还须辨明，即使有时国政仍须依仗某些人的智虑

---

① 《论语·子路》。
② 《论语·子路》："苟有用我者，期月而已可也，三年有成。"
③ 亚里士多德. 政治学. 吴寿彭，译. 北京：商务印书馆，1996：56.
④ 同③165-166.
⑤ 吴恩裕. 论亚里士多德的《政治学》//亚里士多德. 政治学. 吴寿彭，译. 北京：商务印书馆，1996.

（人治），这总得限制这些人们只能在应用法律上运用其智虑。[①]

亚里士多德对人治的否定实际上是对人性的否定。因为将人性恶视为人的本性，所以亚里士多德对权力充满了戒心。权力，尤其是最高权力如果不受限制的话，就会随人性而成为一种"恶"势力，而这种恶，在亚里士多德看来是最大的犯罪。亚里士多德将人类"犯罪"分为三种：一是迫于饥寒而产生的盗窃；二是困扰于情欲的寻欢作乐；三是追求无穷权威的肆意放纵。亚里士多德言："世间重大的罪恶往往不是起因于饥寒而是产生于放肆。"[②]因此，消除这种产生于"放肆"的重大罪恶的唯一方法，就是限制权力。对权力的限制，实际上就是对人性的遏制。

与西方不同，先秦儒家对人性，同时也对贤人始终寄予了希望，所以先秦儒家的理想始终是一个充满温情的、以教化为主的"礼治"社会。儒家的创始者孔子对人性的善恶并无明确的论断，认为人性原本相近，是后天的教化与环境不同，使人性在发展中产生了差异，即所谓的"性相近也，习相远也"[③]。但孔子同时还认为"苟志于仁矣，无恶也"[④]，表现了一定程度的性善主张。孔子之后，亚圣孟子明确提出了"人性善"的观点。孟子认为，无论什么人，突然间看到一个孩童将跌落井中，都会"怵惕恻隐"。这种不自觉地唯恐孩童受到伤害的心情，便是"不忍人之心"。由"不忍人之心"而产生的"恻隐之心"为"仁之端"，"羞恶之心"为"义之端"，"辞让之心"为"礼之端"，"是非之心"为"智之端"[⑤]。源于"不忍人之心"的仁、义、礼、智四种美德是人之所以为人的根本所在。由于倾向或确认"人性善"，孔子与孟子都将拯救时弊的希望寄托于人性的恢复上。为此，孔子谆谆告诫人们："入则孝，出则悌，谨而信，泛爱众，而亲仁。"[⑥]孟子也告诫世人："事孰为大？事亲为大。"[⑦]由于相信人性，儒家始终将天下治理的希望寄托在通过教育，使人保持或恢复良知并提高素质上。

---

① 亚里士多德. 政治学. 吴寿彭, 译. 北京：商务印书馆, 1996：167-168.
② 同①71.
③ 《论语·阳货》。
④ 《论语·里仁》。
⑤ 《孟子·公孙丑》。
⑥ 《论语·学而》。
⑦ 《孟子·离娄》。

在此，我们不能不说到先秦的荀子与法家。在对人性的认识上，荀子、法家与西方亚里士多德有相同之处，即认为"人性恶"或"人之性，趋利以避害"。荀子与韩非同是"人性恶"论者，但在如何对待"人性"的问题上却不尽相同。荀子认为人性通过教化是可以改造的，人们在自省自律中可以抑止人性的膨胀，披上善良的伪装，这就是"化性而起伪"①，即改造恶劣的人性，弘扬后天的伪装。而法家，尤其是韩非对人性的改造并不抱有希望，但也不悲观。他们不仅嘲讽孔孟的道德说教，而且也不相信荀子的"化性而起伪"。韩非警告那些欲以礼教治国的统治者："严家无悍虏，而慈母有败子。"②虽然对人性的改造不抱有希望，但是法家对国家的治理并不失望，因为"人君（生）而有好恶，故民可治也"③。法家强调国家、君主应顺应人性而设立制度，利用人趋利避害的本性用刑赏建立起国家的秩序。法家的治国良策：一是设立制度，"缘法"而赏罚，有功必赏，有过必罚，使法取信于民。二是用刑须重，使其足以震慑人心；用赏须厚，使其足以打动人心。让法在所及范围内产生最大的社会效益。三是刑须多于赏。刑多使人不敢因恶小而为之，赏少且厚使人竭尽所能效力国家。法家对人性的利用可谓淋漓尽致。其重刑主张为后来的统治者实行"法外之法"提供了理论依据。可以看出，法家的治国主张，就形式而言，与亚里士多德有着形似之处，即强调制度（法治），但是二者却有着本质的不同。法家对制度的强调，目的在于"利用"人性而加强君主的权力；亚里士多德的法治目的却在于限制人性，以制约权力。

问题还在于，西方在此后的发展中，对人性的认识基本秉持着亚里士多德的观点，而中国则坚持着孔孟的思想，虽然汉儒以后的"性三品"之说较先秦儒家更为现实，但大多数人经过教化可以从善则是中国人的共识。"性三品"的内容大致如唐代韩愈所总结的那样：

> 性之品有上、中、下三。上焉者，善焉而已矣；中焉者，可导而上下也；下焉者，恶焉而已矣。④

---

① 《荀子·性恶》。
② 《韩非子·显学》。
③ 《商君书·错法》。
④ 《韩昌黎全集·卷十一·原性》。

情为性之表现，因而亦分上、中、下三品。上品之人，七情具合于善，"动而处其中"。中品之人，经教化可以达到善。下品之人则"情发而悖于善"。因此，就人类整体而言，有少数圣贤生而为善者；大多数人则善恶兼，得教则向善，失教则向恶；亦有少数人冥顽不化，须以威震慑。鉴于这种对人性复杂的认识，统治者确立了礼法并举的治国方针。此处的礼与先秦孔孟所倡导的礼一脉相承，即侧重于通过人情、人伦的教化，达到人性的恢复或维持。在汉之后的社会中，教化的内容被概括为"三纲五常"。而法侧重于用严厉的刑罚遏制人性中"恶"的发展，其主要针对下品之人而设。简单地说，礼是一种由里及表的统治方式，法是一种由表及里的统治方式。礼以扬善，法以惩恶。

正是基于这种人性论，中国古人对权力，尤其是对握有最高权力的人充满了敬意与期望。因为在中国人的心目中，权力除来自不可知的上天外，更为重要的是源于统治者自身的品德修养。这一点我们从儒家的经典《尚书》对夏商周三代"天命转移"的解释中可以看到。《尚书》记周初的政治家周公在解释周人"革"商人之"命"时提出了一个新的概念，即"德"。周公认为，上天降"天命"，即将统治人间的权力给商人，是因为商人的祖先商汤是一个有德之人，而周人之所以夺商人之权，取代了商的统治，是因为商人的子孙纣王失去了"王"的道德，而周文王、周武王却具备了这种"王"的品格，天命于是发生了"转移"。由此看来，有德、无德是检验权力是否正当的标准，但以什么来验证统治者获取权力的正当性呢？儒家认为是"民心"，而不是武力。孟子言：

> 以力假仁者霸，霸必有大国；以德行仁者王，王不待大——汤以七十里，文王以百里。以力服人者，非心服也，力不赡也；以德服人者，中心悦而诚服也。如七十子之服孔子也。《诗》云："自西自东，自南自北，无思不服。"此之谓也。①

孟子这段话的意思是：只有像先王那样以仁义、道理来统治人民，人民才会心悦诚服，统治者才会真正地获得天下。相反，像春秋时期的霸主那样以武力征服人民，虽然也可以取得政权，但是人民不会心服，统治者也无法

---

① 《孟子·公孙丑》。

真正获得天下。以理服人还是以力服人,是"王道"与"霸道"的区别所在。更为重要的是,孟子认为"霸道"的权力是不合法的,而"王道"的权力由于深得民心而正当。所以,有人问孟子,周人围困商纣王,夺商的天下,不是谋反吗?孟子说,我所看到的只是周人为天下讨伐"独夫民贼",因为纣王失德,已经无资格掌握权力。正是基于这种对权力的认识,孟子提出了"民为贵,社稷次之,君为轻"的著名论断。

其实,我们不必为我们的祖先未能论及所谓的"政体"而遗憾,因为我们的祖先对人性始终抱有希望,始终没有放弃通过教化达到"人皆为尧舜"的理想。在中国,政权与社会、文化是融为一体的,对权力的合理使用依靠着统治者的自觉和品德。一旦权力脱离了民心,"革命"便是合法的。这种"天命转移"对权力无疑是一种无形的制约。也许正是如此,中国古代对帝王的教育尤为重视,而官吏选拔、考绩、奖惩制度也格外发达。与"西方人对政府权力久怀猜疑"因而不认同"人治"不同,在中国,人们并不认为统治者与民众的关系是对抗的[①],社会的精英——士,无不希望通过接受教育而介入政权,以施展才能。

(三) 中国古代的政体是"混合政体"

正是基于不同的人性论,西方将正义、公正的希望寄托在对权力的限制上,而中国却将希望寄托在"人"的良知与素质上。这种以人为本的文化与以教为主的统治,也许无法套用西方思想家的"政体"分类。如果一定要套用政体分类来研究中国古代社会"权力"的话,也许亲历过中国的西方传教士的看法更贴近客观。即如孟德斯鸠转述的那样,中国是一个畏惧、荣誉、品德兼而有之的"混合政体"。

显然中国不是共和民主政体,贵族民主在西周时期似乎存在过,但秦以后的集权使贵族"衣食租税"而已;为保障皇帝的权力,王室其他成员的政治发言权无法与重臣官僚相比。然而,中国古代对帝王品德的要求却是苛刻的。这一点甚至连对中国并不欣赏的黑格尔都不掩饰。许多人认为中国古代的帝王天下独尊,没有任何力量可以约束帝王的言行,事实并非如此。在朝

---

① 郝大维,安乐哲. 先贤的民主:杜威、孔子与中国民主之希望. 何刚强,译. 南京:江苏人民出版社,2004:133-137.

中，帝王的言行受礼制的约束，服饰、饮食，甚至举止若不合礼，都会受到朝臣的规谏和评论。帝王的品行更是天下关注的焦点。黑格尔在评价中国皇帝时说：

> 天子应该享有最高度的崇敬。他因为地位的关系，不得不亲自处理政事；虽然有司法衙门的帮助，他必须亲自知道并且指导全国的立法事务。他的职权虽然大，但是他没有行使他个人意志的余地；因为他的随时督察固然必要，全部行政却以国中许多古训为准则。①

黑格尔又说：

> 假如皇帝的个性竟不是上述的那一流——就是，彻底地道德的、辛勤的、既不失掉他的威仪而又充满了精力的——那末，一切都将废弛，政府全部解体，变成麻木不仁的状态。②

中国古代并不乏对帝王的约束。中国古代的"谏官"针对皇帝而设，"盖棺定论"的谥法更是帝王日常行事所必须考虑到的，而民众的议政权利与天命转移的历史经验也会时时提醒皇帝在"有道"与"无道"中做出合乎道德的选择。

对于君主政体与专制政体而言，中国也许如魁奈所言，更类似于君主国。这不仅表现在中国有着完备的典章制度，而且表现为全社会对道德与荣誉的珍视。这种对荣誉的珍视正是礼教的特点。因而，伏尔泰才称赞中国在法律方面有别于西方：

> 在别的国家，法律用以治罪，而在中国，其作用更大，用以褒奖善行。若是出现一桩罕见的高尚行为，那便会有口皆碑，传及全省。官员必须奏报皇帝，皇帝便给应受褒奖者立牌挂匾。前些时候，一个名叫石桂（译音）的老实巴交的农民拾到旅行者遗失的一个装有金币的钱包，他来到这个旅行者的省份，把钱包交给了知府，不取任何报酬。对此类事知府都必须上报京师大理院，否则要受到革职处分；大理院又必须奏禀皇帝。于是这个农民被赐给五品官，因为朝廷为品德高尚的农民和在

---

① 黑格尔. 历史哲学. 王造时，译. 北京：商务印书馆，1963：167.
② 同①171.

农业方面有成绩的人设有官职。应当承认,在我们国家,对这个农夫的表彰,只能是课以更重的军役税,因为人们认为他相当富裕。这种道德,这种守法精神,加上对玉皇大帝的崇拜,形成了中国的宗教——帝王和士人的宗教。皇帝自古以来便是首席大祭司,由他来祭天,祭祀天上的神和地上的神。他可能是全国首屈一指的哲学家,最有权威的预言者;皇帝的御旨几乎从来都是关于道德的指示和圣训。①

伏尔泰说的中国古代这种独有的"褒奖善行"的"法律",正是中国古代自西周时就有的旌表制度。这一制度的目的是弘扬人的善性,这一制度也说明中国古代社会治理的最大特征是"教"而不是"刑"。

中国古代社会虽然王朝更迭频繁,但"政体"一以贯之地延续了数千年,也许正是得益于以上所述的那种"兼而有之"的混合型政体。因为中国面对的是地域辽阔的疆域,按照孟德斯鸠"如果从自然特质来说,小国宜于共和政体,中等国宜于由君主治理,大帝国宜于由专制君主治理"②的分析,中国的古人显然创造出了最适合当时中国的治理方式。这种对权力的认识和兼而有之的混合政体设计,对我们今天社会的变革也深有启发,它是我们祖先留下的充满智慧的宝贵遗产。尽管亚里士多德不赞同,但与他同时代的西方"有些思想家认为理想的政体应该是混合了各种政体的政体"③。

二、中国古代法律的确定性

"确定性"是法的普遍特征,也是法律刚性一面的展现。法若失去了刚性,则会沦为权力的工具,即马克斯·韦伯所言的"卡迪司法"④。"中国古代法律没有确定性"是近代以来某些学者的结论,也是近一个时期法理学界争论的热点。对某些学者的结论,笔者不能苟同。笔者欲通过对"确定性"

---

① 伏尔泰. 风俗论:上册. 梁守锵,译. 北京:商务印书馆,1995:217.
② 孟德斯鸠. 论法的精神:上册. 张雁深,译. 北京:商务印书馆,1987:126.
③ 亚里士多德. 政治学. 吴寿彭,译. 北京:商务印书馆,1996:66.
④ "卡迪"指"伊斯兰教法执行官,其职责是根据伊斯兰教法断案。从理论上讲,卡迪可以审理民事和刑事案件,但实际上仅审理财产继承、宗教捐赠、结婚、离婚之类的宗教案件"。(简明不列颠百科全书:第8册. 北京:中国大百科全书出版社,1985.)

概念的厘清，以及对"中国古代法律确定性问题的争论""中国古代法律确定性与非确定性的分析"这样几个问题的研究，来解释中国古代社会的法律究竟是否有"确定性"，以及如果有，又是什么形式和内涵的确定性。

（一）法的"确定性"含义与学界的争论

法的"确定性"命题，出自德国思想家马克斯·韦伯，这一点在学界并无疑义。韦伯关于法的确定性的观点，表现在他对法律类型划分的复杂的理论体系中。韦伯著作已有多种被译为中文，他的观点在许多学者的著作和论文中也有转述。比较之下，笔者认为高鸿钧对韦伯的"确定性"内涵的概括简约而全面[1]，即韦伯将法律大致分为"形式非理性"、"实质非理性"、"实质理性"和"形式理性"四种类型。"形式理性"的法律是资本主义的法律，其有效地推动了资本主义社会的发展。在司法审判中，形式理性的法律的主要特征是："使用'法内标准'，同案同判"；"裁判案例的依据明确可察"；在"形式理性"类型下，裁断依据只是"法律"。"形式非理性"的法律类型与氏族社会的神明裁判相对应，"实质非理性"则指诉诸"法外标准"的"灵魅、情感或未经反思的传统"等。"实质理性"类型的法律，高文未提及，只是一言以蔽之曰：

> （除形式理性法律类型外）其他几种法律类型或者采取的是"法外标准"，或者裁决案件的依据变化莫测，因而裁决结果往往具有随意性或高度不确定性。[2]

---

[1] 高鸿钧. 无话可说与有话可说之间：评张伟仁先生的《中国传统的司法和法学》. 政法论坛，2006（5）.

[2] 关于"实质理性法律类型"，不同的学者有不同的解释。林端教授言：在韦伯西方法律发展史的理念性建构中，法律发展依次经过形式的不理性、实质的不理性、实质的理性、形式的理性四个阶段，在第三与第四阶段，"它们都是理性的法律，因为使用抽象的规则来作为法律创造与法律辨认的手段；在第三的推定法阶段里，是一种实质的－理性的法律，是法国大革命主张的自然法，超越法律之外的普遍性准则冲破了形式上的决定……"林端教授还认为："在西方法律的理性化的过程里，韦伯虽然注意到有形式的理性化与实质的理性化两种趋势，但是他特别强调前者的重要性，有关后者的分析相当有限。"（林端. 韦伯论中国传统法律：韦伯比较社会学的批判. 北京：中国政法大学出版社，2014：7-8.）黄金荣认为："实体理性的法律。这种法律的特点是法律根据政治、经济或道德等实体性原则制定，'实体理性化所依据的规范包括道德命令、功利和其他实用的规则以及政治信条'。这种法律类型对法律和道德规范不分，但它却也严格遵守理性化的确定原则，它的典型形式是家长制社会中的法律制度。"（黄金荣. 法的形式理性论：以法之确定性问题为中心. 比较法研究，2000（3）.）

这种对法律类型的阐述与韦伯政治学说中对"政权合法性"的区分相辅相成，即："神授的合法性"、"传统的合法性"与"法定－理性的合法性"[①]。

应该说明的是，马克斯·韦伯虽然肯定了"法定－理性的合法性"权威及"形式理性"的法律类型在西方社会逐步占据主导地位并成为现代社会的标准，但是他对人类社会的继续发展有着更深入的思考，对自己的理论体系也常常处在反思和怀疑中——这正是作为思想家的马克斯·韦伯的深邃之处，也是作为学者的韦伯对学问所具有的令人钦佩的严肃态度。韦伯认为："理性化表示信仰和行为的系统化，但是，它也要求破坏和窒息人类生活的丰富多彩。"在摆脱了传统和习惯的谬误支配后，韦伯看到或预见到了另一种扭曲，即"作为使用理性的代价，他注定只能从事理性工作、服从形式计算的结果。其后果是，生活的魅力消失在非理性之中"。理性"强化了技术而弱化了人类精神，它使人类同前现代生活风尚和自然韵律分离开来"。因此有人在评论韦伯的自我反思时说："韦伯为描述现代生活而创造的最值得纪念的一句话是，他声称现代人被困在由理性的铁栅制成的牢笼之中。"由此，人们发现"韦伯是自我怀疑的先驱，这种自我怀疑逐渐成为后现代时代的特征"[②]。韦伯不仅怀疑理性发展的结果，而且也洞悉了形式理性的法律类型与实践的脱节以及给当事人带来的失望。

笔者在此之所以要强调韦伯的反思，意在说明，即使韦伯本人也没有认为"法定－理性的合法性"权威及"形式理性"的法律类型是十全十美的，他甚至意识到了所谓"确定性"的局限并怀疑它的现实性。韦恩·莫里森评论道：

    韦伯模棱两可地赞美着现代性的创造，现代性是由"现代化的"——即理性化的——社会惯例构成的，充斥着训练有素的社会自我，他们执行着社会结构的要求和统治者的要求。韦伯之所以模棱两可，是因为他既描绘了一个过程也表示我们对这一过程的无能为力，同时这整个体系的基础非常脆弱。具体地说——像其他人后来表述的那

[①] 简明不列颠百科全书：第8册. 北京：中国大百科全书出版社，1986：164；韦恩·莫里森. 法理学：从古希腊到后现代. 李桂林，李清伟，侯健，等译. 武汉：武汉大学出版社，2003：288-314.

[②] 韦恩·莫里森. 法理学：从古希腊到后现代. 李桂林，李清伟，侯健，等译. 武汉：武汉大学出版社，2003：288-298.

样——整个体系看起来像一个庞大的机器，但在机器里面有一个冤魂：这个冤魂就是人的主体性。①

韦伯的法学方法论和现代社会的法律以"确定性"（理性）为特征的观点在法理学界影响广泛，中国法学界有信之不疑，甚至较韦伯自身更为崇信者，但也有学者对近代以来的法学方法进行了深入思考，对法学的"理性"和"科学性"进行了分析。舒国滢认为：法学原本是一种实践知识，但近代以来科学的强势发展，使法学的思维、方法甚至语言修辞都浸透了"科学—技术理性"的痕迹，法学家难以抵御建构"概念清晰、位序适当、逻辑一致的法律公理体系"的诱惑，这是因为：

（如果能将）法律体系的各个原则、规则和概念厘定清晰，像"门捷列夫化学元素表"一样精确、直观，那么他就从根本上解决了千百年来一直困扰专业法律家的诸多法律难题。有了这张"化学元素表"，法官按图索骥，就能够确定每个法律原则、规则、概念的位序、构成元素、分量以及它们计量的方法，只要运用形式逻辑的三段论推理来操作适用规则、概念，就可以得出解决一切法律问题的答案。法律的适用变得像数学计算一样精确和简单。②

但是，因为法学研究所面临的问题毕竟与科学研究有着很大的差异，所以，试图用"科学"的方法解决法学的问题只能是一种梦幻。舒国滢将其称为"法律公理体系之梦"确实是再恰当不过了。然而，自"法律公理体系"成为一种追求，"关于法的确定性的争论就成为靡费法学家最多笔墨和精力的一个死结一样的问题。形式主义和现实主义、概念法学和自由法运动、逻辑和经验、推理和直觉、意义核心和灰色地带、简单案件和疑难案件、规则和原则、自由裁量和'唯一正确答案'……人言人殊，各执一词，在所有这些围绕确定性而生的二元对立中，几乎很难找到一个可以证成的让对立的双方都能圆满同意的答案，顶多只能找到一些对二者进行比例折中的权宜之计"③。

---

① 韦恩·莫里森. 法理学：从古希腊到后现代. 李桂林，李清伟，侯健，等译. 武汉：武汉大学出版社，2003：302.
② 舒国滢. 寻访法学的问题立场：兼谈"论题学法学"的思考方式. 法学研究，2005（3）.
③ 柯岚. 由论辩回归真知：读舒国滢《寻访法学的问题立场》//葛洪义. 法律方法与法律思维：第4辑. 北京：法律出版社，2007.

于是有学者提出：

> 当法学越来越不能对自己的科学性表示满意的时候，也许法学应该重新寻找一个新的问题立场，一个不会让自己陷入确定性泥潭，也不会让自己不断丧失自治性从而去向其他学科寻求知识范式的立场。[1]

当将法学的视野从立法转向法律的运行时，确定性的泥潭就更加深不可测。虽然立法不能包罗万象，但体系精深、内容完善毕竟是立法者始终的追求。从法律发展史来看，对法的"确定性"的追求绝非现代社会的产物，法律从诞生之时起，人们就赋予了它"普遍性"和"确定性"的希望和含义，"朝令夕改"永远是立法者的大忌。只是随着社会的发展，尤其到了近现代，法律的普遍性和确定性的意义对于社会发展而言，显得越来越重要，对普遍性和确定性的追求也越来越强烈。但是，有了较为完备的立法后，司法是否就有了"确定"的结果？答案显然也不容"确定性"论者乐观，因为在复杂的社会实践中，司法的确定性较立法更难企及。每一个案件的发生，都不会将立法者作为"导演"，具体发生的案件几乎都无法与既定的、抽象的、一般的法律原则和规范完全吻合，实践中的案件与抽象成条文的规范严丝合缝，那才真是一种"巧合"。因此即使在"有法可依"的前提下，法律运行中也充满了"不确定性"的因素，比如执法者的素质、不同法官对法律规范的不同理解等等。王晨光指出："对一个案件作出一个判决，且不说正确与否，一般来讲需要考虑三个因素：事实因素，案件到底是怎么一回事；法律因素，法律规定了什么……法律运行过程中参与人的因素……"[2] 以事实因素为例，事实因素用法律的语言来说就是"证据"，然而，在有确定的事实却无充分的证据时，法院认可的只能是证据而不是事实。再说法律因素，也是如此。因为文字表达的有限性使法律规范的统一理解都成为问题，更遑论法律的准确实施了。王晨光列举的这些在法律运行中的"不确定"因素，或许可以因立法的改进而减弱，却绝不会消除。由此，法的确定性在法律实践的过程中也只能是一种理想。

---

[1] 柯岚. 由论辩回归真知：读舒国滢《寻访法学的问题立场》//葛洪义. 法律方法与法律思维：第4辑. 北京：法律出版社，2007.

[2] 王晨光. 法律运行中的不确定性因素//于吉，聂玉春. 法律大讲堂：中国当代法律名家讲座. 北京：北京邮电大学出版社，2006：46.

认识"法的确定性"和韦伯的局限,并不是要否定现代社会法治对"法律规则统治"的追求,也不是要否定社会通过法律对权力进行有效的制约和控制。问题的关键在于,实事求是地认识韦伯的局限和发现"法的确定性"之缺陷,将有助于我们对法律的作用有一个清醒的认识,对法律的目的有一个准确的把握。

(二)关于中国古代法律"确定性"的争论及反思

虽然韦伯自称自己的学术研究不带有价值取向,只解决"是什么",而不解决"应当是什么"的问题,但是深以西方现代化发展为荣的韦伯,却无时不在用"西方的模式"和"现代化的标准"阐释和衡量过去的和西方以外的社会,"应当"与"不应当"的价值判断渗透在字里行间。事实上,韦伯也并不回避对不同社会的经济、宗教以及法律进行价值的评价,恰恰是韦伯对中国古代法律的"价值判断"引起了中国法学界的争论。

关于韦伯对中国古代法律的论述,林端教授在《韦伯论中国传统法律:韦伯比较社会学的批判》中有着鞭辟入里的分析,毋庸笔者赘言。笔者对韦伯思想的认识,是从拜读《儒教与道教》[①]开始的。在该书中译本的"出版说明"中,译者介绍:

> 马克斯·韦伯(1864—1920年),是德国著名的社会学家、哲学家,也是当代西方有影响的社会科学家之一。他一生的著作,尤其在宗教社会学方面的著述甚丰,其著作的涉及面也较广,包括了国民经济学、史学、宗教学、政治学、法学和社会学等各领域。

在短短的"出版说明"中,译者还着重说到韦伯的两个鲜明的观点:第一,西方的新教伦理是西方资本主义发展的精神动力;第二,儒教伦理阻碍了资本主义在中国的发展。但译者认为20世纪70年代以来,"以儒家伦理为传统文化的东南亚地区的经济都有了长足的发展……韦伯的上述观点也随之受到了激烈的冲击"。可以看出,尽管韦伯在《儒教与道教》的"导论"中开篇即言,"这里所说的'世界宗教',用完全价值无涉的方式来理解……"但韦伯的"现代化"立场,还是表达出了儒教"不应当"的价值取

---

① 马克斯·韦伯. 儒教与道教. 王容芬,译. 北京:商务印书馆,1995.

向。在说到中国古代的法律时,韦伯作出了同样的价值判断:第一,"中国、印度、伊斯兰法地区以及所有理性的立法与理性的审判没有取得胜利的地方,都有这样一个命题:'专横破坏着国法'"①。中国自春秋时期的"铸刑书"后,理性主义便被权力扼杀,"反形式主义的家长制的作风从不遮遮掩掩,对任何大逆不道的生活变迁都严惩不贷,不管有无明文规定"②。第二,在中国"没有一本正式的案例汇编,这是因为,尽管存在着传统主义,但是法律的形式主义性质遭到了反对,特别是没有英国那样的中央法庭"③。其实,作为一个西方学者,韦伯对中国文化的了解十分有限,即使我们怀疑中译本难免在一定程度上妨害了韦伯原意的表达,但只从《儒教与道教》中的研究所使用的资料及对资料的解释上看,也不难看出韦伯对中国传统文化理解的艰难与局限。这种局限造成了意料之中的误解。

问题在于,韦伯似乎必须要研究中国,因为西方现代化的理性与独特性,必须通过不同文化的比较而说明。在19世纪,著名的英国法律史学家梅因也用了这样的方法,以民法的发达为标准,将西方称为"进步的社会",而世界其他地区和国家则被归为"静止的社会"④。中国古代的法律之所以为韦伯所重视,是因为:

> 韦伯眼中的中国传统法律恰成西方现代法律的"对比类型",为了使他的原有类型(西方现代法律)的特性更加清楚,中国传统法律作为对比类型,与前者相反的地方被刻意地挑出来,使前者的原有类型在强烈对比下愈发清晰透明。⑤

中西方法律比较的结果使韦伯将中国古代法律归类为"实质非理性"的法,即类似于"卡迪司法"。韦伯说:

> 中国的法官就是典型的世袭制法官,完全是家长式地判案,就是说,在神圣的传统允许的范围内明确地不按照"一视同仁"的形式规则判案。在很大程度上倒是恰恰相反:按照当事人的具体资质和具体情

---

① 马克斯·韦伯. 儒教与道教. 王容芬,译. 北京:商务印书馆,1995:154.
② 同①155.
③ 同①156.
④ 梅因. 古代法. 沈景一,译. 北京:商务印书馆,1984:13-15.
⑤ 林端. 韦伯论中国传统法律:韦伯比较社会学的批判. 北京:中国政法大学出版社,2014:19.

况，即按照具体的礼仪的衡量适度来做断案。①

韦伯对中国古代法律的论述，重在阐述中国的法律由于缺乏严格的形式和宗教的支持，而无法像西方那样进入现代理性的阶段，并认为这正是"儒教"的主导地位所导致的。

韦伯关于中国古代法律特征的描述，实质的非理性——"充满了不可预计的特性，'实质的'考量压过了'形式的'权衡"②——似乎完善地解释了中国近代以来法律变革举步维艰的原因，也为现实中法治不能达成尽如人意的结果寻找到了"历史的原因"，因此也就理所当然地引起一些学者的共鸣。笔者十分理解一些学者对韦伯论点表现出的高度赞同。如果从近代改良变法算起，中国人追求法治的历史已逾百年，但法治的现实却总是难如人意，预期与结果的巨大差距，难免使人沮丧和焦虑。这种沮丧和焦虑，其实正是中国自古以来"士"阶层就有的那种责任感的表现。有"托古改制"，就有"以古讽今"，因此将现实的"不如意"归为传统包袱过于沉重，也是情理之中的事情。这也是近代以来中国学界，尤其是法学界对传统法的批判未曾有过停止，甚至从未减弱的原因。然而，学术毕竟是"求真"的探索，唯如此，学术才具有它应有的价值和生命力。

学术观点的成立，不以人的主观意愿为转移，而必以资料为基本前提。抛开现实问题，就中国古代法律而言，笔者更倾向于反对将中国古代法律僵化地归类到西方学者所设计的某种模式（或理念）中，更不能同意将中国古代法律归类为"卡迪司法"。其中的道理十分简单，原因有以下几个方面：

第一，中国古代的法律也好，中华法系也罢，确实是独树一帜的。它与世界其他地区和国家同时代的法律有相通，甚至相同之处，比如追求公平，

---

① 马克斯·韦伯. 儒教与道教. 王容芬，译. 北京：商务印书馆，1995：199. 林端教授译为："中国的法官——典型的家产制法官——以彻底的家父长制的方式来审案断狱。也就是说，只要他是在神圣传统所赋予的权衡余地下，他绝对不会根据形式的规则，即'不考虑涉案者为何人'来加以审判。情形大多相反，他会根据被审者的实际身份以及实际的情况，即实际的结果的公平与妥当来判决。这种'所罗门式'的卡迪审判也不像伊斯兰教那样有一本神圣的法典为依据。系统编纂而成的皇朝法令集成，只因为它是由强制性的巫术传统所支撑的，所以才被认为是不可触犯的。"（林端. 韦伯论中国传统法律：韦伯比较社会学的批判. 北京：中国政法大学出版社，2014：26.）

② 林端. 韦伯论中国传统法律：韦伯比较社会学的批判. 北京：中国政法大学出版社，2014：27.

维系社会秩序；它也有独到之处，比如重视经验，注重伦理。因为"独树一帜"，所以在发展中，其自有适应自己环境而发展起来的模式。

第二，17、18世纪，欧洲的思想家、学者对中国高度关注，他们借助于传教士对中国经典、律例等典籍的翻译和到过中国的商人、水手等对中国的描述来研究中国。孔子思想对于欧洲启蒙思想和社会发展的影响众所周知。学界前辈朱谦之历时四十年之久，在大量的原始资料基础上，研究中国哲学对欧洲的影响，于1962年写成《中国哲学对欧洲的影响》。[1] 在"简单的结论"中，朱谦之指出，在18世纪，欧洲对孔子哲学的认识和评价虽有分歧，但是：

> 无疑同为当时进步思想的来源之一。来华耶稣会士介绍中国哲学原是为自己宗教的教义辩护的，反而给予反宗教论者以一种武器。这当然不是耶稣会士所能预先料到的。尽管孔子是封建思想家，然而也竟能影响到欧洲资产阶级的上升时期。[2]

我们在启蒙思想家伏尔泰、魁奈等人的著作中不难寻找到他们对中国文化理想化的赞扬，即使在孟德斯鸠、黑格尔等对中国文化抱有怀疑及批判态度的思想家的著作中，也不时可以看到他们对中国审慎的肯定，当然更有大胆的批评。值得注意的是，西方舆论主流从赞美中国，把中国作为效法的榜样，到批判中国，把中国作为停滞不前的典型，这一转折发生于西方社会的巨变时期，即18世纪末。在汇编了欧洲思想家对中国的论述后，周宁认为："（英国）马戛尔尼使团出使中国，对欧洲的中国形象的转变具有决定性作用。"[3] 此前两百年间，甚至更长的时间中，欧洲正处在"中国热"中。难道两百年间，中国形象真的从天堂坠入地狱？抑或是18世纪及此前到过中国的西方商旅、传教士欺骗了他们本国的人民？事实并非如此。因为18世纪前与18世纪后，西方的著作中对中国"特征"的描述基本是一致的，比如幅员辽阔、人口众多、文字奇特、伦理发达，但不同时代对这些特征的评价却截然不同。这是因为西方基于自身社会的发展对中国社会的认识和需要有

---

[1] 朱谦之. 中国哲学对欧洲的影响. 石家庄：河北人民出版社，1999. 其写作与出版过程见黄心川所写的"序"，所用资料见朱谦之生前于1962年为该书所写的"前言"。
[2] 同①377.
[3] 周宁. 2000年西方看中国：下. 北京：团结出版社，1999：637.

了改变。在中世纪末，甚至资本主义的初期，生活在宗教的恐怖之中与资本原始积累残酷的剥夺与被剥夺的竞争中的西方人，自然对中国平静、和谐并充满人情的社会有无限的向往。中国文化中"人"的定位、法的世俗、皇帝以及官员的亲民便成为启蒙运动中人性解放的旗帜。然而，当资本主义制度在西方逐渐完善后，中国古典式的"人性"便显得昔不如今。西方的资本主义工商业越是发达，中国的形象在欧洲便越是不堪。西方对中国文化这种评价转变的背后是中西社会发展的不同步和西方对世界资源的渴求。

显然，在中西方社会处在平等地位的时期，西方社会对中国文化和法律的认识和评价原本也有着巨大的分歧。正是这种"分歧"使得他们对中国的认识尚能客观，而自从西方"强势"后，其对中国文化和法律的评价便趋向一致，这个"一致"显失客观。倒是当代一些西方学者又重新打破了这个"一致"。美国学者柯文言：

> 研究中国历史，特别是研究西方冲击之后中国历史的美国学者，最严重问题之一是由于种族中心主义造成的歪曲。①

虽然"他山之石，可以攻玉"，西方思想家对中国古代法的评价常常会给"身在此山中"的中国学者带来意想不到的启发，但是我们也必须警惕对一家之言的过分推崇。因为西方学者在研究中国时，在资料、语言以及对文化的深层理解等方面毕竟会受到很大的限制，在中西国力对比发生变化时，一些思想家更是难免持有文化上的偏见。这也是我们不能将西方思想家对中国的论断视为圭臬的原因。

第三，如果我们认真通读韦伯的《儒教与道教》，就会发现韦伯与中国传统文化的隔膜，也会见到他对许多中国资料的误解与不恰当运用，比如对中国春秋时"铸刑书"事件的理解和评价②、对科举制度的叙述和解释③等等。对于一个外国学者来说，对中国经典和古籍的误读或许可以理解。我们指出这种情理之中的误读，并不是要否认韦伯的研究，而是要提醒自己注意中国古代法律的模式与韦伯理念中的那个模式并不相符，能够证明中国古代

---

① 柯文. 在中国发现历史：中国中心观在美国的兴起. 林同奇，译. 北京：中华书局，1989：序言1.
② 马克斯·韦伯. 儒教与道教. 王容芬，译. 北京：商务印书馆，1995：155.
③ 同②168-171.

法律特征的只能是历史遗留下来的资料，而不能是西方某个思想家或学者对其"概念化"的归类。

近代以来的法学研究，以西方法为模式对中国古代法律进行苛责，很少有完整的资料引用，指责也常常是似是而非的。在目前的学界，这种看不到史料基础的苛责愈演愈烈，许多学者已然将近代以来制造出的无数的"众所周知"和"通说"作为了不刊之论，将古代文学作品中的一些"故事"当作了确凿的古代社会的法律"资料"。在许多学者的眼中，中国古代帝王断案不受任何的约束，律典、成制，甚至祖宗之法都是"作秀"的具文。这种近代以来形成的对古代社会的"共识"，使我们能够勉强理解被史家称为"仁君"的汉文帝听从廷尉张释之的劝谏，依法判处惊了皇上坐骑的人"罚金"之刑；但无论如何也不能解释何以"暴君"隋炀帝也能听从大理少卿源师的劝谏，将他要判为斩刑的侍卫长官改为依法判徒。按照"共识"、"通说"和"众所周知"的推断，炀帝的侍卫长官早应该人头落地，甚至连大理少卿也应该以抗旨不遵之罪身陷囹圄，但事实并非如此。①

19世纪以来，西方学界对中国法律多有误解，比如，认为汉代儒学主导地位的确立阻碍了成文法的发展，使习惯法重新获得了"胜利"②；但殊不知恰恰是一些西方学者颇为称赞的秦法，堪称中国历史上最为"暴虐"之法，而汉代儒学的复兴则为法律注入了"民本"的精神。西方学者的观点对中国学界影响深远，以西方法为标准检讨中国古代法律几乎成为近代以来的风尚，这种至今已经持续了百余年的风尚养成了我们将西方学者的一些观点作为"史实"的习惯，也造成了我们对古代法的偏见——凡是古代的，都是应该批判的。因为无论中国古代法律的实际状况如何，"中不如西"是一个早已"预设"而又不可更改的结论。当我们为儒学复兴而沮丧，为现代法律形式尚未健全就又遭遇到西方的后现代主义而焦虑的时候，我们忘记了"历史不是法律，不是事先规定好的"③。与其以西方法为模式而责难汉人对礼的复兴，不如更深入地去探求古人独尊儒术却又王霸兼用的原因，因为我们应该相信古人的智慧与经验。

---

① 参见《隋书·源师传》。
② 马小红. 礼与法：法的历史连接. 修订本. 北京：北京大学出版社，2017：229-233.
③ 昂格尔语。(昂格尔，孙笑侠. 中国传统与现代法治答问. 政法论坛，2007（1）.)

话说至此，可以明白地看出我们对古代法律的一些争论，往往是基于现实社会的法律状况而提出的。"以史为鉴"是中国的古训，但是只有在尽可能真实而全面的"史实"基础上，"借鉴"才对现实具有积极的意义，学术的责任感与社会的责任感才能契合，对古代法律的评判才可能"价值无涉"。在检讨现实的时候，我们不能将现实的不如意归罪于古人。

（三）有关中国古代法律有无"确定性"的几点认识

综上所述，如果按照韦伯的理念，但凡是古代社会的司法就都没有什么"确定性"可言。其实，即便是在现代社会，或现代西方社会，法律也无法完全做到"确定"。法律的确定性是一个历史逐步发展的过程，也许更符合实际状况。从法律诞生时起，尤其是在人类社会进入法典时代后，法律的"确定性"就一直是立法者的追求。这一点，中西法律并无差异。

无论"确定性"在实践中是否可能，也无论"确定性"给法律带来的是希望还是失望，抑或是如一些人所认为的那样，"确定性"的正面作用或负面影响因时因地而不同——若发生在中国古代必定是"非"，若发生在西方或现代就一定为"是"，笔者还是想客观地陈述一下中国古代法律在"确定性"方面所显示出的一些特征。

1. "确定"与"权变"的关系

我们从中国古代的"法理"方面分析可知，先秦诸子对法律的"确定性"确实持有不尽相同的观点。司法的确定性是以立法的完备为前提的，即司法中要"有法可依"。从立法的角度来说，先秦法家注重法律条文、制度的完善，主张在司法中严格地依法办事，事无大小"一断于法"，但是当涉及国家、君主的利益时，法律则成为帝王的工具。信奉法家的秦始皇虽然以秦"皆有法式"而自豪，但是这些法对君主，尤其是对他这个"千古一帝"的皇帝而言，约束作用是极其有限的。因此，法家的法治，说到底是一种"势治"与"术治"的结合，法律来自君主之"权势"，同时又是维护君主权势的一种工具。梁启超在赞扬法家的法治时也敏锐地认识到：

> 法家最大缺点，在立法权不能正本清源。彼宗固力言君主当"置法以自治，立仪以自正"。力言人君"弃法而好行私谓之乱"。然问法何自出，谁实制之，则仍曰君主而已。夫法之立与废，不过一事实中之两

面。立法权在何人，则废法权即在其人。①

立法权与废法权同掌握在君主一人手中，"法治主义"归根到底不免陷于"势治主义"的控制——法律不但不能约束权力，反而成为权力的工具。因此，法家的法治理论虽然强调法律在形式条文上的完备性，但实质上这些完备的法律在遇到有违"皇帝旨意"的状况时，便成为具文。当皇帝将刻薄寡恩视为严格执法时，法外淫刑便会成为社会的普遍现象。法律形式上的"确定"——"皆有法式"，无法弥补实践中的"不确定"。

儒家给世人的感觉是不太关注法律的形式和条文，而更注重司法的社会影响和效果，儒家的法律主张中充满了"变通"。仅以《孟子·离娄》为例：

> 淳于髡曰："男女授受不亲，礼欤？"孟子曰："礼也。"曰："嫂溺，则援之以手乎？"曰："嫂溺不援，是豺狼也。男女授受不亲，礼也；嫂溺，援之以手者，权也。"
>
> 孟子曰："不孝有三，无后为大。舜不告而娶，为无后也，君子以为犹告也。"
>
> 孟子曰："大人者，言不必信，行不必果，惟义所在。"

为救溺水之嫂，可以权变男女授受不亲之礼；为孝可以变通婚姻须有父母之命、媒妁之言之礼，不告而娶；为义可以不拘泥于"言必信，行必果"的束缚……因此，如果我们欲在儒家的思想中寻找韦伯的"确定性"，就是缘木求鱼。但是，儒家并不是主张法律可以随意或任性改变，恰恰相反，儒家反对的是以法律条文形式上的"呆板"损害社会生活中所应有的"确定"。支撑法律条文的其背后的精神在儒家的法律观中，永远高于法律的条文，那种"确定"是不言而喻的人们心目中共有的准则，是"天经地义"的。因此，儒家不相信世间能出现包罗万象的无弊之法，他们宁愿法网疏阔，因为他们相信根植于人类天生良知中的道德比严厉的法条更有威力。与其让灵魂淹没在"繁于秋荼而密于凝脂"的法律条文中，远不如使人们自省、自觉地去感悟圣人"以身作则"的无文大法。这一点，道家与儒家是殊途同归的。道家崇尚自然规律，其中也包括人类社会的准则。不过这种准则不是如法家

---

① 《饮冰室专集之五十·先秦政治思想史》。(梁启超. 饮冰室合集：专集之五十. 北京：中华书局, 1989：148.)

所说的那样是由人制定的，而是自然所固有的。所以道家主张无为而治，主张顺其自然，认为"天网恢恢，疏而不漏"①。儒家与道家，一个主张圣人之法，一个主张自然之法，从形式上说，都难以企及法家所主张的君主之法的确定形式。但是从实质内容上说，其正是明末清初黄宗羲所总结的以"天下人利益"为宗旨的"无法之法"②。

汉代以来，思想家、政治家、学者反思了先秦以至秦朝的学说和统治经验，形成了以儒家为正统、杂糅先秦百家、折中儒法的主流思想。就理念来说，汉人更多地继承了儒、道思想。历代王朝基本都是初行黄老之道，与民休息，宽法简刑；中期继之以儒家学说，力倡教化。但是，就制度而言，尤其是法律制度，汉人仍然沿用了秦制。汉以后的历朝历代虽然无不以秦法为借鉴，批判秦朝的严刑峻法，但是对秦制一直采取改良的态度，不断用儒家的思想修正秦法，力图使法的制度条文与其宗旨精神一致。

对中国古人而言，"确定"与"不确定"似乎并不成为法律问题。因为与条文在实践中是否被遵循相比，人们更关心的是法律的社会作用和影响。"惩恶扬善"是法律的使命，如果法律条文不能体现其最终使命，"权变"则是必需的。比如对"以文乱法"的儒生、"以武犯禁"的侠客，不同的王朝、不同的帝王和官吏有着不同的态度，法律的适用也就无"确定性"可言。问题在于，虽然对孝子、烈女、侠客、义士等，法律往往网开一面，但是中国古人的"权变"不是随意的，从理论上说权变的原则应该是"确定"的，其有些类似于现代法官的"酌情权"。"权变"必须秉持着仁义忠孝，即"人之常情"，如孟子所说，为仁可以援手救嫂，为孝可以不告而娶，为义可以言行有变……即"权变"必须以"常情"为前提。从宋人欧阳修作《纵囚论》对唐太宗纵囚的批评，以及清人吴楚材、吴调侯在《古文观止》中对《纵囚论》的点评中，我们也许可以明白古人的"权变"，绝非我们所理解的"以情坏法"或"以情破法"。"唐太宗纵囚"是历史上一个非常著名的法律事件。贞观六年（公元 632 年），唐太宗按制"录囚"，发现了三百余名死刑犯情有可悯，于是将他们放还归家，并与他们约定行刑时自归就死。结果在约定的日期，这些死刑犯皆如约归还，太宗感念他们的信义，赦免了他们的死

---

① 《道德经·第七十三章》。
② 《明夷待访录·原法》。

罪。宋人欧阳修认为，唐太宗纵囚之举有悖常情：其一，因为视死如归即使君子也须勉励为之，而身陷极刑的小人如何能一改前非，做到即使君子也难能的信守信义，视死如归？其二，教化是一种潜移默化的长期积累，太宗录囚时已经为政六年，为何六年的德政没有使这些人免于身陷缧绁，而"一纵"之恩却能使他们成为信义之徒？欧阳修因此而认为，违背人之常情的纵囚之举，不过是一场"政治秀"，即太宗料定这些死刑犯会如期归来"就死"，而死刑犯也无不心知肚明"就死"的结果是被"赦免"死罪。欧阳修以圣人之治"必本于人情，不立异以为高，不逆情以干誉"为结论，否定了唐太宗的"权变"。因为唐太宗的这一"权变"是随意的，而不是以"确定"的原则为前提的。清人吴氏在评论欧阳修之作时道："太宗纵囚，囚自来归，俱为反常之事。先以不近人情断定，末以不可为常法结之，自是千古正论。"《古文观止》所集、所评无不以中国古代社会主流价值观为准，所传甚广，其所肯定的以"常情"为前提的"权变"观，正是对中国古代法律"确定"与"权变"关系的精辟总结。这也是唐太宗虽为帝王楷模，但其纵囚之举却不能成为"故事""常法"的原因。

2. 立法上的"稳定"与"变通"

中国传统文化以"圆通"为特征，古人对法律的认识和研究，并不局限于法律自身，自然、人性、道德、权力、时势等都是他们观察、论述法律的角度。从"应然"的角度来看，古人无不认为法律应该是稳定的，而这种"稳定"的基础便是"确定性"，比如自然、人性、道德等。从现实的角度来看，法律总是处于变化之中，因为法律无法左右社会的发展、控制政治集团势力的此消彼长。儒家与法家，在法律须因时而变这一点上惊人地一致。法家的治国名言是"法与时转则治"，儒家则更有"刑罚世轻世重""宽猛相济"的箴言。成书于战国至汉、在中国古代有着"宪法"地位的《周礼》如此论证时势与法律的关系：刑新国用轻典，刑平国用中典，刑乱国用重典。追求稳定，但不拘泥于条文，因此成了中国古代法律的一个特色。这个特色表现在立法上就是"稳定性"与"变通性"的结合。

关于中国古代法律的"稳定性"与"变通性"问题，本书"通论"中已有详细的论述。要而言之，中国古代的"律"从战国到清两千年间不断发展完善，形式稳定，内容简约，体例合理，可以被称为古代社会中"稳定"的法律形式。而令、故事、比、格、编敕、例等出现于不同的时代，其目的在于补律之不周，属于"变通"的形式。变通的法律形式经过一段时间的完善，也会演变为稳定的法律形式，如唐代的令、明清的例等。这种稳定与变通的结合，从立法技术上解决了在个别案件中发生的情理与法律冲突的问题。

中国古人对立法经验的总结和对立法技术的推敲，值得我们注意，因为在解决法律与社会现实距离的问题上，古人的思路充满了智慧。法律无法穷尽社会现实，因此世上没有无漏洞的法律，这是我们和古人都要面对并且承认的。不同的是，现代人认为堵塞法律漏洞的出路在于增加更多的法律条文，而古人的思路则是简约法律的条文，用立法技术和官吏的素质弥补法律的漏洞，即立法的最高境界是"疏而不漏"，尤其在刑罚的适用上更是如此。祝总斌在《晋律论考》[①]中指出，备受史家推崇的晋律，是一部"宽简"与"周备"兼具的律典。汉以来，致力于删除秦朝繁苛的法律，但是一直到曹魏，删繁就简的工作反反复复，进展缓慢。晋朝则在总结前人经验教训的基础上，将删繁就简的工作大大推进了一步，制定成了"文约而例直"的晋律，晋律较汉魏律省简了两千条。条文的减少，并不意味着法律的简陋，晋对律、令形式的明确定义，对法律原则的高度概括，对法律术语的准确解释，对法律条文设立及其覆盖面的斟酌，反而使晋律更加"周备"。这种"周备"不是针对一事一处的弥补，而是整体统筹的安排。《唐律疏议》将这种立法的技巧发展到了极致。《唐律疏议·名例律》"断罪无正条"规定：

> 诸断罪而无正条，其应出罪者，则举重以明轻；其应入罪者，则举轻以明重。

如此将502条唐律无限伸展，防止了"文荒则事寡，事寡则罪漏"（因为条文的简单而无法使有罪者受到应有的惩罚）。《断狱律》中又规定："诸断罪皆须具引律令格式正文，违者笞三十"，如此又堵塞了裁断者利用"比附"而随意轻重、出入人罪的途径。"比附"是允许的，但是，其绝不是不受法律规范的限制，不是可以脱离法律条文的制约而随意定罪量刑。

另外，从一些具体的条文中也可以看出，古人在立法时用心良苦，决不轻言设法。在立法审慎思想的指导下，一个法律术语的解释、一条法规背后

[①] 高旭晨. 中国法制史考证：甲编第三卷. 北京：中国社会科学出版社，1999：367-423.

法律精神的支撑、一个罪名的设立往往都会体现出古人那种殚精竭虑的态度。比如，汉代的"矫制"罪分为"矫制大害""矫制害""矫制不害"三种①，量刑从"弃市"到"罚金四两"不等。同为"矫制"，何以有如此巨大的差距？原因在于犯罪动机和后果的不同：有矫制谋篡、谋私者，其心其行罪不容赦；也有善意矫制，后果无害甚至有功者，其心可嘉，其行情有可原。孙家洲在总结"矫制不害"时论道：

> 谒者汲黯矫制开仓放粮，使灾区百姓免于流离失所；使者冯奉世矫制征伐西域诸国之兵，平定了莎车叛乱，威震西域……对"矫制不害"的薄罚，体现了汉代立法的理性精神和刚柔相济的弹性原则。②

同一罪名，根据动机和后果划分等次，在中国古代的立法中具有普遍性。古人对"罪"之程度的区分十分细致，比如赃罪分为六类，称为"六赃"，杀人罪分为七类，称为"七杀"，等等。

细致而又具有一定弹性、简约而又具有概括性的立法，使"稳定"与"变通"成为有机的整体。

3. 司法上的"确定"与"不确定"

关于法律"确定性"的问题，主要是指司法领域的"同罪同罚"。从形式上看，"确定性"事关社会的公正。"司法公正"是人类社会的普遍追求，虽然在不同的时代，司法公正的含义、范围不尽相同。诸葛亮在《出师表》中就说到了司法公正的问题："宫中府中，俱为一体，陟罚臧否，不宜异同。若有作奸犯科及为忠善者，宜付有司，论其刑赏，以昭陛下平明之理，不宜偏私，使内外异法也。"

中国古人并不讳言现实社会中"同罪异罚"的大量存在，如历代《刑法志》中几乎都记载了法律在执行中的偏差，甚至是法外淫刑的泛滥。从历史的经验来看，古人比较注重从立法上弥补漏洞，以达到"同罪同罚"。具体措施有以下三个方面：

第一，根据司法实践中的经验和教训，及时修订增删"变通"的法律形

---

① 关于"矫制"罪的等次划分及在司法中的适用，参见孙家洲. 秦汉法律文化研究. 北京：中国人民大学出版社，2007：7-78。
② 同①16。

式，避免法律规范、条文之间的矛盾。秦汉时期对"令"、魏晋至隋唐时期对"格"、宋对"编敕"、明清对"例"的不断重修删定，就是为了减少法律条文之间的冲突，使"法出一门"。在对变通的法律形式的修订中，"律"实为量刑轻重的矫正器。有时出于时势或人情的需要，变通的法律形式较律定罪量刑或轻或重，以律为基本标准的修订可以有效地控制同罪异罚的范围和程度。"条例特一时权宜，定律不可改"① 是古代立法废法的基本原则。《清史稿·刑法志》记，自乾隆朝始，例文三年、五年一修。尽管如此，稳定与变通、律与例、例与例间的矛盾依然存在，每到王朝的后期，法律体系往往因为变通的法律形式的滋长而紊乱。

第二，当法律条文互相矛盾，尤其涉及死罪时，往往要奏请"上裁"。《明史·刑法志》记：明代嘉靖十五年（公元1536年），有人斗殴，将对方打成重伤，伤者过了"保辜"的时限死亡。刑部根据《问刑条例》，判"斗殴杀人"罪，处殴人者以绞刑。大理寺则根据嘉靖四年（公元1525年）例，认为应当判"殴伤"罪，处以笞刑。刑部大臣奏言："律定辜限，而《问刑条例》又谓斗殴杀人情实事实者，虽延至限外，仍拟死罪，奏请定夺。"又言大理寺所引用的"四年例"已经报请朝廷停止使用，因此奏上裁夺。皇帝诏，以刑部所议为是，并规定自此以后，凡是"有犯辜限外人命者，俱遵律例议拟，奏请定夺"。实际上"疑狱"上请在汉代就已经成为制度，这种上请制度显然有利于对法律准确地理解和执行。

第三，加强官方对法律的权威解释，统一官吏对法律的理解。在中国古代，立法的完备是保证司法"确定性"的关键一环，但绝不是唯一的一环。同样的法律，在执行中之所以产生差异，除执法者出于种种原因而故意枉法外，主要原因还在于裁断者的法律素养不一以及执法者对法律条文理解的不同。所以《唐律疏议·名例律》在解释为什么要作"疏议"时说道，如今的立法虽然"章程靡失，鸿纤备举"，可说是疏而不漏，但是在执行中却出现了违背公正的同罪异罚现象："大理当其死坐，刑部处以流刑；一州断以徒年，一县将为杖罚。"究其原因，法律"不有解释，触涂睽误"则是一个重要的因素。但是法律解释只能有限地解决同罪异罚的问题，因为即使同受儒

---

① 《明史·刑法志》。

学教育、同为科举出身的官吏，由于秉性、性格、阅历的不同，对法律条文的理解不同也在所难免。

综上所述，就普遍性而言，古代的司法也当然追求"公正"，追求法律在实施中的"确定性"，要求断罪引律据法。但是古人并不以"确定性"与否评价法律的公正与否。古人认为，有时"守文定罪"不知"权变"恰恰可能造成冤滥。清嘉庆七年（公元1802年）秋审时，御史广兴援引乾隆十八年（公元1753年）"一命必有一抵"的谕旨，奏请将斗杀拟缓的姚得辉案改判为"情实"。嘉庆言：

>　　一命一抵，原指械斗等案而言，至寻常斗殴，各毙各命，自当酌情理之平，分别实缓。若拘泥"一命必有一抵"之语，则是秋谳囚徒，凡杀伤毙命之案，将尽行问拟情实，可不必有缓决一项，有是理乎？[①]

史家评论道："其剖析法意，致为明允。"[②] 从丰富的史籍记载来看，在漫长的数千年的历史发展中，中国古代司法"确定"与"不确定"的例子都可以信手拈来。就《史记》所记事例而言，循吏固然是"奉法循理"的典范，而酷吏也并非都是专以皇帝旨意为是。太史公马迁对其所记的十位酷吏作了不同的评价，虽然十位酷吏都有"酷烈"的名声，但是其中有"据法守正"，"虽惨酷，斯称其位"者，也有"妄杀""暴挫"，毁法以邀宠幸者。太史公感叹酷吏中"其廉者足以为仪表，其污者足以为戒"[③]。如果我们仔细分析史籍中"守文定罪"与"法外行刑"、"法外开恩"的事例，可以得出这样一个结论，即当案件牵涉"政治"或"时势"时，"确定性"就会大打折扣，真正是"欲加之罪，何患无辞"。其中最为著名的冤狱莫过于南宋抗金名将岳飞被以"莫须有"的罪名而诛杀。那是一件纵然是时隔近千年，也无法使人们忘怀的千古奇冤。然而，一般的案件，尤其是杀人越货的狱案则基本是按法律的程序运作的，而有关"细事"的纠纷，则在调处中多以"自愿"为原则加以解决，如果闹到公堂之上，也不排除官府根据众人心中的"大法"——天理人情加以裁断。

---

① 《清史稿·刑法志》。
② 同①.
③ 《史记·酷吏列传》。

我们当然不能高估古代社会的法治状况，在研究中要对一些现象进行深入的分析，弄明白古人在司法上所面临的问题、所采取的解决方式。因为有些问题是人类社会共有的，比如：在一些具体的案例中，如何兼顾到发生了矛盾的人之常情与法律规范；在由于过失或种种原因的干扰，事实无法成为证据时，司法裁判如何做到规范与事实的统一；法律与时势在发展中如何相辅相成；等等。从《洪武永乐榜文》中就不难看出古人虽然努力地想要解决这些问题，有些时候也卓有成效，但常常是力不从心，甚至黔驴技穷。洪武三十年（公元1397年）刑部申明：

> 洪武二十七年十月三十日，为禁约事，奉圣旨：京都人烟辐辏，有等奸顽无籍之徒，不务本等生理，往往犯奸做贼。若不律外处治，难以禁止。所以在京犯奸的奸夫奸妇，俱各处斩。做贼的、掏摸的、骗诈人的，不问所得赃物多少，俱各枭令。已令出榜晓谕，犯者至今不已。刑部再出榜申明，务要家至户到，男子妇人大的小的都要知道。①

此申明后附具体案件，因为偷盗、诈骗、作弊骗人而被枭首者十起，通奸而被处斩刑者三起。此为典型的"律外处治"。时隔半年，洪武二十八年（公元1395年）五月圣旨又言：

> 纪纲法度，朝廷所立。人臣非奉君命，不敢擅更。惟守而不易者，是为良臣。迩来诸司官有等不谙道理，往往非法用刑，凌虐良善，贪图贿赂……尔刑部将合用刑具，依法较（校）定，发与诸司遵守。敢有仍前不遵者，就用非法刑具处治。皂隶祗禁，辄便听从行使者，一体处死。②

这两条相隔半年有余的谕旨，同时被收入《榜文》中，反映了朱元璋的矛盾心理：非"律外处治"不能禁奸，而"法外用刑"又难免奸官贪吏舞文弄墨，伤及无辜。这种矛盾，实际上也是立法与司法间无法消除的距离所决定的。

行文至此，似乎有点远离法律"确定性"的论题，但正是这种远离提醒

---

① 杨一凡，田涛. 中国珍稀法律典籍续编：第三册. 哈尔滨：黑龙江人民出版社，2002：515-516.

② 同①.

我们："确定性"的命题是否存在？即使现代社会的法律，是否就真能达到韦伯理想中的"确定性"（理性）？我们是否有必要将连韦伯自己都认为并非十全十美的理性的确定性法律作为社会文明和进步的判断标准？其实，在法律发展的过程中，有许多优秀的精神是古今贯通，甚至中西一致的，那就是法律的最终目的——维护社会的公正、正义——是确定的。当然，目的的实现需要完备的制度作为保障，一旦目的与条文有所矛盾或条文有所疏漏（无论古代，还是现代，这种现象都无法完全避免），我们是应该拘泥于法律形式的确定性，还是尊重法律精神的确定性？卡多佐有这样的回答："首先，我们必须把正确的确定性和虚假的确定性区别开来，就像把真金和镀金区别开来一样；其次，在获得了法律的确定性之后，我们应该明白，确定性并不是唯一值得追求的，我们为它付出了巨大的代价，永远的静止和激烈的变动都具有危险性，因此，我们必须在法律成长的原则下寻求妥协和折中。"①

三、中国古代社会的"软法"

众所周知，中国是"卓立于世界上的最古老的国家。她有最悠久的——这是弥足重视的——延绵不断的历史记录"②。在延绵不断的历史记录中，"礼"是一个核心词，无论是在官修典籍还是坊间散记中，礼的引导与约束无处不在。正因为礼的根深蒂固，当近代西方法治思潮涌入中国时，人们自觉或不自觉地将礼与法对立了起来。这种对立，淡化甚至撕裂了原本高度统一的社会共识。即使是在变法已逾百年的今天③——"法治"似乎早已成为社会的共识，但实际上，巨大的传统惯性仍使我们常常彷徨迷茫——"法"是否能像古代的"礼"那样承担起凝聚社会共识的使命，也仍然不无疑问。在这由礼向法的转折中，在法学方面，我们遇到的，也是前所未有的难题是：如何认识中国古代社会礼法结合的法律体系，以及在近代社会的变革中礼与法角色的互换？如何将植根于国人心中的礼转化为现实法治的动力而不是阻力？如何取得法治的共识，而不是各取所需、各执一端的对"法治"的

---

① 本杰明·N. 卡多佐. 法律的成长. 李红勃，李璐怡，译. 北京：北京大学出版社，2014：28.
② 李济. 中国文明的开始. 南京：江苏教育出版社，2005：7.
③ 此处"变法"指始于20世纪初的清朝廷主持的立宪修律。

理解（或者误解更为妥当）？等等。

"软法亦法"①观点的提出与"软法"研究，无疑为我们分析中国古代法的结构和特点提供了新的视角，同时也为现实法治的发展更好地借鉴古人的经验与智慧、寻求古今相通甚至中西相通的"法"之共识提供了新的思路。笔者欲从分析中国古代社会的礼治、法治、礼法合治切入，寻找或发现中国古代社会的"软法"，定义"软法"并寻求当代社会"法治"的共识。

中国古代法文明模式就体系的发展而言，经历了三个阶段，即三代的"礼治"时期、春秋战国至秦的"法治"时期、汉中期至清朝的"礼法合治，以礼为主"时期。这三个阶段的法各有特点，若以软法、硬法的理论加以分析，礼治偏重软法，法治偏重硬法，礼法合治则是软法、硬法的结合。值得注意的是，以"礼法合治"定性汉中期以后的法文明体系，并不十分准确，更为准确的定性应该是"以礼为主，礼法合治"或"礼法合治，以礼为主"。

（一）三代"礼治"

用"礼治"归纳儒家的政治思想，应该始自梁启超。在《先秦政治思想史》中，梁启超言：

> 良好的政治，须建设于良好的民众基础之上。而民众之本质，要从物质精神两方面不断的保育，方能向上。故结果殆将政治与教育同视，而于经济上之分配亦甚注意。吾名之曰"人治主义"或"德治主义"或"礼治主义"。②

---

① 关于"软法"的提出与概念，参见罗豪才，宋功德．软法亦法：公共治理呼唤软法之治．北京：法律出版社，2009。软法研究从反思分析法学派有关法的概念出发，认为"以国家强制力保障实施"的规范只是"硬法"的必备特征，而不是所有的法都必备的特征。软法是法律体系中与硬法相对而言的规范，主要指在国家立法中具有指导性、号召性、激励性、宣示性的非强制性规范，国家机关制定的非强制性的法规范，政治组织创制的各种自律规范，社会共同体创制的各类自治规范。本节借用软法的理论剖析中国古代社会法律体系的构成，解析礼与法的关系，并力图从法律史的角度补充软法的定义，借鉴古人经验，寻求当今社会的法之共识。

② 《饮冰室专集之五十·先秦政治思想史》．（梁启超．饮冰室合集：专集之五十．北京：中华书局，1989：64.）

值得注意的是，梁启超在《中国法理学发达史论》中将礼治主义解释为"自然法"，而将人治主义解释为"能应用自然法以制人定法"①。

笔者同意梁启超用"礼治"概括儒家的理论，尤为同意梁启超认为中国古代礼治、德治、人治是一个开放性体系的观点，即礼治并不排斥法治。

笔者之所以赞同梁启超用"礼治"描述儒家思想与中国古代法的特征，是因为在古籍中虽然未能见到"礼治"这个词，但有关"礼为国之根本"的论述在儒家的经典和史书中确实是比比皆是。

如《左传》"僖公十一年"记内史过言：

> 礼，国之干也；敬，礼之舆也。不敬，则礼不行；礼不行，则上下昏，何以长世？

此是言国家不可无礼。

《礼记·坊记》言：

> 夫礼，坊民所淫，章民之别，使民无嫌，以为民纪者也。

此是言社会、家庭不可无礼。

《礼记·曲礼》言：

> 人有礼则安，无礼则危。

此是言做人不可无礼。

儒家的礼治理论是对夏、商、西周三代修身、齐家、治国、平天下经验的总结，三代因而被称为礼治的时代。礼治，是历史经验的总结，是一个以传统继承为主，并与时俱进的体系。

首先，三代的礼治是一脉相承的。孔子说："殷因于夏礼，所损益可知也；周因于殷礼，所损益可知也。"② 又言："周监于二代，郁郁乎文哉，吾从周。"③ 由此可见，西周的礼治是在夏商两代礼治的基础上发展起来的。

---

① 《饮冰室文集之十五·中国法理学发达史论》。（梁启超. 饮冰室合集：文集之十五. 北京：中华书局，1989：72.）"儒家固甚尊人治者也。而其所以尊之者，非以其人，仍以其法。盖儒家崇拜古圣人者，谓古圣人为能知自然法，能应用自然法以制人定法也。故儒家者，非持简单肤浅的人治主义，而实合人治法治以调和之者也。"
② 《论语·为政》。
③ 《论语·八佾》。

历史的继承,在礼治时代使国家的统治权具有天然的合法性。周对夏商之礼的借鉴、"损益"主要表现在用"德"充实了礼治的内容,沟通了神意与王权,创造出了"天命移易"的观念。《尚书·周书》强调"德""民""天命"三者之间的关系是:得民之拥护者为有德,有德者得天命,得天命者的统治才具有正当性。对周人来说,"德"的主要内容莫过于统治者的自律"保民"[①]。由此,夏商时期的"君权神授",在周人的礼治体系中变成了"以德配天"。政权合法性的标志也由"天"之一元变成了"天"与"德"二元。

"德"由此也成为西周宗法制下,每一个人,尤其是贵族必须遵守的法度。

其次,三代的礼治是一个兼容并蓄的体系。其由两个主要部分构成:第一是"礼义",核心内容是建立在"亲亲也,尊尊也,长长也,男女有别"[②]基础之上的人伦道德——忠、孝、节、义。第二是"礼制(仪)",即礼的外在表现形式,也就是礼的制度、条文、规范,其中也包括法制、刑制等。在"礼治"体系中占据主导地位的显然是前者,即礼义,故三代史料中言礼仪必讲礼义(德),而且说到刑制也必然会申明刑之目的在"德"。如《尚书·吕刑》记:"惟敬五刑,以成三德。""朕敬于刑,有德惟刑。"在《尚书》的《康诰》《酒诰》《召诰》等诸篇中,也皆体现出了敬礼、敬德的思想及刑罚的目的在于辅助道德的实现。王国维总结道:

> 周之制度典礼乃道德之器械。
> 周制刑之意,亦本于德治礼治之大经。[③]

程树德亦认为:

> 三代皆以礼治,孔子所谓殷因于夏礼,周因于殷礼,是也。《周礼》一书,先儒虽未有定说,而先王遗意,大略可见。[④]

以软法的观点来看,西周时期趋于完善的礼治体系显然是一个以软法为

---

① 如《尚书·康诰》:"惟乃丕显考文王,克明德慎罚,不敢侮鳏寡,庸庸,祗祗,威威,显民。"《无逸》:"知稼穑之艰难""知小民之依"。《酒诰》:"人无于水监,当于民监。"
② 《礼记·大传》。
③ 《观堂集林·卷十·殷周制度论》。(王国维遗书:第2册.上海:上海古籍书店,1983:14-15.)
④ 程树德.九朝律考.北京:商务印书馆,2017:17.

主的体系。这不仅是因为礼义在礼治体系中具有主导地位与导向作用,而且还因为礼制或礼仪的实施主要靠教化和引导,其并不具有严格的形式法律的特征。

(二) 以法代礼的秦"法治"

礼治体系在春秋时期发生了变化。这一变化的原因是多方面的,比如生产力的发展,私田的出现,新的利益集团的形成。春秋战国时期,国家权力先下移至诸侯,形成春秋五霸"挟天子以令诸侯"的局面;再下移至大夫,造成战国七雄逐鹿中原的混战。礼治的破坏,是先从制度开始的。礼制所规定的朝觐纳贡制度春秋时久废不用,以知礼闻名且与周王室关系最为密切的鲁国,在鲁《春秋》所记的二百余年的历史中也仅仅朝觐了周天子三次。春秋中期,继天子式微后,诸侯的势力也走向衰弱。大夫不仅敢僭越公室,而且对王室也极为藐视。鲁国的季孙、仲孙、叔孙三家大夫公然不顾礼制的规定,将诸侯才有权祭祀的"公庙"设于私家。季氏还在自家的庭院中享用只有天子才能享用的"八佾"之舞,祭祀了只有天子才有权祭祀的泰山。孔子论及季孙的所作所为,十分愤慨,斥责道:"是可忍也,孰不可忍也?"[①]

为了秩序的重建,诸子学说并现于世,春秋战国成为学派林立、观点纷呈的思想多元化时代,也是法思想发展的黄金时代。诸子百家从各自的立场出发,对法的概念、性质、作用以及发展趋势提出了自己的主张,其中对中国古代法影响最为深远的莫过于儒、法两家。尽管儒家与法家在主张一统、维护君权、维护社会等级制度方面并不对立,但在法的主张方面却各自独树一帜。儒家主张改良礼治体系中不合时宜的制度与仪式,而维护在礼治体系中处主导地位的礼义。因此,在《论语》及《左传》中我们常常可以看到当时的儒家对"礼"与"仪"的区分,《礼记·大传》总结先秦儒家对礼治变革的主张为:

> 立权度量,考文章,改正朔,易服色,殊徽号,易器械,别衣服,此其所得与民变革者也。其不可得变革者则有矣:亲亲也,尊尊也,长长也,男女有别。此其不可得与民变革者也。

---

① 《论语·八佾》。

儒家认为，衡量制度善恶的标准是"礼义"。周礼的可贵之处，在于最大限度地体现了礼义。法制也是如此，必须体现礼义的精神。随着社会的发展，无法反映或维护礼义的制度是可以改变的，但这种改变的宗旨不是为了削弱礼义，恰恰相反，是为了更好地弘扬礼义。儒家认为，失去了礼义的主导，法就失去了存在的价值；违背了礼义的精神，法就成为不祥之物。

而主张以法代礼的法家，则与儒家不同。他们更为注重法律的形式，而不是实质。法家立法的依据是"力"而不是"理"，所以法家主张以"法出一门"（由国家政权统一颁行法律）来彰显国家的力量。法家立法的主要目的是富国强兵而不是惩恶扬善，所以法家的法要统一的是人们的言行，而不是人们的是非观。由此，法家更注重对法律形式的完善，强调法律的公开和令出必行的权威。韩非对"法"的定义是：

> 法者，编著之图籍，设之于官府，而布之于百姓者也。[1]

法的作用在于使"万民皆知所避就"[2]，使"吏不敢以非法遇民，民不敢犯法以干法官也"[3]。与儒家相比，法家更强调法的刚性，并欲将天下网罗于法中，用制度解决一切问题，其中包括用法表达国家富国强兵的需求，表达天下定于一的需求。公元前221年，漫长的儒法之争以法家的胜利而暂告结束。秦王朝的法治，尤其是被统治者推向极端的法家理论有着致命的弱点，即单纯地强调尊法而忽视了对尊法环境的营造，忽视了法的复杂性。这种以国家是非为是非，不论善恶的法，在诸国兼并的战争中由于其明确而严厉的特征，对于统一国人的言行有着立竿见影的功效。但在战争结束后，法仍然作为统一言行的权力工具而存在时，便弊端丛生。秦以刑罚作为"皆有法式"的后盾，由此形成了为后世诟病的"暴政"。陈胜、吴广揭竿而起时无奈地发出感叹"天下苦秦久矣"[4]。"伐无道，诛暴秦"成为秦末社会的共识。

在评价法家之"法"的时候，我们应该注意两个方面：一是先秦法家所言之"法"，是维护君主集权制的法。法家的"法治"尽管在春秋战国时期

---

[1]《韩非子·难三》。
[2]《商君书·定分》。
[3] 同[2].
[4]《史记·陈涉世家》。

对秦的统一与社会发展起到了积极的推进作用，但其与我们今天的"法治"有着本质的不同。其既不体现"民主"的精神，也不承认法律具有"至上"的权威。二是法治与三代礼治是有区别的，秦代的法治是反传统之道而行的。对于礼治所强调的"理"，秦统治者不以为然，法家斥儒家的教化为迂阔之论，一味崇尚"力"。在礼治体系中"得民心者得天下"，在法家法治体系中成了"力多则人朝，力寡则朝于人"[①]。

由于秦朝的崇法严重背离了传统，瓦解了自夏以来延续了近两千年的礼的主导地位，致使国家提倡的法与社会推崇的礼产生了对立。这种对立使新生的统一王朝危机四伏。太子扶苏对此有着清醒的认识，他以太子的身份劝谏秦始皇："天下初定，远方黔首未集，诸生皆诵法孔子，今上皆重法绳之，臣恐天下不安。唯上察之。"[②] 扶苏不仅觉察到法治并非万能，而且认识到曾对"法治"抱有无限希望的人们对现实中的"法治"已经开始失望，甚至是反对。历史的发展也不幸被扶苏言中，秦的暴政在二世即位后愈演愈烈，"法式"成为天下人的刑网。上至皇室公卿，下至黎民百姓，无不为繁法酷刑所困扰。当陈胜、吴广于大泽乡揭竿而起时，范阳人蒯通对范阳令说：

> 秦法重，足下为范阳令十年矣，杀人之父，孤人之子，断人之足，黥人之首，不可胜数。[③]

秦王朝终于葬送在此起彼伏的农民起义风暴之中。统一后的秦朝享国不到十六年，可谓短命而亡。

我们不否认秦朝的统一及所行之法是历史的巨大进步，但我们也无法否认秦的矫枉过正、用法不当给当时的人们带来了灾难，以致亡国。如果用软法的理论加以分析，秦法之失在于法律缺乏"理"的支持，在法律体系中过于强调靠国家"强制性"实施的硬法，使法成为皇权的工具，成为帝王的御用之器。正是因为秦用法而亡的前车之鉴，自秦之后，中国古代史上不复有敢以"法治"自诩的王朝。

---

① 《韩非子·显学》。
② 《史记·秦始皇本纪》。
③ 《史记·张耳陈余列传》。

(三) 汉之后的"礼法合治，以礼为主"

用"礼法合治"描述中国古代法，并认为礼法合一是中国古代法的特征，是学界长期以来的通识。这种描述或归纳，是有充分依据并合乎历史客观的。但是，应该指出的是，这种描述与归纳，并不全面。因为在礼法合治的体系中，礼与法的地位并不平等，礼作为法的主流价值观、作为法的激励性规范、作为其他规范的标准或目的，显然处在主导或主要的地位。所以，对中国古代法体系的准确描述应该是"礼法合治，以礼为主"。

汉承周、秦，对两代历史经验与教训的总结格外用心。周王朝数百年的礼治盛世与秦统一后不足十六年而亡的法治给汉人以深刻的印象。因此，汉代的政治家、思想家几乎一边倒地倾向礼治，主张恢复传统。秦因法而亡也成为汉人的共识。《汉书·刑法志》总结道：

> 至于秦始皇，兼吞战国，遂毁先王之法，灭礼谊之官，专任刑罚，躬操文墨，昼断狱，夜理书，自程决事，日悬石之一。而奸邪并生，赭衣塞路，囹圄成市，天下愁怨，溃而叛之。

秦的夭折使汉人重新认识到了礼的价值。汉初思想家贾谊重提以"礼"凝聚朝廷、官员、家族、社会的共识：

> 道德仁义，非礼不成；教训正俗，非礼不备；分争辩讼，非礼不决；君臣、上下、父子、兄弟，非礼不定；宦学事师，非礼不亲；班朝治军，莅官行法，非礼威严不行；祷祠祭祀、供给鬼神，非礼不诚不庄。①

然而，经过春秋至秦，日臻成熟的法制在实践中也颇具成效。不管汉人如何批判秦法，在现实中想要完全恢复三代礼治、抛弃秦法已经没有可能。在统一天下的过程中，秦法确实功不可没。法家理论的缺陷在于过分迷信制度的功效，过于强调法的强制性而忽视社会的共识，忽视法的精神与价值。但也正是这种缺陷，为汉儒融合礼法、复兴礼义和礼教留出了空间。在汉儒看来，法制，尤其是偏重刑罚的"律"若失却了礼的精神，就等于丢失了灵

---

① 《新书·礼》。

魂。在礼与刑的关系中，汉儒强调礼与刑的一致性，而不是对立。这就是众所周知的"出礼入刑"。汉的"贤良文学"（儒生）认为"二尺四寸之律"，古今相同，但殷、周用之则治，秦用之则乱，原因在于：

> 汤、武经礼义，明好恶，以道其民，刑罪未有所加，而民自行义，殷、周所以治也。上无德教，下无法则，任刑必诛，劓鼻盈蔂，断足盈车，举河以西，不足以受天下之徒，终而以亡者，秦王也①。

三代的刑罚以维护礼为目的，所以行之而天下大治。秦的刑罚失去了德教的制约，成为暴政，"终而以亡"。礼义在汉人对传统的怀念中，在汉儒对秦法的反思中重新登上历史舞台。

汉代及其之后的历代王朝，在法律体系中，都致力于在礼的主导下，融合礼法。而礼法融合主要有两条途径：一是立法以儒家提倡的伦理道德为指导；二是在司法实践中引经决狱，以体现礼所提倡的精神高于具体的法律条文。如董仲舒以"《春秋》之义，父为子隐"为由，认为养父包庇犯罪的养子"不当坐"②。汉宣帝时，"子首匿父母，妻匿夫，孙匿大父母"皆不为罪成为定制。③ 自汉时起，礼法融合的进程始终没有停止。儒家的精神、法家的制度构成中国古代法的主要内容。从汉至清，礼与法实为统一的"共同体"。在一般情况下，礼与法并不矛盾，轻礼势必导致乱法，而轻法也必然会导致礼的衰败。

汉中期礼法合治体系的重建，是在儒家中庸理论指导下完成的，也是在对周秦历史经验的总结中完成的。出于汉人之手、假托孔子之言的《中庸》说：

> 中也者，天下之大本也；和也者，天下之达道也。致中和，天地位焉，万物育焉。

孔子之言、儒家之说确实可以避免诸家的极端与偏颇，使社会在稳定中向前发展。在礼法合一的中国古代法体系中，既突出了礼对法的导向作用，但又不排斥法的强制性，不排斥法律追求形式上的完善。与法的表现形式相

---

① 《盐铁论·诏圣》。
② 《通典·礼二十九》。
③ 参见《汉书·宣帝纪》。

比，儒家显然更注重法的精神；与法的震慑性相比，儒家显然更注重法的导向性；与法的惩恶作用相比，儒家显然更注重法的扬善作用。由此，在汉以后的中国古代法体系中，礼的主导地位是毋庸置疑的。

（四）对"礼法合治，以礼为主"的分析

综上所述，"礼法合治"中的"法"多指由国家颁行的制度法令，其实施以国家强制力为后盾，用软法的理论划分，其属于"硬法"的范畴。而"礼法合治"中的"礼"则多属于"软法"，是具有指导性、号召性、激励性、宣示性的非强制性规范，是在社会共识的基础上自发形成的家法族规、乡规民约等，是法的主流价值观之所在。用梁启超的话来说，礼是自下而上"建设于良好的民众基础之上"，须不断保育方能发展向上的法。①

三代礼治与秦的法治有着诸多不同，比如在对政权合法性的认识方面，礼治更强调"理"，而法治更强调"力"；在立法中，礼治更强调制度的宗旨，而法治更强调制度的形式；在执法中，礼治强调合理的变通性，而法治更强调制度的划一性；在法的价值观方面，礼治更强调法律与道德须互为表里，而法治更强调法对权力的维护；等等。由此，我们可以看到"礼法合治"中的"礼"多指法的价值观，其注重的是法的善恶、法的合理性以及法对自发形成的社会秩序的保护。

在汉之后"礼法合治"的体系中，礼常常作为立法不足的"救济"措施而出现，起着"上位法"的作用。这就是汉代"《春秋》决狱"盛行、魏晋纳礼入律、唐律的解释"一准乎礼"的原因。《通典·选举五》记载了这样一条选官规定：

> 不习经史无以立身，不习法理无以效职。人出身以后当宜习法。其判问，请皆问以时事、疑狱，令约律文断决。其有既依律文，又约经义，文理弘雅，超然出群，为第一等。其断以法理，参以经史，无所亏失，粲然可观，为第二等。判断依法，颇有文彩，为第三等。颇约法式，直书可否，言虽不文，其理无失，为第四等。此外不收。

---

① 《饮冰室专集之五十·先秦政治思想史》。（梁启超. 饮冰室合集：专集之五十. 北京：中华书局，1989：64.）

这一选官标准说明，无论是对于疑狱，还是对于法条所不载的时事，"经史""经义""法理"都是裁断的标准，但裁决最终的依据应该是礼。"二十五史"中的《孝友传》《列女传》《游侠传》《忠义传》中记载的大量案例也直接证明了"礼"在裁判中的这种决定性作用。

在"礼法合治"的体系中，法的作用同样未被忽视。尽管汉之后，对法家严刑峻法的批判，在一定程度上造成了社会对法律，尤其是对刑罚负面作用的过度警惕，并出现了"重礼轻法"的现象。① 但应该厘清的是，所谓的"轻法"指的是轻视法的制度，而不是法的精神。如果全面考察汉之后的社会，"轻法"并非社会的主流意识，即使在文人书生间，对法的鄙薄也不占主导地位。不同于法家的"以法为教""以吏为师"，也不同于秦王朝以"焚书坑儒"的极端手段统一禁锢人们的言行与思想的做法，汉中期的思想统一是在以儒家为本、杂糅各家学说中有利于时势者的基础上完成的。如果说秦的法治共识是建立在权力强制基础上的，那么汉以后的"礼法合治，以礼为主"的共识则是建立在文化基础上的，虽然汉代社会的共识并不能排除权力的诱导。众所周知，汉武帝虽"罢黜百家"，但以孔子学说为信念的儒生与精通法家学说的文吏始终同朝为官，各司其职。曹魏时下令郡国贡举，也并不排斥法家，只要"儒通经术，吏达文法，到皆试用"②。唐至明，科举中皆设有"明法"科。唐代"明法科"的考试"试律七条，令三条，全通为甲第，通八为乙第"③。宋代苏轼所作的《戏子由》中有"读书万卷不读律，致君尧舜终无术"④ 之诗句；而清代乾嘉学派的重要人物、经学大师孙星衍在《重刻故唐律疏议序》⑤ 中坦言苏轼"读书不读律之言非通论也"。明清时官吏读法已不仅仅是要求，而是规定在律中。《大清律例·吏律·公式》"讲读

---

① 古代社会中确实有视法吏为俗吏、视断狱理讼为俗务的轻法现象，比如许多人不屑于学律读法，甚至不愿担任关涉审判的职务。唐代元澹曾深受狄仁杰器重，玄宗时被选派"出为岐州刺史，兼关内按察使"。元澹却自以为书生，"非弹治才，固辞"，后又四次被委以大理卿之职，也都以"不乐法家"之由而坚辞（参见《新唐书·儒学传》）。清朝大臣田文镜也曾不无忧虑地论道："每见少年州县，喜恃聪明，或于无事时，学书学画，讲弈讲诗，津津然自诩为能。而问之以律例，则呐呐不能出口者。"（《钦定州县事宜·讲读律令》）

② 《通典·选举二》。

③ 《新唐书·选举志》。

④ 苏轼诗集：第 2 册. 北京：中华书局，1982：325.

⑤ 载于唐律疏议. 刘俊文，点校. 北京：中华书局，1983。

律令"条规定：

> 凡国家律令，参酌事情轻重，定立罪名，颁行天下，永为遵守。百司官吏务要熟读，讲明律意，剖决事务……若有不能讲解，不晓律意者，初犯罚俸钱一月，再犯笞四十、附过，三犯于本衙门递降叙用。

在日常的司法实践中，国家颁行的法令具有最高的权威，而民间契约在大多数情况下由乡规民约调整，这就是民间社会普遍认可的"官有律令，人从私约"。但若私约被一方背弃，诚信原则受到破坏，国家的法令便会干预。唐律中有"负债违契不偿"条，规定对不遵守私约者处以笞、杖刑，并"各令备偿"[1]。同时，民间私约一般允许掣夺欠债不还者的家资抵债，为防止债主掣夺过量，旁人趁火打劫，唐律中又有"负债强牵财物"条，规定若"强牵财物，过本契者，坐赃论"[2]。如果说"人从私约"是约定俗成的软法，那么"官有律令"则是国法对发自民间债务关系秩序的补充。这种补充的原则是公平，即不允许欠债不还，也不允许"强牵财物"过当。[3]

综上，我们可以将"礼法合治"体系中的"礼"视为软法，"法"则可以被视为"硬法"。礼与法的关系是礼为主导，礼法相辅相成、互为补充。在一般情况下，国家并不以强制力的手段干涉或改变民间社会的秩序，而民间社会对于国家倡导的礼则有高度的认同。与西方主流学说出于对权力的警惕而强调国家与公民二元分立不同，儒家学说力图强调王朝与民众相一致的立场，因此国家以立法的形式导引社会在中国有着悠久的历史。从这一点来说，"软法亦法"的理论有利于对这一传统的弘扬。

（五）什么是"软法"？——从法史角度的补充

在此我们应该从法史的角度对"软法"下一个较为明确的定义。正如法的定义至今众说纷纭、莫衷一是一样，软法的定义也一定会成为法理学领域聚讼不已的课题。这也许正是软法研究的理论与实践价值所在。

首先，"软法"是古今中外法律体系中的客观存在。古代社会礼治中的

---

[1] 《唐律疏议·杂律》。
[2] 同[1].
[3] 关于在契约关系的保障与裁判方面，乡规民约与国家法令互为补充，参见乜小红. 中国中古契券关系研究. 北京：中华书局，2013；李功. 中国古代商法史稿. 北京：中国社会科学出版社，2013.

法可以说大部分属于软法的范畴。在解释"礼治主义"时，梁启超引用日本法学家穗积陈重的研究，认为：

> 原始社会者，礼治社会也。举凡宗教、道德、惯习、法律，悉举而包诸礼仪之中。无论何社会，皆礼治先于法治，此征诸古代史及蛮地探险记而可见者也。支那古代，谓礼为德之形。礼也者，行为之有形的规范，而道德之表彰于外者也。当社会发展之初期，民智蒙昧，不能依于抽象的原则以规制其行为，故取日用行习最适应于共同生活者，为设具体的仪容，使遵据之，则其于保社会之安宁，助秩序的发达，最有力焉。故上自君臣、父子、兄弟、夫妇、朋友，下逮冠、昏、丧、祭、宫室、衣服、饮食、器具、言语、容貌、进退，凡一切人事，无大无小，而悉纳入于礼之范围。夫礼之范围，其广大如此。此在原始社会，其人民未惯于秩序的生活者，以此制裁之而甚有效，至易见也。及夫社会确立，智德稍进，人各能应于事物之性质，而为适宜之自治行为，无取复以器械的形式制驭之，而固定之礼仪，或反与人文之进化成反比例，此礼治之所以穷而敝也。[①]

梁启超认为，穗积陈重有关"礼治主义之起原、发达及其得失，言之殆无余蕴矣"。由此可见，"礼治"是古代社会发展中存在的普遍现象，其内容包括了宗教、道德、惯习、法律及人类社会的生活习俗。礼治是古代社会中最有力、最有效的治理手段。在近代"人文之进化""秩序的生活"社会中"穷而敝也"。笔者尽管不能同意梁启超及穗积陈重将礼治视为近代法治的对立物，但是赞成他们对礼治起源的描述和论断，即礼治是法文明伊始便存在的秩序。如果我们将礼治视为软法，那么软法自法律产生之日起，就是法律制度中的重要组成部分。

其次，"软法"是法律制度中不可或缺的，在中国古代"礼法合治，以礼为主"的法律制度中，更是如此。以往我们误认为中国古代法律制度是"以刑为主"的，一个重要的原因在于我们未将"礼"纳入法的研究领域中。在对"法"的定义中，中国人民大学孙国华教授曾精辟地指出法是"理"与

---

① 《法学协会杂志》第二十四卷第一号论文《礼与法》——梁启超文原注。转引自《饮冰室文集之十五·中国法理学发达史论》。(梁启超. 饮冰室合集：文集之十五. 北京：中华书局，1989：77–78.)

"力"的结合。① 如果将这一观点用于分析中国古代社会,我们可以看到,"理"正是儒家强调的法的价值观及最终追求,而"力"正是法家所强调的法具有的强制性特征。法的"理"与"力",在中国古代社会中表现于"礼法合治"之中。因此,近代思想家严复在比较中西法律不同的表达时说:

> 盖在中文,物有是非谓之理,国有禁令谓之法,而西文则通谓之法,故人意遂若理法同物,而人事本无所谓是非,专以法之所许所禁为是非者,此理想之累于文字者也。中国理想之累于文字者最多,独此则较西文有一节之长。西文"法"字,于中文有理、礼、法、制四者之异译,学者审之。②

又言:

> 西人所谓法者,实兼中国之礼典。中国有礼、刑之分,以谓礼防未然,刑惩已失。③

如果用软法的理论分析,礼所倡导的善法信念及将伦理道德规范化的乡规民约等皆属"法"的范畴。

最后,在中国古代,礼作为软法当然也有诸多的规范条文,如对帝王官吏的约束、对家族间及家族成员间关系的规范等。④ 但更为重要的是,礼凝聚了社会对法的共识,营造了社会尊礼守法的环境。《明史·礼志》与《清史稿·礼志》中记载的"乡饮酒礼"便体现了中国古代法律的引导、激励作用。乡饮酒礼始于西周,其仪式在不同时代有所不同,但其一直沿用到明清。乡饮酒礼规定县一级的官府应在每年冬闲时将乡绅、宗室、村民聚在一处,宣讲人伦和律令。乡饮酒礼的目的在于淳厚风俗、和睦邻里、息讼止争。清代的乡饮酒礼还规定主持乡饮酒礼的"司正"在开场时须"扬觯而语曰:'恭惟朝廷,率由旧章,敦崇礼教,举行乡饮。非为饮食,凡我长幼,

---

① 孙国华,黄金华. 法是"理"与"力"的结合. 法学,1996 (1).
② 孟德斯鸠. 孟德斯鸠法意:上册. 严复,译. 北京:商务印书馆,1981:2-3.
③ 同②7.
④ 关于中国古代社会乡约家规的资料,可参见一凡藏书馆文献编委会. 古代乡约及乡治法律文献十种. 哈尔滨:黑龙江人民出版社,2005。最新的研究成果可参见何淑宜. 香火:江南士人与元明时期祭祖传统的建构. 台北:稻乡出版社,2009;田涛. 徽州民间私约研究及徽州民间习惯调查. 北京:法律出版社,2014。

各相劝勉。为臣尽忠,为子尽孝,长幼有序,兄友弟恭,内睦宗族,外和乡党。毋或废坠,以忝所生。'"此后,再由生员"赞读律令":"律令,凡乡饮酒,序长幼,论贤良,别奸顽。年高德劭者上列,纯谨者肩随。差以齿。悖法传徇规者,毋俾参席,否以违制论。敢有谇噪失仪,扬觯者纠之。"①

正如法国启蒙思想家伏尔泰所言,这种礼法合一的"法"的作用较之于国家颁行、以"强制力"为后盾的形式完备的惩罚性法律(硬法)的作用更大。因为其不仅可以惩恶,而且可以扬善。伏尔泰言:"在别的国家,法律用以治罪,而在中国,其作用更大,用以褒奖善行。"② 礼教的鼓励,在伏尔泰看来是"作用更大"的法。

近代以来,我们在学习、仿效西方法律时,忽视了对自身传统的总结,在接受西方法律时,对法的形式格外关注,而对"礼法合治"中处主导地位的"礼"一味批判。我们强调法的"自上而下",强调法的规范表现形式,强调法是国家政权"制定"并依靠国家强制力实施的特征。礼由此而被摒弃于法外,且被认为是当代法治发展的阻力。这种狭隘的法观念致使现实中硬法与软法脱节,造成法律制度虽然逐渐完备,但法的价值观却难以达成共识;法律虽一统,但缺乏社会共识的环境却将法律束之高阁。

如果从礼的角度来研究中国古代的软法,我们可以归纳并补充软法的这样一些特点:软法是自下而上形成的具有广泛社会基础的规范,软法的核心是社会对法的共识,并由共识而营造出尊法的社会环境。在社会共识的基础上,人们对软法规范的遵守有价值观的支持,有长期潜移默化的习俗熏陶,有国家与社会的提倡认可,等等。与依靠国家强制力实施的硬法相比,人们对软法的接受和遵守是发自内心的。

(六)借鉴"礼法合治",从传统中寻找共识

"礼法合治"是汉人总结了周之礼治与秦之法治而形成的法律制度,也是一个符合社会实际并可以避免礼治、法治各自不足的法律制度体系。这一制度自汉之后又经两千余年的精心琢磨调整而日臻完善。研究"礼法合治,以礼为主"的古代法律制度在中国古代的成功,对于软法理论的意义,并不

---

① 《清史稿·礼志》。
② 伏尔泰. 风俗论:上册. 梁守锵,译. 北京:商务印书馆,1995:217.

限于说明软法在法的制度中不可或缺,而且还可以使这个凝结了中国古人经验和智慧的法律制度为我们现实的法治提供切实有效的借鉴。比如,在凝聚法的共识方面,如果今人对"法治"的认识如同古人对"礼治"的认识那样一致的话,现实中法治精神的确立将不再会成为难题。

就字义而言,"礼"与"法"在近代中国社会的发展中经历了一个此消彼长的过程。

先说"礼"的字义由"长"而"消"的演变。"礼"是中国古代文化的核心,对此中外学人都不会持有异议。中国的古人以"中国者,礼义之国也"①而自豪。而近现代学者也无不将"礼"作为中国传统文化的根本。古代社会的"礼"的内涵十分丰富,包括意识形态、价值观、制度、习俗等,其中也包括了我们今天所说的法的价值、法的精神,甚至包括了我们今天所说的宪法、民法等内容。但近代以来,礼的内涵大大萎缩了,人们更多地将其作为一种举止得当的日常文明生活习惯。有学者指出:"今天人们往往只把'礼'看作是日常生活中文明行为的规范。"②

再来看"法"的字义在近代由"消"而"长"的演变。近代的"法"经历了一个与"礼"反向的发展过程,其含义没有像"礼"的含义那样萎缩,而是不断拓展。古代社会中的"法"的内涵远不如现代社会丰富。从政治法律含义上说,狭义之"法",常常专指刑"法",或者是"刑书";而广义的法,则泛指"制度"。而在近代中国,"法"的内涵在人们对礼的批判中迅速拓展,许多古代社会以礼表达的价值观、思想、制度、规范等,在近代被法所吸纳。当我们对礼大加鞭挞并批判古代法缺乏理念及学理支撑时,殊不知古代法的理念恰恰就蕴含在礼中。

通过考察礼、法字义的演变,我们会感到礼在中国古代社会中所扮演的角色与法在现代社会中所承担的角色有着相似之处,所以中国古代被誉为"礼仪之邦"。或者也可以反过来说,法在当代社会中扮演或将要扮演的角色与古代社会中礼的角色大致相同,尽管就目前状况而言,我们离法治社会的目标尚有距离,达成这一目标尚需要付出艰苦的努力。因此,无论是古代社

---

① 《春秋公羊传注疏》"隐公七年"。
② 丁鼎. 礼:中国传统文化的核心//浙江大学古籍研究所. 礼学与中国传统文化:庆祝沈文倬先生九十华诞国际学术研讨会论文集. 北京:中华书局,2006.

会的"礼治"还是"法治",抑或是"礼法合治",都与现实中的法治有着千丝万缕的关联。

就法的理念而言,"和谐"——安定社会、调和矛盾而不是激化矛盾——是中国古代法价值观所追求的最高境界。在对和谐的追求中,礼治背景下的中国古代法的独到之处在于强调弘扬人的"善性",比如通过朝廷官府的倡导、精神及物质的适当鼓励、社会风尚的熏陶等,使人们养成自律的习惯,以达到和谐的境界。由于强调弘扬"善性",中国古代法律构成了一个道德与法律相为表里、以道德为基础的社会综合治理体系。只有与道德要求相一致,法才能得到社会的广泛认同。虽然近代以来,道德与法律不分被一些学者所抨击,但正是这种法律与道德相为表里的法,使人们在守法的基础上有了更高的目标追求。这种追求,弱化了法的"暴力",平衡了人与自然之间、民族与民族之间、人与人之间的关系。

就立法而言,礼治背景下的立法注重法的善恶,认为"法不仁不足以为法"。西周时的《吕刑》就将法分为"祥刑"和"虐刑",使天下祥和之法即为善法,致天下大乱之法即为恶法。道德是检验法律善恶的标准。古人强调法律与道德相为表里,违背了人们共同价值观的法律会受到社会质疑而被搁置。当法条与法的精神发生矛盾时,中国古代强调的是断案官吏必须明"经史""法理"(儒家经典或礼治提倡的原则),即法律的精神,而不是拘泥于法律条文。立法的最高境界是融天理、国法、人情于一体,合礼与否,是善法与恶法的分水岭。唐律之所以成为后世圭臬,原因在于其"一准乎礼"。明末清初启蒙思想家黄宗羲甚至将善法称为"无法之法",即植根于人们心中的大法。①

就立法技巧而言,古代社会"礼法合治,以礼为主"的法律制度所追求的"疏而不漏"的境界也是值得我们借鉴的。早在战国时,荀子就认为法律不是万能之器,法之条文有限,而现实社会复杂多彩;法之条文一定而不可变,而现实社会却无日不在变化之中。②法律一旦公布,就必有漏洞和弊病,世上无"无弊之法"是古人的共识。其实在世事多变的今天,我们更能

---

① 参见《明夷待访录·原法》。
② 《荀子·君道》言:"有乱君,无乱国;有治人,无治法。羿之法非亡也,而羿不世中;禹之法犹存,而夏不世王。"

深切地感受到古人对世上无"无弊之法"的断言。"礼法合治，以礼为主"智慧地解决了法律与世事变迁间的矛盾。礼作为软法不仅可以用灵活多样的规范弥补硬法的漏洞，而且可以在对法的共识的基础上纠正硬法因世事变迁等原因而出现的不足和弊端，增强法的开放性和与时俱进的能力。"礼法合治"将自下而上形成的礼与自上而下颁行的法有机地结合在一起，国家并不过多地干涉民间自发形成的秩序，而是借助这种秩序奠定法的基础。①

通过对古代"礼法合治"的分析及软法的定义，我们应该认识到，法不仅仅是依靠国家强制力实施的规范体系。现代法治与古代礼法合治的相通之处，就在于软法与硬法在一个完备的法律体系中是缺一不可的。如果放眼未来法治的发展，软法的重要性更是不可忽视。在日益复杂的经济活动与社会生活中，缺乏变通性的硬法须与软法相依而立，才能克服硬法的先天缺陷，使"法治"真正达成维护正义和促进人类福祉的目的，如史际春教授言：

> 在当代社会化条件下，仅凭"有法可依、有法必依"已不足以实现法治，还要保证法能够适应复杂动态的经济社会运行，形成良性、友好的互动关系。为此，发现并纠正"错法"就是一种常态的现象及工作。"错法"迫使立法者反思立法的过程和机制，推动科学、民主的立法；"错法"纠正则可调动社会各系统、各领域的主体或群体理性地商讨纠错的办法，凝聚共识和主流价值。如此，社会成员相互之间及其与公共管理之间达致和谐有序，将把我国的法治推向一个新的高度。②

在纠正错法的过程中，软法的矫正作用正如礼在古代社会中的作用。

---

① 其实我们应该反思近代以来，尤其是当我们单纯地将法律视为国家颁行的体现统治阶级意志的规范时，国家制定法对民间秩序的过度干预导致的法律与社会实际的脱节。这一方面的研究可参见李启成．外来规则与固有习惯．北京：北京大学出版社，2014．

② 史际春，孙天承．论"错法"现象：以经济法领域为中心．南京师大学报（社会科学版），2015(2)．

开明圆融的体系结构

许多人将"律"视为中国古代法的全部或核心,甚至认为中国古代的法就是"刑",这是一种很大的误会。因为,中国古代法是一个开明圆融、包罗万象的体系,在这个体系中占主导地位的是礼,律只是这个体系中的组成部分。在本书"通论"中,笔者从礼、皇权与典三个方面阐述了中国古代法文明模式中的体系结构,这里笔者要更深入地阐释中国古代法文明模式中体系结构的特殊性,这就是与同时代其他地区和国家的法体系相比,中国古代法的体系结构更具开明性。这种开明性来自礼与法契合而形成的法体系的圆融,而雅俗并用的"法言法语"正是中国古代法体系结构开明圆融的实证。

一、开明的中国古代法文明

(一) 为中国古代法正名

"为中国古代法正名"是笔者研究法史的一个重要目的。因为近代以来,我们在以西方法为标准反思中国古代法的过程中,对中国古代法的误解既多且深。客观地认识中国古代法既是恢复法文化自信的需要,更是学术研究的需要。

中国古人对自己的法虽然也时有检讨,但从未失去信心。相反,古人无不以华夏文明而自豪,如孔子言:"夷狄之有君,不如诸夏之亡也。"[①] 意思是即使华夏这个地区没有君主,也比夷狄地区有君主的统治好。因为华夏这

---

① 《论语·八佾》。

个地区有礼乐文化,文物制度远比夷狄发达。在孔子看来,一个国家和地区发达的礼乐文化远比君主重要。古人认为,传承千年的圣人之制本天地常理而设,是人类社会的大法:

> 夫五经、群史之书,大不过本天地设君臣,明十伦五教之义,陈政刑赏罚之柄,述礼乐制度之统,究治乱兴亡之由。立邦之道,尽于此矣。①

在中国古人的眼中,"刑"从来都不是国家治理的主要手段,而只是推行或执行礼乐教化的一种手段。在儒家民本思想的指导下,统治者强调刑罚是一种在迫不得已的情况下才能使用的手段,强调用刑者须心存仁义、博爱,在惩恶的同时,更要以扬善为目的。所以"慎刑""恤刑"才是自汉以来刑罚适用的主导思想。当然,中国古代社会也会产生大量的冤狱,与现代刑罚相比,也有许多酷刑,但那是历史发展阶段的必然产物。与同时代世界其他地区和国家的刑罚相比,中国古代的刑罚不仅不能说是特别地残忍,而且在文明的程度上可以说是走在了世界的前端——只要翻阅一下法国学者马丁·莫内斯蒂埃所著的《人类死刑大观》②,就不难得出这一结论。

不仅中国古代的人对自己的法充满信心,近代西方的一些思想家也对中国的法赞赏有加。17、18世纪欧洲处在启蒙之中,而中国的文化在那时风靡欧洲,对欧洲的启蒙运动起到了积极的促进作用。法国思想家魁奈由于崇尚孔子被弟子称为"欧洲孔子"。魁奈将君主专制分为两类:一类是合法的,另一类是为所欲为的或不合法的。他认为中国的君主专制属于第一类,即"合法的君主专制",因为:

> 中国的制度系建立于明智和确定不移的法律之上,皇帝执行这些法律,而他自己也审慎地遵守这些法律。③

当然,在欧洲启蒙运动中,思想家、法学家对中国文化和法也多有批判,然而这种批判虽有偏见但并非出于恶意。可以看出,他们是在试图客观地解释不同于自身的异质文化与文明。虽然由于文化的隔膜,这种努力无法

---

① 《通典·序》。
② 马丁·莫内斯蒂埃. 人类死刑大观. 袁筱一,等译. 桂林:漓江出版社,1999.
③ 弗朗斯瓦·魁奈. 中华帝国的专制制度. 谈敏,译. 北京:商务印书馆,1992:24.

达到预想的目的，但不可否认的是，一些西方思想家的通过中西对比和另一个角度的解读，对我们理解中国文化和法的特征还是具有非常大的启发意义的。比如，法国思想家孟德斯鸠的一段有关中国法的论述就是中国学界经常引用的经典论断：

> 中国的立法者们所做的尚不止此。他们把宗教、法律、风俗、礼仪都混在一起。所有这些东西都是道德。所有这些东西都是品德。这四者的箴规，就是所谓礼教。中国统治者就是因为严格遵守这种礼教而获得了成功。①

但是孟德斯鸠本人并不赞成这种"获得了成功"的中国政体。他批评中国人试图将法律与专制并行：

> 任何东西和专制主义联系起来，便失掉了自己的力量。中国的专制主义，在祸患无穷的压力之下，虽然曾经愿意给自己带上锁链，但都徒劳无益；它用自己的锁链武装了自己，而变得更为凶暴。②

可以看出，无论是赞扬还是批评，中国法律在当时西方启蒙思想家、法学家的眼中都还不是所谓"以刑为主"的，他们对中国法律的定义也并非"法就是刑"这样简单地以偏概全。即使说到"刑"，西方学者也认为，中国的刑罚至少不会比他们中世纪时在宗教笼罩下的刑罚更为残暴。

但是，自西方以武力征服世界并在中国推行殖民时，中华文明，尤其是法文明首先在西方人的眼中发生了变化。研究中西方文化交流的专家周宁总结道，路易十四时代中国人的生活方式已经成为欧洲人追逐的时尚，中国的思想也深刻地影响着欧洲：

> 启蒙主义的大师们，多是中国的仰慕者。他们把孔夫子的格言当作座右铭，让康熙皇帝扮演西方国王们的榜样，于是法国国王、奥地利皇帝纷纷模仿中国皇帝举行亲耕仪式。中国具有悠久的历史、开明的政治与经济制度，对于伏尔泰、狄德罗、杜阁、魁奈那一代人来说，中国是

---

① 孟德斯鸠. 论法的精神：上册. 张雁深，译. 北京：商务印书馆，1987：313.
② 同①129.

一面旗帜,孔夫子是启蒙运动的守护神。①

但是,从 18 世纪末起,欧洲对中国的认识的主流舆论发生了改变,原本被赞叹的人性、开明、安逸、悠闲的中国成了野蛮、低劣、懒惰、散漫的国家。今天我们分析这一变化,应该注意到两点:一是欧洲经过近代启蒙和革命后,社会迅速发展。马克思、恩格斯在《共产党宣言》中曾这样评价近代欧洲的进步:"它第一个证明了,人的活动能够取得什么样的成就。它创造了完全不同于埃及金字塔、罗马水道和哥特式教堂的奇迹;它完成了完全不同于民族大迁徙和十字军征讨的远征。""资产阶级在它的不到一百年的阶级统治中所创造的生产力,比过去一切世代创造的全部生产力还要多,还要大。"② 欧洲的飞速发展,置中国于"不进则退"的境地,因此发展着的欧洲对中国评价的转变也在情理之中。二是欧洲的价值观与中国不同。在人与人、国与国的交往中,尤其在近代资本主义的发展过程中,强者拥有"话语权"是天经地义的,以国力论文化的优劣,以成败论英雄成为必然。在基于利益而不是道义的与中国的贸易往来中,欧洲需要将中国塑造成野蛮、落后却又具有威胁的国家,从而以"遏制"和"拯救"的名义名正言顺地攫取贸易往来中的最大利益。这也是西方的主流社会为什么在 18 世纪末以后更愿意接受孟德斯鸠、黑格尔、梅因等思想家对中国的批评,而无视或不信伏尔泰、魁奈等思想家对中国的赞扬之因。1792 年英国勋爵马戛尔尼率团访华,使团考察的结果是发现在中国浩如烟海的典籍中找不到"自由"的理论,"帝国"缺乏人权和人的尊严,任何人包括外国使团对皇帝都要行跪叩之礼。其实更为重要的是,使团同时看到作为拥有四亿人口的帝国,中国的军事远远落后于西方,国防弱不堪击,马戛尔尼看到"中国是一尊泥足巨人,只需轻轻一击,就会扑倒在地"③。于是,19 世纪中叶后便有了令中国人刻骨铭心的鸦片战争和此后一系列列强对中国瓜分的事件,中国的形象被西方的炮舰摧毁。这种摧毁是欧洲价值观的必然产物——落后就要挨打,而不是被同情和帮助,这就是近代西方殖民扩张发展的"规律"。这种价值观与中国古

---

① 周宁. 2000 年西方看中国:下. 北京:团结出版社,1999:626.
② 马克思恩格斯选集:第 1 卷. 3 版. 北京:人民出版社,2012:403,405.
③ 同①639.

圣贤所倡导的"兴灭国，继绝世，举逸民"[①]南辕北辙，但是在那个中国失去话语权的时代，在那个以武力论英雄、以国力论文化优劣的值得今日人类反省深思的时代，中国只能接受这个"规律"。

由此，中国古代法文明，不仅成为西方人攻讦的对象，而且成为西方武力征服的借口。于是，没有对正义、公正的追求，没有人权的理念，只有刑罚条文的堆砌——停滞不前且残暴野蛮，成为中国法的"特征"。"以刑为主""有刑无法"成为那个时代描述中国法律的"定论"和"通说"。梅因在《古代法》中阐述了这样的观点：在人类社会发展伊始的习惯法时代，世界各地的法律大同小异，但在法律进一步发展的"法典时代"，西方的法律开始显现出了令世界其他地区的法律无法比拟的优越性，这种优越性表现为西方民事法律从内容到形式的发达和完善。以法典时代的民法为标准，梅因将社会区分为"进步的"和"静止的"，并认为西欧这种"进步的社会"在世界史上"是一个罕有的例外"，因为世界其他地区的法律此时正处在"停滞"中，印度的法律"尚未从宗教的统治中区分出来"，而中国的法典时代的法律虽然从宗教中独立出来，但不具备完善的形式和严格的体例，没有经历"'从身份到契约'的运动"[②]。此时西方的使节、传教士、商人等发回本国并公之于世的大量的中国人行刑场面的照片似乎也证实了中国的法律就是"刑罚"，中国是一个"有刑无法"的恐怖社会。残酷的行刑场面也自然会使西方人想到他们刚刚摆脱或正在摆脱的残酷的刑罚。不可否认，那些至今在网络、图书中很容易找到的证实中国法律残暴的照片和图画，记录了当时历史的真实，但那只是局部的，并且是"有选择的真实"。那么这些局部的"真实"是否能全面地反映中国当时的社会呢？我们承认在近代化的进程中，西方确实领先一步，中国需要学习西方。但同时我们还应该认识到，在中国失去了话语权的那个时代，中国社会及法律确实是被强者根据自己的利益需要和理解而"塑造"了。

近代以来，在法的发展中，我们在祖先之法与西法之间常常无法做到"中庸"。当取法西方成为社会共识时，对中国古代法的批判就成了潮流。百余年对中国古代法的批判，使我们对中国古代法有了太多、太深的误解。因

[①] 《论语·尧曰》。
[②] 梅因. 古代法. 沈景一，译，北京：商务印书馆，1984：14，97.

此，我们要替它正名。

其实，中国古代法文明与现代法治文明并非彼此对立，前者中也蕴藏着许多现代法治的因素。古代法的传统究竟是现代法治的"推动力"还是"阻力"，取决于今人对它的"阐述"。一代人有一代人的历史使命。中国的古人已然成就了可以与世界其他任何一个地区的文明相媲美的文明，缔造了可以与其他文明中的法比肩的"中华法系"，完成了他们的历史使命。对于传统法，在当下如何阐释、改造、更新，使之与时俱进，当是生活在当下的人的责任。

（二）开明的法体系

只要不带有偏见，就不难看出与同时代其他地区和国家的法文明相比，中国古代法文明并不简陋、野蛮，相反其是一个开明的体系。中华文明，包括中国古代法文明的开明曾使许多近代西方学者深感迷惑。孟德斯鸠在论证共和政体、君主政体、专制政体的法律的不同特点时，不得不将"中华帝国"单独列出，因为在孟德斯鸠的法理论体系中，专制的中华帝国应属于法律简陋、统治恐怖的国度。但是，从回国的传教士及商人的口中，孟德斯鸠得到了恰恰相反的答案。传教士说：

> 那个幅员广漠的中华帝国的政体是可称赞的，它的政体的原则是畏惧、荣誉和品德兼而有之。[1]

而畏惧、荣誉与品德在孟德斯鸠看来正是专制、君主与民主政体的不同追求。面对专制与开明并存的"礼仪之邦"中国，为了维护自己理论体系的协调，孟德斯鸠主观地断言："教士们被秩序的外表所迷惑"，并以"欺骗"与"虚伪"解释了中国"礼"的特征。这种缺乏事实依据的推断，给孟德斯鸠的巨著《论法的精神》留下了一个令人遗憾的缺陷。[2]

让我们以"平等"与"统治方式"为例来论证中国古代法文明的开明性。

第一，众所周知，礼制是一种等级制度，但是中国古代礼制下的等级制

---

[1] 孟德斯鸠. 论法的精神：上册. 张雁深，译. 北京：商务印书馆，1987：127.
[2] 同[1]127-129，316.

是流动的，其与同时期其他国家和地区以血缘为划分标准的贵族制不同，科举取士制度为布衣寒族提供了晋身社会上层的机会，科举制度基本实现了孔子"有教无类"的理想。此外，就罪与罚方面而言，中国古代虽在立法上有八议、官当等维护等级特权的规范，但在执法上却强调公平、正义，强调官吏率先守法。"王法"在中国古人的观念中是一种惩恶扬善的工具。除皇帝外，它对其他的人一般都是一视同仁的。立法上"亲亲""尊尊"的等级规定，并不妨碍执法上的平等。虽然不同身份的人在法律上享有不同的权利和义务，但"违法必究"也是社会的共识。朝廷大员、封疆大吏、名门望族只要作奸犯科，便可能依法沦为庶民或阶下囚，甚至祸及九族。而清官、循吏的抑强扶弱、执法如山更是人们歌咏的对象。在西方庄园制下，农奴们连法庭都无权踏入的时候，生活于开明专制下的中国百姓却可以拦轿告状、击鼓喊冤，据"礼"和法在公堂上与官吏贵族一争高低。

平等意识在人们对清官、圣主的赞扬中表现得最为强烈。古代社会中人们对清官的期盼，实际上并非只是人治思想的反映，其也反映了人们对平等的期盼。当包拯打开开封府大门，使有冤之人可以直接在开封府公堂上陈述曲直时，"贵戚官宦为之敛手，闻者皆惮之"，而百姓却拍手唱道："关节不到，有阎罗包老。"[①] 包拯斩驸马、为民女申冤之事虽出于文学虚构，但它的广为流传却反映了"王子犯法与庶民同罪"的平等观是何等深入人心。当海瑞以县令之职，将上司总督胡宗宪之子的非法所得没收入国库时，胡宗宪对这位刚直的下属亦无可奈何。[②] 明代开国皇帝朱元璋竟然能发布诏令，允许地方乡民将扰民的贪官污吏直接扭送京城，由朝廷治罪。[③] 帝王的诏令不仅将官与民同置于法网之中，而且将官吏置于了百姓的监督之中。

当然，古代社会官与民在法律上的平等远不能与现代相比，因为这种平等不仅被严格地限制在执法范围中，而且皇帝有着诸多的不受法律制约的权力。"王子犯法与庶民同罪"的平等观显然也将皇帝置于了特殊的地位，其将法律面前的平等转化为皇权面前的平等。尽管如此，这种平等在当时来说已难能可贵，其不仅在一定程度上遏制了官吏的滥权，而且密切了国与民的

---

① 《宋史·包拯传》。
② 参见《明史·海瑞传》。
③ 杨一凡. 明大诰研究. 南京：江苏人民出版社，1988：89.

关系，增强了人们对国家的责任感。所谓"天下兴亡，匹夫有责"正是这种平等所产生出的责任感的反映。这种兼顾等级与平等、兼顾国与民的法律，对于身处古代社会的人来说，确实不可谓不开明。

第二，就统治方法而言，中国古代主流法思想主张"礼法并举，以礼为主""刑教结合，以教为先"。对中国主流法思想发展产生重大影响的孟子是"人性善"论者，但他并不因此而轻视后天的教育。他认为，人们善良的本性必须通过后天不间断的教育才能得以保持。晚于孟子近六十年出生的思想家荀子虽然持"人性恶"论，但他却更加重视教育的作用。他认为教育可以改造、消除人们原有的恶劣本性，而使伪装的善良得以弘扬。在荀子的学说中，"虚伪"不是一个贬义词，而是人类进步的标志。因此，他主张"化性而起伪"①。"人之初，性本善；性相近，习相远；苟不教，性乃迁"是古代社会中妇孺皆能背诵的《三字经》的开篇，它道出了教育在统治中至关重要的地位。

中国古代教育的中心内容是人伦道德，即所谓的"礼"。为了突出教育的作用，中国古代立法以礼为指导，执法也以教为首务。法律条文的确立要体现人伦道德的宗旨，统治者为政要先教而后刑。礼法并举、刑教结合的目的是建立一个"父子有亲，君臣有义，夫妇有别，长幼有叙（序），朋友有信"②的充满人情味的道德王国。

礼法并举、刑教结合确实缓和了古代社会刑罚的残酷性。礼与教虽然没有赋予百姓选举、罢免、监督官吏的权利，但实际上使百姓有了"议政"之权。官吏甚至帝王的品德、才能皆在可"议"范围中，人们可以依据礼教臧否官吏的善恶，甚至皇帝的昏明。一些落草为寇的"反贼"常常可以恃礼教而振振有词地痛骂皇帝的昏庸、朝廷的无道、官吏的贪暴。惯于逆来顺受的百姓也可以理直气壮地聚于"替天行道"的义旗之下，将"诛暴君"、改朝换代作为奋斗目标。民谣也是一种议政的形式。东汉时"举秀才，不知书；察孝廉，父别居。寒素清白浊如泥，高第良将怯如鸡"③的歌谣有力地鞭挞了"任人唯亲"的时弊。这种"议政"之权对统治者来说是一种无形的束

---

① 《荀子·性恶》。
② 《孟子·滕文公》。
③ 《抱朴子·外篇·审举》。

缚。礼与教相对法与刑来说，在统治方式上更为缓和。"苛政猛于虎"的专制统治以礼教为枢纽常常会转变为家长式的温和统治。在"礼崩乐坏"的春秋时代，孔子曾为鲁国司寇，其以礼教治鲁，使鲁国变成田园诗般的地方，成为后世的样板。① 汉中期以后，帝王劝勉天下人勤力本业、敬上爱幼的诏书便屡屡不绝。统治者以此显示自己保民"若保赤子"的大家长职责，也显示自己的"德政"。由于其"家长"的地位，统治者格外强调慎用刑罚，以表明"不忍"之心。唐贞观六年（公元632年），太宗李世民亲录囚犯，面对三百余名"情有可悯"的死囚，他大发慈悲，允许这些人在秋季行刑前回乡与家人团聚，并要求他们按时返回就刑。当这些死囚与家人团聚后全部按时返回监狱并准备就刑时，唐太宗深为他们的"义"所感动，于是赦免了他们的死罪，使这些回头的浪子有了重新做人的机会。② 百姓的"议政"与统治者的"德政"使中国古代社会中法律的恐怖性大大减弱，社会呈现出开明的气象。

法与刑注重"以力服人"，而礼与教则注重"以理服人"。礼法并举、刑教结合的法律体系不仅负有严惩罪犯的责任，而且负有弘扬道德、形成公序良俗的使命。为帝王将相树碑立传的"二十五史"，能够留一席之地为一些身为草民的孝子、烈女、侠客、义士立传，目的也在于表明法律具有扬善惩恶的双重使命。礼教促使人们自省自律，远离犯罪。正如《礼记·经解》所言：

> 礼之教化也微，其止邪也于未形，使人日徙善远罪而不自知也。

礼教所培育的民风，使社会、家庭充满了温情，在一定程度上化解了社会矛盾。由礼教形成的公序良俗是自下而上的，是法律的渊源，长久不衰。直至民国时期，有学者至民间采风，犹记道乡野僻壤礼让谦恭之风犹在。如山东省邹县：

> 鲁俗崇信义，重礼教……民椎鲁质朴，士甘寒俭，耻奔竞。缙绅大姓，率多恂谨，不饬边幅。农者什之九……工不作淫巧。乡曲少长，无渎伦，非大故不敢讼。其词质实易鞫，婚娶相称不计财，礼揖尚左，好

---

① 参见《史记·孔子世家》。
② 参见《新唐书·刑法志》。

义乐施。①。

中国古代法与道德、习俗、舆论相辅相成，使社会的治理形成有机的整体。礼教使统治者治国的方式多样化并更垂青道德的弘扬、德政的感化、风俗的熏陶、舆论的引导等。这种综合治理的法体系有力地制约了集权之下专制暴政的膨胀发展。

中国古代法文明开明的原因与其生长的自然环境、人们的生活方式以及价值观有着密切的联系，也与社会发展的方式有关。归纳起来有以下几点：

其一，中国历史的发展具有"政治早熟"的倾向，即在经济发展相对不足的情况下，统治者必须借助传统的凝聚力来进行统治，因而礼教的传统得以充分发展。以历史分期的研究成果来看，中国社会的发展每到历史的转折关头，政治总是先行一步。根据摩尔根在《古代社会》中的断言，人类进入文明社会的经济基础是铁器的大量使用②，然而，中国古代文明却是在没有铁器出现的情况下诞生的，在经济发展尚不足以冲破氏族血缘关系的情况下出现了国家的统治。在由分封制向集权制转折时，经济的发展尚无法支撑政治一统时，各诸侯国却已经确立了中央集权制度，为秦定于一的集权统治打下了基础。春秋战国时的政治家与思想家不仅为即将诞生的统一大帝国秦的出现提供了理论的准备，而且还准确地推测出未来社会的模式。政治早熟，无论是自然的还是被动的，都会使新生的政权缺乏强有力的经济支柱。为了弥补经济发展的相对不足，利用一切有利因素巩固政权、维护社会秩序就是统治者必须做的事情。这些因素包括制度的完善、思想的统一、文化的认同，也包括道德、舆论、习俗的营造等。所以，中国古代是"综合治理"确非虚言。在综合治理的体系中，礼教占有重要的地位，因为思想文化的统一、道德习俗的净化无不有赖于礼教的推行。礼教中所包含的丰富的传统及道德习俗，以及祖先留下的成法都会成为稳定政权与社会的灵丹妙药。

政治早熟对社会发展的影响是两方面的，其有利的一面在于它可以为发展提供一个相当长的稳定时期。传统的沿革、完善的制度，可以为经济发展留有一定余地，并在一定程度上促进经济的发展。此外，由于物质生产的相

---

① 胡朴安. 中华风俗志（下篇）：卷二. 上海：上海文艺出版社，1988：19-20.
② 路易斯·亨利·摩尔根. 古代社会：上册. 杨东莼，马雍，马巨，译. 北京：商务印书馆，1977：3-46.

对不足，统治者也不得不重视人的智慧与才能。正因为重视人，社会才开明。政治早熟不利的一面在于使人轻视经济对社会发展的影响，当制度与经济发展相矛盾时，人们宁愿迷信祖先设立的成制而束缚经济的发展。中国古代社会每当经济发展到一定的阶段时便会出现动荡，王朝周而复始地更替，经济却找不到更好的出路，原因也在于此。

其二，中国古代法思想理念以儒学为理论指导，以法家所设计的制度为模式。儒家的思想、法家的制度由对立转为统一，礼法融合，使中国古代法文明成为一个兼容并蓄的开放体系。相互对立的学派互相吸收，共同服务于政权，这表现了中国古代政治的成熟。礼法融合，也表现了中国古代法文明博采众家之长的能力。凡有利于时势的思想及主张，中国古代法文明无不将之纳入体系之中，即使对外来文化亦不排斥，而是因势利导，充分发挥其积极效益。东汉后，由印度传入的佛教渐盛，佛教教义经与中国文化融合后，有了新的内容与特色。宋代高僧契嵩将佛教中的"五戒"附会于传统的伦理道德，认为：

> 不杀，仁也；不盗，义也；不邪淫，礼也；不饮酒，智也；不妄言，信也。[1]

佛教中因果报应、转世轮回的说教被统治者用来扼制人们的"恶念"。地狱的恐怖、来世的煎熬使人们确信"天网恢恢，疏而不漏"。一些连死都不怕的"亡命之徒"，在宗教的精神压力下，也不得不有所畏惧。如有人所言：

> 若彼愚夫、愚妇，理喻之不可，法禁之不可，不有鬼神轮回之说，驱而诱之，其不入井者几希。[2]

中国古代法文明融道德伦理、风俗习惯、乡规民约、宗教等为一体，表现了其和谐开放的特征。而和谐开放，则促进了开明。

其三，崇拜自然、效法自然使中国古代法文明成为一个开明、开放的体系。自然界的博大和谐、万物有所归及其变化规律，为中国古代法体系的设

---

[1] 《镡津文集·卷第三·戒孝章第七》。
[2] 《宛署杂记·卷十九·言字》。

计提供了最好的模式。礼法并举、恩威并用及执法平等的思想主张,也常常来源于自然界的启发。崇拜自然、敬畏神灵是人类社会发展初期的普遍现象。原始社会时,由于生产力的低下,人们对自然界的一些现象无法理解,无论是出于恐惧,还是出于依赖,他们相信自然之中存在着一个万能的主宰,因而对自然顶礼膜拜。中国先民的智慧表现于在崇拜自然的同时,更注重效法自然,以求用"人事"应"天道",用"天道"制约"人事"。传说开天辟地的伏羲"仰观象于天,俯察法于地,因夫妇,正五行,始定人道"①。成书于战国秦汉之际的《周礼》,仿效自然,设天、地、春、夏、秋、冬六官,以人事应天道。《汉书·刑法志》开篇便道出法律的诞生是圣人受大自然启发的结果:

> 圣人既躬明哲之性,必通天地之心,制礼作教,立法设刑,动缘民情,而则天象地。故曰先王立礼,"则天之明,因地之性"也。刑罚威狱,以类天之震曜杀戮也;温慈惠和,以效天之生殖长育也。《书》云:"天秩有礼""天讨有罪"。故圣人因天秩而制五礼,因天讨而作五刑。

这段话的意义在于说明礼与法、教与刑都是圣人效法大自然的产物,是圣人对沉默不语的大自然底蕴的领悟。

因为效法自然,中国古代法文明在发展之始便迅速走出了几乎所有其他法文明在发展中都经历过的漫长的神权时代,并从未坠入神权笼罩的深渊。史书记载的中国最古老的法令不是神授的条款规范,而是圣人仿效自然而设立的禁令:"神农之禁:春夏之所生,不伤不害。"② 对自然的效法,使中国古代法文明的内容丰富充实。大自然中的阴阳消长,使统治者在治国中不仅注意到礼法兼用,而且注意到刑教的协调。春生夏长,秋收冬藏,自然界的变化规律为"因时立法"的变法思想提供了依据。而一次次的"变法"也为法律体系注入了新的内容。大自然对万物的哺育,使立法者理解了"上天有好生之德",因而将礼教视为治国之本。大自然对万物一视同仁,皆有所盛与所亡,使人们感悟到无论尊卑贵贱,人命皆可关天。我们从中国古代法文

---

① 《白虎通·号》。
② 《全上古三代秦汉三国六朝文·卷一·太昊、炎帝》注:"《群书治要》《六韬·虎韬》引'神农之禁'。"

明的内涵中处处可感受到大自然的影响。

效法自然，使中国人明智、现实、温和、大度，使法文明在整体稳定协调的情况下，并不失于呆板。局部内容的不断变更，实施手段的灵活，使开明成为中国古代法文明的特征。当然追求"天人感应"，也对中国古代法文明的变革产生过消极的影响，其主要表现为人们不允许或不习惯整体的变革。因为人们没有理由怀疑、否定自然，也就不可以彻底革新制度。在近代史上，中华文明由开明转为保守，明末清初启蒙思想夭折，中国传统法律变革举步维艰，等等，无不与"天不变，道亦不变"的观念有着密切的关系。

二、礼与法的完美契合[①]

众所周知，中国古代法的体系结构是礼法结合，而在礼法结合中，礼占据主导的地位。正是礼的主导作用，促成了中国古代法体系的开明与兼容。然而，在漫长的历史发展中，"礼""法"的含义与作用也并非一成不变，它们相互消长、磨合，以至完美地契合，成为中国古代法体系结构的标配。在礼法结合的体系中，礼不仅体现法的精神与价值追求，而且常常是制度层面的主导，如令、典等基本是礼的演变形式。法则多指制度，尤其指"律"制，所以"礼法结合"也常常被认为是"礼律结合"。

笔者试图通过对"法""律""礼"字义的分析来描述"礼法结合，以礼为主"的中国古代法体系结构。

（一）"法"与"律"的起源

中国人以形象思维见长，对一事物、一现象的阐述多从感悟出发，因时因事而变通，有时甚至因为谈话的对象不同而对同一事理的阐述在内容方面有不同的偏重。这种思维方式造成中国古代学术与西方学术有差异，与现代学术也有所不同。牟宗三在《中国哲学十九讲》中讲到名家发展的中断时说道：

> 中国人喜欢的是具体的思维。

[①] 本节与曾宪义合作，原发表于《中国社会科学》，2003（5）。

抽象的思考属于重智之学，在中国只有先秦名家曾昙花一现，以后就没有了。

中国把抽象的逻辑思考藏在具体的玄理里面，并不用抽象的头脑把它单独提出来研究。①

孔子对学生的"因材施教"便是最好的例子。擅长经商的子贡问孔子："何如斯可谓之士矣？"即什么样的人才可以被称为"士"？孔子答道："行己有耻，使于四方，不辱君命，可谓士矣。"（用羞恶之心来约束自己的行为，出使外国，完成君主赋予的使命，这样的人便可以叫作"士"。）这种"士"显然是对官吏贵族而言的。孔子同时又言"次一等"的士，应该做到"宗族称孝焉，乡党称悌焉"（宗族称赞他的孝顺父母，乡里称赞他的恭敬尊长）。这种"士"显然是对平民而言的。勇敢、诚实又有些鲁莽的学生子路请教孔子"何如斯可谓之士矣"时，孔子对子路的教导则不同于子贡，孔子言："切切偲偲，怡怡如也，可谓士矣。朋友切切偲偲，兄弟怡怡。"（相互友善地指出对方的不足，和睦相处，可以称为"士"。朋友之间互相批评，兄弟之间和睦共处。）② 由此可见，对时常身负君命、处世灵活的子贡，孔子强调"士"诚信、忠厚的品格；而对为人正直、疾恶如仇、对朋友侠义的子路，孔子则强调"士"文雅、友善的修养。同样，一部《论语》言及"仁""礼"的地方不下几十处，而每一处都有不同的侧重点——不孜孜营造准确而严格的定义、概念，也不刻意地构造学说体系正是中国传统学术的特征。

古人对"法"的阐述也是如此，我们通过阅读古籍可以领会或归纳出古人对法的认识，却无法在古籍中寻找到古人对"法"所作的完整而严格的概念表述。对古人来说不言而喻、习以为常的事正是我们今人研究的难点。

1. 字书中的"法"

从古代的一些字书中看，在法起源或初起时人们对法的认识大致有这样几点内容：第一，法的主体是刑。第二，法是客观、公正的规范。第三，法

---

① 牟宗三. 中国哲学十九讲. 上海：上海古籍出版社，2005：172.
② 《论语·子路》。白话文翻译参见杨伯峻. 论语译注. 北京：中华书局，1958：138-142。

是依照神意而进行的裁决。

东汉许慎《说文》释古文之"灋"("法")曰：

> 灋，刑也，平之如水，从水。廌所以触不直者去之，从去。①

可以认为许慎对古文"灋"的解释，反映了古人对法最初的认识，即法就是用刑来惩处有过错的人，其公平如水。而法的公平性是依靠神力来实现的。神兽"廌"有识别曲直的能力，可以"触不直者去之"。后代的字书大多都沿用了这一说法而侧重点略有变化，清人段玉裁注《说文解字》时释"法"言：

> 刑者，罚罪也。易曰："利用刑人以正法也。"引申为凡模范之称。木部曰：模者，法也；竹部曰：范者，法也；土部曰：型者，铸器之法也。②

此注说明，法字所具有的"刑"之义就如同"模""范""型"为各种器物的规范一样，法是人的规范。段玉裁又分别解释了构成"灋"字的"水"部、"廌"部和"去"部的含义："从水之意，张释之曰：'廷尉天下之平也。'""从廌、从去之意，法之正人，如廌之去恶也。"其意为，"灋"字中的"水"是汉代张释之所讲的"执法者应公平如水"之义；"灋"字中的"廌"与"去"是说法能规范人的言行，如同"廌"能去恶。

从字形的演变和字义的变化来看，我们还可以发现随着社会的发展，古人越来越强调法的规范性，而神判的观念日趋淡漠。从古文"灋"字到今文"法"字，公平、去恶成为法的主要内容。《康熙字典》集古人对"法"的解释有十种含义：第一，长久不变。《尔雅·释诂》："法，常也。"第二，制度也。《礼记·曲礼》："谨修其法而审行之。"第三，礼法也。《孝经·卿大夫章》："非先王之法服，不敢服。"第四，刑法也。《尚书·吕刑》："惟作五虐

---

① 有些学者认为《说文》释"法"，是东汉人将自己对法的认识附会为前人的观点，理由是甲骨文中未发现"灋"字，而金文中的"灋"字又皆作"废"解；所以这些学者认为"废"为"法"字本义，而《说文》中的"法"义为后起。其实，"灋"字形成于何时，根据现在所掌握的资料尚不可作出定论。因为许多考古、文字学家认为甲骨文已经是一种比较成熟的文字，其形成必有一个漫长、积累的过程。而今日所能见到的甲骨文和金文只是古文字的一部分，远远不能反映出文字最初的全部形态和面貌。另外，甲骨文中已经有"廌"字，可见神兽"廌"的传说至少在商朝就已经存在。

② 段玉裁. 说文解字注. 上海：上海古籍出版社，1981：470.

之刑曰法。"第五，象也。《文心雕龙·书记》："申宪述兵，则有律令法制。""法者，象也。兵谋无方，而奇正有象，故曰法也。"第六，效法也。《易·系辞》："崇效天，卑法地。"第七，执法星名。《史记·天官书》注："次东第一星为左执法，廷尉之象……端门西第一星为右执法，御史大夫之象也。"第八，姓。《后汉书·法雄传》："齐襄王，法章之后。"第九，拂，音 fu。第十，废。

《康熙字典》对"法"字法律意义上的解释较《说文》有这样几点变化：第一，神判的色彩减弱，从《康熙字典》的解释中已经看不到神意对审判的左右。古文"灋"字中的"廌"已经不再出现。第二，"平之如水"之意不再被强调。第三，法的内容包括了习惯与风俗，如法可释为"常也""礼法也"。第四，法与自然之"象"及规律相联系，如星象等。除不同之处外，法的"刑""规范""制度"之意则一脉相承。

从《说文》到《康熙字典》对法的诠释确切地反映出中国古代法观念的演变与特征，即法的御用性、强制性日益加强，而其内容不仅包括了国家制定的制度规范，同时包括了民间的习俗与自然的约束。法的这一特征与律有密切的关系。

2. 音律与法律

"律"在古人的观念中主要有两种含义：一是音律（或声律），二是法律。在现今看来这两种毫无关联的"律"，在古代却是密不可分的，而且时代愈古，两者的关系就愈加密切。

"律"的本义是用"声"或"音"来展示或表现自然变化的规律。制造这种音的器物被称为"律管"。律管在考古发掘中已屡屡出现。[1] 文献记载律管或以竹为之，或以玉为之，或以铜为之。[2] 那么出自律管的声音如何体现自然的变化呢？《汉书·律历志》记古人将律按节气分为十二音，称为十二律（或称六律，即阳六为律，阴六为吕。律"所以述阳气"[3]，"吕，助阳气也"[4]）。十二律的名称为：黄钟、太族、姑洗、蕤宾、夷则、亡射、林

---

[1] 谭维四. 江陵雨台山 21 号楚墓律管浅论. 文物，1988（5）.
[2] 参见《尔雅·释器》《史记·律书》《汉书·律历志》《康熙字典》等。
[3] 《释名》。
[4] 《史记·律书》索隐。

钟、南吕、应钟、大吕、夹钟、中吕。① 其相应的节气据《礼记·月令》记：十一月"仲冬之月，律中黄钟"；十二月"季冬之月，律中大吕"；元月"孟春之月，律中大簇"；二月"仲春之月，律中夹钟"；三月"季春之月，律中姑洗"；四月"孟夏之月，律中中吕"；五月"仲夏之月，律中蕤宾"；六月"季夏之月，律中林钟"；七月"孟秋之月，律中夷则"；八月"仲秋之月，律中南吕"；九月"季秋之月，律中无射"；十月"孟冬之月，律中应钟"②。所谓"律中黄钟"，即以黄钟之音为正，以此类推，每一个节气都有自己的"音律"。传说十二律为黄帝所定，这种音律反映了自然界阴阳节气的变化规律。这种规律是不可抗拒的、永恒的。简单地说，律在古人的眼中就是万物所由出的根本的自然法则。《尚书·尧典》中有"同律、度、量、衡"，"度"是计算长短的标准，"量"是计算体积的标准，"衡"是计算轻重的标准。"律"则是反映阴阳节气变化的"正音"。由于律具有自然规律的意义，所以在崇尚自然、认为天人合一的中国古人心目中，它的地位就格外重要。司马迁这样解释了人类法度与律之间的关系：

> 王者制事立法，物度轨则，一禀于六律，六律为万事根本焉。③

律反映的自然变化的法则当然也包括了人间的法则，或人间的法则原本就是"王者"效法自然的产物。

音律究竟起源及完善于何时，已无从考证。但从人类社会发展的一般规律来看，这种与自然节气变化密切相关的声音之"法度"应与人类文明相伴而来。因为虽然生活于文明伊始的人类对自然界的变化极为敏感，但其反映自然、宣泄情感的手段极为有限。声音、歌舞、简单的音乐可以说就是他们表现自然、宣泄情感的主要手段。柳诒徵在汇集分析了传说资料后，总结道：

> 至黄帝时，诸圣勃兴，而宫室、衣裳、舟车、弓矢、文书、图画、

---

① 据《汉书·律历志》。《礼记·月令》记"太簇"为"大簇"，《史记·律书》为"太蔟"，"姑洗"为"如洗"，"亡射"为"无射"。
② 《史记·律书》《汉书·律历志》同。
③ 《史记·律书》。此处司马迁所说的"六律"指宣泄阳气的六种声音。故"索隐"释为："律有十二。阳六为律：黄钟、太蔟、姑洗、蕤宾、夷则、无射。阴六为吕：大吕、夹钟、中吕、林钟、南吕、应钟是也。"

律历、算术始并作焉。①

　　如果将黄帝作为部落时代的代名词来看，那么这些传说及柳诒徵的总结是可信的。所以音律的起源应是十分古老的，它古老到我们已无确切的资料来探究它的源头。这种古老的"律"传至汉代就已经有模糊不清的地方了。《晋书·律历志》记：

　　　　汉室初兴，丞相张苍首言音律，未能审备。

　　"律"作为法律、法令的意义出现，最晚不会迟于商。甲骨文中有"师惟律用"②，其与《周易》中的"师出以律"相印证。此处的"律"释为"法""法制"③，自古无疑义。④ 但应该指出的是，此时此刻"法"意义上的"律"与"音"意义上的"律"是息息相通的，"法律"甚至就是音律的演化形式。两者关系的形成如下：

　　古代的战争主要靠"声""音"划一行动，指挥兵士，所谓"鸣金收兵""击鼓奋进"。《史记·律书》记：

　　　　武王伐纣，吹律听声，推孟春以至于季冬，杀气相并，而音尚宫。同声相从，物之自然，何足怪哉？

　　《史记》正义引《兵书》言：

　　　　夫战，太师吹律，合商则战胜，军事张强；角则军扰多变，失士心；宫则军和，主卒同心；徵则将急数怒，军士劳；羽则兵弱少威焉。

---

　　①　柳诒徵. 中国文化史：上册. 北京：中国大百科全书出版社，1988：14.
　　②　徐进雄. 怀特氏等收藏甲骨文集. 加拿大皇家博物馆，1979：1581；中国社会科学院考古研究所. 小屯南地甲骨：上册　第一分册. 北京：中华书局，1980：120.
　　③　《周易正义》："初六，师出以律。否臧凶。"王弼注："为师之始，齐师者也。齐众以律，失律则散，故师出以律，律不可失。失律而臧，何异于否。失令有功，法所不赦。故师出不以律，否臧皆凶。"孔颖达疏："师出以律者，律，法也。初六，为师之始，是整齐师众者也。既齐整师众，使师出之时当须以其法制整齐之。故云师出以律也。否臧凶者，若其失律行师，无问否之与臧，皆为凶也。否谓破败，臧谓有功。"
　　④　易学精华. 济南：齐鲁书社，1990. 此书汇编了唐、宋、元、明、清治《易》成就颇为卓著的学者的著作。如：唐李鼎祚的《周易集解》；宋张载的《横渠易记》、程颐的《伊川易传》、朱震的《汉上易传》、朱熹的《原本周易本义》、朱元升的《三易备遗》；元吴澄的《易纂言》、《易纂言外翼》，黄泽的《易学滥觞》；明来知德的《周易集注》；清毛奇龄的《仲氏易》，惠栋的《周易述》，张惠言的《周易虞氏义》、《周易虞氏消息》，焦循的《易通释》。以上学者在其著作中皆将"师出以律"之"律"释为法律意义上的律。

商、角、宫、徵、羽是古人总结出的"五声"。在此，音律不仅反映了自然变化的规律，而且可以指挥兵卒，预测战争的成败。在战争中，律被赋予了法令的意义。司马迁的《史记·律书》简洁地归纳和论证了"律"所具有的音律、军律、法律的内容和关系：

> 王者制事立法，物度轨则，一禀于六律，六律为万事根本焉。其于兵械尤所重，故云"望敌知吉凶，闻声效胜负"，百王不易之道也。

这段话简洁地说明了法律意义上的"律"肇始于战争中的军律，而军律来源于音律。这与古人反复强调的"刑起于兵"可以说是殊途同归。

在明确了律的演化和内容后，我们还应该对法律意义上的"法"与法律意义上的"律"作一考察和区别。首先应该注意的是，在一般情况下，法与律是相通的，都表示必须遵守的规范和秩序。不仅如此，其他如典、彝、则、宪、刑等也都与法、律有相通之处。《尔雅·释诂》："典、彝、法、则、刑、范、矩、庸、恒、律、戛、职、秩，常也；柯、宪、刑、范、辟、律、矩、则，法也。"其中刑、法、宪、典、律、辟等在夏、商、西周及春秋时不同的诸侯国中分别作过法律的名称。① 秦之后，律虽然在一定程度上取代了法律的其他名称，成为王朝统一颁行的稳定的法典的专用字，但在日常生活中人们往往仍是法、律通用，违法通常就是指违反了律条。其次，法在古代有广义、狭义之分，广义的法可以指一切制度，甚至风俗习惯，战国法家之"法"即指制度而言。而古人常常礼法并用，此处的"法"指礼的纲纪和习俗。而狭义的法专指律典，俗语"王子犯法与庶民同罪"，此处的"法"即为"律"义，主要指刑法而言。应该说狭义的法观念直到现在对中国社会也具有深远的影响。信春鹰言：

> 在相当长的一段时间里，当人们说"法律"的时候，他们在很大程度指的是刑法。"某人犯了法"的意思基本上等同于"某人犯了罪"。②

---

① 《左传》"昭公六年"记，夏有《禹刑》，商有《汤刑》，周有《九刑》。《左传》"昭公二十九年"和《韩非子·外储说右上》记，春秋时晋有"被庐之法"、楚有"茆门之法"。《战国策·楚策》记，楚昭王时有"鸡次之典"。《战国策·魏策》记，魏国在李悝编纂《法经》前有"宪"。《韩非子·饰邪》记，魏有《立辟》、赵有《国律》、燕有《奉法》。

② 信春鹰. 中国的法律制度及其改革. 北京：法律出版社，1999：2.

正因为"法"有广义、狭义之分，也正因为中文表述的复杂性，学界才产生了中国古代的法究竟是否"以刑为主"的争论。从某种意义上讲，两者都有一定的道理：认为中国古代法"以刑为主"是从狭义的"法"（律）的角度论述的；而认为中国古代法不单指"刑"，则是从"法"的广义上论述的。

从字义释"法"与"律"，其区别有这样几点：首先，从字义的起源上说，"法"含有"平之如水""去不直"的观念，同时还可以让人悟出神判至上的古老含义。而律则更注重制度、规则，注重统一人们的言行。《说文》释律"均布也"。段玉裁注曰："《易》曰'师出以律'，《尚书》'正日，同律、度、量、衡'，《尔雅》'《坎》：律，铨也'。律者，所以范天下之不一而归于一，故曰均布也。"① 也可以这样说，法注重的是裁判及其效果，而律最初表现的是周而复始的规律，在法律的意义上其更注重制度的划一与稳定。法给人一种"动"的感觉，而律给人一种"静"的感觉。其次，法所涵盖的内容广泛，除律外，一切规章制度都可以用"法"来表示，如令、科、格、式、比、故事、例等。从制度上说，法的层次更为丰富一些，朝廷颁行的统一的规则可以称法，地方、衙门甚至家族制定的规则也可以称法。而法律意义上的"律"自秦以来专指"律典"。律典虽然不是法的全部，但从立法上说却是法的最高层次，只有朝廷才有权制定颁行，其具有唯一性和权威性。这种权威性与唯一性随着社会的发展越来越严格，秦汉时尚律外有律，如汉《九章律》外，有《越宫律》《朝律》。② 经魏晋改革后，律典制定和颁行的程序更为严密，任何机构和个人都无权添加或改动律，只有在皇帝下诏亲自主持或委任大臣主持的情况下，律才可以修订。因此，无论律在具体司法实践的过程中作用如何，在名义上只有律才可以称为国家的刑法。最后，由于律所指的范围比较狭小，所以其往往只出现在对案件的讨论和书面语言中。在人们的日常用语中使用"法"的频率要远远高于"律"。

---

　　① 段玉裁. 说文解字注. 上海：上海古籍出版社，1981：77.
　　② 《汉书·刑法志》记：汉武帝时"招进张汤、赵禹之属，条定法令……律令凡三百五十九章，大辟四百九条，千八百八十二事，死罪决事比万三千四百七十二事"。《晋书·刑法志》记："汉承秦制，萧何定律……合为九篇。叔孙通益律所不及，《傍章》十八篇，张汤《越宫律》二十七篇，赵禹《朝律》六篇，合六十篇。"由此可以看出汉时"律"可以是稳定的"典"，也可以是单行的法规和补律典之不足的追加法。关于汉律的体系，参见程树德著《九朝律考·汉律考》。

在此需要更正的是，许多学者将"法律"一词说成是近代的舶来品，认为古代"法""律"二字不连用。事实并非如此，"法律"作为一个专名词在古籍中并不罕见。《史记·李斯列传》中就有"（秦）二世然（赵）高之言，乃更为法律"。汉之后，在人物传记中尤其是律学家的传记中，"法律"一词经常出现。[①] 如《后汉书·张敏传》记张敏上书言"孔子垂经典，皋陶造法律"。《三国志·陈矫传》记陈矫之子"不读法律而得廷尉之称"。当然，古人的"法律"与近代以来我们接受了西方法文化后所说的"法律"无论是体系还是内容都有很大的不同。近代中国及一些在中国的外国法学家对西方"法"（law）的翻译，先普遍译之为"律"，后又普遍译之为"法"。严复认为，西文之"法"与中文有"礼""理""法""制"之异译[②]，其反映了中西法观念艰难的磨合过程。[③] 在此，笔者欲强调的是，中西法具有相通之处，是因为不同类型的文化，其优秀成分都是相通的，或有相通之处，否则就无法互相沟通、吸纳。

从"法""律"的字义及起源发展的过程中，我们可以体会到古人对"法"的定位。传统文化中的"法"主要指规则条文，而其价值层面的认定和论述在"法"的范畴中，尤其是在秦汉之后几乎阙如，只是在初起的"法"字中可以看到一些对依赖于神意的公平（"平之如水"）的向往。当神意淡化后，法的价值、法的灵魂何在？这便是我们下面所要叙述到的"礼"。

（二）礼的起源与礼制（礼仪）、礼义、礼教

"追求法的制度完善而思想匮乏"是学界对中国古代法文明的普遍看法，而这一看法恰恰是对传统法文化的最大误解。

中国传统文化以整体的和谐（或圆通）为最大特征。而这样的和谐若用我们现代的"规则"标准评判，恰恰是有缺陷的。因为圆通，整个社会就是一个统一的体系，法律也好，宗教也好，科技也好，艺术也好，都是这个体系中的有机组成部分。若将它们一一剥离出来，用今人的眼光将它们作为一个个单独的体系去考察，它们都带有"缺陷"。但若将它们放到整个传

[①] 参见张鹏一《两汉律学考》中所列律学家传记，日本东京大学东洋文化研究所藏。
[②] 孟德斯鸠. 孟德斯鸠法意：上册. 严复，译. 北京：商务印书馆，1981：2-3，7.
[③] 于敏，马小红. 中国传统法在法的现代化进程中的几个问题的研究. 法制与社会发展，2003（4）.

统文化背景中去考察，就会发现这些"缺陷"又是那么恰如其分，正是这些带有缺陷的各个"部分"组合成了一个和谐有机的整体。在传统社会中，这些"缺陷"都是合理的，因为这是整体和谐所必须付出的合理的代价。而"礼"正是这和谐文化的核心。无论人们对"礼"持有何种见解和评价，"礼是中国传统文化的核心"已是中外学界公认的不争的事实。古人以"中国有礼义之大"① 而自豪，今人以为礼是传统文化的根本。② 外国学者更是被中国的礼所深深吸引，见仁见智，评说不一；只要论及传统的中国，他们就会谈到中国的"礼"。③

因此在中国古代社会中，礼与法的结合是不言而喻的事情。从法的意义上说，礼从习惯逐渐演变为习惯法，在法典时代到来时，礼的制度有些被淘汰，有些继续存在，也有些演变为社会制度。但礼所体现的精神自汉以后一直是法的价值取向，中国古代法的组成可以说就是礼与法（古代意义上的法）的组成。所以礼不但是中国古代法的渊源，更重要的是，它是古代法的精神和价值的体现，是法的灵魂所在。若将礼与法结合起来研究，就不会得出诸如"古代法的制度发达而思想匮乏"或"传统法文化只将法作为工具而忽视其价值"这样的偏颇之论。④

杨鸿烈作《中国法律思想史》时，卓有建树地指出，研究各国的法

---

① 从《左传》《战国策》《礼记》等史籍及后人的注疏中可以看出，古人认为区分文明与野蛮民族的标志主要是看其有"礼"与否。

② 这一点从近代以来人们对传统文化的反思和批判集中于"礼"及"礼教"方面可以看出。此外一些学术著作亦对"礼"为传统文化之根本有所论证，参见邹昌林. 中国礼文化. 北京：社会科学文献出版社，2000。

③ 参见以下名著中有关中国的论述：伏尔泰. 风俗论：上册. 梁守锵，译. 北京：商务印书馆，1995；伏尔泰. 风俗论：中册. 梁守锵，吴模信，谢戊申，等译. 北京：商务印书馆，1997；伏尔泰. 风俗论：下册. 谢戊申，邱公南，郑福熙，等译. 北京：商务印书馆，1997；孟德斯鸠. 论法的精神. 张雁深，译. 北京：商务印书馆，1987；黑格尔. 历史哲学. 王造时，译. 北京：商务印书馆，1963；弗朗斯瓦·魁奈. 中华帝国的专制制度. 谈敏，译. 北京：商务印书馆，1992。

④ 改革开放初期到 20 世纪 90 年代，学界许多人认为中国古代是一个"专制无法"的社会，"人大于法""权大于法""言大于法"。这些观点给社会以广泛的影响。笔者曾撰写文章《试论中国封建社会的法律形式》（《中国法学》1991 年 2 期）、《中国封建社会两类法律形式的消长及影响》（《法学研究》1993 年 5 期）、《中国古代的"人治"与"法治"之争》（与武树臣合作，《文史知识》1991 年 11 期）等对上述观点进行了辨正，认为中国古代是一个"法制严密"的社会。但由于当时的学识所限，提出了古代社会法的特征是"法制完备但法律意识淡漠""法制发达但法的思想枯萎"的观点。今天看来，这些观点并不妥当，其是脱离了古代社会文化背景而孤立地研究"法"的原因所致。

制史：

> 应该先寻觅得到几个总枢纽，然后才能触类旁通，左右逢源。这所谓总枢纽即是贯通一整个的法系的根本思想。我中国自前清鸦片战争，英法联军两役以后，欧、美帝国主义领事裁判权确立，中国大部分的法典从光绪末年起也都模仿大陆法系的形式和内容，但在人民方面除通都大邑的人民和知识阶级稍微能够了解而外，一般林林总总的民众仍抱持几千年来所沿袭的中国旧有的法律思想，所以要想彻底了解所谓世界五大法系之一的中国法系的内容，最先的急务即在要懂得贯通整个"中国法系"的思想。①

而贯通整个中国法系的思想也可以用博大精深的"礼"来概括。

从礼的起源和发展中，我们可以了解到古人对法律作用与价值的认识，了解到古人的法价值取向。笔者欲从法的角度对有关"礼"的几个概念进行阐述，以期明确"礼"在中国古代法体系结构中的作用。

1. 礼的起源

礼源于原始社会后期的祭祀活动，《说文》释礼："履也，所以事神致福也。"部落时期祭祀的隆重从考古发现的距今五六千年的红山文化与良渚文化的祭祀台可以得到印证。②《礼记·礼运》记孔子为了研究礼，先亲自到夏人的集居地杞国，又到商人的集居地宋国进行考察，得到了《夏时》和《坤乾》。从这两部书来看，孔子说最初的礼是从人们将饮食献给神灵和怀念死去的亲人开始的：

> 夫礼之初，始诸饮食，其燔黍捭豚，污尊而抔饮，蒉桴而土鼓，犹若可以致其敬于鬼神。及其死也，升屋而号，告曰："皋，某复。"然后饭腥而苴孰，故天望而地藏也，体魄则降，知气在上，故死者北首，生者南向，皆从其初。③

---

① 杨鸿烈. 中国法律思想史. 北京：中国政法大学出版社，2004：5.
② 关于红山文化所反映的原始祭祀状况，可参阅郭大顺. 牛河梁红山文化遗址的新发现与新认识. 故宫文物（香港），187；郭大顺. 红山女神问世记：辽河文明巡礼三. 故宫文物（香港），162。关于良渚文化所反映的原始祭祀状况，可参阅浙江省文物考古研究所. 余杭瑶山良渚文化祭坛遗址发掘简报. 文物，1988（1）；张明华. 良渚文化六十周年纪念. 中国文物世界（台湾），133。
③ 译文可参阅王梦鸥. 礼记今注今译. 天津：天津古籍出版社，1987。

从文献记载来看，夏、商、西周时代十分重视祭祀，《礼记·祭统》中有言：

> 凡治人之道，莫急于礼；礼有五经，莫重于祭。

就是因为祭祀是礼之发端，以祭祀为中心内容的礼在甲骨文中也有充分的反映。[①]

所以可以这样认为：礼是由部落氏族社会向国家转折时期的产物。由于礼是祭祀的产物，所以它在人们的心目中具有神圣性和权威性。又由于礼产生于部落氏族的后期，所以其必然带有血缘社会的烙印。

2. 礼制（礼仪）

礼起源于祭祀，祭祀必有其程序和仪式——这就产生了礼的最初规范，或可称之为礼制、礼仪。这些规范一般来说是容易而且严格被遵守的，因为它凝聚了同一氏族人的崇敬和信仰。如礼与否关系到上天和祖先的喜怒，关系到是否能得到神灵的庇护，关系到生者的幸福和氏族的兴衰。从孔子对夏禹"致孝乎鬼神"的赞美和商人的甲骨卜辞中也可以印证人类伊始对天意的敬畏与遵从。

由于产生于祭祀，礼的最大特点就是"敬"，释礼之义的《礼记》开篇则言"毋不敬"。但祭祀的程序与规范并不是礼的唯一规范，礼自产生后，其内容随着社会的发展而不断扩大。人们在长期生活中自然而然形成的风俗习惯成为礼制的渊源，这就是《礼记·曲礼》所说的"君子行礼，不求变俗"的含义。《汉书·礼乐志》根据礼制的内容，将礼作了分类：

> 人性有男女之情，妒忌之别，为制婚姻之礼；有交接长幼之序，为制乡饮之礼；有哀死思远之情，为制丧祭之礼；有尊尊敬上之心，为制朝觐之礼。

可见，礼的作用主要是节制人情。礼制的内容十分繁杂，流传至今的儒家经典《仪礼》《周礼》总结三代的礼制而成，其成书的时间历来是学界聚

[①] 王国维《观堂集林·卷六·释礼》对甲骨文卜辞中出现的"豐"字进行了考证，其总结道："盛玉以奉神人之器谓之'豈'，若'豐'，推之而奉神人之酒醴亦谓之'醴'，又推之而奉神人之事通谓之'禮'。其初，当皆用'豈'若'豐'二字，其分化为醴、禮二字，盖稍后矣。"又，参见李力. 出土文物与先秦法制. 郑州：大象出版社，1997：15-16。

讼的热点话题。根据今人的研究，一般认为《仪礼》成书于战国之时，略早于《礼记》，而《周礼》作于战国的晚期。① 无论《周礼》《仪礼》作于何时，有一点是可以肯定的，即自成书之时起，《周礼》《仪礼》对中国古代制度的影响就从未停止过。它们既是对以往历史制度的总结，也是对未来理想制度模式——当然也包括法制模式的规划。汉代之后，国家机构，尤其是在行政方面确实逐步按《周礼》描绘的天（吏）、地（户）、春（礼）、夏（兵）、秋（刑）、冬（工）六官的模式组成。《仪礼》十七篇则主要记述冠、婚、丧、祭、射、乡、朝、聘等仪式、规程，甚至连不同等级与身份的人参加这些仪式所应具有的心情和表情也作了详细的规定。尽管《仪礼》中的一些制度由于过分烦琐而被逐渐搁置，但《仪礼》所反映的精神却在《礼记》中得到解释和阐发，成为中国古代社会人们的追求和信仰，成为人们生活的准则，成为国家设法立制的方针和原则。

从法律的角度说，礼制在氏族社会后期及夏、商、西周时期就已经具有了习惯法的性质。梅因对习惯法的定义是：

> 法律寡头政治现在所主张的是要垄断法律知识，要对决定争论所依据的各项原则有独占的权利，我们在事实上已到了"习惯法"的时代。②

从《尚书·吕刑》记载的颛顼"绝地天通"、《左传》记晋国贵族叔向言"昔先王议事以制"③ 来看，传说中的颛顼已经垄断了祭祀权力——从而也就垄断了立法与解释法律的权力。而叔向所说的"先王"们所掌握的"议事"之权，实际上也说明贵族已经垄断了"法"。这种被王与贵族所垄断的、通过"神意"而产生的节制人情、渗透于社会各个领域中的礼制就是梅因所言的习惯法。夏、商、西周之后，在保留习惯法性质的同时，礼制的许多内容转化为成文法中的条款。

具有习惯法性质的礼制与风俗习惯有着明显的区别：风俗习惯的产生与人们生活的环境息息相关，所谓"十里不同风"。礼制虽与风俗习惯有着密切的联系，但是其发源于人们对天地鬼神的敬畏之心。因此礼制较风俗习惯

---

① 钱玄. 三礼通论. 南京：南京师范大学出版社，1996.
② 梅因. 古代法. 沈景一，译. 北京：商务印书馆，1984：7.
③ 《左传》"昭公六年".

更具有权威性和神秘性。如果说风俗习惯只依靠人们的"知耻之心"就足以维持,那么礼制在依靠人们的羞耻之心的同时,更要依靠"神"的权威和人们的"敬畏之心"来维持。除国家制定颁行的律外,中国古代法中关于诉讼、婚姻、家庭、宗族、继承、身份等方面的制度都可以在礼制中找到相应的规定。

3. 礼义

礼义是礼制(礼仪)的精神体现。春秋战国成文法盛行并成为定制以后,礼义也成了法制精神之所在。用通俗的话来说,礼制与法制是一些具体的条文规范,规定人们应该怎样做,不应该怎样做;而礼义则是解释这些条文规范设立的目的及礼制与法制为什么会有如此的规定。

阐述礼义的经典著作是儒家的经典《礼记》。根据《史记》《汉书》的记载,《礼记》为孔氏门生所记。① 经今人考证,《礼记》"除可以确定为西周文字及秦汉人所作之外,多数篇目大致撰于战国时期"②。其与成书时代略早的《仪礼》是姊妹篇。按宋代大儒朱熹的解释,《仪礼》与《礼记》的关系是:

> 《仪礼》皆载其事,《礼记》只发明其理。③

即《仪礼》是记载礼的制度的书,而《礼记》是阐发礼制原理的书。由于《礼记》主要阐发"礼之义",所以当《仪礼》中所记的繁文缛节经时变世移与现实社会日益疏远、为后人不解或难解时,《礼记》的地位就越来越重要。

如前所述,礼是血缘社会中敬畏天地鬼神的产物,礼的特征是强调冥冥之中的神力和血缘的亲情。所以礼义竭力提倡的是天地人的相通,是缘于人情的伦理道德。《礼记·丧服四制》谈礼的缘起时说:

> 凡礼之大体,体天地,法四时,则阴阳,顺人情,故谓之礼。訾之者,是不知礼之所由生也。夫礼,吉凶异道,不得相干,取之阴阳也。

---

① 《史记·孔子世家》记:"《书传》《礼记》自孔氏。"《汉书·艺文志》记:《礼记》,"七十子后学者所记也"。
② 钱玄. 三礼通论. 南京:南京师范大学出版社,1996:48.
③ 黎靖德. 朱子语类. 北京:中华书局,1986:2225.

丧有四制，变而从宜，取之四时也。有恩有理，有节有权，取之人情也。恩者仁也，理者义也，节者礼也，权者知也。仁义礼知，人道具矣。

礼在沟通人与天地的和谐关系的同时，将伦理道德作为"人道"的基础，并强调实践这些伦理道德是人类社会以及每一个人人生的最终目的。这也是孔子强调"不学礼，无以立""不知礼，无以立也"①的原因。鉴于此，《礼记》中多次提到礼的某些制度、仪式是可以随时代的改变而修正的，但礼的精神，即体现人伦道德的"亲亲"（简言之即孝敬父母）、"尊尊"（简言之即尊敬身份高于自己的人）的"礼义"则是不可改变的永恒的原则。比如《礼记·大传》解释"制""义"与时代的关系是：

立权度量，考文章，改正朔，易服色，殊徽号，异器械，别衣服，此其所得与民变革者也。其不可得变革者则有矣：亲亲也，尊尊也，长长也，男女有别。此其不可得与民变革者也。

"制"是达到目的的方法，可以因时变通；"义"是人类社会永恒的目标，这个目标与永恒不变的自然规律相通，与与生俱来的人情相合，所以是永恒存在的。《礼记·礼运》对礼义的概括是："故礼义也者，人之大端也。所以讲信修睦，而固人肌肤之会，筋骸之束也；所以养生送死，事鬼神之大端也；所以达天道，顺人情之大宝也。"因此，衡量制度价值，包括法制价值的标准是"礼义"。夏、商、西周的礼制因最大限度地体现了礼之义，所以为后世所向往；战国至秦兴起的法治，严重地背离礼义，因此为后世所讳言。汉之后对礼义的宣扬目的就在于将一切制度，包括社会风俗习惯、法、律都纳入体现礼义的范畴中。总之，在古人的观念中，法必须体现礼义所倡导的精神，失去了礼义，法就失去了价值，违背了礼义，法就成为不祥之物。

在此需要辨正的一个较为普遍的学术观点是：一些学者认为在中国古代社会法律与法学没有独立的地位，只是被狭隘地理解为治国的工具。这是以西方近代法为标尺所得出的结论，也是我们近代以来对西方法的翻译

---

① 《论语·季氏》《论语·尧曰》。

解释失之于狭隘所造成的误解。严复早在翻译孟德斯鸠《法意》时，察觉到中西方"法"字的不同，西方"法"字的字义十分宽泛，与中文相比有所不同：

> 盖在中文，物有是非谓之理，国有禁令谓之法，而西文则通谓之法……西文"法"字，于中文有理、礼、法、制四者之异译。①

严复还认为，西文的"法"容"人意"（法之价值观）与"理法"（所禁所许之制度）为一体，是"理想之累于文字"。而中文用"理""礼""法""制"区分"人意"与"理法"的不同，"较西文有一节之长"②。在谈到西方民法时，严复又言西方法有"公""私"之分，而中国有"礼""刑"之分：

> 西人所谓法者，实兼中国之礼典……故如吾国《周礼》、《通典》及《大清会典》、《皇朝通典》诸书，正西人所谓劳士。若但取秋官所有律例当之，不相侔矣。③

尽管严复将《周礼》等书亦纳入"劳士"（laws）这一说法有待商榷，但他认为西文的"法"包含了法的价值、法的制度并且有公法和私法的分类，以及其与中文相对应者应有理（礼义）、礼法（国家制度、社会制度、家族制度）、法律（狭义之法），无疑是卓有见识的。如果不是将礼与法对立割裂，而是将礼与法作为一个有机的整体来理解中国古代法，我们就可以对中西法进行更为全面和科学的比较，而不是局限于只用中国古代法之一端——刑律与西方法进行比较，这样也许可以避免一些偏颇之论。

4. 礼教

《辞源》释"礼教"为"礼仪教化"。实际上，礼教不局限于教导人们礼仪，礼教更重要的是通过国家、社会、宗族、家庭等各种教育手段，以礼义来统一人们的思想、指导人们的言行。自孔子主张"有教无类"④又广收弟子三千，三代学在官府的传统被打破，重教蔚然成风，成为中华民族的优良传统。由于重教，自汉始，师的地位可以与天、地、君、亲并列。

---

① 孟德斯鸠. 孟德斯鸠法意：上册. 严复，译. 北京：商务印书馆，1981：2-3.
② 同①.
③ 同①7.
④ 《论语·卫灵公》.

礼教的主要内容是人伦道德，《孟子·滕文公》言：

> 教以人伦：父子有亲，君臣有义，夫妇有别，长幼有叙（序），朋友有信。

孟子"教以人伦"的主张自汉武帝时起，就被作为治国的根本，一直绵延至清代。这些人伦道德正是古代法的精神价值之所在。所以，中国古代的立法与司法都十分强调法制与礼义（人伦道德）的统一。《礼记·王制》有这样的论证：

> 凡制五刑，必即天论，邮罚丽于事。凡听五刑之讼，必原父子之亲，立君臣之义以权之。意论轻重之序，慎测浅深之量以别之。悉其聪明，致其忠爱以尽之。

在中国古代社会，礼教所提倡的价值观浸透于社会的每一个角落，也浸透在法的规范之中。传统法中的礼义与法制的关系颇有些类似西方法的正义精神与法的规则之间的关系。礼义是人们心目中的"大法"，法制只是实施这个大法的一个渠道，而教化——包括国家的正规教育、民间的教育，及潜移默化的社会环境的熏陶、社会舆论的引导等则是实施礼义更重要的渠道。因为礼教的约束对象是全社会，帝王将相亦在其中，所以它的威力较具体的法制、律典更为强大。

（三）礼法"共同体"

"法"字在漫长的历史发展中，意义并非一成不变。如前所述，初起时的"法"字具有浓厚的神判色彩，而秦汉以后的"法"字更多的是规则的含义。近代以来，尽管严复等强调西文"法"字对应中文应有理、礼、法、制之义，并认为西文将法的价值观与法的制度统称为"法"，不如中文礼、法之分明晰，是"理想之累于文字"之例；但不管严复等如何评价中西文"法"字的短长，在以国力强弱论英雄的时代，中文的"法"字在社会的变革中、在学理的解释上都越来越趋同于西文的"法"——其不仅包含了法的制度，也包含了法的精神与价值（古人的"礼"字）。当我们用今天已经大大拓展了内涵的"法"字，去机械地对照古人所说的"法"时，常常会武断地认为古人对法缺少价值层面上的认识。如果用发展的观点去研究，我们就会将"礼"纳入我们的视野,就会得出中国古代法的结构是礼与法的完美结合这一显而易见的结论。当然礼与法的结合同样也不是一成不变的,其发展大致经历了三个时期,即:夏、商、西周的"礼治"时期,此时法仅作为礼治体系的一个组成部分而存在;春秋战国至秦的"法治"时期,此为礼治衰败而法治兴起、重制度而轻道德的时代;汉中期以后的礼法结合时期,此为以法为制、以礼为灵魂的时期。

1. 夏、商、西周的"礼治"体系

夏、商、西周是"礼治"的全盛时代。后世所言的"法"(或"律""刑")在三代则仅为礼治的一个有机组成部分。从内容及实施方法上划分,夏、商、西周,尤其是西周的"礼"可以分为两部分:第一,"礼义",即礼的宗旨、精神之所在。其以人情为基础,以道德为核心。礼义的实施途径主要是教化。第二,"礼仪"或"礼制",即礼的条文、外在规范,其中也包括了法的内容。在古代典籍中"礼法"也常常连用,其意多指礼的制度。礼制所包括的内容十分广泛,其中也包括法的制度,主要依靠刑罚保障实施,即"出礼入刑"。

礼义与礼仪、教化与刑罚在"礼治"体系中显然是前者,即礼义与教化占据主导地位。《尚书·吕刑》言刑必言德,如:"惟敬五刑,以成三德。""朕敬于刑,有德惟刑。"在《尚书》的《康诰》《酒诰》《召诰》等诸篇中,也皆体现出了敬礼、敬德的思想及刑罚的目的在于辅助道德的实现。王国维总结道:"周之制度典礼乃道德之器械。""周制刑之意,亦本于德治礼治之大经。"[1] 程树德亦认为:"三代皆以礼治,孔子所谓殷因于夏礼,周因于殷礼,是也。《周礼》一书,先儒虽未有定说,而先王遗意,大略可见。其时八议八成之法,三宥三赦之制,胥纳之于礼之中,初未有礼与律之分也。"[2]

三代的法在"礼治"体系中虽然不占据主导地位,但其与道德、制度、习俗皆有着密切的关系,"礼治"赋予三代法兼容并蓄的功能与博大精深的内容。三代礼治体系可以用表 1 作一简单的归纳。

---

[1] 《观堂集林·卷十·殷周制度论》。(王国维遗书:第 2 册. 上海:上海古籍书店,1983:14-15.)

[2] 程树德. 九朝律考. 北京:商务印书馆,2017:17.

表1　三代礼治体系

体系构成	内容	实施方式	作用
礼义	亲亲、尊尊等礼的宗旨	教化（或礼教）	注重意识形态的控制
礼仪	习俗、制度（包括法）等礼的规范	刑罚	注重制度完善

从以上的表格中可以看出，法与刑在礼治最盛时期都是礼的附属物。礼治体系最大限度地发挥了教化的作用，而法与刑的锋芒却被深藏，在不失威严的情况下其副作用也得到有效的控制。被置于突出地位的礼义、礼教可以缓和社会矛盾。重礼义、重教化自三代起便形成了传统。与西方有别的是，中国古代社会最大的特征是"教"而不是"法"，是"礼治"而不是"法治"。中国"礼仪之邦"的美称也许正缘此而起。

2. 春秋至秦的"法治"体系

春秋战国至秦是礼治崩溃、法治迅速确立并发展的时代。在这历史性的转折时期，思想家提出了各种各样的改良之策，其中儒、法两家的影响最为深远。

儒家提出了中庸之策。儒家认为在社会变革中，应维护传统中孕育的永恒之精神，革除传统之弊病。"过犹不及"[1]是孔子对世人的告诫。儒家对传统的"礼治"基本持肯定态度，他们改造或改良"礼治"的设想是继承弘扬"礼义"，因时而损益"礼制"。

与儒家针锋相对的法家以"人性好利恶害"为基点，对"礼义"及儒家所倡导的道德持否定的态度。法家认为"竞于道德""逐于智谋"的时代已一去不复返，而在争于气力的当今之世，道德的说教显得过于迂阔，而且无济于乱世的治理。治国安民的上策莫过于以力制暴。鉴于此，法家对制度及维护制度的手段——刑罚格外感兴趣，因而主张"无书简之文，以法为教；无先王之语，以吏为师"[2]。在法家理论体系中，法在中国历史上具有了空前绝后的权威与地位。为了维护国家制度的权威性，法家主张重刑重赏，并主张淡化甚至抛弃儒家提倡的有碍于法令实施的道德。

但是，无论是儒家提倡应维护、弘扬的礼之义，还是法家竭力鼓吹的法

---

[1]《论语·先进》。
[2]《韩非子·五蠹》。

治与刑罚，都可以在三代礼治体系中找到渊源。只是在礼治体系崩溃的情况下，儒家对礼治体系中价值观念的强调与法家对礼治体系中制度，尤其是法与刑的强调，使礼与法一分为二，成为两种不同的治国手段并反映出两者不同的价值观。我们可以用表2简单归纳出儒家与法家的区别。

表2　儒家与法家的区别

学派	强调	内容	实施方式	特点	目的	渊源
儒家	礼义	伦理道德	教化	以理服人	王道	礼治中的礼义
法家	法治	制度法律	刑罚	以力服人	霸道	礼治中的礼仪

春秋至秦统一，儒法两家之争以法家的胜利而告终，这场争论对中国古代法发展最具有意义之处在于原本附于礼治的法获得了独立的发展时机。但是，应该注意的是，法家的"法"并不是我们今天意义上的"法"。第一，法家之"法"泛指制度，偏重刑罚；第二，法家的法治与君主专制相辅相成。

3. 汉中期后礼法"共同体"的形成

汉承周、秦之后，对周、秦两代历史经验与教训的总结格外用心。周王朝数百年的礼治盛世与秦统一后不满十六年而亡的法治给汉人以深刻的印象。因此，汉代的政治家、思想家几乎一边倒地倾向礼治，主张恢复传统。

但是，经过春秋至秦，法的制度发展日臻成熟，其在实践中也颇具成效。不管汉人如何排斥秦朝法制，但想要完全恢复礼治，抛弃秦制不仅不必要，而且不可能。法家理论的缺陷在于只追求制度的功效，而对制度，尤其是法的精神、价值极少阐述。这一理论的缺陷，为汉儒融合礼法，复兴礼义和礼教留出了空间。在汉儒看来，法制，尤其是偏重刑罚的"律"若失却了礼的精神，就等于丢失了灵魂。

汉代礼法融合主要有两条途径：一是立法以儒家提倡的伦理道德为指导；二是在司法实践中引经决狱，体现礼所提倡的精神。自汉时起，礼法融合的进程始终没有停止。儒家的精神、法家的制度构成中国古代法的主要内容。我们亦可以用表3简要归纳汉中期后礼法"共同体"的构成。

表3 汉中期后礼法"共同体"的构成

构成	内容	融合方式	相互关系
礼义	伦理道德	指导立法、司法	法的灵魂
法制	律、令、科、比等法规、条例	纳礼入法	体现礼的宗旨和精神

在此，我们应该对某些观点或误解作一点纠正。有人认为汉代儒家学说成为官学，礼的恢复，是"习惯法再次获得胜利"而"成文法的思想便又失去了它的重要性"，从而造成了"中国的国家几千年来一直给我们一种同古埃及相似的僵固凝滞的印象"[①]。其实，汉代之后，法虽愈来愈充满着礼的精神，但自春秋至秦所建成的法的制度并未被抛弃，成文法无论是在理论上，还是在制度上都未失去它的重要性。否则，我们就难以解释唐律的出现，难以解释唐律对东南亚地区的巨大影响。另外，汉儒及统治者虽对三代礼治推崇备至，但具有习惯法性质的、繁文缛节的礼之仪毕竟已被时代抛弃，不可能全面恢复。《汉书·礼乐志》记，汉统治者几度欲制礼仪皆未能成功。因此，自汉后，人们所说的"礼"，多偏重于礼义，即礼的宗旨与精神，也就是古代法的精神之所在。古代法正是因为有了"礼"的精神，才具有了圆通、和谐之貌，并呈现出开明的特征。

综上所述，今天我们所说的"法"，包括制度与观念两个层面。这是近代以来，尤其是四十余年来，中西文化交融的结果。若以已经发生了巨大变化，并还在继续发生着变化的"法"字机械僵化地解释中国古代的"法"就会产生误解，如中国古代缺乏对法的精神的探讨，缺乏对法的价值的认定，等等。其实，相对今日的"法"而言，中国古代法的体系结构应该包括两个方面，即礼与法。礼是法的精神和价值的体现。因此礼与法的结合并不意味着法失去了独立的地位。

中国古代法文明的体系结构自有特色，这些特色体现于基本概念，如法、律、法治、礼、礼仪、礼义、礼治之中。中国古代法文明是独树一帜的法系，近代以来的一些研究对中国古代法特征的描述或以西方法为标准认为中国古代法"诸法合体，民刑不分"，或强行将中国古代法分为民法、刑法、

---

① 罗曼·赫尔佐克. 古代的国家：起源和统治方式. 赵蓉恒, 译. 北京：北京大学出版社, 1998：365.

经济法等加以论述,都是有失客观公正的。

三、雅俗并用的"法言法语"

　　语言最能反映出一个社会的思维方式,而法律语言,俗称"法言法语",不仅能反映出社会有关法的共识和理念,而且能反映出不同法的体系结构的不同特征。中国古代的法言法语以礼治为背景,可以分为三类:儒家经典以"雅语"阐述法理;乡规民约与家法族规以常识及通俗易懂的语言表述民事规则,可被称为"俗语";以精确的专业术语表达王朝所颁行的刑法。这种话语体系以"礼"为核心,沟通了雅语、俗语与术语的表达。

　　有学者认为,"法律话语"属语言学与法学结合的"跨界"研究。① 也有学者认为,法律话语研究的范围包括"法律话语的结构"和"法律话语的语境"两个方面。② 而更多的学者则将法律话语研究与当下法治发展相联系。③ 笔者无意定义"法律话语""法律语言""法律语境"的概念,因为目前的许多研究成果已经对这些问题有了较为明确详细的阐释。但如果是探究有关法律话语研究的"跨界"所指的话,笔者认为,"跨界"所指不应该只是法学与语言学的结合,而更应该是法学与历史学、社会学等的多视角研究。因为话语是人类社会所独有的表达方式,不同的话语表现的是人类社会在不同的环境中所具有的不同的生活和思维方式。法律话语较一般的话语更深刻、更精确地反映了不同文明的人类社会所具有的不同历史文化传承,以及在不同社会环境中人们对法的不同认识及表达方式。

(一)以儒家经学为皈依的法理表述

　　中国古人对于话语十分重视,孔子在解答子路提出的"为政的首要之事是什么"的问题时说:"必也正名乎。"④ 在辨析了自汉以来经学家有关孔子

---

① 廖美珍. 主编的话//约翰·吉本斯. 法律语言学导论. 程朝阳,毛凤凡,秦明,译. 北京:法律出版社,2007;劳伦斯·M. 索兰.《法律语言学译丛》中文版序言//约翰·吉本斯. 法律语言学导论. 程朝阳,毛凤凡,秦明,译. 北京:法律出版社,2007.
② 李旭东. 法律话语论. 济南:山东人民出版社,2009.
③ 顾培东. 当代中国法治话语体系的构建. 法学研究,2012(3).
④ 《论语·子路》。

所言之"正名"的含义后,著名的语言学家杨伯峻认为,孔子所言"正名"意为"纠正名分上的用词不当"①。所谓"名分",就是指三代的"礼"。对于孔子如此注重礼的准确表达,子路不以为然,反问孔子:"有是哉,子之迂也!奚其正?"夫子难道如此迂腐吗?这种微不足道的小事何用纠正?面对子路的不解,孔子进一步解释道:

> 名不正,则言不顺;言不顺,则事不成;事不成,则礼乐不兴;礼乐不兴,则刑罚不中;刑罚不中,则民无所措手足。故君子名之必可言也,言之必可行也。君子于其言,无所苟而已矣。②

孔子的这一段话,将"话语"与国家、社会间的关系,话语的重要性说得明白透彻。③ 言谈话语间的用词恰当与否、表达准确与否关乎国家的礼乐、社会的共识、民众的福祉。孔子对子路的教导,表达了中国人对话语的崇敬,甚至敬畏④,因为这种敬畏,秦始皇的"焚书"成为历史上最不能被宽恕的暴行。而汉代儒学复兴后,孔子《春秋》中的"微言大义"成为中国人的"话语"准则。⑤

我们从成书于汉代的儒家经典《礼记》中,可以看到古人对关乎"礼"的用词更加严谨认真:

> 天子之妃曰后,诸侯曰夫人,大夫曰孺人,士曰妇人,庶人曰妻。天子死曰崩,诸侯曰薨,大夫曰卒,士曰不禄,庶人曰死。⑥

---

① 杨伯峻. 论语译注. 北京:中华书局,2009:132.
② 《论语·子路》。
③ 其意为:用词不当,言语的表达就不能顺理成章;言语表达失当,就无法做成事情;做不成事情,礼乐就无法复兴;礼乐无法复兴,刑罚就不能做到恰当;刑罚不恰当,百姓就无所适从。君子用词一定准确,而且要言之成理;言之成理的事情做起来才能顺利。所以君子对语言、文字不敢有一丝一毫的马虎。
④ 关于中国古人对话语,包括语言文字的敬畏,可参见吕叔湘. 语言和语言研究//中国大百科全书·语言文字. 北京:中国大百科全书出版社,1988。
⑤ 对用词的严格要求,不仅表现在礼的表达上,也深入到民间社会。李泽厚《论语今读》中有对孔子"正名"的如是解读:"至今人们批评某人行为活动时,用的是'不像话'。可见,'话'(语言)在中国从来具有严重的神圣性。语言不只是散发在空气中的声音而已,它不仅代表而且本身即是人的行为、活动,所谓'一言既出,驷马难追',亦此意。"(李泽厚. 论语今读. 合肥:安徽文艺出版社,1998:301.)
⑥ 《礼记·曲礼》。

同为人妻，却有不同的名号以明尊卑；同为生命的终结，却有不同的词语表达以别贵贱。这种对不同身份的人之衣食住行的不同表达，在《礼记》中比比皆是。同一事物用不同的话语表达，意在从细微处确立礼的权威和经学所倡导的价值观，以礼之是非为是非。这也就是《礼记》所解释的：

> 礼者，所以定亲疏，决嫌疑，别同异，明是非也。①

经学所阐述的礼就是中国古代社会的法之理或法之皈依。自汉以后的王朝，通过对儒家经典的注释及科举考试等方式确立了礼的权威，也普及了儒家所宣扬的已然皈依了儒学的"法理"。孔子答颜渊问"仁"的话，成为此后两千余年立法的依据——《论语·颜渊》记："颜渊问仁。子曰：'克己复礼为仁。一日克己复礼，天下归仁焉。'""颜渊曰：'请问其目。'子曰：'非礼勿视，非礼勿听，非礼勿言，非礼勿动。'"礼既是追求、实现"仁德"的路径，也是法的精神所在。

中国古代的法理是儒家经学的一个重要组成部分，主流价值观的表达往往就是法理的表达，法的价值取向与经学阐释的礼教也完全一致。礼教所极力倡导的忠、孝、节、义不仅是汉之后立法、司法的指导思想，而且其本身就是根植于人们心中的无上大法，是全社会对善恶、是非、美丑以及人们言行的正当性、统治的合法性的判断标准。对此，民国时期的法史学家杨鸿烈有着精辟的总结。他认为，理解中国法系的枢纽是寻找并解释"贯通整个'中国法系'的思想"②。而这个思想就是儒家的思想，就是历朝历代的经学对儒家思想的解释和弘扬。换言之，贯穿于中国法系的"法理"就是以阐释弘扬儒学为使命的经学。

将复杂的法理表述寓于经学中而使其雅俗共赏，要归功于汉代的儒家。

就"雅"而言，汉儒以经学明晰法理，使法典成为主流价值观的产物。始于东汉"以经注律"的律学确定了礼在法律体系中的主导地位，确立了礼为立法、执法的主导思想。至唐代科举制度形成后，经学主张的价值观成为每一个进入仕途者必须持有的信念。《通典·选举五》记载了这样一条唐代铨选官吏的标准：

---

① 《礼记·曲礼》。
② 杨鸿烈. 中国法律思想史. 北京：中国政法大学出版社，2004：5.

不习经史无以立身，不习法理无以效职。人出身以后当宜习法。其判问，请皆问以时事、疑狱，令约律文断决。其有既依律文，又约经义，文理弘雅，超然出群，为第一等。其断以法理，参以经史，无所亏失，粲然可观，为第二等。判断依法，颇有文彩，为第三等。颇约法式，直书可否，言虽不文，其理无失，为第四等。此外不收。

用现在的话来说，考生的判文依据律条，以经义解释，观点文采俱佳，列为第一等；以法条为主，辅之以经史的解释，列为第二等；依法条而断，但颇有文采列为第三等；只引法条而断，语言虽缺少文采，但尚有一定的道理列为第四等。由此可以看出，法理对经义的服从。中国古代立法、司法的过程，就是对社会主流价值观诠释的过程。由于经为法之理，所以经学的话语就是法理的话语，经学的思维就是法理的思维。如同礼不远人一样，经学既是治国平天下之学，也是修身齐家之学。无论是治国平天下，还是修身齐家，对"善""恶"的区分都是经学的重要内容。君有贤明、昏庸之分，官有循吏、酷吏之分，民有善良、刁蛮之分。如此，我们就不难理解中国古代为什么会在立法上格外关注法之善恶[1]，在司法中格外强调法的社会认可。由此我们也就可以明白，为什么汉以来著名的律学家一定会是当世博学鸿儒、经学大家；也就可以明白自汉以后，参与王朝立法的人为什么大都是兼通经律的名儒重臣。[2] 即使是少数民族入主中原建立的王朝，也同样重视法理对经学礼教的皈依，以"律科举人止知读律，不知教化之原"[3] 为耻。因为有了这种皈依经学的法理，才有了汉代的"《春秋》决狱"、魏晋的律典儒家化和唐宋以后"一准乎礼"的律、例。

阐述法中的礼教精神，是中国古代帝王将相为政的需要，也是以仕途为目标的文人学士的职责所在。这种"阐述"所运用的当然是"官话雅语"。这种表达方式见诸历朝历代对儒家经典的官方与私家阐述中，见诸官修的政书、史书中，也见诸以儒家之是非为是非的对历代法律的评价著作中。

---

[1] 《尚书·吕刑》中便有"祥刑""虐刑"之分，汉儒继承先秦儒家的思想以礼作为区分良法、暴法的依据，清初启蒙思想家黄宗羲的《明夷待访录》直接继承了孟子的思想，将法分为"天下之法"与"一家之法"。

[2] 参见《晋书·刑法志》。当时为律作注的叔孙宣、郭令卿、马融、郑玄、陈群、刘邵等皆为当世大儒。

[3] 《金史·章宗纪》。

若将皈依经学的法理表达方式称为"雅语"的话，那么基层社会的法理则是通过乡规民约、家法族规进行普及的。在以经学倡导的价值观为主导的社会中，乡规民约、家法族规是与民众生活最为贴近的法，而这种法实际上是由社会生活常识构成的。乡规民约、家法族规可以说是经学的"民间"表达方式，即以通俗易懂的语言，也可以称之为"俗语"表达人们日常的行为规范。令今人望尘莫及的是，在礼教的语境下，中国古代社会的雅语和俗语、官方和民间都对经学所表达的法理有着高度的认同。经学使社会有了统一的思想和一致的追求，成为官与民之间的"黏合剂"。这也是中国古代法文明有别于西方之处。如美国学者郝大维、安乐哲认为：

> 中国的历史发展走的是不同的道路，这就排除了能将法制轻易地移入一个儒教环境的可能。中国既不宣扬统治者与公民之间有一种对抗关系，也不宣扬对于好的生活个人概念的多元。①

经学上通"天庭"，礼教下达"草野"，皈依经学的法理在一辈又一辈经学家的注释中延展完善，而镌刻在乡村草野祠堂宗庙中的礼教也成为人们言行的基本准则和生活常识。这种普遍存在、几乎与主流法理理念的表述完全契合的常识或"礼俗"，我们姑且借用"民法"的概念归纳之。这也正是笔者在下文中所要阐述的。

（二）以"常识"为基础的"民法"表述

众所周知，礼是中华文明的核心。这也是中国有"礼仪之邦"美称的原因。古人以"中国有礼义之大"而自豪，现代学者也无不将"礼"作为中国古代文化的根本。② 孔子之言"不学礼，无以立"③ 为中国古人遵循了数千年，即使在礼的内容已然大大萎缩的当今社会，人们也还是会以"有礼""无礼"来表达人们的言行恰当与否。礼，自三代以至于明清，无论是治世，还是乱世，都是根植于人们心目中的无上大法。凭着对礼的传承，古人以

---

① 郝大维，安乐哲. 先贤的民主：杜威、孔子与中国民主之希望. 何刚强，译. 南京：江苏人民出版社，2004：134.
② 邹昌林. 中国礼文化. 北京：社会科学文献出版社，2000.
③ 《论语·季氏》。

"兴灭国，继绝世，举逸民"① 为仁。礼在国家危难、制度凋敝的情况下可以拨乱反正，延续文明的发展。近人梁启超总结道：

> "礼云礼云，贵绝恶于未萌，而起敬于微眇。使民日徙善远罪而不自知也。"孔子以为礼的作用，可以养成人类自动自治的良习惯，实属改良社会的根本办法，他主张礼治的主要精神在此。②

梁启超的这一解释，对于我们理解中国古代社会中的"民法"话语有着重要的启发。

民法，是西方法律传统，尤其是私法传统发展到近代的自然产物。中国古代有无"民法"一向是学界聚讼不已的热点和难题。民法学权威学者谢怀栻继承了梁启超关于中国"私法部分全付阙如"的论断，肯定地说：

> 我国自古没有民法。清末变法，学习西方制度，开始制定民法，但未及成功而清朝亡。③

但以杨鸿烈为代表的法律史学人撮历代律、令、典、例中有关户、婚、田土等方面的一些条文规范，在教科书中径直冠以"民法"的名称。④ 在"有"与"无"两种意见之间，还有一种观点认为中国古代：

> 虽无民法专书，而关于民事法则之见于载籍者，不胜枚举。⑤

民法，一向是西方法学家的骄傲。⑥ 如果将民法定义为"调整公民间关系"的法律⑦或是"调整特定的财产关系和人身关系"的法律，那么中国古

---

① 《论语·尧曰》。
② 《饮冰室专集之三十六·孔子》。（梁启超. 饮冰室合集：专集之三十六. 北京：中华书局，1989：16.）
③ 谢怀栻. 大陆法国家民法典研究（二）//易继明. 私法（第2辑）：第1卷. 北京：北京大学出版社，2002.
④ 杨鸿烈. 中国法律发达史. 上海：上海书店，1990. 该书以王朝的发展为经，以法典、刑法、民法、法律思想等为纬编写。这一编写体例直到现在也为许多教科书所沿袭。
⑤ 谢振民. 中华民国立法史：下册. 张知本，校订. 北京：中国政法大学出版社，2000：740.
⑥ 西方学界对于罗马法传统的肯定和自豪，从孟德斯鸠《论法的精神》、梅因《古代法》、朱塞佩·格罗索《罗马法史》等著作中皆可以得到印证。以上著作商务印书馆皆有出版。
⑦ 孟德斯鸠定义民法为："人类在一切公民间的关系上也有法律，这就是民法。"（孟德斯鸠. 论法的精神：上册. 张雁深，译. 北京：商务印书馆，1987：5.）许明龙的译本为："全体公民之间的关系中也有法，这便是公民法。"（孟德斯鸠. 论法的精神：上卷. 许明龙，译. 北京：商务印书馆，2012：14.）

代并不缺少这样的法律。只是中国古代大量的类似于民法的规范、条文等散见于律、令、典、例之中，始终未能形成一个如同"律"一样由中央王朝统一颁行的单独的法律"类别"而已。没有颁行统一的民法典，是中国古代法为近代法学界诟病的重要原因之一。如果再进一步考察，将民法的基础定位于"契约"的精神，将民法的话语定位为"权利"的表达，那么这确实是中国古代社会的法所缺乏的。中国古代"调整特定的财产关系和人身关系"的是"礼"，尽管礼中也有一定程度的社会成员权利的表达以及朝野、官民之间的相互约束。

散见于不同典籍中的古代民事法律的条文虽然未能抽象成单独的"类别"，但这些条文大都与"礼"有着密切的联系，比如唐令中的《户令》《田令》《关市令》等对宗亲、乡里邻保坊村、典卖等均有规定。张生教授曾梳理了中国"固有民法"中的法律术语并进行了归纳总结。如有关亲属者：户籍、丧服、宗亲、外亲、妻亲、继嗣、嗣子、守志、再醮、嫡母、继母等；有关继承者：宗祧、继嗣、间代立后、嗣子、归宗等；有关物权者：典、找贴、典卖田宅、永佃权、撤佃、祭田、义田等；有关债者：契约、违禁取利、费用受寄财物、得遗失物、租赁；等等。[①] 这些见诸当时典籍的俗语大部分来源于民间的生活和交往习惯。这些逐渐为我们所陌生的词语对于古人而言则是耳熟能详的。更值得我们关注的是，除朝廷颁行的散见于不同典籍中的条文外，更大量、更重要的中国古代的民事法律规范是为官方所认可的带有地方性法规性质的乡规民约和家法族规。而这些几乎无处不在的、与民众日常生活密切相关的"法"，其产生的依据也是"礼"，或者其本身就是礼的一种表现形式。家法族规与乡规民约是对一地区的民众或一宗族的成员的生活习惯的归纳与总结。这些习惯是同一族群在长期的共同生活中自然而然形成的、不证自明的"道理"或"常识"。这种无须证明的道理和常识就是最初的"礼"。如春秋时期的思想家子产所言："夫礼，天之经也，地之义也，民之行也。"[②] 也如《汉书·礼乐志》所描述的那样，礼既是人们日常生活中不可缺少的规矩，也是统治者为政的基础：

---

① 关于中国古代民事法则与近代民法的法律术语比较，参见张生. 民国初期民法的近代化：以固有法与继受法的整合为中心. 北京：中国政法大学出版社，2002：204-206.
② 《左传》"昭公二十五年".

> 人性有男女之情，妒忌之别，为制婚姻之礼；有交接长幼之序，为制乡饮之礼；有哀死思远之情，为制丧祭之礼；有尊尊敬上之心，为制朝觐之礼……故婚姻之礼废，则夫妇之道苦，而淫辟之罪多；乡饮之礼废，则长幼之序乱，而争斗之狱蕃；丧祭之礼废，则骨肉之恩薄，而背死忘先者众；朝聘之礼废，则君臣之位失，而侵陵之渐起。

由于有了礼教，古代的民事纠纷多由族长耆老按照习惯自行解决。如元代《通制条格》中规定：

> 诸论诉婚姻、家财、田宅、债负，若不系违法重事，并听社长以理谕解，免使妨废农务，烦扰官司。①

由此，我们可以看出，中国古代的民法话语，无论是载于典籍的条文，还是不同地区根据主流法价值观和习惯而制定的乡规民约、家法族规，都是从人们共同生活形成的习惯中归纳出来的，都是一种"常识"的表达。②

此外，我们还应该注意到中国古代社会的"民法"表达不只是"禁止"或"惩罚"，"弘扬"和"旌表"在社会的实际生活中发挥着更为重要的作用。对于符合礼教的孝子、烈女、忠臣、义仆、侠客、义士等，官修正史依制为他们立传，官方依制为他们树碑，家族宗祠依照祖宗之法对他们进行优抚。明末思想家顾炎武记：

> 宣德七年正月乙酉，陕西按察佥事林时言：洪武中天下邑里皆置申明、旌善两亭，民有善恶则书之，以示劝惩。③

西方启蒙思想巨擘伏尔泰敏锐地发现了中国古代法的这一特点，并肯定了旌表制度的作用。他说："在别的国家，法律用以治罪，而在中国，其作

---

① 《通制条格·田令》。
② 关于中国古代民事、物权方面的法律规定，有不少有见地的专著出版，比如：张生. 中国近代民法法典化研究. 北京：中国政法大学出版社，2004；柴荣. 中国古代物权法研究：以土地关系为研究视角. 北京：中国检察出版社，2007；刘云生. 中国古代契约思想史. 北京：法律出版社，2012；李功国. 中国古代商法史稿. 北京：中国社会科学出版社，2013。尤为值得关注的是，一些虽未见于官书记载，但以"常识"为内容的家法族规及以普及各类日常知识为目的的类书中也包含了许多的民法知识，已有学者对此进行了深入的研究，如吴向红. 典之风俗与典之法律. 北京：法律出版社，2009；尤陈俊. 法律知识的文字传播：明清日用类书与社会日常生活. 上海：上海人民出版社，2013。
③ 《日知录·政事·乡亭之职》。

用更大，用以褒奖善行。"①

综上，我们可以这样总结中国古代的民法话语表达：中国古代没有统一的单行民法典，民法的内容散见于官颁的律、令、典、例等不同的典籍中，更见于大量的乡规民约和家法族规中。这些产生于民间的规则通常以常识的形式表达，没有形成有体系的法律术语。但其表达形式通俗易懂，与民众的生活更加接近，也更便于民众对主流价值观的理解与接受。固有的民法话语兼有惩罚与表彰两种方式，在发挥法的禁止作用的同时，也注意到了法的"扬善"作用。在中国古代社会，以常识表达民法的方式，使法理与民法并行不悖，使阐述经学的雅语与宣扬礼教的俗语几乎是"无缝对接"，真正地形成了有机和谐并切实有效的法体系。

（三）有关刑名与罪名的"法言法语"

与世界其他文明中的刑法的产生过程一样，有关"罪"与"刑"的法律或法观念几乎与中华文明相伴而生。最初的"刑"是对"有罪"者的讨伐，主要用于对外部落或外氏族的战争中。这就是《汉书·刑法志》中所言的"大刑用甲兵"。传说时代的黄帝与炎帝的战争、黄帝对蚩尤的讨伐，以及夏启对有扈氏的"恭行天罚"都是最早且最为严厉的刑罚。由于起源于战争，又用于对外部的征伐和威慑，"残酷无情"也就成为刑在初起时的特征。随着国家政权的出现以及血缘关系的逐渐淡化，刑在政权所辖范围内逐步具有了普遍的意义，刑既用于威慑镇压敌对势力，也用于对内部秩序的维护。中国古代法的特点在于，人们对"刑"的负面作用很早就有了深刻的认识。刑，作为一种极端的强制性手段，既可以维护社会安定，也可能激化社会矛盾。鉴于此，自西周时起，统治者就反复强调"明德慎罚""朕敬于刑"②，并将刑纳入礼治的体系中，作为治理国家的辅助手段而加以限制使用。

由于对刑的负面作用有充分的认识，春秋战国时期的诸子，无论是主张恤刑的儒家，还是主张重刑的法家，都不反对"慎刑"。对于刑的负面作用的认识，使中国古代刑法的表达既不同于法理的雅语表达方式，更不同于民法的俗语表达方式。在刑不可不慎思想的指导下，中国古代刑法的专业术语

---

① 伏尔泰. 风俗论：上册. 梁守锵，译. 北京：商务印书馆，1995：217.
② 参见《尚书·康诰》《尚书·多方》《尚书·吕刑》等。

十分发达。这种发达的专业术语表现在对刑名与罪名精确的解释上。

著名的法家人物商鞅在秦国进行变法,"改法为律"①。从 1975 年考古发现的湖北睡虎地云梦秦简中可以看到秦律对罪名、刑名等都有着确切的解释,有关刑名、罪名的专业刑法术语已成体系。这种专业的"法言法语"是春秋战国之后历朝历代国家统一颁行的以刑法为主的"律"的表述方式。与以经学雅语表述法理、以常识俗语表述民事规范不同,中国古代刑法的表述对文字有着精确的要求。早在先秦,刑法专业化的程度不仅使普通民众难以企及,就是对于统治者来说,"读法"也是一件困难且枯燥乏味的事情。《韩非子》中记载魏昭王读法时昏昏欲睡,全然提不起兴趣:

> 魏昭王欲与官事,谓孟尝君曰:"寡人欲与官事。"君曰:"王欲与官事,则何不试习读法?"昭王读法十余简而睡卧矣。王曰:"寡人不能读此法。"②

法家之所以对刑名、罪名呕心沥血、字斟句酌地解释,是因为他们看重刑法在治国中不可或缺的作用,如《管子》所言:"法者,所以兴功惧暴也;律者,所以定分止争也;令者,所以令人知事也。"③ 在法家思想指导下制定的秦律,其话语表达更多注重的是"技术性"和"专业性",在罪名、刑名的解释方面法家与"循名责实"的名家颇具倾合力,以致汉以后往往将名、法合一,将对罪名与刑名的解释称为"刑名法术"之学。汉武帝之后,对刑名与罪名的解释则更注重儒家思想的体现,"《春秋》决狱"在司法上开礼律融合的先河。刑名法术与经学的结合,使中国古代刑法的法言法语趋于完善。试以《晋书·刑法志》所记载的晋武帝泰始年间制定的《泰始律》(又称《晋律》)为例证明之:

> 其知而犯之谓之"故",意以为然谓之"失",违忠欺上谓之"谩",背信藏巧谓之"诈",亏礼废节谓之"不敬",两讼相趣谓之"斗",两和相害谓之"戏",无变斩击谓之"贼",不意误犯谓之"过失",逆节

---

① 关于商鞅"改法为律"的真伪或实际状况,史学界有不同的意见,参见吴建璠. 商鞅改法为律考//韩延龙. 法律史论集:第 4 卷. 北京:法律出版社,2002。
② 《韩非子·外储说左上》。
③ 《管子·七臣七主》。

绝理谓之"不道",陵上僭贵谓之"恶逆",将害未发谓之"戕",唱首先言谓之"造意",二人对议谓之"谋",制众建计谓之"率",不和谓之"强",攻恶谓之"略",三人谓之"群",取非其物谓之"盗",货财之利谓之"赃"。①

上文所引是《晋书·刑法志》载张斐所上的《律解》②,张斐当时的职务是"明法掾",即审判机构大理寺的属官。唐代的官修史书《晋书·刑法志》充满了儒家的价值观,其开篇便引《论语》中孔子的话告诉世人:"传曰:'齐之以礼,有耻且格。'刑之不可犯,不若礼之不可逾。"张斐的《律解》对《泰始律》中罪名、刑名的精确解释应该归功于已经拳拳服膺于儒家法理念的刑名法术之学。《泰始律》之所以被学界公认为是礼律并举的儒家化律典③,甚至与中华法系的代表作《唐律疏议》相比也在伯仲之间④,其原因即在于此。

其实,自从汉武帝时期肯定并在司法中实施董仲舒的"《春秋》决狱"时起,言刑必先言礼就成为中国古代法律话语的惯例。礼主刑辅接续了被秦政中断的西周传统,成为最具中国古代法特征的刑法话语。在司法实践中,人们对于"守法"的理解往往也是"情法得以两尽""礼律两不相失"。只有在这种礼律合一的语境中,我们才能理解在中国古代为什么一些不读法的官员却能官至廷尉⑤,才能理解为什么"儒以文乱法,侠以武犯禁,而人主兼礼之"⑥,才能理解为什么在唐代深受狄仁杰器重的元澹在玄宗时四次被委以大理卿之职却都以"不乐法家"之由而坚辞⑦,才能明白所谓"以刑为主"绝不是中国古代法的特征。

---

① 《晋书·刑法志》。
② 《晋书·刑法志》记:"明法掾张斐又注律,表上之。"《新唐书·艺文志》记:"张斐,《律解》二十卷。据此笔者认为,对于张斐的《泰始律》注释,时人或后世亦称之为《律解》,唐时犹存。
③ 陈寅恪. 隋唐制度渊源略论稿. 北京:中华书局,1977:100;瞿同祖. 中国法律与中国社会. 北京:中华书局,1981:337.
④ 程树德. 九朝律考. 北京:中华书局,1963. 其中《晋律考序》言:晋律"因时立法,较之唐律,殆无逊色"。
⑤ 比如《三国志·陈矫传》记,陈矫"子本嗣,历位郡守、九卿。所在操纲领,举大体,能使群下自尽。有统御之才,不亲小事,不读法律而得廷尉之称"。
⑥ 《韩非子·五蠹》。
⑦ 参见《新唐书·儒学传》。

对刑名、罪名精益求精的解释与对律典儒家化的要求相结合成就了高水平的中国古代律典。直到如今,中国古代的律,尤其是唐律也是国际史学界研究的热点。日本学者滋贺秀三尽管持中国古代没有法学的观点,但也坦言:

> 律学在帝制中国的前半期受到相当重视而颇有力量,成为产生出唐律那样优秀的刑法典的原动力。①

其实,无论是十二篇三十卷的唐律,还是七篇三十卷的明清律无不反映了礼治语境中刑法表达的特点,即专业术语发达,但言刑必言礼,并以礼为主导。其实,这种律典的话语体系自汉武帝欣赏公孙弘"习文法吏事,缘饰以儒术"②时就形成了。唐初,宰相长孙无忌在奉命领衔完成对律文的注释后,上表朝廷,历数前代用刑得失,强调王朝制定律及疏议,定罪名、刑名之制,目的在于慎刑,而不在于滥刑、重刑。他认为明智的帝王"莫不崇宽简以弘风,树仁惠以裁化"③。律条不仅为定罪量刑确立了精确的标准,而且为经学所提倡的价值观的普及提供了路径。宋朝宁宗时的科举,对试法科者"以断案定去留,经义为高下"④。元代儒生柳赟将唐"律"与"律疏议"合刊成《唐律疏议》,在"序"中,柳赟言:"五经载道以行万世,十二律垂法以正人心。"在礼治的语境下,裁断者完全按律条裁断并不能得到社会的肯定,因为人们心目中理想的裁断首先应该是"应经合义"的,其次才是"守文定罪"。因为"读律而止悉其文,不求其意,鲜有不为酷吏者"⑤早已成为社会的共识。也许正是因为这一共识,明清两代于律中规定了官员"讲读律令"条,规定对不解律意的官吏处以刑罚。⑥

不独官吏读律,平民百姓也要读律。与以"常识"为基础的民法表达方

---

① 滋贺秀三,等. 明清时期的民事审判与民间契约. 北京:法律出版社,1998:16.
② 《汉书·公孙弘传》。
③ 长孙无忌. 进律疏表//唐律疏议. 刘俊文,点校. 北京:中华书局,1983.
④ 《宋史·选举志》。
⑤ 沈之奇. 大清律辑注. 北京:法律出版社,2000.
⑥ 《大清律例·吏律·公式》"讲读律令"条:"凡国家律令,参酌事情轻重,定立罪名,颁行天下,永为遵守。百司官吏务要熟读,讲明律意,剖决事务。每年年终,在内从察院,在外从分巡御史、提刑按察司官,按治去处考校。若有不能讲读,不晓律意者,初犯罚俸钱一月,再犯笞四十、附过,三犯于本衙门递降叙用。"

式相匹配，清律中甚至规定了对"百工技艺、诸色人等""熟读讲解，通晓律意"鼓励的条文，即除谋反、逆叛外，过失犯罪或因他人犯罪而依律受牵连者可以免刑一次。①

从明清律专设"讲读律令"条看，源于法家，经汉以后的儒家长期浸润，律至明清时已经成为"刑"之大经。故近人章太炎有"律亦经类"的论断。② 由于律条中的法言法语是专业化的术语，官吏须通过讲读而掌握。而律意，即对律条的学理性阐释，使礼主刑辅或德主刑辅这种法理念的主流话语体系在刑法的表达中也得以确立，其可以使民众更好地理会律之精神所在，并远离犯罪。

（四）中国古代"法言法语"的特点

中国古代的法律话语在近代法律的变革中被迫退出了主导地位。我们无法否认近代以来中国的法律话语源自西方。一些沿用了数千年、为我们祖先耳熟能详的法律话语、法言法语在现代社会中虽然也存在，并对我们的法观念和思想有着不可忽视的影响，但其毕竟在国家颁行的正式法律文本中已经基本不见了踪影，那些固有的法律话语不再作为精确的法律语言或条文而存在。比如"十恶不赦"在近代已成为形容词，泛指遭人痛恨的恶人、恶性、恶习，而失去了古代社会中其所具有的精确的法律含义——"十恶"的具体规定及"不赦"的具体含义。中国古代的法律话语远不如西方古代的法律话语那样幸运。就如同清代的人们在清律中可以寻找到秦遗留的法言法语，在日常生活中可以沿袭数千年前祖先留下的规则一样，西方人在当下的法律中不难寻找到古希腊、古罗马的遗产。尽管如此，我们仍然需要研究，甚至有选择地复兴中国古代的法律话语。这不仅是因为中断古代法律话语是近代中国在"救亡图存"外界压力下的无奈选择，更重要的是因为中国古代法律话语中蕴含着人类的法律智慧，而且其更贴近中国的社会，易于为中国社会所接受。如果说近代思想先驱借助西方的法律话语实现了中国法律与世界的接轨，那么今人的使命之一便是接续曾被迫中断的法律话语的传承，在做到"洋为中用"的同时，努力做到"古为今用"。这就是在一定程度上有选择地

---

① 参见《大清律例·吏律·公式》"讲读律令"条。
② 章太炎. 国学讲演录. 上海：华东师范大学出版社，1995：46.

复兴中国古代法律话语特点的意义所在。

中国古代"法言法语"的特点如下：

第一，礼的烙印无处不在。中国古代法律话语以礼治文明为背景，而礼在中国古代社会几乎是无处不在的："道德仁义，非礼不成；教训正俗，非礼不备；分争辩讼，非礼不决；君臣、上下、父子、兄弟，非礼不定；宦学事师，非礼不亲；班朝治军、莅官行法，非礼威严不行；祷祠祭祀、供给鬼神，非礼不诚不庄。是以君子恭敬撙节退让以明礼。"① 礼是如此地包罗万象，以至我们在探寻中国古代法理、民俗、刑律时几乎无处无时无事不可见礼的影响。当说到古代法理时，我们会想到儒家的经学；说到形成于民间的乡规民约与家法族规时，会想到镌刻在宗庙祠堂中的忠、孝、节、义和几乎遍布中国的旌表牌坊；说到国家颁行的律典时，会想到被后人誉为立法圭臬"一准乎礼，以为出入得古今之平"的《唐律疏议》及"悉斟酌于天理人情之至信""亦为千古之玉律金科"的《大清律例》。②

第二，雅语、俗语及术语并用。在礼治的语境下，中国古代的"法"在面向不同的群体时有着不同的话语。在阐述法理时用经学"雅语"，阐述刑名、罪名之制时用专业化的术语，而在面向民众进行教化时则用通俗的语言。就法理的"雅语"而论，儒家经典中有关法的论述多为后世阐述并追求。《论语》中记述的孔子及门生关涉法律的每一句论述几乎都成为后世立法、司法的准则，比如"道之以政，齐之以刑，民免而无耻；道之以德，齐之以礼，有耻且格"③ "父为子隐，子为父隐，直在其中矣"④ "听讼，吾犹人也，必也使无讼乎"⑤。而成书于战国至汉的《周礼》，托古定制，规划了国家机构的组成与职能。《周礼》所定天、地、春、夏、秋、冬"六官"的组织形式在唐代六部的设置中成为现实。就俗语而言，主要是面向大众，以通俗易懂的语言宣传甚至灌输主流思想所认可的法律价值观。中国古代的乡规民约、家法族规的主要目的在于和睦宗族邻里、弘扬礼乐教化。在古代的乡规民约、家法族规中，我们可以看到古人以最简明易懂的语言阐述礼教的

---

① 《礼记·曲礼》。
② 参见《四库全书总目·史部·政书类二·法令》。
③ 《论语·为政》。
④ 《论语·子路》。
⑤ 《论语·颜渊》。

宗旨。比如北宋时期吕大钧等所作的《吕氏乡约》中有"德业相劝""过失相规""礼俗相交""患难相恤""罚式"等篇目，规定了同族同宗成员日常行为规范，包括祭祀、婚丧嫁娶、敬长爱幼、买卖借贷、互帮互助及违反约定所应承担的惩罚等内容。① 何淑宜在研究元明清江南士人祭祀习惯时指出，明清时随着社会经济的进一步发展、科举制的实行、四民界限的模糊，江南、华中、华南等地：

> 兴起许多标榜以血缘或同姓氏为结合原则的宗族组织，他们共同的特征是纂修族谱、建立祠堂、拥有共同的祭田族产。墓祭与祠堂作为实践人伦秩序主要场域的重要性因之与日俱增。②

其实，自科举制实施后，孔子"有教无类"的理想在很大程度上得以实现。读书成为中国人的生活常态，即使出身贫寒的"耕读人家"也受到社会的尊重。在这种文化环境中，"雅语"为越来越多的人所使用，儒家的经典及对经典的阐述在乡规民约、家法族规中也不罕见。雅语与俗语并用及融合，也是中国古代儒家价值观"大一统"，包括对法的认识大一统的基础。

就专业化的术语而言，从《左传》记载的皋陶之刑"昏、墨、贼，杀"③到《大清律例》一脉相承的对罪名与刑名的解释，使官员非用心读律而不能体悟。学界曾有人认为清律设官吏"讲读律令"条是虚文，因为清代的官员自身并不懂律，审断刑案倚重刑名师爷。这实在是一种误解。清代所留下的大量的官员读律笔记足以证明官员读律的要求并非虚设之文。《清史稿》中也记载了许多官员读律的事迹。比如道光时刑部侍郎戴敦元每日办完公事便"归坐一室，谢绝宾客"而读律例，"奏对有所咨询，援引律例，诵故牍一字无舛误，宣宗深重之"④。清人的笔记中也记载了官员读律的情景，刘禺生《世载堂杂忆》中记载："新到部人员，必在司阅《大清律例》《刑案则例》《洗冤录》等书。"⑤ 而刑名师爷的发达，也说明了律学是极具专业性的。

第三，旌表与惩罚结合，以旌表导向性的话语为主。在儒家经学主导

---

① 一凡藏书馆文献编委会. 古代乡约及乡治法律文献十种. 哈尔滨：黑龙江人民出版社，2005.
② 何淑宜. 香火：江南士人与元明时期祭祖传统的建构. 台北：稻乡出版社，2009：3.
③ 《左传》"昭公十四年"。
④ 《清史稿·戴敦元传》。
⑤ 刘禺生. 世载堂杂忆. 北京：中华书局，1960：15.

下，中国古代社会的法有"惩恶"与"扬善"的双重使命。《尚书·吕刑》言"折民惟刑"，古人释为使民明智而远离刑罚。显然，在古代法律话语中，教化占有主导地位，如沈家本所总结的那样"律设大法，礼顺人情，齐民以刑，不若以礼"①。从王朝颁行的法律，官修的史书、政书，以及地方的乡规民约、家法族规来看，中国古代社会法律最大的特征在"教"而不在"罚"，教的目的在于扬善，而罚的目的在于惩恶。"刑措不用"才是为政者追求的目标。因此，"教以人伦"②的话语渗透于中国古代的法律中。本为帝王将相立传的"二十五史"中的《孝子传》《孝友传》《列女传》《孝义传》《卓行传》等，也记载了许多布衣百姓毕生以礼教为圭臬，甚至以身殉礼的事迹。皇帝对这些人亲自旌表，朝廷为他们免除徭役，地方将他们树为人之楷模。

　　旌表制度以导向性的话语向社会传达了和谐的理念，使社会对荣誉普遍珍视，将人们被动地守法变为主动地遵循礼。人们对荣誉的珍视与舆论的激浊扬清，常常会成为社会风气败坏状况下的救济渠道而平衡社会各方面的关系。一方面，人们可以依据礼教对为政不良、破坏制度的官吏进行讥讽。比如东汉以"举孝廉"为名，为仕宦子弟开辟了入仕的途径。民间对这些依靠父辈血缘入仕的官吏不以为然，便用歌谣来讥讽衣冠士族的无能："举秀才，不知书；察孝廉，父别居。寒素清白浊如泥，高第良将怯如鸡。"③东汉至南北朝时兴起的"清议"之风，其中心内容便是以礼教为标准"品核公卿，裁量执政"④。官吏文士一旦亏损名教，受到"清议"，就会终身为士人不齿。士族公卿若是触犯了舆论，会在仕途上身败名裂。五代是天下大乱之时，时人崇武轻文，恃力而争霸天下，但礼教的观念在人们的心中并未泯灭，相反世人对缺礼少教者的讥讽更为尖锐。后唐昭武军节度使安叔千"状貌堂堂，而不通文字，所为鄙陋，人谓之'没字碑'"⑤。另一方面，法律强调对弱势群体的保护和关怀。比如自西周时起，统治者在立法时就反复强调"不敢侮

---

① 沈家本. 历代刑法考：第4册. 邓经元，骈宇骞，点校. 北京：中华书局，1985：2210.
② 人伦，按《孟子·滕文公》归纳为"父子有亲，君臣有义，夫妇有别，长幼有叙（序），朋友有信"。
③ 《抱朴子·外篇·审举》。
④ 《后汉书·党锢传》。
⑤ 《新五代史·安叔千传》。

鳏寡孤独"①。历代的法律制度也强调官府对穷苦无告的民众的冤屈要格外关心，为他们"做主"。《周礼·大司徒》述地官大司徒之职，其中有：

> 以保息六养万民：一曰慈幼，二曰养老，三曰振穷，四曰恤贫，五曰宽疾，六曰安富。

清经学家孙诒让引《论语》以为"慈幼"，即十四岁以下不从征；引《管子·入国》以为古代庶民养老"年七十已上，一子无征，三月有馈肉；八十已上，二子无征，月有馈肉；九十已上，尽家无征，日有酒肉，死，上共棺椁"。"振穷""恤贫"即救济贫穷无力生产自给自足之人，"宽疾"即由国家收养聋、哑、瘸、肢体残缺者及侏儒。② 中国古代法律中也明确规定官府有收养无依无靠的孤老疾患者的义务，如《大清律例·户律·收养孤老》规定："凡鳏寡孤独及笃废之人，贫穷无亲属依倚，不能自存，所在官司应收养而不收养者，杖六十。若应给衣粮而官吏克减者，以监守自盗论。"

从以上的特点我们可以看出中国古代"法言法语"的"周详"，即在强调权力合法性的同时，也强调对弱势群体的保障；在强调秩序的同时，也强调礼的普遍性，允许民众"议政"，对失礼的官吏进行讥讽；在强调刑不可缺的同时，也强调"刑措不用"的理想。

（五）中国近代法律"看不见中国"的困境

中国古代社会法律话语的特点与古代农耕社会的环境相匹配，是农耕社会法律思维的反映。这种延续了数千年的法律话语体系在近代法律的变革转型中必然会遇到种种困境。当大量基于西方传统的法律话语通过翻译进入中国并成为中国官方认可的法律话语主体时，问题也就随之产生了：官方制定颁行的效仿西方法律的法律文本与中国社会脱节，中国固有的法律话语由于巨大的历史惯性而对由西方输入的法律术语自觉或不自觉地进行了误读，固有与继受的法律话语分裂了自古以来人们对"法"的共识。如何融合固有与继受的两套法律话语，成为近代中国社会达成"法"的共识、确立法治权威的关键。

---

① 参见《尚书·周书》中的"诰"及《吕刑》。
② 孙诒让. 周礼正义. 北京：中华书局，1987.

中国古代法律话语体系与近代由西方输入的法律话语体系显然是源自不同文明的话语系统。尽管近代以来西方的法律话语也随着社会的发展不断被诠释，但这种"诠释"归根到底是一种传统的沿革，而不是传统的中断。如葡萄牙法史学家叶士朋言：

> 现今的法在其用语、概念、体制上均是一个漫长传统的遗留物，在此传统中，罗马法的文本占有中心地位。①

保护私有权与独立人格权的"私法"是罗马法中的精华。编纂于东罗马拜占庭查士丁尼（公元527—565年在位）时期的法学教科书《法学阶梯》第一卷第一篇便言：

> 法律学习分为两部分，即公法与私法。公法涉及罗马帝国的政体，私法则涉及个人利益。这里所谈的私法，包括三部分，由自然法、万民法和市民法的基本原则所构成。②

在私法的语境中，法律核心词"正义"实现的基础是"权利"。在权利的话语体系中，"公共权力"应当受到制约，"个人权利"应当受到保护。这样的法律思维与法律话语对中国人而言是陌生的。陈晓枫、柳正权教授言：

> 若以此权利话语作为参照系，我们认为，中国传统社会的固有法中不具备西方文化语境下的权利概念及相应的法律制度。③

两位教授所言确实有理。不仅如此，在阅读中国古代法律典籍时，我们还会发现中西话语对不同事物有不同描述，有些时候甚至截然相反。比如"权力"一词，从西方先哲的著作中，我们可以看到早在古希腊时期，西方人对权力，尤其是最高权力就充满了戒心；而在中国，"权力"是一个中性词，政治家、思想家更多关注的是掌握"权力"的"人"。对于权利的基础"私"，西方的法律重在保护，而在中国的话语体系中对于"私"一直持否定的态度，法律对"私"的主旨是限制，有时甚至可以剥夺。西方民法自近代输入中国，其概念、思维、理念、话语表达对于中国人来说几乎是全新的，

---

① 叶士朋. 欧洲法学史导论. 吕平义，苏健，译. 北京：中国政法大学出版社，1998：66.
② 查士丁尼. 法学总论：法学阶梯. 张企泰，译. 北京：商务印书馆，1989：5-6.
③ 陈晓枫，柳正权. 中国法制史. 武汉：武汉大学出版社，2012：658.

它较之于中国古代"民法"的表达过于专业。所以,在《大清民律草案》制成上报朝廷时,修订法律大臣俞廉三就预见到"民律之设乃权利义务区判之准绳","实较刑事等律为更难"。

近代以来,中国在效法西方法律时,照搬了大量的西方法律话语,除传统的理念不同外,过于专业的法律话语也无法为民众所理解、接受,甚至社会观念的"诠释者"法官也难免在对法的理解上产生歧义[1],社会对法的认识之乱象成为必然。民国时期的法学家指出的中国法律"看不见中国"的问题已经困扰了中国百余年。[2]

---

[1] 本杰明·N. 卡多佐. 法律的成长 法律科学的悖论. 董炯,彭冰,译. 北京:中国法制出版社,2002:120.

[2] 江照信. 中国法律"看不见中国":居正司法时期(1932—1948)研究. 北京:清华大学出版社,2010.

兼容并蓄的思想理念

中国古代法文明模式中的思想理念的特征极为显著,这就是具有极强的兼容并蓄能力。不仅汉以后的主流法思想能以儒家为本,兼容各家学说而形成博大精深的体系,而且即使在春秋战国学派林立之时,不同学派间的交流与吸收也是司空见惯的。众所周知,儒家的创始人孔子曾问道于道家的始祖老子,自诩为儒家传人的荀子却培养出两个著名的法家人物李斯和韩非。

兼容并蓄的能力在中国古代法文明的"和谐"价值观中表现得尤为突出。这种对"和谐"的追求,来自"乐",来自对大自然的敬畏与效法。另外,中国古代产生过两次"法治"的思潮:一是战国时期的法家法治思潮,二是明末清初启蒙思想家的法治思潮。第二次法治思潮虽与先秦法家有直接的传承关系,比如都承认人性"好逸恶劳",但其底色与本质却是儒家的。兼容儒法传统的法思想理念表现了中国启蒙思想家更新传统的能力。

一、"和谐"观

在中国古代法理念中极为重要、在现实社会中广泛流行的"和谐"观念与"乐"的关系最为密切,故古人称三代社会为"礼乐政治"。但三代之"乐"究竟是什么,后人则知之甚少。

(一)"和谐"与"乐"

在古代中国,和谐与"乐"的联系最为密切。

《礼记·乐记》(以下简称《乐记》)对"乐"作了这样的描述:心有所感而有"声",声分"宫、商、角、徵、羽"五种。这五种声音有高有低,有扬有抑,单出而为"声","声变",即五声组合在一起则成"音","音"即歌曲。"音"配以乐器、舞蹈,组成"乐"。①

乐,对于人类社会之所以重要,是因为其与"政事"相通,是人类区别于动物、进入文明的标志。《乐记》这样阐述人类社会的文明及其发展:

> 知声而不知音者,禽兽是也。知音而不知乐者,众庶是也。唯君子为能知乐。

如果说"音"是人类区别于其他动物的标志,那么"乐"则是人类社会文明成熟的标志。人们可以通过"乐"观察一个社会的兴衰和治乱,即《乐记》所言的"声音之道,与政通矣""审乐以知政"。中国古代的"礼乐政治"或"礼乐文化"由此而来。

乐是音、器、舞的组合,音是声的组合,因此,这种组合体现了"乐"的核心之义,即"和"。唯有"和",才能有"乐"。《乐记》言:

> 乐者,天地之和也。礼者,天地之序也。和,故百物皆化;序,故群物皆别。

所以"和"造就了"乐",而"乐"也体现了"和"。

我们再进一步考察乐与和谐的关系,以探求和谐的原义。

和谐中的"和"字,原本是形容"音正"的,即五音各有高低扬抑,在组合中"发而皆中节谓之和"②。清代经学家孙希旦在解释《乐记》中的"礼以道其志,乐以和其声,政以一其行,刑以防其奸。礼、乐、刑、政,其极一也,所以同民心而出治道也"时,言:

> 乐以养其心,而发于声者乃和,故曰"乐以和其声"。

喜、怒、哀、乐、爱、敬之心,人不能无,"惟感之得其道,则所发中其节,而皆不害其为和矣"。中节的"音"即为《康熙字典》中对"和"的解释:"顺也,谐也,不坚不柔也。"

和谐中的"谐"字为"协调"之义,"谐"与"和"之义大致相同,晋

---

① 参见《礼记集解·乐记第十九之一》。
② 《礼记·中庸》

人杜预在注释《左传》时言："谐，亦和也。"① 对乐而言，"谐"就是将诸音合为一体并使"各得其所"，汉经学家郑玄言："八音并作克谐曰乐。"② "谐"也含有"成"的意思，如《后汉书》记汉光武帝刘秀欲将新寡的女儿湖阳公主许配给大臣宋弘，宋弘对光武帝说："臣闻贫贱之知不可忘，糟糠之妻不下堂。"委婉拒绝。光武帝对公主说"事不谐矣"③，即无法协调而事不成之意。

综上所述，《乐记》开篇这样定义"乐"：

> 凡音之起，由人心生也。人心之动，物使之然也。感于物而动，故形于声。声相应，故生变；变成方，谓之音。比音而乐之，及干戚、羽旄，谓之乐。

不同的声音，配以乐器、舞蹈谓之"乐"。而"和谐"的本义也是协调多种声音、乐器、舞蹈而成为有机的体系。所以，在古人的观念中，和谐即乐，乐即和谐。《左传》"襄公十一年"记晋侯将郑人所送之乐师、乐器的一半转而赏赐给魏绛，表彰魏绛在"合诸侯"中的功劳，晋侯说：

> 子教寡人和诸戎狄，以正诸华。八年之中，九合诸侯，如乐之和，无所不谐。请与子乐之。

杨伯峻先生在"如乐之和，无所不谐"下注"如音乐之和谐"④。

由此而言，乐体现的和谐有以下两层含义：

第一，和谐不是一种声音或一种乐器所能完成的，其是一个体系或系统，即必须是不同的乐器、不同的声音之间相互配合而发出的。若只是一种声音，或只有音而无器与舞，就谈不到"和谐"。所以古人认为，音须"变"而"杂"，方有和谐，方能成"乐"。郑玄解释"音"时说道："宫、商、角、徵、羽杂比曰音，单出曰声。"孙希旦又言：杂糅五声之音尚不可称之为乐，须"比次歌曲（即音。——引者注），而以乐器奏之，又以干戚、羽旄象其

---

① 《春秋左传集解》"襄公十一年"。
② 《十三经注疏·礼记正义·乐记第十九》引。
③ 《后汉书·宋弘传》
④ 杨伯峻. 春秋左传注：三. 北京：中华书局，1981：993.

舞蹈以为舞，则声容毕具而谓之乐也"[1]。和谐的关键是不同的乐器和声音在"乐"中能各得其所，恰到好处地表达或抒发人们的情感，以达到"合和父子君臣，附亲万民"[2]的境界。"乐"的理念，是和谐的理念，而和谐的乐章，一定发自不同的乐器和不同的声音。

"审乐以知政"，君主治国也是如此，一定是多种意见的综合与协调。先秦的思想家、政治家对"和"与"同"的区别，最能反映"乐"的这一理念。齐国晏子对齐君说，君臣之"和"在于"君所谓可而有否焉，臣献其否以成其可；君所谓否而有可焉，臣献其可以去其否"，君臣之"同"则是君谓可而臣亦谓可，君谓否而臣亦谓否。"和"不是"同"，同是一种声音，"若琴瑟之专一，谁能听之"。所以"和"与"同"不一样。[3]用我们现在的话来说，"和"是多种声音的协调、多种意见的统一，而"同"只是对一种声音和意见的盲从和附和。

第二，乐由多种声音构成，可谓"多元"，但这并不意味着多元的"音"在乐中同等重要、没有主次。《乐记》中用子夏之言区别"音"与"乐"的不同。"德音之谓乐"，德音也就是合乎"道"的"君子"之音，而不是"小人"无节制的情感发泄之音，即："乐者，乐（le）也。君子乐得其道，小人乐得其欲。以道制欲，则乐而不乱。"在子夏看来，"正六律，和五声，弦歌《诗》《颂》"的古乐，即为德音。德音为乐，而德音的标准则是"律"。

律为定音之器。《晋书·挚虞传》记，晋武帝时，将作大匠陈勰"掘地得古尺"，而古尺较当时晋所用的尺短近半寸。有人建议说，用"今尺"已经很长时间了，不宜再用古尺校正长短。挚虞则不以为然，他认为古人效法天地自然而定的律（定音之器）、度（计量长度之器）、量（计量容积体积之器）、衡（测定重量之器）是：

> 其作之也有则，故用之也有征。考步两仪，则天地无所隐其情；准正三辰，则悬象无所容其谬；施之金石，则音韵和谐；措之规矩，则器用合宜。一本不差而万物皆正，及其差也，事皆反是。

---

[1] 《礼记集解·乐记第十九之一》。
[2] 《礼记·乐记》。
[3] 参见《左传》"昭公二十年"。

挚虞坚持认为，古人所确定的量物定音的标准之器是"象物制器"而成的，可以使万物各得其所（皆正）。其所言"施之金石，则音韵和谐"，意为只有符合古人的定音标准——律，才有和谐之乐。所以德音是律之"一统"的产物，是乐之正音。

分析至此，我们可以总结出如下结论：乐所体现的和谐模式是"多元"之音与"一统"之"德音"的结合。

（二）和谐理念的发展

乐，可以说是人类社会最古老的政治。乐在人类伊始的社会中有着多种功能：向神表达敬畏之心需要乐，战争的指挥需要乐，族群抒发喜怒需要乐，氏族日常的生活也需要乐。中国古人更是将乐的作用发挥到了极致，即以乐来反映自然界的变化，反映阴阳的消长。乐的基础为"律"，前文已述，律是定音之器，是音"发而中其节"的检验标准。古人之所以将定音之器称为"律"，还有着更为深层的原因，即中"律"之音所反映的是自然界节气的变化。《汉书·律历志》记律按自然界春生夏长秋收冬藏的规律设定十二音，称为十二律（或称六律，即阳六为律，阴六为吕，十二律名称见于《史记·律书》）。律，"所以述阳气"；吕，"助阳气也"[①]。《汉书·律历志》所记的律音，展现了一年四季十二个月的阴阳变化，其是不可违背的自然规律。这种规律，在古人的观念中，尤其在初民的观念中，毋宁说是神意的体现。人间的法度只不过是神意的延伸，所以司马迁在《史记·律书》中开篇即言：

> 王者制事立法，物度轨则，一禀于六律，六律为万事根本焉。

由此，乐沟通了神意与人间的法度，即《乐记》中所说的"声音之道，与政通矣""审乐以知政"。音是否"中律"，乐是否"和谐"，关系到神的庇护与否与族群的兴衰。《乐记》将"音"分为"治世之音"、"乱世之音"和"亡国之音"：

> 治世之音，安以乐，其政和；乱世之音，怨以怒，其政乖；亡国之音，哀以思，其民困。

[①] 《史记·律书》索隐。

在初民社会中，乐在国家的治理及人们的日常生活中有着后人难以想象的重要作用。因为乐是与自然、与神圣沟通的渠道，所以它几乎是当时人们全部的精神寄托。《乐记》言：

> 君子曰：礼乐不可斯须去身。致乐以治心，则易、直、子（慈）、谅（良）之心油然生矣。易、直、子、谅之心生则乐，乐则安，安则久，久则天，天则神。天则不言而信，神则不怒而威，致乐以治心者也。

在此，乐的作用可比拟于宗教，乐是人类心灵与天则、神则相通的枢纽。明代真德秀这样解释礼与乐的关系：

> 礼之治躬，止于严威，不若乐之至于天且神者，何也？乐之于人，能变化其气质，消融其渣滓，故礼以顺之于外，而乐以和之于中。①

乐所到之处，无不和谐：

> 乐在宗庙之中，君臣上下同听之则莫不和敬；在族长乡里之中，长幼同听之则莫不和顺；在闺门之内，父子兄弟同听之则莫不和亲。②

这种重乐的社会，应该是人类社会的伊始阶段，也就是上文说到的人以不仅知"声"而且知"音"为标志脱离了禽兽界而进入人类文明的初始阶段。我们姑且将这一时期的社会治理称为"乐治"时期。

礼，最初作为祭祀鬼神的仪式而成为乐的组成部分，随着人类社会的发展，其演变成社会风俗和秩序。礼、乐的区别在《乐记》中是这样描述的：

> 乐者为同，礼者为异。同则相亲，异则相敬。
> 乐由中出，礼自外作。
> 乐者，天地之和也。礼者，天地之序也。和，故百物皆化；序，故群物皆别。

随着社会的发展、族群的融合、人类社会治理经验的不断丰富，礼乐的内容和含义也处在不断的变化中。众所周知，西周初年周公"制礼作乐"。

---

① 《礼记集解·乐记第十九之二》。
② 《礼记·乐记》。

尽管此后历代统治者对周公"制礼作乐"有着无以复加的肯定和赞扬，但是由于资料的匮乏，我们至今已无法对周公"制礼作乐"的原因和内容进行详细的阐述，只是从对后人追记资料的归纳中，我们可以看出，周初的统治者在夺得政权后，面临着意识形态和统治秩序的双重难题：在意识形态方面，周人必须对商王朝笃信鬼神却又被鬼神抛弃的原因作出令人信服的解释，否则周人统治的正当性就会受到天下质疑；在统治秩序方面，周人的经济发展原本落后于商人，王权远不如商强大，只有利用族人和传统的亲和力，才能稳定政权和局势。所以，周初统治者对以往的制度观念进行了深刻而全面的改革。改革的目的在于为周人的统治寻找理论与制度的支持，而改革的结果是"礼治"或"礼乐之制"取代了"乐治"。这场改革的烈度，用王国维的话来形容，就是"中国政治与文化之变革，莫剧于殷周之际"[1]。笔者认为，西周的礼治体系划分为两大部分：一是"礼义"，即礼的精神之所在；二是"礼仪"，即礼的外在制度表现。礼义所体现的礼的精神正是古乐"和谐"宗旨的延续，西周时期的为政、为国，已然从"乐治"进入了"礼乐之治"或"礼治"时代。从《论语》来看，孔子对周礼的论述远远超过了乐，将西周政治社会模式作为理想的孔子提出的救世之道是"克己复礼，天下归仁"[2]。礼治更换了乐治，显然是因为讲究秩序的礼比注重人心熏陶的乐更好把握。[3] 因为体现人们宗教情感的"德音"唯有德才兼备的君子才能够领悟体会，民众知音而不知乐，乐在国家的治理中缺乏普适性。此外，更有一些失律之音会给国家与社会带来混乱，如"乱世之音""亡国之音"等。与乐治相比，讲求"异""别""序""敬"的礼，更具有普遍性和可操作性，这就是《乐记》强调的"乐"须以"礼"节制方能成"和谐"之音的原因。[4] 身处礼崩乐坏之际的孔子，在总结周人统治经验时，将乐的"和谐"精神纳入"礼治"体系中。孔子的学生有子归纳言：

---

[1] 《观堂集林·卷十·殷周制度论》（王国维遗书：第2册．上海：上海古籍书店，1983．)
[2] 《论语·颜渊》。
[3] 孔子认为，即使周人之乐也不如古乐完善，《论语·八佾》言："子谓《韶》：'尽美矣，又尽善也。'谓《武》：'尽美矣，未尽善也。'"《韶》为舜时乐，《武》为周武王时乐。古乐经春秋战国的礼崩乐坏，又经秦政，已难复兴，故《隋书·律历志》言："汉室初兴，丞相张苍首言音律，未能审备。"可见汉代古乐已经失传，只能复兴礼教。
[4] 《礼记·乐记》言："先王有大事，必有礼以哀之；有大福，必有礼以乐之。哀乐之分，皆以礼终。"即以乐抒发人们的情感，须合于礼，只有合于礼才能恰到好处。

> 礼之用，和为贵。先王之道，斯为美；小大由之。有所不行，知和而和，不以礼节之，亦不可行也。①

原本"和"是乐的核心，而儒家认为和也是礼所要达到的目的，不以礼"节之"的"乐"会偏离"和"音。于是周之礼兼有了"别"与"和"的双重含义，乐的和谐精神也就变成了礼的宗旨。

由初民的乐治，到西周的礼治，乐以养心的和谐精神并没有中断。随着礼的内容的拓展，乐转化为礼义，即"德"。

乐与德，在儒家早期的经典中几乎有着同等的含义。《论语》中的"德礼政刑"在《乐记》中则为"礼乐刑政"。试将两者比较如下：

《论语·为政》：

> 子曰："为政以德，譬如北辰，居其所而众星拱之。"
> 子曰："诗三百，一言以蔽之，曰：'思无邪。'"
> 子曰："道之以政，齐之以刑，民免而无耻；道之以德，齐之以礼，有耻且格。"

《乐记》：

> 故礼以道其志，乐以和其声，政以一其行，刑以防其奸。礼、乐、刑、政，其极一也，所以同民心而出治道也。
>
> 礼节民心，乐和民声，政以行之，刑以防之。礼、乐、刑、政，四达而不悖，则王道备矣。

《论语》中的"德礼政刑"之"德"，与《乐记》中的"礼乐刑政"之"乐"同义，都是发自人内心的神圣情感，即乐治时代的"德音"、礼治体系中的"礼义"。《乐记》自释"乐者，所以象德也"。经学家孙希旦亦言"乐在于示德"②。

由于"乐与政通"，所以乐所体现的"多元"与"一统"的和谐模式渗透到国家治理的方方面面。无论是西周时的礼治，还是汉代以后的礼法并用，"和谐"始终是中国政治和文化的最高境界。孔子将和谐的理念用于治

---

① 《论语·学而》。
② 《礼记集解·乐记第十九之一》。

国，总结为"君子和而不同，小人同而不和"①。开明的统治者及有道德修养的人，可以与具有不同观点和主张的人和睦相处。这种主张既是对西周"明德""保民"思想的总结，也是儒家"民本"理论的基础。中国古代社会中主张君主"兼听"、民众"议政"的思想即源于此。

实事求是地说，这种注重将"和"与"同"相区别的思想，仅仅是先秦儒家的主张。秦以后，统治者在治国中往往更注重和谐模式中的"一统"含义，即强调"德音"的主导地位。秦崇尚法家，"焚书坑儒"，在政治上出现了"琴瑟专一"的状况自不待言。即使汉武帝"独尊儒术"后，也只是有限度地"杂糅百家"，文化上较秦暴政略有宽松。其与春秋战国时期的儒家已有很大的区别，即对和谐中"一统"主导的强调远远胜于对"多元"并存的关注。于是东汉思想家仲长统对和谐的解释也就成了：

> 夫任一人则政专，任数人则相倚。政专则和谐，相倚则违戾。和谐则太平之所兴也，违戾则荒乱之所起也。②

自汉以后，和谐的宗旨体现于乐、礼、政、刑的各个方面。如果用现代社会的语境分析中国古代社会的法，我们很难寻找到相互对应的概念。也许我们可以笼统或勉强地将中国古代法的模式解释为礼乐为其精神、政刑为其规范。从乐治到礼治再到礼法合治，中国古代社会中的法不断变化着的是制度条文，而不变的则是"和谐"精神。

（三）古今法理念的连接

在对中国历史上的"和谐"理念及其发展进行梳理的过程中，笔者感到以往的和谐观念离我们是那么遥远。百余年来，更为我们耳熟能详的是"物竞天择，适者生存"的竞争呐喊。在此，我们不得不承认一个既成的事实，即在中国实现古今法理念的连接是一件十分困难却又必须进行的事情。

说其十分困难，是因为中国古代法近代化的进程充满了坎坷。西方古代的法律随着社会发展的内部需求自然而然地得到了更新，其成为现实法律发展之源和动力，即古代的法在一辈又一辈人的解释中延续、更新、发展。正是这

---

① 《论语·子路》。
② 《后汉书·仲长统传》。

种深厚的法文化的积淀，成就了西方风靡世界的"法治"。而中国社会近代化并非发自社会发展的内部需求，而是被西方殖民主义拖入了近代化的进程。在这个进程中，西方的社会模式成为中国变革的预设目标，也成为判断古代文化的唯一标准。当这个标准用于法近代化变革时，延绵了数千年的古代法成为被批判的对象，自西周以来对历史上的法进行"沿波讨源"式的继承传统中断了，中国古代法没有在近人的阐释中遗留、发展、更新，而是在模仿西法的过程中解体。在失去传统平台的法近代化过程中，古今法理念连接的困境可想而知。但要说明的是，笔者并不认为百余年前的那场法律变革是失败的，因为在当时的国际环境中，效法西方是我们前辈所能做出的唯一的无奈却明智的选择。

说其必须进行，是因为法文明的发展自有其规律。这就是对一个国家、民族来说，文明当然也包括法文明不可能也无须全面地移植，而传统的存在和影响也并不以人们的主观意志为转移。近代以来中国法近代化的坎坷进程已经充分地说明了这一点。当我们拿来西方的法律制度时，传统法理念的影响并不因此而退出历史舞台，其虽然支离破碎却顽强地影响着外来制度在本土的实施。正是因为缺少像西方近代化进程中那种对古代法的整理与阐释，直到今天我们尚能明显地感到某些"西法"与"中土"的不服。这种水土不服的原因在于中国近代以来在对法文化的培植中过于忽视传统的因素，这个"忽视"无疑已经在某种程度上给法的发展带来了困境。此外，现今的国际环境与百余年前已经有了很大的不同，我们的选择不再唯一且无奈，所以连接古今法理念就成为必须。这种连接是法文明自身发展规律的需要，是克服困境最佳的选择。当然，古今法理念的连接，不是一蹴而就之事。因为其需要正本清源，需要对古代法理念进行具体且客观的梳理与解释，以寻求其与现代社会和现代法理念的契合处，使传统法成为发展的动力而非包袱。由于种种原因，中国古代法文明模式在由古代向近代转变的过程中，重视对西方法律的学习与吸收，而忽视了对古代法律的阐释、发掘与继承。直到今天我们才充分地认识到传统法律的构建、古今法理念的连接对现实法律发展的重要性，正如恩格斯所说："没有希腊文化和罗马帝国所奠定的基础，也就没有现代的欧洲。"[①] 同样，在中国这样一个历史文化悠久的国度中，没有对

---

① 马克思恩格斯选集：第3卷. 3版. 北京：人民出版社，2012：561.

以往历史的总结和继承，现代社会也就难以寻找到符合自身特点的发展模式。古今法理念的连接，是传统法律构建的有机组成部分，其目的在于通过对古代法理念的阐释，寻找到古今法律的契合点，将古人的法律追求和智慧变为现实法律发展的基石与动力。

通过对中国古代"和谐"理念演变的梳理，我们可以体会到和谐在中国古人的理解中，是"一统"与"多元"的有机结合。在一统与多元相协调时法才能正常运转。用我们现在的思维方式分析，在和谐的理念中，有权力的统一，也有对权利的维护，其中"度"的把握十分重要。自秦以后，对权力的强调是中国古代思想中的主导，因而这种和谐必然建立在人们的"忍让"自律基础上，对权利难免有所损害。这是我们如今在提倡和谐理念时所必须注意的。然而，我们还应该认识到，"和谐"作为一种理想，是古今人类社会共同追求的目标。古代先贤对"和谐"的主张与实践未必不可以为现代社会所借鉴。比如先秦时期对立的儒、法两家，儒家主张的是"以理服人"的王道式和谐，法家主张的是"以力服人"的霸道式和谐。与法家相比，儒家更偏重民意，即和谐体系中的多元；而法家更注重君权，即和谐体系中的"专一"。现代社会的和谐也离不开这两种因素，即在保护人们应有的多元化的权利基础上，达成社会的共识，形成整体的和谐。

就法律而言，具有中国传统特色的一些法律制度为"和谐"理念的实践提供了历史的经验，比如，在国家、民族间的交往中反对以强凌弱，强调相互尊重，"入乡随俗"。《唐六典·大理寺鸿胪寺》记，唐代中央专设"典客署"掌管对外的交往，"凡酋渠首领朝见者，则馆而以礼供之"。在社会及家族中，强调对弱势群体的体恤，反复强调"不敢侮鳏寡孤独"[①]。历代法律明确规定官府有收养无依无靠的孤老疾患者的义务。和谐的理念在一些司法过程中体现得更是淋漓尽致。元人张养浩《为政忠告》中总结了中国古代裁断民事纠纷的经验，认为"亲族相讼，宜徐而不宜亟，宜宽而不宜猛。徐则或悟其非，猛则益滋其恶。第下其里中开论之，斯得体矣"[②]。明代被郡人称为"明日来"的松江知府赵豫将"宜徐而不宜亟"发挥到了极致，因而深得郡人的爱戴。《明史·循吏传》记：

[①] 参见《尚书·周书》中的"诰"及《吕刑》。
[②] 史学指南（外三种）. 杨讷，点校. 杭州：浙江古籍出版社，1988：284.

>方（赵）豫始至，患民俗多讼。讼者至，辄好言谕之曰："明日来。"众皆笑之，有"松江太守明日来"之谣。及讼者逾宿忿渐平，或被劝阻，多止不讼。

及赵豫任满，郡民五千余人"列状乞留"。"明日来"这种裁断方式之所以受到人们的认可和赞扬，不仅仅是因为它体现了裁断者的智慧，更重要的是因为其对人情世故有着切实的体察。如此裁断避免了公堂上的冲突，运用得当，也不失为维护和谐的方法。

其实，在和谐理念主导下，古代法律对罪犯的怜悯和对讼事的和缓处理，其意义不只是稳定了社会，更深远的影响在于这种法文明体现了当时社会发展阶段所能做到的最大限度的对人的尊严的维护和对人性向善的希望。

产生于"乐"中的和谐，经过了西周礼治时代、汉以后礼法并用时代的阐释而不断更新，"礼乐政刑综合为治"的法体系、纠纷的多种解决方式、体恤弱势群体等更是中国古代法律和谐理念的反映。这种和谐的理念给中国带来过安定，也带来过压抑；带来过整体的发展繁荣，也带来过局部、个体的牺牲；带来过生活安定的保障，也带来过对权利的损害。但无论如何，和谐理念中所蕴含着的兼顾社会各方利益、导人向善、运用多种方法治理国家的宗旨和智慧，即使在现代社会中也具有生命力和借鉴的意义。

二、中国古代的两次"法治"思潮

中国古代法治思想的发展有过两次高潮：一是春秋战国时期法家法治理论的出现与秦对法家法治思想的实践。我们姑且称之为"法家法治"。二是明末清初启蒙思想家更新传统思想，提出以"天下之法"取代"一家之法"的主张。相对于"法家法治"而言，我们姑且称之为"新法治"。这两次法治思潮都发生在历史的变革关头，都对历史的发展起到了推进的作用，但是就其实质内容而言，两者却大相径庭。法家法治要构建的是一统专制的帝国，维护的是帝王的权力——这在当时无疑具有进步的意义，但是与近代以来的法治主义南辕北辙。明末清初的新法治思潮在反思历史的基础上，强调"民本"思想，已然带有了近代民主思想的色彩。就其影响而言，新法治思潮远不如法家法治思潮持续的时间长，也不如法家法治思潮影响深远，其局限于思想学术界,未及发展成社会的运动而夭折。探索这两次法治思潮的内容及成败,对于我们今天的法治发展不无裨益。

(一)"一家之法":法家法治思潮

众所周知,春秋战国是"礼崩乐坏"的时期,而礼崩乐坏为法家法治开辟了道路,当富有人情味的"礼治"体系被突破时,法治学说便乘此东风而得到迅速的发展。制定条文准确而又规范划一的法律制度成为治理国家的首要手段。诚如梁启超所言:

> 逮于春秋,社会形势一变,法治主义应于时代之要求,而句出萌达。于是,各国政治家咸以编纂法典为当务之急。①

春秋战国是"以法代礼"的时期,也是法家法治思潮形成发展的时期。公元前536年郑国的执政子产一改传统的做法,将新制定的刑书铸于鼎上,公之于众,使新兴的法律与以往"礼治"下的礼制与刑罚有了划时代的区别。② 战国继续了这一法治发展的趋势,公布法律、实行变法已经成为大势所趋。魏国著名法家代表李悝总结了各国的立法经验,作《法经》。《晋书·刑法志》记载,《法经》的体例为六篇,集各国变法之大成。李悝之后,各国政治家也纷纷以制定、公布法律为变法开道,齐国邹衍"谨修法律而督奸吏"③,商鞅在秦国以《法经》为基础实行变法取得了全面的胜利,秦国由一个落后的诸侯国一跃而成为关东六国的劲敌。

与变法及公布法律相伴而来的是法家法治思潮,法家认为与礼相比,法治有明显的优势。归纳起来,法家法治有以下三方面的内容。

1. 强调法治的优越性与必要性

首先,法家认为法治背景下,刑具有公开性。无论是"铸刑书",还是制定《法经》,其形式都是将法公之于众。这种将刑的运作置于公众视野监督下的制度,其公正性无疑是礼治所不能比拟的。在礼治体系中,"昔先王

---

① 《饮冰室文集之十六·论中国成文法编制之沿革得失》。(梁启超. 饮冰室合集:文集之十六. 北京:中华书局,1989:8.)
② 《左传》"昭公六年"记:"三月,郑人铸刑书。"
③ 《史记·田敬仲完世家》。

议事以制，不为刑辟"①，定罪量刑须以礼治的精神为原则，"议"而后定。因此，礼治背景下的"刑"无公开、公正可言。法治则不然，因为法治背景之下，法（制度）是公开的。韩非给法下的定义是：

> 法者，编著之图籍，设之于官府，而布之于百姓者也。②

法的公开，使"万民皆知所避就"③，而且可以使"吏不敢以非法遇民，民不敢犯法以干法官也"④。在法治背景下，法又是客观的。法家认为法是国家颁布的客观的言行准则，其所代表的是大多数人的"公"利。齐法家将法作如下比喻：

> 尺寸也，绳墨也，规矩也，衡石也，斗斛也，角量也。⑤

一言以蔽之，法是国家的权衡、人们行为的准则，其不允许任何人挟"私"而随意轻重。法的公正性还表现在法家主张的"法不阿贵""刑无等级"上，即韩非所言："刑过不避大臣，赏善不遗匹夫。"⑥公开、客观、公正是法治优于礼治之所在。

其次，法家认为法治比礼治更简单易行，易于操作，对治理乱世可以起到立竿见影的效果。在法家眼中，儒家烦琐的道德说教对拯救乱世、安民治国来说如同儿戏。儒家要建设的道德王国在"人多物寡"的春秋战国之世，在人性膨胀、趋利避害的兼并竞争时代是可望而不可即的幻想。韩非认为提倡礼治、道德不仅于事无补，而且隐患无穷。他提出：

> 古今异俗，新故异备。如欲以宽缓之政，治急世之民，犹无辔策而御駻马，此不知之患也。⑦

拯救乱世，唯有"定分止争"，而"定分止争"的最佳方法莫过于法治。商鞅与慎到几乎用了同样的例子与语言说明天下争战不休的原因：

---

① 《左传》"昭公六年"。
② 《韩非子·难三》。
③ 《商君书·定分》。
④ 同③.
⑤ 《管子·七法》。
⑥ 《韩非子·有度》。
⑦ 《韩非子·五蠹》。

> 一兔走，百人逐之，非以兔［为可分以为百，由名分之未定］也。夫卖［兔］者满市，而盗不敢取，由名分已定也。①

定分才能止争，才能建立起秩序。儒家的圣人"制礼作乐"，道家的圣人"随其自然"，而法家的圣人则"设法立制"而"定名分"。商鞅言：

> 故圣人必为法令置官也、置吏也，为天下师，所以定名分也。②

法治不仅有"定分止争"的功能，而且简单易行，"以法治国，举措而已矣"③。君主只要遵循法令，违法者罚，遵法者赏，天下便可以达到治理。法治使君主从复杂的人情网中解脱出来，不必整日埋头于道德环境的营造与自身的修养，而将精力放在发展国家实力上。蒋礼鸿评商鞅富国强兵之道时言：

> 商君之道，农战而已矣。致民农战，刑赏而已矣。使刑赏必行，行而必得所求，定分明法而已矣。他无事矣。④

最后，法家认为，法治较人治更有利于社会的长期稳定，法治可以确保国家的长治久安。针对春秋战国时的法治思潮，儒家认为举贤人与建法制相比，前者更为重要，因为国家的安危实系于君主一身。有了贤人，才能有好的法律；有了贤人，法律才能得到准确的执行。此外，儒家不相信世上有万全的法律，法律的漏洞需要有素质的人去弥补。鉴于此，儒家更注重统治者的自身修养与表率作用。人治相对法治而言，更符合儒家的理想。法家对儒家的贤人政治亦持否定态度。法家认为，人治将国家的兴衰存亡完全系于君主一人身上是不明智的，因为君主大都为中庸之材，尧、舜那样的圣君与桀、纣那样的暴君都是"千世而一出"。法治提倡"缘法而治"，正是以中庸之主治理天下为前提的，制度越完善，天下的治理就越长久。若"废势背法而待尧、舜，尧、舜至乃治，是千世乱而一治也"。有尧、舜则治，无尧、舜则乱，天下势必处在长久的混乱之中。相反，若君主实行法治，中庸之主

---

① 《商君书·定分》。方括号内的字据《治要》补，参见蒋礼鸿. 商君书锥指. 北京：中华书局，1986：145。
② 《商君书·定分》。
③ 《韩非子·有度》。
④ 蒋礼鸿. 商君书锥指. 北京：中华书局，1986：19。

亦可"缘法而治",只有"桀、纣至乃乱,是千世治而一乱也"。法治与人治的区别就在于:任人治则必待如尧、舜那样的贤君出而治,是"千世乱而一治";任法而治也须待桀、纣那样的暴君出而乱,故是"千世治而一乱"①。不仅如此,法家进一步论证道:即使如尧、舜那样的圣君贤人,也不可以只依靠个人品格、才能去治理国家,就如同能工巧匠在工作时也离不开规矩、绳墨一样,圣君贤人也要依靠法律去治理天下。

2. 强调历史发展的规律,阐述实行法治的必然性

法家认为历史的发展自有其规律,是不以任何人的意志为转移的。同时,他们还认为"好利恶害"是人类无法改变的本性。② 但值得注意的是,法家并不将"好利恶害"的人之本性视为"恶",而是强调国家的治理应该顺应人性。法家对"好利恶害"的人性不仅不悲观,反而窃喜,以为正是因为人性有好恶,所以"民可治也"③。治民的方法就是顺民好恶之性,设法立制,实施法治。根据人性,法家得出了"威势之可以禁暴,而德厚之不足以止乱"④ 的结论。

首先,法家认为实行法治是历史发展的必然结果。战国后期法家集大成者韩非继承了前期法家对历史的划分,将历史的发展大致划分为上古、中世、当今三个时期,并指出各代的不同特色:

> 上古竞于道德,中世逐于智谋,当今争于气力。⑤

法家认为,不同的时代有不同的治国方式。若以上古的"道德"治理中世或当今之世,必为后人所笑。针对儒家赞美的尧、舜圣王之道,韩非论道:"然则今有美尧、舜、汤、武、禹之道于当今之世者,必为新圣笑矣。"⑥ 法家告诫世人,"法古则后于时"⑦,即抱着传统不放,以上古、中世之道行于当今的人必然会被时代所抛弃。法家主张顺应历史潮流,变法图强。用韩

---

① 《韩非子·难势》。
② 《商君书·错法》:"人君(生)而有好恶……好恶者,赏罚之本也。夫人情好爵禄而恶刑罚……"
③ 《商君书·错法》。
④ 《韩非子·显学》。
⑤ 《韩非子·五蠹》。
⑥ 同⑤.
⑦ 《商君书·开塞》。

非的话来说就是:"明主之国,无书简之文,以法为教;无先王之语,以吏为师;无私剑之捍,以斩首为勇。是境内之民,其言谈者必轨于法"①。法家对历史发展规律的分析,无疑宣告了礼治时代的结束与法治时代的到来。

其次,法家还认为实行法治是人性的必然产物,因为"好利恶害"是人之本性。齐法家举例说:商人不辞劳苦,夜以继日地奔波各处,是因为"利在前也";渔夫不畏深海巨澜,宿夜于船上捕捞,是因为"利在水也"②。法家断言,世上绝没有儒家所宣扬的那种无缘无故的忠、孝、节、义等道德。父母子女、君臣百姓之间的关系都可用"利""害"二字解释,比如君臣之间不过是"臣尽死力以与君市,君垂爵禄以与臣市"③。在赤裸裸的利害关系中,君主以礼、以德去治理国家,无异于负薪救火、扬汤止沸。

在从人性方面论证法治的必要性时,战国中期以前的法家有一个明显的缺陷,这就是他们没有解释历史上为什么存在过"礼治",而且在"上古"及"中世"时,礼治都取得过令人羡慕的成绩。上古、中世时代,人们好利恶害的本性为什么未引起争乱。战国后期的韩非用"人口论"弥补了这一缺陷。韩非认为,德治、人治、礼治只适用于物质极大丰富的古代。物质的丰富使百姓不必争抢便可生活得很安逸,所以统治者也无必要处心积虑地设法立制以治民。而"当今之世",人口的急剧增长使物质相对贫乏,而物质的贫乏刺激并膨胀了人们好利的本性,道德感化、礼乐教化及统治者的自律在膨胀了的人性面前失去效用,不用严刑峻法不足以止乱。④ 人口的发展、人性的制约,使法治不仅成为必要,而且成为必然。

3. 强调法治具有礼治无法比拟的可行性

法家法治理论在春秋战国形成思潮并为各国君主所接受的原因在于,其具有极强的实用性和可操作性,即法家为法治的推行设计了种种实现的途径。这是其他学派望尘莫及的。法家认为,要实行法治必须具备以下条件:

---

① 《韩非子·五蠹》。
② 《管子·禁藏》。
③ 《韩非子·难一》。
④ 《韩非子·五蠹》:"古者丈夫不耕,草木之实足食也;妇人不织,禽兽之皮足衣也。不事力而养足,人民少而财有余,故民不争。是以厚赏不行,重罚不用,而民自治。今人有五子不为多,子又有五子,大父未死而有二十五孙。是以人民众而货财寡,事力劳而供养薄,故民争,虽倍赏累罚而不免于乱。"

首先，立法要完善，将国家运行与社会生活皆纳入法的轨道。齐法家认为："宪律制度必法道，号令必著明，赏罚必信。"① 从考古发掘的战国时期的秦律竹简来看，在法家法治理论指导下形成的秦国法律确实十分完备，用秦始皇自诩的"皆有法式"② 来形容并不过分。

其次，必须树立法律的权威，严格依法办事。为了树立法律的权威，商鞅提出"一赏""一刑""一教"③。一赏，就是要求君主出于公心，只赏有功于农战、有功于国家的人，而不可"爱其私"以破坏法制。一刑，就是要求君主依照法令惩处违法之人，而不可随意轻重。一教，就是要求君主取缔一切与法令不相合的言论学说，用法统一人们的思想。法家虽然认为君主的权力至高无上，但同时也反对君主以个人喜怒而违法破律。他们指出，君主以喜怒治国是天下混乱、百姓怨恨的原因：

> 君人者，舍法而以身治，则诛赏予夺从君心出矣。然则受赏者虽当，望多无穷；受罚者虽当，望轻无已。君舍法而以心裁轻重，则同功殊赏、同罪殊罚矣。怨之所由生也。④

再次，君主必须善于并准确地运用赏、罚，以赏、罚为杠杆推动法治的实行。法家认为赏与刑是君主手中的"二柄"⑤。有功必赏、有罪必罚是君主治臣、治民的基本原则。在赏、罚的运用上，法家强调应"厚赏重罚""少赏多罚"。厚赏，可以使民心甘情愿地为君、为国效死力；重罚，可使民知国法的威严，因而不敢冒犯。也只有厚赏重罚才能充分利用人们的好利恶害之心，使人们不惜一切代价追逐奖赏并宁死也不敢触犯法律。这就是商鞅所言的"赏厚而利，刑重而威必"，"诛赏之法不失其议，故民不争"⑥。

最后，君主必须"以法为本"，法、势、术三者结合。法家认为，法应成为君主治国的原则，这就是"言行而不轨于法令者必禁"⑦。法也是君主衡量官吏的标准，官吏无论其人品、才能如何，以守法为贵。在"以法为

---

① 《管子·法法》。
② 《史记·秦始皇本纪》。
③ 《商君书·赏刑》。
④ 《慎子·君人》。
⑤ 《韩非子·二柄》。
⑥ 《商君书·修权》。
⑦ 《韩非子·问辩》。

本"的原则基础上,君主还必须具有能够推行法治的"势"(权势)与"术"(办法),这就是法、势、术结合。韩非总结了前期法家思想后,认为:

> 抱法处势则治,背法去势则乱。①

除法、势结合外,法家还强调法与术的结合,认为"徒术而无法,徒法而无术"皆无法达到天下的治理。② 术,是指治国的方法与推行法治的技巧。韩非认为申不害虽精于术,但"不擅其法,不一其宪令,则奸多"③。商鞅虽重视法令,但"无术以知奸"④,以致聪明反被别人利用,自己落了个被车裂的下场。因此,术不仅是推行法治的保障,而且是君主得以自保的方法。

公元前221年,漫长的儒法之争终于以法家的法治胜利而告结束。推行法家法治理论最为坚决、变法最为彻底的秦统一了中国,一个不同于夏、商、西周分封制的新型政权诞生了。统一后的秦王朝,继续以法家法治理论为指导,崇尚法治,实行重刑。陶醉于胜利之中的秦统治者迷信法家法治达到了顶点。秦始皇根本没有意识到法家法治的致命弱点:严酷的刑罚激化了社会矛盾,使人们视君主为寇雠。重刑主义及法、势、术结合的思想使法治变为君主主导下的"刑治",法成为君主权力的附庸、君主维护自身利益的御用工具。这也是黄宗羲将秦以后的法称为"一家之法"的原因。

(二)"天下之法":明末清初的新法治思潮

自儒学被汉代统治者奉为正统后,法家法治遂被逐出庙堂,法治不仅受到汉代思想家、政治家的批判,而且受秦暴政之累,在两千年的历史中遭到全社会的反感并被疏远。时至明末清初,思想界出现了新的气象,在儒家民本传统思想的基础上产生了具有近代启蒙意义的思想。以黄宗羲为代表的启蒙思想家的理想是要变"一家之法"为"天下之法",启蒙思想家的"新法治"是对"法家法治"的反动。新法治的主要内容有以下几点。

---

① 《韩非子·难势》。
② 参见《韩非子·定法》。
③ 《韩非子·定法》。
④ 同③.

1. 变"一家之法"为"天下之法"

"天下者,非一家之私"是启蒙思想家的基本政治主张。

黄宗羲分析了原本为天下人的天下之所以落入君主手中的原因,提出了"一家之法"与"天下之法"的概念。黄宗羲认为,"三代已下",也就是秦以来的法,尽为一家之法,一家之法是法家法治的本质,其核心是将帝王一家一姓的利益置于天下人的利益之上,使视天下人为草芥的君主制度"合法"化。法家法治将天下之权归于君,将天下之利归于君,以君主之大私为天下之大公,本为天下之主的天下之人在一家之法的束缚下成为君主的"奴仆"。法家法治以君主的是非为是非,随君主喜怒的变化而变化,如"秦变封建而为郡县,以郡县得私于我也;汉建庶孽,以其可以藩屏于我也;宋解方镇之兵,以方镇之不利于我也"①。从一家之法中,看不到一丝一毫为天下、为民众的公心,法家法治实际上成了天下人的桎梏。这种剥夺天下人利益的一家之法,在黄宗羲眼中是"非法之法"。而"天下之法"是将天下之利归诸天下之人的法,"天下之法"的社会就是黄宗羲憧憬的新法治社会。

黄宗羲对君主制和维护君主制的"一家之法"进行了尖锐的批判:

首先,他认为君主制是造成天下苦乐不均的根源。在君主制下,日夜劳作的百姓饥不得食,寒不得衣,劳不得息。终日无所事事的达官贵人却享尽荣华富贵,为所欲为。一家之法使苦乐不均的制度合法化,故为"非法之法"。

其次,君主高度集权是造成天下战乱不息的根源。一家之法将天下人的天下藏于君主的"筐箧"之中,其利所在,天下人所共知。为了争夺天下,战争不可遏制。君主为保君位,更是不惜将天下人置于战争的苦难之中。一家之法使天下生灵涂炭,故为"非法之法"。

最后,一家之法将皇帝变成了孤家寡人,皇位无时无刻不被人觊觎,宫廷政变、宦官专权、骨肉相争无法避免。皇室宗族"远者数世,近者及身,其血肉之崩溃在其子孙矣"②,一家之法最终连帝王的家族与帝王自身都无法保全,故为"非法之法"。

鉴于此,黄宗羲认为,要端正君民的关系,首要之务是要铲除"一家之

---

① 《明夷待访录·原法》。
② 《明夷待访录·原君》

法",建立将天下之利归于天下之人、"天下之法"盛行的新法治社会。

2. 变"有治人,无治法"的人治为"有治法而后有治人"的法治

新法治理论颠倒了传统的"人治"与"法治"的关系。在中国古代社会中,无论是主张人治的儒家,还是主张法治的法家都不否认帝王至高无上的地位,法家法治强调的是君权之下的法治,法律面前的平等最终演变为皇权下的平等。儒家人治论则认为"有治人,无治法"[1] 是千古不易之理。而黄宗羲对皇权至上持有否定态度自不待言,对"贤人治国"亦持怀疑态度。针对根深蒂固的人治观念,黄宗羲明确地说:

> 论者谓"有治人,无治法。"吾以谓有治法而后有治人。[2]

黄宗羲所言的"治法",从概念上说已与传统的法有所不同。黄宗羲认为,以往的法是一家之法,在一家之法的桎梏下,人才难以脱颖而出,即使有能治之人亦然:

> 终不胜其牵挽嫌疑之顾盼。有所设施,亦就其分之所得,安于苟简,而不能有度外之功名。[3]

只要不废除一家之法,就不会有"治人"(贤人)的出现。黄宗羲认为,人才的标准首先是其能为天下人服务,这在一家之法的统治下是无法做到的。因为一家之法使人才变为帝王一人的奴仆而无法服务于天下。只有天下之法盛行之时,才能出现真正为天下人谋利的人才。有了天下之法,才有了人才的用武之地。天下之法不仅有利于人才发挥才能,而且还能助中庸之主治理好国家,遏制恶人为奸。

由此可以看出,黄宗羲"有治法而后有治人"的法治思想与法家法治有着本质的区别。因为他否定了帝王凌驾于法律之上的权力,君与民由此而被共同纳入"法治"的范畴。法律面前人人平等的观念在此已经萌芽。

3. 限制君权,加强宰相、大臣与地方的权力

在启蒙思想家的"天下之法"的法治蓝图中,君民关系的平等打破了传统政治的格局,因而君与臣、中央与地方的关系都不可避免地发生了变化。

---

[1] 《荀子·君道》。
[2] 《明夷待访录·原法》。
[3] 同[2].

在启蒙思想家看来,臣与君"名异而实同"。君为民而设,臣亦为民而设。臣应是:

> 出而仕也,为天下,非为君也;为万民,非为一姓也。①

因而迎合君意不可谓臣,杀身殉君不可谓臣。以往所强调的"君为臣纲"将臣变成了一家一姓的奴仆,这正是君主制度下人才的悲哀。黄宗羲认为,新的君臣关系应是师友的关系。臣不以君主的是非为是非,而以天下的兴亡为己任。在新法治的社会中,因为君臣关系平等,君权被大大削弱。

黄宗羲设计的君相关系是新法治社会中君臣关系的典型。君主之下的宰相已不是往日一人之下、万人之上的一身二任的奴仆和权贵,而是与君权制衡的政府首脑。新法治社会中的国家机构是君下设宰相一人,主理政务;参议政事数人,因事而设,无定员。宰相与参议政事应"每日便殿议事"。下设六科给事中,主管百官的奏章,择其可用者进呈宰相,宰相再以此告知天下,并与天下人同议可否。宰相开府,下设政事堂,政事堂由新进士或暂无官职的待诏者主之。宰相权力的加强,大大削弱了君主强权政治。②

就中央与地方的关系而言,启蒙思想家一致主张因地因俗而设法,地方应有一定的自治权,突破了"大一统"的传统模式。王夫之"分权"而治的模式是:"天子之令不行于郡,州牧刺史之令不行于县,郡守之令不行于民。"③地域不同,习俗不同,则法不同,以此来体现法为万民之意。黄宗羲在《明夷待访录》的《方镇》篇中更是一反传统的君主集权制度,认为:

> 唐之所以亡,由方镇之弱,非由方镇之强也。

他建议在较为边远的地方设立方镇,方镇的属官由方镇自行聘任,上报中央备案。中央不干预方镇的经济军事,田赋商税任其自行征收,兵甲任其自行组建,甚至政教张弛都可"不从中制"。方镇对中央的义务是"每年一贡,三年一朝"。黄宗羲所言的方镇与古代社会的方镇已完全不同。君主制下的方镇是中央集权的异化物,其本是中央为加强对地方的控制而设,但方镇的力量一旦发展到一定程度,便会反过来对中央集权形成威胁。当中央权

---

① 《明夷待访录·原臣》。
② 参见《明夷待访录·置相》。
③ 《读通鉴论·卷十六》。

威削弱后，方镇便会群起逐鹿，将国家推向战争，"分久必合，合久必分"的动荡因此而不可避免。而启蒙思想家主张的新法治社会中的方镇，是因一方之地、为一方之民而设，其目的在于保一方安宁。因而它可以克服"强弱吞并"的专制之弊，有效地体现民意。新法治社会中的方镇，可以解中央政府对边远地区"鞭长莫及"之忧，可以使地方官府专心致力于一地的发展与建设，避免以强凌弱、争夺皇权的战争。地方权力的加强，对天下有五利：

> 统帅专一，独任其咎，则思虑自周，战守自固，以各为长子孙之计，一也。
> 一方之财自供一方，二也。
> 一方之兵自供一方，三也。
> 各有专地，兵食不出于外，即一方不宁，他方宴如，四也。
> 外有强兵，中朝自然顾忌。山有虎豹，藜藿不采，五也。①

黄宗羲以相权、臣权限制君权，以地方分治削弱中央集权的制度设计，最终目的在于使民意可以有渠道充分地表达。

4. 学校议政，是非公诸舆论

启蒙思想家新法治的蓝图是以法保护而不是剥夺天下人的利益，人们从法律中得到的不再仅仅是秩序的约束，更是利益的给予。传统的"治人"（人治）之具成为人们权利的保障，而服务于天下之人的天下之法必以天下人的是非为是非。因此，以舆论制约政治是新法治社会的重要特色。根据传统的经验，启蒙思想家认为，天下是非舆论集中体现于学校之中，欲知天下人之意，必须重视并发挥学校的"议政"作用。

黄宗羲在《明夷待访录》的《学校》篇中详细论述了学校在新法治社会中应有的作用与地位。上古之时，学校的设立不仅仅为"养士"，即培养人才，学校最重要的作用在于代表民众议论是非，因此：

> 天子之所是未必是，天子之所非未必非，天子亦遂不敢自为非是而公其非是于学校。

君主制确立后，学校议政的传统被抛弃，天下无不以天子的是非为是

---

① 《明夷待访录·方镇》。

非，学校议政的权利被剥夺殆尽。于是，东汉曾有三万太学生"危言深论，不隐豪强"，要求解除党锢；宋代主战派李纲遭贬后，诸生"伏阙挝鼓，请起李纲"。这实为上古学校议政的遗风。黄宗羲认为，当时太学生的是非舆论代表了天下人的利益。若东汉朝廷能听太学生之言，解除党锢，则君主可安；宋朝廷若能顺应民意，起用李纲，则江山可保。但遗憾的是，在君主制下，学校的议政不仅得不到朝廷的响应，反而得罪于当局。学校因而逐渐成为"科举嚣争，富贵熏心"的场所。

天下之法将恢复是非"公于学校"的传统。为此，黄宗羲建议学校长官——太学祭酒的地位应与宰相并重。天子、朝臣每月初一应到太学听祭酒讲论时政：

> 政有缺失，祭酒直言无讳。

地方应设郡县学，由学官主持。每月初一、十五郡县官应至学府听学官讲学。对郡县官的不当行为，学官有责任"小则纠绳，大则伐鼓号于众"。更为新颖的是，黄宗羲理想中的学校是独立于朝廷的机构，其长官不由朝廷与官府任命，而由众人推举产生。郡县学官由"郡县公议，请名儒主之"，太学祭酒则应推举当世大儒或致仕宰相担任。独立于朝廷的学校才能保证舆论的独立与公正，才能充分发挥出舆论的监督作用。

启蒙思想家的新法治蓝图是批判传统的产物，但同时又是继承传统的产物，对学校在政治上寄予厚望即为对传统思想的弘扬。中国自古号称"礼仪之邦"，孔子以"师"之名而荣登千古圣人的宝座，天、地、君、亲、师在人们心目中，唯有"师道尊严"可与君权的威严相提并论。因此，在中国欲制约君权，非师莫属。以学校监督朝政，是中国古代"分权"的最佳途径。其可以利用士人的议政来制止权力的过分膨胀，更主要的是有利于人们对削弱君权这一崭新思想的心理承受，改变人们无限崇拜权力的习惯。与"师"相比，"法"在中国古代始终处于名轻实重的地位，黑暗的司法现实使人们对言法者深恶痛绝。商鞅、韩非、秦始皇皆因重视法治而留下千古骂名。历史的发展也屡屡证明，法网滋彰之日，便是乱世亡国之时。启蒙思想家区别了"天下之法"与"一家之法"，但启蒙思想家由于从传统中无法找到"天下之法"的具体模式，所以只是笼统地论述了"天下之法"的根本原则。在启蒙思想家的法治国中，以教代法是其最突出的特色：教化流行之时，便是

"天下之法"建成之日。因此，启蒙思想家的法治在区别于传统法治的同时，与我们今天所讲的法治亦有所不同。

君权有限，教化流行，制度简化，人的素质提高，这就是启蒙思想家理想的新法治社会。最可宝贵的是，在启蒙思想家的新法治社会中，法治并不以烦琐周备的条文作为标志，更不是以法家法治的"重刑"主义为特征，而是以社会的安定与人们的福祉作为最终目标，由此也许可以避免人沦为制度的奴隶。这也正是中国古代法文明遗产中的精华所在，其对我们现实中的法治发展以及对世界其他国家和地区的法治也不无借鉴意义。

（三）两次法治思潮的启示

当我们梳理法家法治与新法治思潮的发展沿革时，会发现中国的启蒙思想家在弘扬民本传统时的主要阻碍恰恰来自法家法治。这一历史现象给我们的启示是：在寻找现实中法治发展的传统动力时，我们也许应该首先对历史上发生的两次法治思潮进行反思。

1. 对春秋战国法家法治思潮的评价

梁启超关于"法治主义"的定义是："能大有造于国家者，非仅恃英雄圣贤自身之力，而更赖有法以盾其后也。"[①]

梁启超又认为，中国的法治思想发端于管子，中后期的法家法治在学理上吸纳了儒、墨、道三家的观点：

> 法家成为一有系统之学派，为时甚晚，盖自慎到、尹文、韩非以后。然法治主义则起原（源）甚早。管仲、子产时确已萌芽，其学理上之根据，则儒道墨三家皆各有一部分为之先导。[②]

梁启超以"法治"归纳和阐释先秦法家思想并非望文生义，因为与儒、道、墨三家学说比较，法家确实具有显著的"重法"特征。但应该注意的是，法家法治绝不可与近代"法治"同日而语。因为发源于西方的近代法治，重制的目的在于"制约权力"；而法家法治，重制的目的却在于"加强

[①]《饮冰室文集之十五·中国法理学发达史论》。（梁启超. 饮冰室合集：文集之十五. 北京：中华书局，1989：72.）

[②]《饮冰室专集之五十·先秦政治思想史》。（梁启超. 饮冰室合集：专集之五十. 北京：中华书局，1989：132-133.）

集权"。尽管在某些形式和具体的主张上法家法治与近代法治有一致之处，但二者的宗旨、目的及要建成的社会模式都是截然不同的。其实梁启超本人也认识到了这一点，在《先秦政治思想史》的最后一段梁启超说法治主义有其普遍的"短处"，即"过信国家权力""妨害个性发展""逼着人民在法律范围内取巧"，而法家法治主义又有其特有的"短处"，即"问法律从哪里出呢？还是君主，还是政府""法律万能，结果成了君主万能"[1]。因此，我们在评价法家法治的时候，应该注意到这样几个问题：

第一，法家法治中的"法"，是维护君主集权制或专制制度的法，所以法家法治与我们今天的民主法治有着根本的不同，其既不体现"民主"的精神，也不承认法律具有"至上"的权威。相反，法家法治所需要的是对权力的顺从与敬畏。

第二，法家法治中的"法"，法律只是其中重要的内容，但并不是全部内容，尤其后期法家更着重讲"势"与"术"。在法家的学说里，君主与法的关系是君主凌驾于法律之上，法是君主的御用之器。当然，君主也不是不受法的制约，但这种制约是有限的，在中国古代社会它甚至不如"礼"更能有效地制约帝王权力。

第三，由于法家法治与君主专制密切相关，所以在中国古代社会中如果过分强调"法治"就会形成暴政，而不是民主，如《汉书·艺文志》所言：法家的学说"及刻者为之，则无教化，去仁爱，专任刑法而欲以致治，至于残害至亲，伤恩薄厚"。在崇尚法家法治的秦朝，法治几乎就是"刑治"。

第四，我们不能因法家法治学说在历史与现实社会中的消极作用而否认春秋战国时法家法治对社会发展的贡献，同样也不能因为其在历史上曾有过的积极作用而否认其在现实中的消极影响。

2. 对明末清初新法治思潮的反思

启蒙思想家的新法治，由于没有受到外来思想的干扰，是从传统中更新出的新思想，所以其更贴近中国社会的现实，当然也显出某些方面的幼稚。

从启蒙思想家的"法治"蓝图中，我们已经可以隐约地体悟到中国自生的近代法模式一定不同于西方。在启蒙思想家的"法治"国中，东方传统中

---

[1]《饮冰室专集之五十·先秦政治思想史》。（梁启超. 饮冰室合集：专集之五十. 北京：中华书局，1989：217.）

的优秀成分将得到充分的发扬。法治国中的"法"并不繁密,相反,法治完善的标志应是"法愈疏而乱愈不作"①。道德的自律仍是社会追求的目标和社会控制的主要手段。法律的公正与人之常情密切相关,人们对法律的遵循是自觉自愿的,而不是被动的、受制于人的、不得已的。但令人遗憾的是,启蒙思想家的民本与法治主张在学界的兴起仅是昙花一现,瞬间便逝,这不仅是中国,也是世界法治文明发展的遗憾。

明末清初,中国社会变革未能成功,启蒙只限于思想未形成运动的原因是多方面的。客观地说,中国古代社会的模式经过几千年的打磨,日臻完善:自给自足的小农经济,至高无上、高度集中的皇权,统一人们思想的儒家道德观,鼓励人人进取的科举制度……完备的制度一旦付诸实施,社会便会呈现出安定祥和的气氛。因此,人们相信只要有一个圣明的君主,就会造出一个田园诗般的社会。在中国古代社会生活中,大多数人感受不到西方中世纪的那种压抑,因而对启蒙思想家提出的带有民主色彩的主张也就不免反应冷淡。人们的最高境界是国泰民安,是现实中的人际和谐、舒适安逸。若将传统的"民本"与启蒙思想家的"民本"相比较,人们似乎更寄希望于传统。人们希望得到的是统治者的体恤,而不是与统治者的平等。

启蒙思想夭折的主观原因是启蒙思想家自身的弱点。启蒙思想家虽然对传统进行了史无前例的批判与反省,但自身也深受传统的束缚。他们的思想与言行常常不一致,言行的保守削弱了其学说的战斗力。如启蒙思想家对"忠君"的思想都有程度不同的批判,但自身又都以明朝的遗民自居,隐退山林,独善其身。这种传统的处世方式极大地限制了其学说的传播。又如,受传统的束缚,启蒙思想家未能对"科学"给予足够的认识。重人文是中国古代学术一大特色,自然科学除服务于政治的天文历算为统治者重视外,其余则被视为可有可无的雕虫小技。明末清初,西方先进的科技已开始向中国渗透,但这新时代将要到来的标志不仅没有引起中国朝廷的重视,而且也没有引起先进的启蒙思想家的重视。李约瑟引用胡适的话对比了这一时期中西方学术的差异:

> 胡适曾把这一时期古典文学的复兴和欧洲同时发生的科学运动作了

---

① 《明夷待访录·原法》。

明晰的对比,他说:"在顾炎武诞生前四年,伽利略发现了望远镜,并利用它革新了天文学,而开普勒则发表了他对火星研究的结果和他关于行星运动的新定律。当顾炎武研究语言学,并重新订正了古字音的时候,哈维则出版了论血液循环的巨著,而伽利略则出版了天文学和新科学方面的两大著作。在阎若璩开始对史书进行考证前十一年,托里拆利完成了他有关气压的伟大实验。接着,玻意耳发表了他在化学上的实验结果,并确定了玻意耳定律。在顾炎武完成他的划时代的巨著《音学五书》的前一年,牛顿已创立了微积分,并完成了对白光的分析。顾炎武在1680年为他的语言学著作的定稿写了序言,而牛顿则在1687年发表了他的《原理》。"胡适接着道,两者所用的研究方法极端相近,可是所研究的领域却有很大的差异。西方人研究星辰、球体、杠杆、斜面和化学物质,中国人则研究书本、文学和文献考证。

中国的人文科学所创造的只是更多的书本上的知识,而西方的自然科学却创造了一个新世界。[①]

由于缺少近代科学的支持,中国启蒙思想家无力彻底地更新传统,他们对旧制度、旧观念的批判虽然十分凌厉,但其说服力较西方的启蒙学说远为逊色。

启蒙思想家新法治理想的夭折,延缓了中国历史发展的进程,中国由古代向近代的转折因此而受挫。这确实是历史留给人们的遗憾。但启蒙思想的出现证明了中国社会的自我更新能力,因而,梁启超论此时的启蒙思想为:

不独近世之光,即置诸周秦以后二千年之学界,亦罕或能先也。[②]

中国古代社会的两次法治思潮都是应历史发展之运而产生的,但从结果上看,二者却有很大的不同。法家法治由于秦王朝的统一和尊崇而在历史上获得了成功,对中国社会的发展产生了深远的影响。即使汉以后的思想家、政治家对法家法治思想始终持批判态度,但自秦之后两千年的中国制度却是儒法合流的制度,是秦制的延续。而明末清初的新法治思潮因为种种原因未

[①] 李约瑟. 中国科学技术史: 第1卷 第1分册. 北京: 科学出版社, 1975: 311-312.
[②] 《饮冰室文集之七·论中国学术思想变迁之大势》。(梁启超. 饮冰室合集: 文集之七. 北京: 中华书局, 1989: 84.)

能在实践层面展开，其引发的思想学术反思及对学界的震动很快为康雍乾盛世的国学复兴所淹没，以至于本应在近代大放光彩的中国原汁原味的启蒙思想常常被近代以来的学界所忽略。

参考书目

一、基础资料类

［1］十三经注疏．阮元，校刻．北京：中华书局，1980．
［2］二十五史中有关传纪、志、表、书等资料，中华书局点校本．
［3］四部备要：经部．抱经堂本．上海：中华书局．
［4］四部备要：子部．抱经堂本．上海：中华书局．
［5］蒙学十篇．夏初，惠玲，校释．北京：北京师范大学出版社，1991．
［6］阮元．清经解．上海：上海书店，1988．
［7］王先谦．清经解续编．上海：上海书店，1988．
［8］易学精华．济南：齐鲁书社，1990．
［9］皮锡瑞．今文尚书考证．北京：中华书局，1989．
［10］姚际恒．仪礼通论．陈祖武，点校．北京：中国社会科学出版社，1998．
［11］孙希旦．礼记集解．沈啸寰，王星贤，点校．北京：中华书局，1989．
［12］王梦鸥．礼记今注今译．天津：天津古籍出版社，1987．
［13］孙诒让．周礼正义．王文锦，陈玉霞，点校．北京：中华书局，1987．
［14］杨伯峻．春秋左传注．北京：中华书局，1981．
［15］诸子集成．北京：中华书局，1954．
［16］孙诒让．墨子闲诂．孙以楷，点校．北京：中华书局，1986．
［17］杨伯峻．论语译注．北京：中华书局，2009．
［18］李泽厚．论语今读．合肥：安徽文艺出版社，1998．

［19］兰州大学中文系孟子译注小组. 孟子译注. 北京：中华书局，1962.

［20］王先谦. 荀子集解. 沈啸寰，王星贤，点校. 北京：中华书局，1988.

［21］蒋礼鸿. 商君书锥指. 北京：中华书局，1986.

［22］梁启雄. 韩子浅解. 北京：中华书局，1962.

［23］《韩非子》校注组. 韩非子校注. 南京：江苏人民出版社，1982.

［24］任继愈. 老子新译. 修订本. 上海：上海古籍出版社，1985.

［25］朱谦之. 老子校释. 北京：中华书局，1984.

［26］王夫之. 庄子解. 王孝鱼，点校. 北京：中华书局，1985.

［27］郭庆藩. 庄子集释. 王孝鱼，点校. 北京：中华书局，1982.

［28］郑板桥集. 上海：上海古籍出版社，1979.

［29］朱熹. 四书章句集注. 北京：中华书局，1983.

［30］贾谊集. 上海：上海人民出版社，1976.

［31］北京大学历史系《论衡》注释小组. 论衡注释. 北京：中华书局，1979.

［32］刘文典. 淮南鸿烈集解. 冯逸，乔华，点校. 北京：中华书局，1989.

［33］马非百. 盐铁论简注. 北京：中华书局，1984.

［34］董仲舒. 春秋繁露. 四部备要本. 上海：中华书局，1912.

［35］陈立. 白虎通疏证. 吴则虞，点校. 北京：中华书局，1994.

［36］王利器. 新语校注. 北京：中华书局，1986.

［37］长孙无忌，等. 唐律疏议. 刘俊文，点校. 北京：中华书局，1983.

［38］钱大群. 唐律疏义新注. 南京：南京师范大学出版社，2008.

［39］吴兢. 贞观政要. 上海：上海古籍出版社，1978.

［40］王弼. 老子道德经注. 楼宇烈，校释. 北京：中华书局，2011.

［41］阮籍. 阮籍集校注. 陈伯君，校注. 北京：中华书局，2014.

［42］嵇康. 嵇康集校注. 戴明扬，校注. 北京：中华书局，2015.

［43］黎靖德. 朱子语类. 王星贤，点校. 北京：中华书局，1986.

[44] 王守仁. 王阳明全集. 吴光, 钱明, 董平, 等编校. 上海：上海古籍出版社, 1992.

[45] 李贽. 藏书. 北京：中华书局, 1974.

[46] 李贽. 焚藏 续焚书. 北京：中华书局, 1974.

[47] 王夫之. 读通鉴论. 北京：中华书局, 1975.

[48] 黄宗羲. 明夷待访录. 北京：中华书局, 1981.

[49] 沈家本. 历代刑法考. 邓经元, 骈宇骞, 点校. 北京：中华书局, 1985.

[50] 名公书判清明集. 北京：中华书局, 1987.

[51] 薛允升. 唐明律合编. 怀效锋, 李鸣, 点校. 北京：法律出版社, 1999.

[52] 王心斋全集. 南京：江苏教育出版社, 2001.

[53] 孟德斯鸠. 孟德斯鸠法意. 严复, 译. 北京：商务印书馆, 1981.

[54] 蔡尚思, 方行. 谭嗣同全集. 增订本. 北京：中华书局, 1981.

[55] 周宁. 2000 年西方看中国. 北京：团结出版社, 1999.

[56] 周一良, 吴于廑. 世界通史资料选辑. 北京：商务印书馆, 1962.

[57] 钟叔河. 走向世界丛书. 2 版. 长沙：岳麓书社, 2008.

二、著作类

[1] 袁行霈, 严文明, 张传玺, 楼宇烈. 中华文明史. 北京：北京大学出版社, 2006.

[2] 张晋藩. 中华法制文明史. 北京：法律出版社, 2013.

[3] 蒋伯潜. 十三经概论. 上海：上海古籍出版社, 1983.

[4] 梁漱溟. 中国文化要义. 上海：上海人民出版社, 2011.

[5] 梁漱溟. 人心与人生. 上海：上海人民出版社, 2011.

[6] 梁漱溟. 东西文化及其哲学. 北京：商务印书馆, 1987.

[7] 章太炎. 国学讲演录. 上海：华东师范大学出版社, 1995.

[8] 傅斯年. 中国古代思想与学术十论. 桂林：广西师范大学出版社, 2006.

[9] 杨东莼. 中国学术史讲话. 北京：东方出版社, 1996.

［10］顾颉刚. 汉代学术史略. 北京：东方出版社，1996.

［11］陈钟凡. 两宋思想述评. 北京：东方出版社，1996.

［12］嵇文甫. 晚明思想史论. 北京：东方出版社，1996.

［13］辜鸿铭. 中国人的精神. 海口：海南出版社，1996.

［14］蔡元培. 中国伦理学史. 北京：商务印书馆，1987.

［15］钱穆. 中国历代政治得失. 北京：生活·读书·新知三联书店，2012.

［16］钱穆. 中国思想通俗讲话. 北京：生活·读书·新知三联书店，2005.

［17］钱穆. 中国近三百年学术史. 北京：商务印书馆，1997.

［18］杜国庠. 先秦诸子的若干研究. 北京：生活·读书·新知三联书店，1955.

［19］李亚农史论集. 上海：上海人民出版社，1962.

［20］王国维遗书. 上海：上海古籍出版社，1983.

［21］牟宗三. 中国哲学十九讲. 上海：上海古籍出版社，2005.

［22］冯友兰. 三松堂全集. 郑州：河南人民出版社，1985—1992.

［23］蔡尚思. 中国思想研究法. 上海：复旦大学出版社，2001.

［24］吕振羽. 中国政治思想史. 北京：生活·读书·新知三联书店，1955.

［25］葛兆光. 中国思想史. 上海：复旦大学出版社，2001.

［26］李泽厚. 中国思想史论. 合肥：安徽文艺出版社，1999.

［27］熊月之. 中国近代民主思想史. 修订本. 上海：上海社会科学出版社，2002.

［28］刘泽华. 先秦政治思想史. 天津：南开大学出版社，1984.

［29］孙家洲. 中国古代思想史：秦汉卷. 南宁：广西人民出版社，2006.

［30］刘家和. 史学、经学与思想：在世界史背景下对于中国古代历史文化的思考. 北京：北京师范大学出版社，2005.

［31］杨华. 先秦礼乐文化. 武汉：湖北教育出版社，1997.

［32］沈文倬. 宗周礼乐文明考论. 杭州：杭州大学出版社，1999.

[33] 鄢烈山，朱健国. 李贽传：中国第一思想犯. 北京：中国工人出版社，1993.

[34] 李细珠. 张之洞与清末新政研究. 上海：上海书店出版社，2003.

[35] 梁启超. 饮冰室合集. 北京：中华书局，1989.

[36] 马克垚. 古代专制制度考察. 北京：北京大学出版社，2017.

[37] 马克垚. 世界文明史. 2版. 北京：北京大学出版社，2016.

[38] 燕树棠. 公道、自由与法. 北京：清华大学出版社，2006.

[39] 杨鸿烈. 中国法律思想史. 北京：中国政法大学出版社，2004.

[40] 杨鸿烈. 中国法律发达史. 上海：上海书店，1990.

[41] 林端. 儒家伦理与法律文化：社会学观点的探索. 北京：中国政法大学出版社，2002.

[42] 瞿同祖法学论著集. 北京：中国政法大学出版社，1998.

[43] 钱端升学术论著自选集. 北京：北京师范学院出版社，1991.

[44] 杨鸿烈. 中国法律在东亚诸国之影响. 北京：中国政法大学出版社，1999.

[45] 范忠信，尤陈俊，翟文喆. 中国文化与中国法系：陈顾远法律史论集. 北京：中国政法大学出版社，2006.

[46] 张国华. 中国法律思想史新编. 北京：北京大学出版社，1991.

[47] 张晋藩. 中华法系的回顾与前瞻. 北京：中国政法大学出版社，2007.

[48] 蔡尚思. 中国思想研究法　中国礼教思想史. 上海：复旦大学出版社，2015.

[49] 刘黎明. 契约·神裁·打赌：中国民间习惯法习俗. 成都：四川人民出版社，1993.

[50] 李力. 出土文物与先秦法制. 郑州：大象出版社，1997.

[51] 武树臣，等. 中国传统法律文化. 北京：北京大学出版社，1994.

[52] 张中秋. 中西法律文化比较研究. 北京：中国政法大学出版社，2006.

[53] 史彤彪. 中国法律文化对西方的影响. 石家庄：河北人民出版社，1999.

[54] 张世明. 法律、资源与时空建构：1644—1945 年的中国. 广州：广东人民出版社，2012.

[55] 任强. 知识、信仰与超越：儒家礼法思想解读. 北京：北京大学出版社，2007.

[56] 郝铁川. 中华法系研究. 上海：复旦大学出版社，1997.

[57] 何勤华. 中国法学史. 修订本. 北京：法律出版社，2006.

[58] 陈弘毅. 法治、启蒙与现代法的精神. 北京：中国政法大学出版社，1998.

[59] 俞荣根. 道统与法统. 北京：法律出版社，1999.

[60] 俞荣根，龙大轩，吕志兴. 中国传统法学述论：基于国学视角. 北京：北京大学出版社，2005.

[61] 张仁善. 礼·法·社会：清代法律转型与社会变迁. 天津：天津古籍出版社，2001.

[62] 李贵连. 沈家本年谱长编. 济南：山东人民出版社，2010.

[63] 程波. 中国近代法理学：1895—1949. 北京：商务印书馆，2012.

[64] 俞江. 近代中国的法律与学术. 北京：北京大学出版社，2008.

[65] 冯江峰. 清末民初人权思想的肇始与嬗变：1840—1912. 北京：社会科学文献出版社，2011.

[66] 王健. 沟通两个世界的法律意义：晚清西方法的输入与法律新词初探. 北京：中国政法大学出版社，2001.

[67] 郑永流. 法治四章：英德渊源、国际标准和中国问题. 北京：中国政法大学出版社，2002.

[68] 徐爱国. 破解法学之谜：西方法律思想和法学流派. 北京：学苑出版社，2001.

[69] 刘云生. 中国古代契约思想史. 北京：法律出版社，2012.

[70] 李振宇. 法律文献导读. 北京：群众出版社，2004.

[71] 张伯元. 法律文献学. 修订版. 上海：上海人民出版社，2012.

[72] 田庆锋，何青洲，邢文艳. 中国法律文献学引论. 北京：中国政法大学出版社，2014.

三、译著类

[1] 费尔南·布罗代尔. 文明史：人类五千年文明的传承与交流. 常绍民，冯棠，张文英，等译. 北京：中信出版社，2014.

[2] 李济. 中国文明的开始. 南京：江苏教育出版社，2005.

[3] G. 希尔贝克，N. 伊耶. 西方哲学史：从古希腊到二十世纪. 童世骏，郁振华，刘进，译. 上海：上海译文出版社，2004.

[4] 艾伦·德肖维茨. 法律创世纪：从圣经故事寻找法律的起源. 林为正，译. 北京：法律出版社，2011.

[5] 梅因. 古代法. 沈景一，译. 北京：商务印书馆，1984.

[6] 柏拉图. 理想国. 郭斌和，张竹明，译. 北京：商务印书馆，2002.

[7] 伏尔泰. 风俗论：上册. 梁守锵，译. 北京：商务印书馆，1995.

[8] 亚里士多德. 政治学. 吴寿彭，译. 北京：商务印书馆，1996.

[9] 孟德斯鸠. 论法的精神. 张雁深，译. 北京：商务印书馆，1987.

[10] 孟德斯鸠. 论法的精神. 许明龙，译. 北京：商务印书馆，2012.

[11] 黑格尔. 历史哲学. 王造时，译. 北京：商务印书馆，1963.

[12] 郝大维，安乐哲. 先贤的民主：杜威、孔子与中国民主之希望. 何刚强，译. 南京：江苏人民出版社，2004.

[13] 马克斯·韦伯. 儒教与道教. 王容芬，译. 北京：商务印书馆，1995.

[14] 文明的历史脚步：韦伯文集. 黄宪起，张晓琳，译. 上海：上海三联书店，1997.

[15] 马克斯·韦伯. 学术与政治. 冯克利，译. 北京：生活·读书·新知三联书店，1998.

[16] 金勇义. 中国与西方的法律观念. 陈国平，韦向阳，李存捧，译. 沈阳：辽宁人民出版社，1989.

[17] 卢梭. 社会契约论. 何兆武，译. 北京：商务印书馆，1987.

[18] 亨利·莱维·布律尔. 法律社会学. 许钧，译. 上海：上海人民出版社，1987.

[19] 查士丁尼. 法学总论：法学阶梯. 张企泰，译. 北京：商务印书

馆，1989.

[20] 罗斯科·庞德. 法律史解释. 曹玉堂，杨知，译. 北京：华夏出版社，1989.

[21] 朱塞佩·格罗索. 罗马法史. 黄风，译. 北京：中国政法大学出版社，1994.

[22] 哈特. 法律的概念. 张文显，郑成良，杜景义，等译. 北京：中国大百科全书出版社，1996.

[23] 叶士朋. 欧洲法学史导论. 吕平义，苏健，译. 北京：中国政法大学出版社，1998.

[24] 本杰明·史华兹. 古代中国的思想世界. 程钢，译. 南京：江苏人民出版社，2004.

[25] 边沁. 道德与立法原理导论. 时殷弘，译. 北京：商务印书馆，2000.

[26] 罗尔夫·克尼佩尔. 法律与历史：论《德国民法典》的形成与变迁. 朱岩，译. 北京：法律出版社，2003.

[27] 费正清. 美国与中国. 张理京，译. 北京：世界知识出版社，2002.

[28] 高道蕴，高鸿钧，等. 美国学者论中国法律传统. 北京：中国政法大学出版社，1994.

[29] 张世明，步德茂，娜鹤雅. 世界学者论中国传统法律文化（1644—1911）. 北京：法律出版社，2009.

[30] 张灏. 梁启超与中国思想的过渡（1890—1907）. 崔志海，葛夫平，译. 南京：江苏人民出版社，1993.

[31] 本杰明·史华兹. 寻求富强：严复与西方. 叶凤美，译. 南京：江苏人民出版社，1995.

致　谢

　　时光荏苒，从1997年我的第一本学术专著《礼与法》出版，到现在完成这本《中国古代法文明模式》的校稿，不知不觉已经过去了26个年头。今年是我的退休之年，这本书的完成与出版好像是冥冥之中的安排，让我有机会对自己从事了几十年的学术研究工作进行总结，对出现在我生命中的贵人真诚地致谢。我于1978年考入北京大学历史系学习中国史，到今天，40多年的时间，真是"弹指一挥间"。在时而枯燥，时而充满乐趣的读书、教学与研究的过程中，自己的学术观点一定会有所改变：或更加完善，或反而增添了迷茫。但没有改变和不迷茫的则是在每一本书付梓之际，我都会想到许许多多帮助过我的人，由衷的感激之情会情不自禁涌上心头。

　　首先，要感谢我的亲人。这是一生一世的感激。在我读大学期间，父亲便去世了。父亲平时工作忙，在家里寡言少语，但在对子女的教育方面从不会缺席。直到现在，回忆父亲对我们的教育仍然是我们兄弟姐妹聚会时的话题。母亲以94岁的高龄谢世，她一直是我们兄弟姐妹的主心骨。我们都承认，我们这些后辈，在修身养性和豁达处世方面远不及母亲。如果说父亲的认真做事、老实做人的教育常常使我们感受到压力，那么母亲经常挂在嘴边的许多格言也就成了我们生活中的减压阀。比如，在困境中，母亲会无挂碍地轻松说道："是福不是祸，是祸躲不过。"在看到哥哥姐姐为孩子贪玩而焦虑时，母亲会说："树大自然直。"遇到经济窘境的时候，母亲会说："除非害大病，讨饭也不穷。"父母的坚定支持，是我心无旁骛从事学术工作的保障。除了感谢父母的养育之恩，我还要感谢哥哥姐姐们的关照和宽容。尤其在照顾父母方面，他们一直在替我尽孝，让我能毫无负担地投入自己喜欢的工作中。

　　其次，我要感谢我遇见过的所有老师。从在青岛市大学路小学上学开始，到在中国人民大学获得博士学位，我在学业上可以说是一帆风顺，一路都有老师们的呵护。我是在1966年这样一个特殊的年头上的小学。在读小学期间，给我印象最深刻的是，在小学即将毕业时，我们才开始学习一年级就应该学习的汉语拼音。其缘于当时邓小平提出要恢复正常的中小学教育。于是，我们开始了疯狂的补课。学校宣传栏中"作合格毕业生"六个大字至今都印在我的脑海中。说来惭愧，到1973年，上了近7年小学（由于"文化大革命"，原本五年学制的小学教育延长为七年）、已经临近小学毕业的我们，才开始念"阿（a）、喔（o）、呃（e）……"。老师们耐心讲解着发音要领，并手把手地教我们如何用拼音查字典。在小学老师的期望中，我进入了青岛二中学习。在初中三年的时间里，学校的正常教学再次被破坏，学校的墙壁上贴满了标语。我无法揣测当时老师们的心境，只记得在语文、数学、政治、英语、历史等不同的课堂上，不同的老师苦口婆心地劝我们不要浪费时间。在1977年，中断十年的高考制度恢复了。正读高中的我，有幸赶上了这个改变成千上万人命运的历史机遇。在迎接高考的日子里，青岛二中的老师们真的把我们当成了自家的孩子：无偿的课外辅导、晚上7点到9点的自习，在我们需要的时候，老师们时时刻刻都会出现在身边。他们让我相信"学而不厌，诲人不倦"的真实存在。在1978年，我从青岛二中考入北京大学。现在想来这真是我人生中的关键一步，因为是北京大学的先生们开启了我的学术之旅，使我感受到了学术的乐趣并懂得了学术的意义。从北京大学到中国政法大学，再到中国社会科学院法学研究所、中国人民大学，优质的学术平台，使我有幸在学界遇见了太多的堪称师表的先生，他们成为我终生的榜样。

再次，我要感谢在我从学路上所有帮助过我的朋友。从读大学本科、研究生时的室友、同学，到单位的领导、同僚及法制史、法理学界的同人，他们让我感受到"志同道合"的珍贵，感受到作为一名学者在"寻道"过程中的快乐。

我还要感谢我的学生们。他们带给我工作的活力，也带给我明天的希望。我时刻都能感受到已经离开校园、在不同工作领域中的他们那种孜孜不倦和朝气蓬勃。在学习之余，他们帮助我主办会议、组织"明德法律文化论坛"，帮我填写我视为畏途的各种表格。他们让我体会到教学相长的快乐。

最后，我要感谢中国人民大学出版社的方明和白俊峰编辑。如果没有方明编辑的耐心和督促，这本书一定会半途而废。记得还是五六年前，方明编辑约我将已经完成的国家社会科学基金项目"中华法文明模式研究"整理成书，纳入"中国特色社会主义法学理论体系丛书",我欣然接受。但事情进行起来并不顺利,一拖再拖,转眼就是五六年。其间,方明编辑耐心而和气的督促,常使我感到惭愧,但也促使我终究没有放弃这样一次难得的出版机会。感谢白俊峰编辑,他对书稿的审读,使我明白了什么叫对工作"极端地负责任":对历史年代的校对,对大量重复内容的删除,就某些观点的商榷,对每一处错误的纠正及观点的完善,都使书稿的质量向上提升了一步。

要感谢的人实在是太多了,这在一本书的"致谢"中是无法容纳和承载的。这篇"致谢"就算作开篇吧,今后我一定会寻机作书,将我生命中所遇到的贵人,专门一一道来,以表达我的感激之情。

马小红

2023 年初夏

图书在版编目（CIP）数据

中国古代法文明模式 / 马小红著. --北京：中国人民大学出版社，2023.10
（中国特色社会主义法学理论体系丛书）
ISBN 978-7-300-31838-7

Ⅰ.①中… Ⅱ.①马… Ⅲ.①法制史-研究-中国-古代 Ⅳ.①D929.2

中国国家版本馆 CIP 数据核字（2023）第 115678 号

国家出版基金项目
"十四五"时期国家重点出版物出版专项规划项目
中国法学会项目
中国特色社会主义法学理论体系丛书

中国古代法文明模式

马小红　著
Zhongguo Gudai Fawenming Moshi

出版发行	中国人民大学出版社		
社　　址	北京中关村大街31号	邮政编码	100080
电　　话	010-62511242（总编室）	010-62511770（质管部）	
	010-82501766（邮购部）	010-62514148（门市部）	
	010-62515195（发行公司）	010-62515275（盗版举报）	
网　　址	http://www.crup.com.cn		
经　　销	新华书店		
印　　刷	涿州市星河印刷有限公司		
开　　本	720 mm×1000 mm　1/16	版　次	2023年10月第1版
印　　张	28 插页 3	印　次	2023年10月第1次印刷
字　　数	434 000	定　价	168.00 元

版权所有　侵权必究　　印装差错　负责调换